KB205720

저자는 예수의 신성을 그리스 종교 및 철학, 또는 유대교 전승으로 설명하려는 학계의 주류 경향을 거슬러 그 신성의 기원을 예수 자신의 자의식에서 찾으려 한다. 신약 기독론의 핵심 주제인 예수의 신성 문제에 대해 개괄적인 이해를 제공해주는 동시에 그것이 예수의 자의식에서 기원했다는 주장을 설득력 있게 보여주는 이 책을, 신약 기독론 학습의 필독서로서 적극적으로 추천한다.

김동수 평택대학교 신약학 교수

이 책은 예수의 자의식과 예수에 대한 제자들의 인식 변화, 그리고 그와 관련된 본문에 대한 탄탄한 논증이다. 기존 연구에 대한 비판적인 검토의 풍부함과 자신의 논지를 추진해나가는 저자의 일관성이 인상 깊다. 이 책은 나사렛 예수가 선재하는 하나님의 아들로 고백될 수 있었던 사상의 궤도를 설득력 있게 추적한다.

김학철 연세대학교 학부대학 교수(신학)

예수가 선재한 하나님의 아들이라는 기독론의 근원을 탐구한 이 책의 저자는, 유대교적 배경을 중요하게 여기는 다수 학자에게 강력한 도전장을 내민다. 그는 선재한 아들 기독론의 기원이 유대교의 문헌이나 사상이 아니라 예수님의 자기 인식에 있음을 설득력 있게 주장한다. 초기 그리스도인들의 시편 주해가 이 기독론의 정립에 결정적이었다는 주장은 논란을 불러일으키겠지만, 이 책은 초기 기독론의 근원과 발전을 이해하는 데 큰 도움을 준다.

길성남 고려신학대학원 신약학 교수

유대교의 강고한 유일신론의 토양에서 예수를 하나님으로 예배하는 신앙이 생겨난 것은 기이한 일이다. 이 책은 예수의 자의식을 그 근원으로, 부활의 경험을 그 발현의 계기로, 두 시편을 해석의 촉매로 규정하여 그 내력을 선명하게 제시한다. 첨예한 논쟁의 격전장에 스스럼없이 뛰어들어 학계의 방대한 쟁점들을 다루면서도 일관된 방향성을 유지하는 이 책은 보기 드물게 훌륭한 연구의 미덕을 고루 갖추었다.

박영호 한일장신대학교 신약학 교수

이 책은 "선재한 아들 기독론"의 기원과 발전을 심도 있게 탐구한 기념비적인 작품이다. 특히 예수의 "하나님 아들 자의식"이 예수를 선재한 아들로 이해하는 초기 기독교의 기독론에 얼마나 중요한 기반을 제공했는지를 잘 입증해 보인다. 앞으로 기독론의 기원에 대해 탐구하려는 이들은 반드시 이 책을 참고해야 할 것이다.

양용의 에스라성경대학원대학교 신약학 교수

홀로코스트 이후 특히 제2성전기 유대교로 경도된 신약학의 연구 방향을 제자리로 돌려놓는 이 책은, 신약성서 읽기의 정도(正道)가 무엇인지 올곧게 제시하여 "선재한 하나님의 아들"이라는 예수의 자의식과 그의 부활, 그리고 초기 그리스도인들의 시편(2, 110편) 주해가 고(高) 기독론 형성에 주효한 촉매제였음을 밝혀낸 명저다. 베일에 가린 초기 기독교의 신학적 성숙도를 명확히 논증한 쾌거이며 성서 연구자들의 필독서임이 틀림없다.

윤철원 서울신학대학교 신학대학원 신약학 교수

초기 기독교인들이 예수를 하나님의 선재한 아들로 보게 된 것은 예수의 자기 이해와 메시아 시편에 대한 초기 기독교인들의 재해석에 의한 것이라고 주장하는 이 책은, 2000년대 전후부터 활발하게 진행 중인 초기 고 기독론의 기원에 대한 토론에 중요하고도 독특한 공헌을 한다. 앞으로 이 책은 초기 기독교의 기원과 신약 기독론에서 가장 필수적인 책 중 하나로서 이 분야에서 아주 중요한 역할을 할 것이다.

이상일 총신대학교 신약학 교수

많은 그리스도인에게 선재적 아들 기독론은 일종의 전제된 교리다. 하지만 삼키는 대신 곱씹어서 그 맛을 제대로 즐길 수 있는 육포처럼, 이 교리는 전제하고 넘어가기보다는 설명하고 이해하며 논증을 통해 깊은 묵상의 재료로 삼을 때 큰 유익이 된다. 그 복된 공부와 묵상의 여정에 이형일 박사의 이 책이 친절하고 든든한 가이드가 될 것이다.

조재천 횃불트리니티신학대학원대학교 신약학 교수

이형일 박사는 신약 연구의 핵심 주제 중 하나인 예수 그리스도의 신성과 선재성에 대한 초기 교회 이해의 기원 분야에 상당한 공헌을 했다. 이 연구의 가장 큰 공적은 기독론이 어떻게 예수의 자의식과 초기 교회의 구약성서 이해라는 이중적 영향력에 의해 발전했는지를 증명했다는 것으로서, 이는 고 기독론의 초기 발전설을 확립하는 데 중추적 역할을 한 리처드 보컴과 래리 허타도의 저서들과 버금가는 가치가 있다고 본다. 이 박사의 작품이 신약학을 연구하는 학생들에게 더 폭넓게 읽힐 수 있도록 이바지한 출판사에도 감사의 마음을 전한다.　　　　하워드 마샬 영국 애버딘 대학교 신약주해학 명예교수

이 책에서 이형일 박사는 "초기 그리스도인들이 어떻게 예수를 하나님과 동등한 신적·선재적 존재로 보게 되었는가"라는 질문을 던진다. 이 중요한 질문은 기독론 및 정통 기독교 신앙의 핵심을 겨냥한다. 이 박사는 예수의 신성에 대한 믿음이 바로 그 예수의 가르침과 사역으로부터 유래한다고 설득력 있게 논증한다. 도발적이면서 매력적인 이 책을 정독하면 정말 많은 것을 얻게 될 것이다. 나는 이 책을 적극적으로 추천한다.

크레이그 에반스 캐나다 아카디아 신학대학교 신약학 교수

저자는 아주 인상적인 기독론 논문을 간결하게 다루면서 매우 중요한 주해적 통찰력을 제대로 보여주었다. 우리는 그가 신중하게 발전시킨 논증을 주의 깊게 살펴볼 필요가 있다.

마틴 카러 독일 부퍼탈/벧엘 기독대학교 신약학 교수

이형일 박사의 공헌은 가히 김세윤 박사의 바울 서신 연구서인 『바울 복음의 기원』과 비교할 만하다. 만약 이 작품이 그 영향력을 행사하는 데 실패한다면 그 이유는 그의 논지가 설득력이 부족해서가 아닐 것이다. 그보다는 이 책이 학계에 요구하는 패러다임의 대전환이, 현재 대세를 이루고 있는 패러다임에 상당한 학문적 자본을 투자한 사람들에 의해 저항을 받아서일 것이다. 패러다임의 전환은 언제나 우수한 증거와 정비례 관계로 발생하지는 않는다. 여하간 나는 아주 극도로 중요한 주제를 다루고 있는 이 책을 강력히 추천한다.

안드레아스 쾨스텐버거 미국 사우스이스턴 침례신학대학교 신학학/성서신학 교수

From Messiah to Preexistent Son

Aquila H. I. Lee

한국 신약학 시리즈 01

예수와 하나님 아들 기독론

초기 교회 고 기독론 형성에 관한 고찰

이형일 지음

Holy
WavePlus

학술 자료 약어

AB	Anchor Bible
ABD	*Anchor Bible Dictionary*. Edited by D. N. Freedman. 6 vols. New York, 1992
AGJU	Arbeiten zur Geschichte des antiken Judentums und des Urchristentums
ALGHJ	Arbeiten zur Literatur und Geschichte des hellenistischen Judentums
AnBib	Analecta biblica
ATANT	Abhandlungen zur Theologie des Alten und Neuen Testaments
BBB	Bonner biblische Beiträge
BBR	*Bulletin for Biblical Research*
BDB	Brown, F., S. R. Driver, and C. A. Briggs. *A Hebrew and English Lexicon of the Old Testament*. Oxford, 1907
BECNT	Baker Exegetical Commentary on the New Testament
BEvT	Beiträge zur evangelischen Theologie
BFCT	Beiträge zur Förderung christlicher Theologie
BHS	*Biblia Hebraica Stuttgartensia*. Edited by K. Elliger and W. Rudolph. Stuttgart, 1983
BHT	Beiträge zur historischen Theologie
Bib	*Biblica*

BKAT	Biblischer Kommentar, Altes Testament. Edited by M. Noth and H. W. Wolff
BTB	*Biblical Theology Bulletin*
BZ	*Biblische Zeitschrift*
BZAW	Beihefte zur Zeitschrift für die alttestamentliche Wissenschaft
BZNW	Beihefte zur Zeitschrift für die neutestamentliche Wissenschaft
CBQ	*Catholic Biblical Quarterly*
CBQMS	Catholic Biblical Quarterly-Monograph Series
CRB	*Cahiers de la Revue Biblique*
DDD	*Dictionary of Deities and Demons in the Bible*. Edited by K. van der Toorn, B. Becking, and P. W. van der Horst. Leiden, 1995
DJD	Discoveries in the Judaean Desert
DJG	*Dictionary of Jesus and the Gospels*, ed. J. B. Green et al. (Downers Grove, Ill.: InterVarsity, 1992)
DSD	*Dead Sea Discoveries*
EBib	*Etudes bibligues*
EKKNT	Evangelisch-katholischer Kommentar zum Neuen Testament
ESTNT	Exegetische Studien zur Theologie des Neuen Testaments
ETL	*Ephemerides theologicae lovanienses*
EvT	*Evangeliche Theologie*
ExpTim	*Expository Times*
FRLANT	Forschungen zur Religion und Literatur des Alten und Neuen Testaments
HAR	*Hebrew Annual Review*
HNT	Handbuch zum Neuen Testament

HTKNT	Herders theologischer Kommentar zum Neuen Testament
HTR	*Harvard Theological Review*
HUCA	*Hebrew Union College Annual*
ICC	International Critical Commentary
IDBSup	*Interpreter's Dictionary of the Bible: Supplementary Volume.* Edited by K. Crim. Nashville, 1976
IEJ	*Israel Exploration Journal*
Int	*Interpretation*
ITQ	*Irish Theological Quarterly*
JBL	*Journal of Biblical Literature*
JES	*Journal of Ecumenical Studies*
JJS	*Journal of Jewish Studies*
JQR	*Jewish Quarterly Review*
JR	*Journal of Religion*
JSJ	*Journal for the Study of Judaism*
JSJSup	Journal for the Study of Judaism-Supplements
JSNT	*Journal for the Study of the New Testament*
JSNTSup	Journal for the Study of the New Testament-Supplements Series
JSOT	*Journal for the Study of the Old Testament*
JSOTSup	Journal for the Study of the Old Testament: Supplement Series
JSP	*Journal for the Study of the Pseudepigrapha*
JSPSup	Journal for the Study of the Pseudepigrapha-Supplements
JSS	*Journal of Semitic Studies*
JTS	*Journal of Theological Studies*
KBANT	Kommentare und Beiträge zum Alten und Neuen Testament

KEK	Kritisch-exegetischer Kommentar über das Neue Testament (Meyer-Kommentar)
LCL	Loeb Classical Library
LD	Lectio divina
LSJ	Liddell, H. G., R. Scott, H. S. Jones, *A Greek-English Lexicon*. 9th ed. with revised supplement. Oxford, 1996
LTP	*Laval théologique et philosophique*
MNTC	Moffatt New Testament Commentary
NA²⁷	*Novum Testamentum Graece*, Nestle-Aland, 27th ed.
NAC	New American Commentary
NCBC	New Century Bible Commentary
NedTT	*Nederlands theologisch tijdschrift*
NICNT	New International Commentary on the New Testament
NIGTC	New International Greek Testament Commentary
NKZ	*Neue Kirchliche Zeitschrift*
NovT	*Novum Testamentum*
NovTSup	Novum Testamentum Supplements
NTD	Das Neue Testament Deutsch
NTL	New Testament Library
NTS	*New Testament Studies*
OBO	Orbis biblicus et orientalis
OTL	Old Testament Library
RB	*Revue biblique*
RGG	*Religion in Geschichte und Gegenwart*. Edited by K. Galling. 7 vols. 3d ed. Tübingen, 1957–1965
RQ	*Römische Quartalschrift für christliche Altertumskunde und Kirchengeschichte*
RSR	*Recherches de science religieuse*

SANT	Studien zum Alten und Neuen Testament
SBLDS	Society of Biblical Literature Dissertation Series
SBLMS	Society of Biblical Literature Monograph Series
SBLSP	*Society of Biblical Literature Seminar Papers*
SBT	Studies in Biblical Theology
SEÅ	*Svensk exgetisk årsbok*
SecCent	*Second Century*
SJLA	Studies in Judaism in Late Antiquity
SJT	*Scottish Journal of Theology*
SNT	Studien zum Neuen Testament
SNTSMS	Society for New Testament Studies Monograph Series
ST	*Studia theologica*
SUNT	Studien zur Umwelt des Neuen Testaments
SVTP	Studia in Veteris Testamenti pseudepigrapha
TB	Theologische Bücherei: Neudrucke und Berichte aus dem 20. Jahrhundert
TBei	*Theologische Beiträge*
TDNT	*Theological Dictionary of the New Testament*. Edited by G. Kittel and G. Friedrich. Translated by G. W. Bromiley. 10 vols. Grand Rapids, 1964–1976
TDOT	*Theological Dictionary of the Old Testament*. Edited by G. J. Botterweck and H. Ringgren. Translated by J. T. Willis, G. W. Bromiley, and D. E. Green. 8 vols. Grand Rapids, 1974–
THAT	*Theologisches Handwörterbuch zum Alten Testament*. Edited by E. Jenni, with assistance from C. Westermann. 2 vols., Stuttgart, 1971–1976
THKNT	Theologischer Handkommentar zum Neuen Testament
ThWAT	*Theologisches Wörterbuch zum Alten Testament*. Edited by

	G. J. Botterweck and H. Ringgren. Stuttgart, 1970–
TNTC	Tyndale New Testament Commentaries
TOTC	Tyndale Old Testament Commentaries
TQ	*Theologische Quartalschrift*
TSAJ	Texte und Studien zum antiken Judentum
TynBul	*Tyndale Bulletin*
TS	*Theological Studies*
TSAJ	Texte und Studien zum antiken Judentum
TUGAL	Texte und Untersuchungen zur Geschichte der altchristlichen Literatur
VT	*Vetus Testamentum*
VTSup	Vetus Testamentum Supplements
WBC	Word Biblical Commentary
WMANT	Wissenschaftliche Monographien zum Alten und Neuen Testament
WUNT	Wissenschftliche Untersuchungen zum Neuen Testament
ZAW	*Zeitschrift für die alttestamentliche Wissenschaft*
ZNW	*Zeitschrift für die neutestamentliche Wissenschaft*
ZTK	*Zeitschrift für Theologie und Kirche*
ZKG	*Zeitschrift für Kirchengeschichte*

고전 자료 약어

'Ed.	*'Eduyyot (Eduyyot)*, Rabbinic text
'Erub.	*'Erubin (Eruvin)*, Rabbinic text
1 Apol.	Justin Martyr, *1 Apology*, Early Christian Literature
1 Clem.	*1 Clement*, Early Christian Literature
1 En.	*1 Enoch (Ethiopic Apocalypse)*, Old Testament Pseudepigrapha

11QMelch	*Melchizedek* (11Q13), Qumran
1QH	*Hodayot (Thanksgiving Hymns)*, Qumran
1QM	*Milḥamah (War Scroll)*, Qumran
1QS	*Serek Hayaḥad (Rule of the Community)*, Qumran
1QSa	*Rule of the Congregation* (1Q28a), Qumran
1QSb	*Rule of the Blessings* (1Q28b), Qumran
2 Bar.	*2 Baruch (Syriac Apocalypse)*, Old Testament Pseudepigrapha
2 En.	*2 Enoch (Slavonic Apocalypse)*, Old Testament Pseudepigrapha
3 Macc	3 Maccabees, Apocrypha
4 Macc	4 Maccabees, Apocrypha
4QapocrDan ar	*Apocryphon of Daniel* (4Q246), Qumran
4QFlor	*Florilegium* (4Q174), Qumran
4QPB	4QPatriarchal Blessings, Qumran
4QpGen	*Pesher Genesis* (4Q252), Qumran
4QpIsa[a]	the first copy (copy a) of a pesher on Isaiah from Qumran Cave 4, Qumran
4QShirShabb[a]	*Songs of the Sabbath Sacrificea* (4Q400), Qumran
Agr.	Philo, *De agricultura (On Agriculture)*
Ant.	Flavius Josephus, *Jewish Antiquities*
Ap. Jas.	*Apocryphon of James,* Nag Hammadi Library
Apoc. Ab.	*Apocalypse of Abraham*, Old Testament Pseudepigrapha
Apoc. Pet.	*Apocalypse of Peter*, Nag Hammadi Library
Ascen. Isa.	*Ascension of Isaiah*, Early Christian Literature
b.	*Talmud Babli (Babylonian Talmud)*
Bar	Baruch, Apocrypha
bar.	baraita

Barn.	*Barnabas*, Early Christian Literature
Ber.	*Berakot (Berakhot)*, Rabbinic text
Cant. Rab.	*Canticum Rabbah*, Rabbinic text
Carm. Apol.	Commodianus , *Carmen Apologeticum*, a Christian Latin poem
CD	Cairo Genizah copy of the *Damascus Document*
Cels.	Origen, *Contra Celsum*, Early Christian Literature
Cher.	Philo, *De cherubim (On the Cherubim)*
Conf.	Philo, *De confusione linguarum (On the Confusion of Languages)*
Congr.	Philo, *De congressueru ditionis gratia (On the Preliminary Studies)*
Decal.	Philo, *De decalogo (On the Decalogue)*
Dem. ev.	Eusebius, *Demonstratio evangelica*
Det.	Philo, *Quod deterius potiori insidari soleat (That the Worse Attacks the Better)*
Deus	Philo, *Quod Deus sit immutabilis (That God Is Unchangeable)*
Dial.	Justin Martyr, *Dialogus cum Tryphone (Dialogue with Trypho)*, Early Christian Literature
Did.	*Didache*, Early Christian Literature
Ebr.	Philo, *De ebrietate (On Drunkenness)*
Exc. Theo.	Clement of Alexandria, *Excerpta ex Theodoto (Excerpts from Theodotus)*, Early Christian Literature
Exod. Rab.	*Exodus Rabbah*, Rabbinic text
Ezek. Trag.	Ezekiel the Tragedian, Old Testament Pseudepigrapha
Fug.	Philo, *De fuga et inventione (On Flight and Finding)*
Gen. Rab.	*Genesis Rabbah*, Rabbinic text
Gos. Thom.	*Gospel of Thomas*, Nag Hammadi Library
Ḥag.	*Ḥagigah (Hagigah)*, Rabbinic text

Ḥal.	*Ḥallah (Hallah)*, Rabbinic text
Her.	Philo, *Quis rerum divinarum heres sit (Who Is the Heir?)*
Ḥul.	*Ḥullin (Hullin)*, Rabbinic text
Leg. 1, 2, 3	Philo, *Legum allegoriae (Allegorical Interpretation)* I, II, III
Lev. Rab.	*Leviticus Rabbah*, Rabbinic text
LXX	Septuagint
m.	the Mishnah
Ma'aś.	*Ma'aśerot (Ma'aserot)*, Rabbinic text
Meg.	*Megillah*, Rabbinic text
Mek.	*Mekilta*, Rabbinic text
Midr.	*Midrash*, Rabbinic text
Midr. Ps(s).	*Midrash Psalm(s)*, Rabbinic text
Migr.	Philo, *De migratione Abrahami (The Migration of Abraham)*
Mos. 1, 2	Philo, *De Vita Mosis (On the Life of Moses)* I, II
MT	Masoretic Text (of the OT)
Mut.	Philo, *De mutatione nominum (On the Change of Names)*
Ned.	*Nedarim*, Rabbinic text
Num. Rab.	*Numbers Rabbah*, Rabbinic text
Opif.	Philo, *De opificio mundi (On the Creation of the World)*
Pesaḥ.	*Pesaḥim*, Rabbinic text
Pesiq. Rab.	*Pesiqta Rabbati*, Rabbinic text
Ps.-Philo	*Pseudo-Philo*, Old Testment Pseudepigrapha
Pol. *Phil.*	Polycarp, *To the Philippians*, Early Christian Literature
Post.	Philo, *De posteritate Caini (On the Posterity of Cain)*
Praem.	Philo, *De praemiis et poenis (On Rewards and Punishments)*
Prob.	Philo, *Quod omnis probus liber sit (That Every Good Person Is Free)*
Ps(s). Sol.	*Psalm(s) of Solomon*, Old Testament Pseudepigrapha

QE 1, 2	Philo, *Quaestiones et solutiones in Exodum (Questions and Answers on Exodus)* I, II
QG 1, 2, 4	Philo, *Quaestiones et solutiones in Genesin (Questions and Answers on Genesis)* I, II, IV
Rest of Esther	Additions to Esther in the LXX, Apocrypha
Rosh.	*Rosh Ha-Shanah*, Rabbinic text
Šabb.	*Šabbat (Shabbat)*, Rabbinic text
Sacr.	Philo, *De sacrificiis Abelis et Caini (On the Sacrifices of Cain and Abel)*
Sanh.	*Sanhedrin*, Rabbinic text
Sib. Or.	*Sibylline Oracles*, Old Testament Pseudepigrapha
Sir	Sirach/Ecclesiasticus, Apocrypha
Somn. 1, 2	Philo, *De Somnis (On Dreams)* I, II
Spec. 1, 4	Philo, *De specialibus legibus (Special Laws)* I, IV
T. Job	*Testament of Job*, Old Testament Pseudepigrapha
T. Jud.	*Testament of Judah*, Old Testament Pseudepigrapha
T. Levi	*Testament of Levi*, Old Testament Pseudepigrapha
Ta'an.	*Ta'anit (Ta'anit)*, Rabbinic text
Tg.	*Targum*
Tob	Tobit, Apocrypha
Wis	Wisdom of Solomon, Apocrypha
y.	*Talmud Yerushalmi (Jerusalem Talmud)*
Yebam.	*Yebamot (Yevamot)*, Rabbinic text

기타 약어 및 기호

ad loc.	*ad locum* (at the place discussed)
diss.	dissertation

ed(s).	editor(s), edited by
et al.	*et alii* (and others)
trans.	translator, translated by
v. l.	*varia lectio* (*varient reading*)
//	평행절 (관계)

초기 기독론 연구의 학문적 기틀을 마련하시고
학문과 신앙의 본보기가 되어주신 나의 스승
고(故) 하워드 마샬 교수님께
이 책을 바칩니다.

이 책은 내가 2003년 영국 스코틀랜드의 애버딘 대학교 신학부에 제출한 박사학위 논문에 기초를 두고 있다. 이 논문은 이후 2005년에 *From Messiah to Preexistent Son*이란 제목으로 독일의 Mohr Siebeck 출판사의 WUNT 시리즈로 출판되었고, 이번 기회에 약간의 수정과 증보를 거쳐 우리말로 소개하게 되어 더없이 기쁘다.

사실 이 책은 단순히 나 한 사람만의 노력이 낳은 결과물이 아니다. 각주를 보면 알 수 있듯이 수많은 학자의 선행 연구가 없었다면 이 책은 결코 빛을 보지 못했을 것이다. 던(James D. G. Dunn), 보컴(Richard J. Bauckham), 허타도(Larry W. Hurtado), 헹엘(Martin Hengel), 호버리(William Horbury), 김세윤 교수 등 세계적인 학자들은 신학적 대화 상대로서 나의 비판적 사고를 다듬어주고 연구의 질을 높여주었다.

특히 스승이신 하워드 마샬(I. Howard Marshall, 1934.1.12-2015.12.12) 교수님의 선행 연구는 이 책의 큰 바탕을 마련해주었으며, 나는 그의 논문 지도를 통해 초기 기독론 분야에 깊이 침잠할 수 있었다. 마샬 교수님은 한결같이 제자를 믿고서 창의적 사고를 마음껏 펼치도록 "방목"(放牧)하셨으며, 때로 연구가 부진할 때에도 격려와 조언을 아끼지 않으셨다. 그리고 연구가 열매를 맺었을 때는 그 누구보다 기뻐하고 자랑스러워하셨다.

무엇보다 내가 사용한 연구실이 스승의 연구실 바로 옆에 있었기에 박사학위를 마치기까지 무려 6년 동안이나 학문적 논의와 개인적 담화를 위해 교수님의 연구실을 맘 편히 드나들 수 있었던 것은 더없이 큰 특권이었다.

출간된 지 10년도 넘은 논문을 다시 한국어로 번역하고 증보하는 과정이 그리 쉽지만은 않았다. 그러나 이 과정을 통해 초기 교회의 기독론이 우리가 가진 기독교 신앙의 뿌리를 든든히 하는 데 얼마나 중요한지 다시 한번 깨닫게 되었다. 부디 이 책이 신학생과 목회자들뿐만 아니라 기독교의 기원에 대해 진지한 질문과 관심을 가진 독자들에게 도움이 되기를 기대해본다. 아울러 이 책의 내용 중 극히 일부가 그간 초기 기독론 연구를 국내에 소개하는 차원에서 국내 여러 학술지에 실린 바 있음을 밝힌다.[1]

마지막으로 출판계의 극심한 불황 속에서도 상당히 학문적인 이 책의 출판을 흔쾌히 수락해주신 새물결플러스 대표 김요한 목사님께 깊은 감사를 드리며, 출판의 모든 과정에서 아주 작은 부분까지 챙기며 교정 및 편집에 최선을 다해주신 편집부원들에게 진심으로 감사를 드린다.

2015년 12월 31일
이형일

---

1) 내가 기고한 "초기 고(高) 그리스도론의 기원과 발전에 대한 최근 연구동향", 「신약논단」 20(2012); "선재(先在)적 메시아 사상이 기독교 이전 유대교 내에 존재했나?", 「성경과 신학」 72(2014); "예수의 '아바' 사용과 그의 하나님 아들 자의식에 관한 연구: 초기 고(高) 기독론 형성에 미친 영향", 「신약연구」 13(2014); "초기 그리스도론의 발전과 시편 2:6의 역할: 사도행전 13:33을 중심으로", 「신약연구」 11(2012) 등을 참고하라.

제1장
서론

서구 성서학계에서 학자들의 지속적인 관심을 끌고 있는 연구 주제 가운데 하나는 초기 기독교의 신적 또는 선재적 기독론의 기원과 발전이다. 나사렛 예수는 십자가에서 치욕적인 죽음으로 생을 마감했다. 초기 기독교가 이 예수를 하나님과 대등한 신적 존재이자 태초부터 하나님과 함께한 선재적 존재라고 믿은 것은 불가사의한 일이다.

19세기 후반에서 20세기 초반까지는 종교사학파가 이 난제를 해결하기 위한 연구를 주도했다. 그들은 헬레니즘과 이방 종교에서 답을 찾고자 시도했다. 하지만 20세기의 마지막 25년간은 제2성전기의 유대교 배경에서 그 기원을 찾고자 하는 시도가 크게 주목을 받았다. 초기 기독론에 관한 이 새로운 연구는 이른바 "새 종교사학파"라고 불리는 성서학자들을 중심으로 이루어져 왔다. 그들은 다양한 유대교 전승을 통해 초기 기독론의 기원을 밝히고자 시도했으며 그중 일부는 초기 고(高) 기독론이 예수의 부활

직후부터 첫 20년 혹은 30년 이내에 생겨났다고 본다.

초기 기독론과 유사한 모티프를 제2성전기 유대교에서 찾으려는 학문적 시도는 1세기 유대교의 유일신 사상의 본질을 재평가하는 연구로 이어졌다. 성서학자들은 한 하나님에 대한 유대교의 유일신 사상과, 예수를 신적 또는 선재적 존재로 간주한 초기 기독교의 예수 신앙 간의 수수께끼 같은 관계를 밝히고자 오랫동안 노력해왔다. 유대교의 엄격한 유일신 사상속에서 성장해온 초기 그리스도인들이 어떻게 십자가의 갑작스러운 죽음으로 생을 마감한 인간 나사렛 예수를 신적인 존재로 믿게 되었는가? 이 질문은 여전히 많은 사람의 관심을 끌 만하다.

1.1. ── 최근 학계의 연구 동향

1.1.1. ── 유대교의 지혜 전승과 바울의 지혜 기독론

지금까지 초기 고 기독론을 설명하는 가장 대표적인 이론은 바울의 지혜 기독론이었다. 바울이 유대교의 지혜 전승에 영향받았다는 주장은 성서학계의 정론에 가깝다.

바울의 기독론과 유대 지혜 전승 사이의 연계성을 최초로 지적한 학자는 독일의 빈디쉬(H. Windisch)였다. 빈디쉬는 유대 지혜 전승에서 이미 메시아 개념과 지혜 개념이 융합되었고 바울은 선재적 그리스도를 하나님의 지혜와 동일시했다고 주장했다.[1] 그는 인자를 지혜로 묘사한 에

---

1) H. Windisch, "Die göttliche Weisheit der Juden und die paulinische Christologie," *Neutestamentliche Studien: Georg Heinrici zu seinem 70. Geburtstag* (ed. A. Deissmann; Leipzig: Hinrichs, 1914), 220-234. 그 이후 Knox와 Feuillet가 이 이론

녹1서(42:1; 48:2, 6; 49:3, 4; 92:1)와 미가 5:1, 시편 110:3의 칠십인역에서 메시아와 지혜의 융합을 발견했다. 또한 "하나님의 지혜"(고전 1-3장), "신령한 반석"(고전 10:4), "모든 피조물보다 먼저 나신 이"(골 1:15-20), "교회의 머리"(엡 1:19-21), "가까이에 있는 의의 말씀"(롬 10:6-9) 등의 예수에 대한 바울의 묘사 배후에는 잠언 8장, 집회서 24장, 지혜서 9장의 "지혜 부인"(Lady Wisdom)이 있다고 주장했다.

데이비스(W. D. Davies)는 바울이 창조와 구속 사역에 동참한 하나님의 선재적 지혜로 간주되던 토라를 예수와 동일시하면서 바울의 지혜 기독론이 시작되었다고 주장한다. 그는 바울이 지혜의 모든 속성들(선재, 창조의 매개)을 예수에게 귀속시킴으로써 예수를 새로운 토라로 간주했다고 본 것이다.[2] 그의 관점에 따르면 바울이 율법을 그리스도로 대체할 때 지혜의 모든 고유한 속성들은 자동적으로 예수에게 이양된다.

슈바이처(E. Schweizer)는 갈라디아서 4:4-5의 "하나님이 그 아들을 보내사"와 "속량하기 위하여"라는 두 문구의 기원을 추적한다. 이 두 문구는 원래 알렉산드리아 유대교의 토라-지혜-로고스 사변으로부터 유래된 것으로서 헬레니즘의 영향을 받은 그리스도인들이 예수를 선재한 하나님의 아들로 고백하기 위해 이어받아 사용한 "바울 이전의 '보냄' 고정문구"(pre-Pauline "sending" formula)라는 것이다.[3] 슈바이처는 이 주장

을 좀 더 구체적으로 발전시켰다. W. L. Knox, *St Paul and the Church of the Gentiles* (Cambridge: CUP, 1939), 55-89, 111-124; A. Feuillet, *Le Christ, sagesse de Dieu: d'après les épîtres pauliniennes* (Paris: Lecoffre, 1966).

2) W. D. Davies, *Paul and Rabbinic Judaism: Some Rabbinic Elements in Pauline Theology* (London: SPCK, 1948, 1970), 147-176.

3) E. Schweizer, "Zum religionsgeschichtlichen Hintergrund der 'Sendungsformel' Gal. 4,4f., Rö. 8,3f., Jn 3,16f., 1Jn 4,9," *ZNW* 57(1966), 199-210; "Paul's Christology and Gnosticism," *Paul and Paulinism: Essays in Honour of C. K. Barrett* (eds. M. D. Hooker *et al.*; London: SPCK, 1982), 118-119.

을 뒷받침하기 위해 지혜와 아들을 보낸다는 의미의 동사 "엑사포스텔레인"(ἐξαποστέλλειν)이 동일하게 사용된 지혜서 9:10-17과 갈라디아서 4:4-7의 평행성을 강조한다.

헹엘(M. Hengel)은 유대교의 지혜 전승을 통해 예수에 관한 초기 기독교(특히 바울)의 언어들을 설명했다.[4] 그는 하나님의 아들이라는 칭호를 기점으로 그것과 관련된 여러 사고 양식(thought-patterns)—선재, 천지창조시 매개 역할, 세상에 보냄을 받음—의 역사적 선례들을 연구했다. 헹엘은 다른 기독론적 칭호 및 신앙고백들의 종교-역사적 배경에 대한 새로운 학설을 추가하면서 "하나님이 그 아들을 보내심"이 헬레니즘의 영향을 받은 토라-지혜-로고스 사변을 반영한다는 슈바이처의 이론을 발전시켰다. 예수가 인자와 하나님의 아들로 고양(高揚)되었다는 신앙고백은 예수와 "하나님의 지혜"가 맺는 관계에 대한 질문을 불러일으킨다. 이에 대해 그는 선재 사상이 도입되자 지혜의 속성들이 자동적으로 예수에게 이양되었다고 주장한다.[5]

김세윤은 예수가 "하나님의 형상"이며 하나님의 아들이라는 확신을 준, 다메섹 도상에서 있었던 그리스도의 현현(顯現)이 바로 바울이 예수와 지혜를 동일시하게 된 동기라고 주장한다.[6] 초기 그리스도인들이 지혜와 토라를 동일시했던 유대교의 영향으로 예수를 먼저 지혜와 동일시하고 그 후에 토라와 동일시했다는 헹엘의 견해와는 달리, 김세윤은 그 순서를 뒤집어 초기 그리스도인들이 예수를 먼저 토라와 동일시하고 그 후에 지혜와 동일시했다고 본다.

---

4) M. Hengel, *The Son of God: the Origin of Christology and the History of Jewish-Hellenistic Religion* (London: SCM, 1976).
5) Hengel, *Son of God*, 67, 72. 그의 이 같은 주장은 Davies의 이론을 수정한 것이다.
6) 김세윤, *The Origin of Paul's Gospel* (WUNT 2/4; Tübingen: Mohr Siebeck, 1981), 114-131, 257-260.

던(J. D. G. Dunn)은 유대 지혜 전승이 바울의 기독론에 영향을 주었다는 점을 인정한다. 그러나 그는 바울의 지혜 본문들이 "그리스도의 선재(先在)를 주장하거나 예수가 창조 사역에 있어서 인격적으로 활동한 신적인 존재였다는 사실을 확증하고자 의도한 것"이 아니라 "하나님의 창조와 구원 사역의 완전한 체현(體現)"을 말하고자 한 것이라고 주장하며 학계 다수의 견해에 이의를 제기했다.[7]

바울의 기독론 배후에 유대 지혜 전승이 존재한다는 데 모두가 동의하는 것은 아니다.

바울의 기독론이 지혜의 영향을 받았다는 학계의 정론에 최초로 의구심을 표명한 사람은 세르포(L. Cerfaux)였다. 그는 바울이 구약의 지혜 본문과 지혜 전승을 암시한 것은 사실이나 바울의 지혜 본문들은 유대 지혜 전승만으로 해석되지 않음을 입증해 보였다. 그는 바울이 유대 지혜 전승을 잘 알고 있었으며 그리스도의 본질을 설명하기 위해 그것을 사용하기는 했지만 예수와 신화적 존재로서의 지혜를 명시적으로 동일시한 적은 전혀 없다고 말한다.[8]

콘첼만(H. Conzelmann)은 바울이 고린도전서 2-3장에서 지혜를 언급할 때 지혜 전승을 따른 것이 아니라 고린도 교회의 어휘를 사용한 것이며, 그의 지혜 신학은 "지혜"를 체계적으로 가르치고 토론하던 에베소의 바울 학파 내에서 찾아야 한다고 주장한다.[9]

해머튼-켈리(R. Hamerton-Kelly)는 지혜 전승이 초기 기독론에 영향을

---

7) J. D. G. Dunn, *Christology in the Making: A New Testament Inquiry into the Origins of the Doctrine of the Incarnation* (2nd ed.; Grand Rapids: Eerdmans, 1996), 176-196. Dunn은 Wis 9:10-17과 갈 4:4-5의 유사성 및 "바울 이전의 '보냄' 고정문구"의 존재는 인정하지 않는다.

8) L. Cerfaux, *Christ in the Theology of St. Paul* (New York: Herder, 1959), 271.

9) H. Conzelmann, "Paulus und die Weisheit," *NTS* 12 (1965-1966), 231-244.

준 것은 사실이지만 바울은 그 전통적 기독론을 유대교 묵시 문학의 범주로 대폭 수정했다고 주장한다. 즉 에스라4서의 인자, 율법, 하늘의 예루살렘, 의인화된 지혜처럼 묵시 문학에 나타난 선재적 "존재들"이 바울의 기독론에서 부분적인 역할을 한다는 것이다.[10] 그에 따르면 바울은 근본적으로 하나님의 지혜를 구원을 위한 하나님의 전체적인 묵시적 계획으로 보았지 그리스도로 본 것은 결코 아니다.

판 룬(A. van Roon)은 바울이 지혜 언어를 사용했다기보다는 단순히 하나님의 속성들을 그리스도에게 적용해 하나님과 그를 동등한 존재로 간주했다고 말한다. 예를 들어 고린도전서 10:4에서 바울은 지혜에 관한 이야기를 하는 것이 아니라 먼저 하나님과 반석을 동일시하고 그것을 그리스도에게 다시 적용한다.[11]

피(G. Fee)는 바울의 지혜 기독론을 반영하는 본문들(고전 1:24, 30; 8:6; 골 1:15-17)을 재검토한 후, 학자들이 바울 서신에서 지혜 기독론을 발견하는 가장 큰 이유는 그것이 바울 서신에 분명히 나타나기 때문이라기보다는 바울 고 기독론의 기원을 찾고자 하는 학자들의 "필요" 때문이라고 지적한다.[12] 그는 바울의 전체적인 신학이나 기독론에서 지혜 전승의 영향을 받았다는 흔적은 단 한 군데에서도 찾아볼 수 없다고 단언한다. 그가 지적한 가장 큰 문제는 유대 지혜 문서들이 바울의 언어나 사고방식에서 결코 찾아볼 수 없는 지혜에 관해 기술하는 반면, 바울은 유대 지혜 전승과는

---

10) R. Hamerton-Kelly, *Pre-Existence, Wisdom, and the Son of Man: a Study of the Idea of Pre-Existence in the New Testament* (SNTSMS 21; Cambridge: University Press, 1973), 106-107.

11) A. van Roon, "The Relationship between Christ and the Wisdom of God according to Paul," *NovT* 16(1974), 207-239.

12) Gordon D. Fee, "Wisdom Christology in Paul: A Dissenting View," *Way of Wisdom* (eds. James I. Packer, Sven Soderlund; Grand Rapids: Zondervan, 2000), 251-279.

전혀 관련이 없는 그리스도의 인격과 사역에 관해 기술한다는 것이다.[13]

정리하자면 학자들 대다수는 바울의 기독론이 유대교의 지혜 전승으로부터 큰 영향을 받았다고 본다. 하지만 바울이 과연 예수를 의인화된 하나님의 지혜 또는 "지혜 부인"과 동일시했는지에 관한 문제는 아직 쟁점으로 남아 있다.

1.1.2. —— 하나님의 대리인과 천사적 또는 천사 형태적 존재에 대한 유대교 전승

최근에는 지혜 전승보다 조금 더 포괄적으로 하나님의 대리인 또는 중간적 존재에 관한 유대교 전승에 성서학자들의 관심이 집중되고 있다. 물론 이에 대한 관심이 완전히 새로운 것은 아니다. 이미 20세기 초에 부세(W. Bousset)는 포로기 이후 천사장들을 비롯한 중간적 존재들(intermediary beings)에 관한 사변의 영향 속에서 유대교의 유일신 사상이 상당히 약화했다는 주장을 펼쳤다.[14] 즉 유대교의 유일신 사상은 이방인 개종자들이 초기 기독교로 대거 밀려 들어와 예수를 신적이며 하나님과 대등한 또 다른 믿음의 대상으로 격상시키기 이전부터 약화하기 시작했다는 것이다.

한편 던(Dunn)은 초기 기독교가 유대교의 유일신 사상에서 벗어남으로써 출발했는지 혹은 처음부터 유일신 사상으로서 출발했는지를 묻는

---

13) 최근 들어 여러 차례 발표된, 신약의 지혜 기독론에 반론을 제기하는 연구 결과는 주목할 만하다. Sean M. McDonough, *Christ as Creator: Origins of a New Testament Doctrine* (Oxford: Oxford University Press, 2009). Gathercole과 Macaskill은 마태의 지혜 기독론에 반론을 제기한다. Simon J. Gathercole, *The Preexistent Son: Recovering the Christologies of Matthew, Mark, and Luke* (Grand Rapids: Eerdmans, 2006); Grant Macaskill, *Revealed Wisdom and Inaugurated Eschatology in Ancient Judaism and Early Christianity* (JSJSup 115; Leiden: Brill, 2007).

14) W. Bousset, *Kyrios Christos: Geschichte des Christusglaubens von den Anfängen des Christentums bis Irenaeus* (Göttingen: Vandenhoeck & Ruprecht, 1913).

다. 그는 초기 기독교 이전의 유대교 문서에서 유일신 사상을 위협하거나 약화할 만한 하늘의 존재나 개념이 존재했는지를 연구했다. 그 결과 의인화된 하나님의 속성들에 대한 언어 또는 하나님 외에 다른 중간적 존재에 관한 사변이 결코 유일신 사상에 커다란 위협이 되지 못했다고 결론짓는다.[15] 그에 따르면 지혜나 로고스처럼 하나님의 속성을 의인화한 개념은 "세상과 관련해서 **하나님**에 관해 이야기하는 수단"으로서 "하나님의 초월성을 약화하지 않으면서 하나님의 내재성을 표현하는" 기능을 수행한다.[16] 던은 지혜와 로고스가 신의 위격(hypostasis) 혹은 하나님과 분리된 독립적 존재가 된 것이 아니라, 하나님 자신의 속성과 행동을 표현하는 "생생한 은유(隱喩)"로 남아 있었다고 말한다.[17] 따라서 그는 신구약 중간기 동안에 증가한 고양된 족장들이나 천사장들에 관한 사변들이 유대교 유일신 사상이나 하나님의 주권을 위협하거나 약화하기보다는 오히려 더 확고히 했다고 주장한다.[18]

던은 바울이 지혜의 특성들을 예수에게 부여했으며(예. 고전 1:24, 30; 8:6; 10:1-4; 롬 10:6-10; 골 1:15-20) 부활한 그리스도를 "하나님의 지혜의 완전한 체현"으로 표현했다고 주장한다. 물론 어떤 의미에서 바울의 이러한 신학적 사고는 상당한 발전이라고 볼 수 있다. 하지만 던은 바울의 신학적 사고가 아직 유대교의 은유적 표현의 범주를 벗어났다고 볼 수는 없다고 못을 박는다. 초기 기독교의 지혜 사변을 전혀 새로운 차원으로 발전시킨 요한복음이 기록되기 이전에는 여전히 고양된 그리스도에 대한 헌

---

15) J. D. G. Dunn, "Was Christianity a Monotheistic Faith from the Beginning?," *SJT* 35 (1982), 321-322.

16) Dunn, "Was Christianity," 319.

17) Dunn, *Christology in the Making*, 167.

18) Dunn, "Was Christianity," 309-313. Dunn은 Philo나 Josephus에서도 유일신 사상에 대한 위협을 발견하지 못한다.

신(devotion)에서부터 "온전한 숭배"(full-scale worship)로의 발전 도상이기 때문에 바울을 비롯한 초기 그리스도인들이 아직 예수를 하나님으로 숭배했다고 볼 수는 없다는 것이다.[19]

던에 따르면 요한복음 저자야말로 예수를 신적이며 선재적 존재로 보기 위해 유대교의 은유적 표현의 범주 안에 있던 로고스/지혜 찬가(Logos/Wisdom hymn)를 개작했을 뿐만 아니라, 기존에 있던 지혜 기독론(Wisdom Christology)과 하나님의 아들 기독론(Son of God Christology)을 하나로 통합시켜 명확한 선재 및 성육신 기독론(Preexistent and Incarnational Christology)으로 발전시킨 인물이다. 따라서 던은 요한에게 "예수는 하나님 아들의 성육신이 아닌 하나님 자신의 성육신, 즉 혈과 육이 되신 하나님 자신의 계시"이며 선재 및 성육신 사상의 절정은 오직 신약성서의 요한 문헌에서만 찾아볼 수 있다고 결론 내린다.[20]

케이시(M. Casey)도 유대교의 유일신 사상이 바울 이전에는 약화하지 않았다는 던의 견해에 동의한다. 그는 예수가 신적 지위로 격상된 것은 요한 공동체에 속한 유대인들이 기원후 70년쯤에 회당으로부터 축출된 이후에 일어난 일이라고 주장한다. 케이시는 요한복음에서 예수를 대적하는 자들을 거듭해서 "유대인들"로 지칭하고 있음이 저자를 비롯한 요한 공동체가 이미 이방인으로서의 정체성을 지니고 있었다는 명백한 증거라고 본다.[21] 또한 케이시는 요한복음에 60여 차례 등장하는 "유대인"이라는

---

19) J. D. G. Dunn, *The Partings of the Ways: Between Christianity and Judaism, and Their Significance for the Character of Christianity* (London: SCM, 1991), 205-206, 228-229.

20) Dunn, *The Partings of the Ways*, 229.

21) M. Casey, *From Jewish Prophet to Gentile God: the Origins and Development of New Testament Christology* (Cambridge: CUP, 1991), 27. 대체적으로 Casey는 요한복음의 역사적 진실성을 부인하며 요한복음의 기독론은 요한 공동체의 산물이라고 주장한다; 참조. M. Casey, *Is John's Gospel True?* (London; New York: Routledge, 1996).

단어가—예수의 제자들 역시 유대인이었음에도 불구하고—대부분 예수를 대적하는 자들을 가리킨다는 사실을 지적한다.[22]

케이시의 주장에 따르면 1세기 동안 꾸준히 격상된 예수의 지위와 기능은 오직 유대 공동체로서의 정체성을 가장 잘 대변해주는 유일신 사상에 의해서 제약을 받아왔다. 그러나 요한 공동체가 회당으로부터 축출된 이후에 이방인으로서의 정체성을 갖게 되자 유일신 사상의 속박에서 벗어나 비로소 예수의 신성과 성육신 사상을 받아들이게 되었다. 결국 케이시의 결론은 이러한 과정을 통해 "유대교의 한 예언자"가 "이방인의 하나님"이 되었다는 것이다.[23]

한편 던은 초기 기독론이 유대교 유일신 사상의 범주를 벗어나지 않았고 1세기 후반에 가서야 고 기독론으로 발전했다고 보는 점에서 케이시의 주장에 동의한다. 하지만 "예수의 신성에 대한 믿음이 오직 비(非) 유대적인 이방인 교회에서만 발전할 수 있었는지"[24]에 대해서는 의문을 제기한다.[25] 이와 같은 이견에도 불구하고 던과 케이시가 초기 기독교의 고 기독론이 기원후 70년대 이후의 산물이라는 데에 의견을 같이한다는 사실은 매우 흥미롭다.

한편 허타도(L. Hurtado)는 유대교 유일신 사상이 유대교의 중간적 존재들에 대한 사변에 의해 약화하지 않았다는 던과 케이시의 견해에 동의하지만, 이러한 사변이 초기 기독교의 고 기독론의 발전에 중요한 역할을

---

22) Casey, *From Jewish Prophet*, 27.

23) Casey, *From Jewish Prophet*.

24) J. D. G. Dunn, "The Making of Christology: Evolution or Unfolding?," *Jesus of Nazareth: Lord and Christ: Essays on the Historical Jesus and New Testament Christology* (eds. Joel B. Green, Max Turner; Grand Rapids: Eerdmans, 1994), 444, Casey, *From Jewish Prophet*, 169에서 재인용.

25) Dunn, "The Making of Christology," 437-452.

했다는 점을 선명하게 부각한다.[26] 그는 유대교의 여러 중간적 존재들, 즉 의인화된 하나님의 속성, 고양된 족장들, 천사장들이 묘사된 방식과 신약의 고양된 그리스도가 묘사된 방식 사이에서 상당히 "흥미로운 언어적 유사성"을 찾아냈다. 그리고 이러한 세 범주의 개념들은 초기 기독교가 고양된 예수를 이해하는 데 중요한 유대교적 배경을 제공할 뿐만 아니라, "더 근본적으로는 그 언어를 빌어온 개념적 배경을 가리킨다"고 주장한다.[27] 그에 따르면 예수에 대한 숭배는 헬레니즘의 영향을 받은 종교 혼합주의의 산물이 아니라, 최초기 그리스도인들에 의해 일어난 유대교 유일신 사상의 "획기적인 변이 또는 혁신"이다.[28]

허타도는 유일신 사상이 재정의된 시점에 관해서 던과 케이시와는 다른 결론에 도달한다. 그는 이러한 유일신 사상의 혁신이 이미 바울 이전에 일어났다고 보는 것이다. 왜냐하면 바울이 예수를 높이며 숭배한 방식은 그가 예수를 신적 존재로 보았다는 증거이며, 예수에 대한 그의 관점은 결코 특별한 것이 아니라 초기 그리스도인들의 신앙적 관점과 일치하기 때문이다.[29] 그는 종교 행위에서 유일신 사상의 진위를 구별하는 진정한 시금석은 숭배(worship)라고 강조한다.[30] 그에 따르면 바울과 초기 그리스도인들은 예수를 하나님으로 생각했으며 "예수를 신적 존재로 숭배하는 것이 지극히 당연하다고 생각했을 뿐만 아니라 한 하나님을 숭배하는 것으로 생각했다."[31]

---

26) Larry W. Hurtado, *One God, One Lord: Early Christian Devotion and Ancient Jewish Monotheism* (Philadelphia: Fortress Press, 1988).

27) Hurtado, *One God, One Lord*, 50.

28) Hurtado, *One God, One Lord*, 2, 99. Hurtado는 "변이"(mutation)라는 단어를 "초기 유대 전승의 직접적인 파생물이자 돌연변이"로 정의한다.

29) Hurtado, *One God, One Lord*, 3-5.

30) Hurtado, *One God, One Lord*, 38.

31) Hurtado, *One God, One Lord*, 2.

초기 기독교의 예수 숭배와 이를 통한 유대교 유일신 사상의 획기적인 변이 혹은 혁신을 강조하는 허타도와는 달리, 보컴(R. Bauckham)은 오히려 이스라엘의 유일한 하나님에 대한 전통적인 유대교의 이해가 신약의 고 기독론이 제시하는 수수께끼를 푸는 열쇠라고 주장한다. 그는 "초기 유대교는 한 하나님의 고유한 정체성(unique identity)을 묘사하는 명확하고도 일관된 방식을 가지고 있었기 때문에 한 하나님을 다른 모든 존재로부터 엄격하게 구별했다"고 말한다.[32] 초기 유대인들은 신성(divinity)이란 무엇인가에 초점을 맞춘 신적 본질 또는 특성을 통해 하나님을 이해한 것이 아니라 하나님은 어떤 분이신가에 초점을 맞춘 신적 정체성을 통해 하나님을 이해했다는 것이다. 보컴은 제2성전기 유대 문헌들이 하나님과 다른 모든 존재를 엄격하게 구별했다고 주장하며 오히려 이러한 구별을 희미하게 만드는 최근 학설들의 오류를 지적한다.[33] 따라서 그는 유대교의 "중간적 존재들"이 초기 기독론 발전에 중요한 역할을 했다는 견해에 이의를 제기한다. 그는 의인화되거나 위격화된 하나님의 속성들과 하늘의 천사장들 및 고양된 족장들 사이에 예리한 구분을 지어야 한다고 강조한다. 그가 보기에 전자는 명백하게 하나님의 고유한 정체성 안에 포함되지만, 후자는 하나님의 고유한 정체성에서 확실히 제외되기 때문이다.[34]

보컴은 초기 기독교가 시편 110:1과 이사야 40-55장 등의 구약 본문들을 창의적으로 해석함으로써 예수가 하나님의 고유한 정체성 안에 포

---

32) R. Bauckham, *God Crucified: Monotheism and Christology in the New Testament* (Carlisle: Paternoster, 1998), vii.

33) R. Bauckham, "The Throne of God and the Worship of Jesus," *The Jewish Roots of Christological Monotheism: Papers From the St. Andrews Conference on the Historical Origins of the Worship of Jesus* (eds. C. C. Newman *et al.*; Leiden: Brill, 1999), 43-69.

34) Bauckham, *God Crucified*, 17.

함된 존재임을 깨닫게 되었다고 주장한다.[35] 또한 그는 하나님의 고유한 정체성과 초기 기독교의 창의적인 구약성서 해석의 중요성을 강조하면서 "최초기 기독론은 이미 최고(最高) 기독론"이었다고 주장한다.[36]

허타도는 초기 기독론의 발전 과정에서 유대교 안에 있던 하나님의 대리인(divine agent) 전승의 중요성을 포괄적으로 강조한다. 그러나 일부 학자들은 천사적 또는 천사 형태적 존재(Jewish angelic or angelomorphic beings)의 본질과 기능에 관한 유대교 사변의 중요성을 강조한다. 그들은 제2성전기 유대교 내에서 천사들, 고양된 족장들, 위격적 존재들에 대한 관심의 증폭이 유일신 사상을 근간으로 하는 하나님의 개념을 둘로 나누었고, 이는 결국 초기 그리스도인들이 예수를 신적 또는 선재적 존재로 이해하는 길을 열었다고 주장한다. 더 나아가 그들은 제1세기 유대교 유일신 사상이 과연 지금까지 우리가 추정해왔던 것만큼 엄격했는지에 대해 의문을 제기하면서 유대교 유일신 사상에 대한 새로운 이해의 필요성을 부각한다.

예를 들어 롤란드(C. Rowland)는 유대교 묵시 문학에서 영광스러운 천사들에 대한 환상은 기독교 이전의 유대교에서 하나님의 개념이 이미 둘로 나뉘었음을 보여주며, 이와 같은 하나님 개념의 발전은 초기 그리스도인들로 하여금 예수를 하나님과 대등한 신적 존재로 이해할 수 있도록 돕는 역할을 했다고 주장한다.[37] 그에 따르면 에스겔서와 다니엘서에서 인간의 모습으로 묘사된 하나님이 하나님의 보좌로부터 분리되어 다니엘 10:5-6의 "한 사람"처럼 "천사와 유사한 중개인"(겔 8:2-4)의 기능을 수행하는 경향을 나타낸다고 한다. 다니엘 10:5-6에 등장하는 천사에 대한 묘

---

35) Bauckham, *God Crucified*, 31.
36) Bauckham, *God Crucified*, viii.
37) C. Rowland, *The Open Heaven: a Study of Apocalyptic in Judaism and Early Christianity* (London: SPCK, 1982), 84-113.

사는 에스겔 1:26-29의 신 현현의 영향을 받았지만 에스겔 8:2-4의 존재는 다니엘 7:13의 "인자 같은 이"와 서로 조화를 이룬다는 것이다.[38] 그뿐 아니라 그는 다니엘 7:13의 칠십인역 역자가 "인자 같은 이"가 "옛적부터 항상 계신 이에게" 대신에 "옛적부터 항상 계신 이로서" 나아온다고 번역함으로써 그의 신적 신분을 더욱 분명하게 드러냈다고 주장하면서, 요한계시록 1:14의 부활한 예수에 대한 묘사가 다니엘 7장의 "옛적부터 항상 계신 이"(Ancient of Days)와 유사한 것도 칠십인역의 영향 때문이라고 말한다. 따라서 그는 말씀과 지혜와 같은 하나님의 속성이 위격적으로 발전한 것과 비슷한 현상을 천사적 또는 천사 형태적 존재에 대한 사변에서도 발견할 수 있다고 주장한다.[39]

포섬(J. E. Fossum)은 유대교의 위격화한 하나님의 이름과 주의 천사가 대행한 창조에 관한 개념이 영지주의에서 내세운 데미우르고스의 전신(前身)이었다고 주장한다.[40] 그는 천사장 야호엘을 한 예로 든다. 그는 이 천사장이, 주의 천사가 하나님과 거의 구별이 안 되는 단계로부터 "별개의 인격체와 영원한 존재"로의 변화를 시사한다고 주장한다.

기원후 2세기와 그 이후의 랍비 문헌을 탐구한 시걸(A. Segal)은 어떤 유대교 "이단들"(heretics)이 하늘의 천사장들과 위격화한 하늘의 현현(顯現)들을 지나치게 숭배한다는 비난을 받았다는 사실을 밝혀냈다.[41] 그에

---

38) C. Rowland, "The Vision of the Risen Christ in Rev. 1.13ff: the Debt of an Early Christology to an Aspect of Jewish Angelology," *JTS* 31(1980), 1-5; Rowland, *The Open Heaven*, 94-101.

39) Rowland, *The Open Heaven*, 100. Rowland는 *Apoc. Ab.* 10-11에서도 영광스러운 천사 야호엘의 배경을 설명해주는 내용을 발견한다.

40) J. E. Fossum, *The Name of God and the Angel of the Lord: Samaritan and Jewish Concepts of Intermediation and the Origin of Gnosticism* (WUNT 36; Tübingen: Mohr Siebeck, 1985), iii.

41) A. F. Segal, *Two Powers in Heaven: Early Rabbinic Reports About Christianity and Gnosticism* (SJLA 25; Leiden: Brill, 1977).

따르면 이 "두 권력자 이단"(two Power heresy)은 당시 유대인들이 묵시 문학에 등장하는 보좌에 앉으신 하나님 이외의 다른 존재들에 대해 큰 관심을 보이면서 성행하기 시작했던 것으로서, 신약에 나타난 초기 기독교의 현상들이 바로 이 이단 사상의 초기 사례 가운데 하나였을 가능성이 높다. 나아가 그는 초기 기독교가 천상의 여러 인간적 존재들과 중간적 존재들을 예수와 동일시했을 것이라는 학설을 제시한다.[42]

포섬의 제자인 기셴(C. A. Gieschen)은 천사 형태적 전승, 특히 주의 천사 전승으로부터 발전된 전승들이 초기 기독론에 상당한 영향을 미쳤다고 주장하면서 천사 형태적 기독론에 대한 증거가 기원후 50년과 150년 사이의 여러 문서에 잘 나타난다고 주장한다. 그는 지혜, 영, 이름, 영광, 인자, 이미지, 인간 등에 관한 유대 전승과 초기 기독교의 기독론이 "주의 천사는 인간의 모습으로 나타나는 하나님"이라는 천사 형태적 전승에 그 근본적인 뿌리를 두고 있다고 본다.[43]

1.1.3. —— 선재적 메시아에 대한 유대교 전승

앞서 언급한 바와 같이 던은 그의 저서 『생성기의 기독론』(Christology in the Making)에서 초기 기독교의 성육신 교리에 대한 선례를 초기 유대교에서 전혀 찾아볼 수 없다고 주장했다. 그런데 하나님의 아들, 인자, 마지막 아담, 성령, 천사, 하나님의 지혜와 말씀 등 예수의 성육신과 선재성의 배경이 될 만한 다양한 전승들을 자세히 검토한 그의 연구에서 한 가지 주목할 만한 점은, 메시아가 연구 대상에서 제외되었다는 사실이다. 이에

---

42) Segal, *Two Powers in Heaven*, 208.
43) C. A. Gieschen, *Angelomorphic Christology: Antecedents and Early Evidence* (AGJU 42; Leiden: Brill, 1998).

대해 그는 "초기 유대교의 에녹비유서(*1 En.* 37-71장) 이전에는 선재적 메시아에 대한 개념이 존재하지 않았기 때문"이라고 설명한다.[44]

그러나 최근 호버리(W. Horbury)는 제2성전기 유대교에 선재적 메시아에 대한 개념이 존재했다고 주장한다.[45] 그는 선재적 메시아가 "하늘의 덕목과 권력이 부여된 인간적 존재"로서 "하나님으로부터 보냄을 받은 한 영의 징후와 체현으로 간주될 수 있다"고 말한다.[46] 그에 따르면 영적이며 초인적인 메시아상(像)과 정복자로서의 인간적 메시아상은 상반되는 것이 아니다. 그는 이러한 선재적 메시아상이 구약성서의 여러 메시아적 본문들에 나타난 고양된 메시아의 특성으로부터 유래되었으며, 칠십인역 모세오경으로부터 여러 유대 문헌과 랍비 문헌에 이르기까지 그 영향을 미쳤다고 말한다.[47]

1.1.4. ── 최근 연구 동향에 대한 비판적 평가

지금까지 선행 연구들을 종합한 결과 여러 가지 중요한 이슈들이 드러났다. 예를 들어 다음과 같은 세 가지 문제다.

　① 먼저 1세기 유대교 유일신 사상과 관련하여 유대교 유일신 사상이
　　하나님의 대리인 또는 중간적 존재에 관한 사변으로 말미암아 초기

---

44) Dunn, *Christology in the Making*, 72. Dunn은 "우리는 다니엘 7장의 '인자 같은 이'가 초기 유대교에서 선재적 존재로 이해됐다는 확실한 증거를 발견할 수 없다"고 말한다. 하지만 W. Horbury, "The Messianic Associations of 'the Son of Man'," *JTS* 36(1985), 34-55는 이에 동의하지 않는다.
45) W. Horbury, *Jewish Messianism and the Cult of Christ* (London: SCM, 1998), 86-108.
46) Horbury, *Jewish Messianism*, 90.
47) Horbury, *Jewish Messianism*, 87.

기독교 출현 이전에 이미 약화했는지의 문제다.

② 만약 그렇지 않다면 유대교 유일신 사상이 초기 고 기독론의 발전을 통해 혁신되거나 새롭게 인식되었는지에 관한 문제가 대두한다.

③ 그러한 혁신이나 새로운 인식이 일어났다면 그 시점이 과연 언제인지에 관한 문제를 살펴보아야 한다.

그런데 이러한 여러 가지 문제에 대한 해답을 얻기 위해서는 유대교의 "중간적 존재들"의 본질과 그들이 수행했던 기능에 관한 올바른 이해가 선행되어야만 한다.

앞서 살펴보았듯이 롤란드를 중심으로 유대교의 천사적 또는 천사 형태적 전승이 초기 기독론에 미친 영향을 강조하는 학자들은 이미 초기 유대교에서 하나님과 중간적 존재들 사이의 뚜렷한 구분이 어려워졌으며 더 나아가서는 하나님의 개념이 분기(分岐)되었다고 주장한다. 따라서 그들은 초기 유대교 유일신 사상이 새롭게 정의되어야 한다고 주장한다.

그러나 그들의 주장은 설득력이 떨어진다. 간혹 중간적 존재들이 하나님의 기능을 수행하는 모습으로 묘사되는 것은 사실이다. 하지만 그들의 이러한 기능은 하나님이 부여한 것일 뿐, 하나님과 대등하게 공유하는 것은 아니다. 천사장들은 하나님의 대리인 또는 종으로서 하나님을 대신하여 임무를 수행할 뿐이다.

그런데 유대 문헌 중 다른 중간적 존재들과는 달리 하나님의 보좌를 공유하는 특권을 지닌 중간적 존재들이 등장한다. 바로 지혜와 모세, 그리고 인자다.[48]

---

48) D. L. Bock, *Blasphemy and Exaltation in Judaism and the Final Examination of Jesus: a Philological-Historical Study of the Key Jewish Themes Impacting Mark 14:61-64* (WUNT 2/106; Tübingen: Mohr Siebeck, 1998), 112-183.

지혜서 9:4, 10과 에녹1서 84:2-3 등에서 지혜는 하나님의 보좌를 공유한다. 하지만 이러한 묘사는 하나님의 유일무이성과 절대주권을 강조하는 유대교 유일신 사상과 긴장 관계에 있는 것이 아니다. 왜냐하면 지혜는 하나님과 구별된 존재가 아니라 의인화한 하나님 자신이기 때문이다.[49] 지혜 언어는 결코 유일신 사상의 범주를 벗어나지 않는다. 던의 적절한 지적처럼 지혜 언어는 제2성전기 유대인들이 하나님의 초월성이나 유일무이성을 약화하지 않으면서 이 세상에서 하나님의 현존(現存)과 활동에 관해 말할 수 있는 유용한 도구를 제공한다.

한편 모세도 "비극작가 에스겔"(Ezek. Trag.)에 의해 왕좌의 자리로 높이 들림을 받는다. 그러나 그의 고양된 지위 역시 나라를 세우기 위해 그에게 위임된 권력에 대한 은유적 표현으로 이해하는 것이 적절하다. 그의 "신격화"에 대한 언급도 그가 "바로에게 신같이 되게"(출 7:1; *Mos.* 1.155-162; *Det.* 160-162; *Sac.* 9-10) 했다는 표현처럼 하나님의 능력 있는 대리인 역할에 대한 강조로 이해하는 것이 바람직하다.[50]

에녹비유서에 등장하는 "인자"도 그가 하나님의 보좌에 앉는다는 점(62:2, 5; 69:27, 29; 참조. 51:3)과 숭배를 받는다는 점(46:5; 48:5; 62:6, 9)에서 매우 독특한 인물이다. 즉 "비극작가 에스겔"이 모세에게 은유적으로 적용한 것을 에녹비유서 저자는 인자에게 문자적으로—비록 종말론적이긴 하지만—적용한다. 따라서 지혜와 에녹비유서의 인자만이 고양된 예수가 하나님의 보좌를 공유한다는 초기 기독교의 믿음에 대한 진정한 (그러나 제한적인) 선례가 된다고 하겠다.

한편 유대교에서 진정한 숭배의 대상이 오직 이스라엘의 유일한 하나

---

49) Bauckham, "The Throne of God," 54.
50) Bock, *Blasphemy*, 133-145.

님 한 분이었다는 사실은 주목할 만하다.[51] 하나님 한 분에 대한 숭배는 이방 신들뿐만 아니라 피조물인 하나님의 종들에 대한 숭배와도 극명한 대조를 이룬다(Ant. 1.155-156). 천사들은 숭배의 대상이 아니었다. 천사를 숭배하려는 행위가 일부 묵시 문헌에 나타나긴 하지만 천사들은 자신들 역시 하나님의 종이라는 이유로 숭배를 거부한다(Ascen. Isa. 8:5; 계 19:10; 22:9; 참조. Tob 12:18).[52] 신약에서 천사와 예수의 결정적인 차이점은 예수가 한 번도 영광의 보좌 앞에서 하나님을 숭배하는 천상의 존재로 묘사되지 않는다는 것이다.

중간적 존재에 관한 다양한 생각들이 존재했음에도 불구하고 1세기 유대교인들은 이스라엘의 유일신 하나님이 천지의 창조자이며 온 세상 만물을 다스리는 절대 주권자임을 굳게 믿고 하나님 한 분 외에 다른 존재를 숭배하는 행위는 절대 용납하지 않았다. 이러한 엄격한 유일신 사상은 구약성서의 쉐마(신 6:4-5; 참조. 신 10:12; 11:13)를 비롯해 제2이사야서(특히 45:20-25)와 예수 전승(막 12:29-30//), 유대 문헌(Decal. 65; Ant. 5.112), 그리스 철학자 켈수스의 글(Cels. 1.23-24)에서 찾아볼 수 있다. 따라서 이러한 증거들은 1세기 유대교 유일신 사상이 새롭게 정의될 필요가 없음을 보여준다.

한편 서로 간의 견해 차이에도 불구하고 던, 케이시, 허타도, 보컴이 모두 동의하는 부분은 바로 1세기 유대교 유일신 사상이 초기 기독교의

---

51) Hurtado는 유대교 유일신론의 가장 기본적인 특징이 이스라엘의 하나님 한 분만을 숭배한 것이라는 자신의 주장에 반대하는 학자들과 변론한다. Larry W. Hurtado, *Lord Jesus Christ: Devotion to Jesus in Earliest Christianity* (Grand Rapids: Eerdmans, 2003), 29-48(『주 예수 그리스도』, 새물결플러스 역간).

52) R. Bauckham, *The Climax of Prophecy: Studies on the Book of Revelation* (Edinburgh: T&T Clark, 1993), 120-148; Loren T. Stuckenbruck, *Angel Veneration and Christology: a Study in Early Judaism and in the Christology of the Apocalypse of John* (WUNT 2/70; Tübingen: Mohr Siebeck, 1995), 75-103.

출현 이전에 약화 또는 변화하지 않았을 뿐만 아니라, 하나님 한 분에 대한 철저한 헌신을 강조했다는 점이다. 물론 그들은 유대교 유일신 사상의 혁신이나 새로운 인식이 초기 기독교의 초창기에 일어났다고 보는 견해(허타도, 보컴)와 이러한 변화가 기원후 70년 또는 요한복음이 기록되기 이전까지는 일어나지 않았다고 보는 견해(던, 케이시)로 뚜렷하게 나뉜다. 나는 유대교 유일신 사상에 대한 새로운 인식이 초기 기독교의 초창기에 일어났다는 견해에 동의한다.

그렇다면 무엇이 이처럼 서로 다른 결론들을 만들어냈을까? 나는 여러 가지 원인 중 케이시와 던의 해석학적 방법론에 주목하고 싶다. 이 두 학자의 공통점은 신약에 어떤 개념이나 사상이 뚜렷하게 나타나지 않으면 신약성서의 저자들이 그러한 사상을 전혀 믿지 않았거나 알지 못했다고 간주한다는 것이다. 즉 그들은 예수의 선재성이나 성육신에 관한 사상이 바울 서신에 뚜렷하게 나타나지 않으면 바울이 그것을 몰랐거나 믿지 않았다고 단정해버린다.

그러나 예수의 성육신 사상이 그 당시 이미 편만해 있었기 때문에 바울이 그의 서신에서 그것에 관하여 특별히 기술할 필요가 없었을 뿐만 아니라, 바울 서신 대부분이 개교회의 구체적인 문제를 주제로 이미 믿는 신자들에게 보내는 상황적인 편지였다는 점을 고려해야 한다. 그렇다면 바울 서신에 예수의 성육신이나 선재성이 명확하게 언급되지 않는다고 해서 바울이 그 사상에 대해 무지(無知)하다거나 바울에게 그 사상이 부재(不在)했다고 간주해서는 안 된다.

그뿐 아니라 초기 기독교의 고 기독론이 최초기 그리스도인들로부터 시작해서 바울 그리고 요한에 이르기까지 "직선적 발전"(lineal development)을 했다고 보는 던의 견해는, 바울 역시 신약의 최초 저자로서 신약의 다른 저자들과 마찬가지로 고 기독론의 입장을 지니고 있었다는 사실을 간과한 결과다. 아울러 초기 기독교의 고 기독론을 단순히 유대교 배경만을 중심으로 설명하려는 그의 시도는 예수의 부활을 경험한 초기 기독교의 획기적인 역할을 약화하거나 과소평가하는 처사다. 초기 기독교의 출현과 초기 기독론의 기원 및 발전사를 연구하는 학자들은, 신약의 저자들이 이미 초기 유대교에 존재했던 개념이나 모티프를 사용한다 하더라도 그것을 동시대 유대인들이 생각하고 믿었던 것과는 다른 의미로 사용했을 가능성을 열어놓고 연구에 임할 필요가 있다.

최근 이른바 "새 종교사학파"의 주도하에 초기 기독론의 발전에 대한 유대교적 선례를 찾으려는 새로운 시도는 과거 초기 기독론의 기원을 헬레니즘적 이방 종교에서 찾으려던 시대에 뒤떨어진 견해를 부정함으로써 초기 기독론의 기원을 제 위치로 돌려놓았다는 점에서 높이 평가할 만하다.[53] 그러나 초기 유대교와 초기 기독교 간의 연계성을 지나치게 강조하면서 초기 기독론의 발전을 설명하려는 시도는 다소 수정될 필요가 있다. 그들 중 일부는 초기 기독론의 어떤 개념이 초기 유대교 내에 존재했던 어떤 개념과 유사함을 입증하지 않으면 마치 초기 기독론을 올바르게 설명할 수 없다는 전제하에 연구를 진행하는 것처럼 보인다.

제2차 세계대전 전후의 폭넓은 시대적 관점에서 볼 때 최근의 초기 기독론과 신약학계의 연구 동향은 이러한 시대적 상황을 반영한 것이라고 할 수 있다. 유대인 대학살(Holocaust) 이후 많은 학자가 유대교와 기독교를 서로 대립하는 종교로 간주하기보다는 유대교가 기독교에 미친 영향을 좀 더 긍정적으로 평가하고자 노력해왔다. 물론 유대교에 대한 긍정적인 자세 자체가 잘못된 것은 아니다. 최근에 이루어진 유대교에 대한 많은 연구가 초기 기독교를 바르게 이해하는 데 이바지한 바는 상당하다.

---

53) 이러한 학계의 새로운 연구추세에 대해서는 Hurtado, *Lord Jesus Christ*, 11-18을 참조하라.

그러나 최근의 연구들이 초기 기독론에 대한 유대교의 선례를 지나치게 강조한 결과, 초기 기독교의 중대한 역할과 공헌—예를 들어 예수의 가르침과 행동이 제자들에게 미친 영향, 그의 부활과 고양의 의미, 초기 기독교의 획기적인 구약 본문 해석 등—을 경시함으로써 초기 기독론의 기원에 관한 이해를 왜곡시켜온 것도 사실이다.

앞서 살펴본 대로 여러 학자가 수수께끼와 같은 신약의 고 기독론 발전의 기원을 제2성전기 유대교에서 찾으려고 시도했다. 그들은 유대교에서 선례를 찾아 예수를 신적 혹은 선재적 존재로 이해하게 된 초기 기독교의 기원을 설명하는 데 중점을 둔다. 이와는 달리 던, 케이시, 보컴, 허타도와 같은 학자들은 고 기독론의 기원을 초기 기독교에서 찾고자 한다. 예를 들어 허타도는 유대교에 있는 하나님의 대리인 전승의 언어적·개념적 배경의 중요성을 강조하지만, 궁극적인 계기는 초기 기독교의 종교적 체험을 통한 예수 숭배였다고 본다. 한편 보컴과 헹엘은 초기 기독교가 구약 본문들을 창의적으로 해석함으로써 초기 고 기독론의 발전에 중대한 공헌을 했다고 본다.[54] 따라서 이 책에서는 초기 기독론과 유대교 배경의 연계성을 염두에 두고 초기 기독교가 예수의 부활을 통해 어떠한 획기적이고도 창의적인 역할을 수행했는지를 심도 있게 다룰 것이다.

1.2. — 이 책의 목적과 계획

이 책은 초기 기독교의 "선재한 아들 기독론"의 기원과 발전에 대한 탐구

---

54) M. Hengel, "'Sit at My Right Hand!' The Enthronement of Christ at the Right Hand of God and Psalm 110:1," *Studies in Early Christology* (Edinburgh: T&T Clark, 1995), 119-225.

다. 그리고 이 책의 대명제는 선재한 아들 기독론의 기원이 예수가 보여준, 하나님의 아들 됨과 신적 사명에 대한 자의식(自意識)에 비추어 이루어진 초기 그리스도인들의 시편 110:1 및 2:7에 대한 기독론적 주해에서 발견된다는 것이다. 즉 이 책은 초기 그리스도인이 예수를 선재한 하나님의 아들로 본 이유가 예수의 부활 사건과 "문자적으로"[55] 하나님의 우편에 즉위한 그리스도의 놀라운 모습 때문이었음을 밝힌다.

나는 예수의 "하나님 아들 자의식"(자신이 하나님과 독특한 인격적 관계를 지닌 자임을 인식했다는 의미)이 예수에 대한 초기 그리스도인들의 이해가 발전하는 데 가장 중요한 역할을 했을 뿐만 아니라, 그가 하나님의 선재한 아들이라는 확신의 **기반**(foundation) 역시 제공했다고 논증할 것이다. 그런데 이러한 예수에 대한 이해는 가장 중요한 두 편의 메시아 시편에 대한 초기 그리스도인들의 주해가 없이는 불가능했다. 나는 최종 목표를 달성하기 위해 어떤 과정을 가속하는 역할을 한다는 의미로 이것을 **촉매제**(catalyst)라고 부르고자 한다. 다시 말해 초기 교회가 예수를 하나님의 선재한 아들로 이해한 과정은, 예수가 자신을 계시한 말씀(self-revelatory statements)에 나타난 그의 "하나님 아들 자의식"에 비추어 시편 110:1과 2:7에 기록된 말씀의 온전한 의미를 끌어냄으로써 구체화하게 되었다. 사실 이것은 상호작용 과정(interactive process)으로서 예수의 자의식과 두 시편에 대한 주해 가운데 어느 하나라도 존재하지 않았다면 불가능한 것이었다.

이 책의 2, 3장에서는 의인화된 하나님의 속성(하나님의 지혜, 하나님의

---

55) 유대인들과 초기 그리스도인들은 하나님이 계시는 천상의 영역도 지상의 영역과 동일하다고 생각했다. 따라서 그들은 예수가 "문자적으로" 보좌에 앉아 있는 것으로 생각했을 것이다. 이와 대조적으로 인간(예. 왕)이 하나님의 보좌를 공유한다는 표현은 하나님이 그에게 통치권과 승리를 주겠다는 은유적 언어로 이해했을 것이다. 이와 관련해서 이 책의 §7.3.1을 보라.

말씀, 하나님의 이름)과 고양된 천사들, 그리고 선재한 메시아에 대한 다양한 유대교 전승을 검토할 것이다. 그 목적은 다음 두 가지 명제의 논증이다.

① 유대교에서 나타나는 하나님의 속성들의 의인화는 기독교 이전에 하나님과 개별적으로 구분된 신의 위격(divine hypostasis)으로 발전하지 않았으며, 고양된 천사들과 선재한 메시아에 대한 사변은 예수를 하나님과 대등한 신적이며 선재적인 존재로 인식시킬 만큼 초기 기독론에 충분한 영향을 미치지 못했다.

② 이러한 사변에도 불구하고 제2성전기 유대교의 강력한 유일신 사상은 변질되지 않았다. 오히려 이 사변들은 하나님의 초월성이나 유일무이성을 약화하지 않으면서 이 세상에서 하나님의 현존(現存)과 활동에 관해 말할 수 있는 유용한 언어를 제2성전기 유대인들에게 제공해주었다.

이 책의 4, 5장에서는 공관복음에 나타난 예수의 하나님 아들 자의식과 신적 사명에 대한 자의식의 증거들을 검토할 것이다. 4장에서는 예수가 과연 하나님의 아들이라는 자의식을 가지고 있었는지, 만약 그랬다면 어떤 의미에서 그가 하나님의 아들이었는지를 고찰할 것이다. 4장의 논의는 예수의 "아바" 사용을 비롯해 하나님과의 독특한 관계에 대한 예수의 자의식과 긴밀한 관련이 있는 공관복음 본문들을 중심으로 진행될 것이다(마 11:27; 막 13:32; 마 16:17; 눅 22:29; 막 12:1-12; 막 1:9-11).

5장에서는 과연 예수가 자신이 하나님으로부터 왔으며 하나님으로부터 보냄을 받았다는 인식을 가지고 있었는지, 만약 그랬다면 그것이 무엇을 의미하는지를 논의할 것이다. 5장의 논의는 "내가 왔다"라는 말씀(막 2:17//; 막 10:45//; 눅 19:19; 12:49, 51//)과 "내가 보냄을 받았다"는 말씀(막

15:24//; 막 9:37//)에 주안점을 두고 진행된다. 또 결론 부분에서는 예수의 자기 이해에 대한 기독론적인 함의를 도출할 것이다.

이 책의 6, 7장에서는 초기 그리스도인들이 예수를 이해하기 위해 시편 110:1과 2:7을 어떻게 사용했으며, 예수가 자신에 대해 말한 것과 제자들이 실제로 이해한 것 사이에 존재했던 "간격"—어떤 이들에게는 결코 "화해될 수 없는" 간격—을 두 메시아 시편의 주해를 통해 어떻게 메웠는지에 대해 논의할 것이다. 이를 통해 예수의 하나님 아들 자의식과 신적 사명 자의식 및 초기 기독교의 메시아 시편 주해는 각각 선재한 하나님의 아들 기독론의 기반과 촉매제였음이 드러난다.

8장에서는 예수의 선재성에 대한 초기 그리스도인들의 믿음은 "바울 이전의 보냄 고정문구"(pre-Pauline sending formula, 갈 4:4; 롬 8:3; 요 3:17; 요일 4:9)에서 찾을 수 있다고 논증할 것이다. 시편 주해를 통해 예수의 신성과 선재성이 확증된 후, 유대교 지혜 전승은 예수가 아버지 하나님과 함께 천지창조에 동참했으며 하나님과 대등한 영원한 존재라는 더 온전한 선재성 이해로 나아가는 데 한몫을 담당했다. 따라서 초기 교회가 예수를 하나님으로부터 보냄을 받은 선재한 아들로 이해하게 된 것은 십자가에 못 박혀 죽으시고, 죽음에서 부활하시고, 주와 구주로서 하나님 우편에 "문자적으로" 앉으신 이를 더 깊이 알고자 갈망했던 초기 그리스도인들의 열망이 수렴된 정점(頂點)이었다고 하겠다.

제2장
의인화된 하나님의 속성

이번 장에서는 서론에서 다룬 초기 고 기독론의 기원에 대한 최근 학계의 동향을 토대로 초기 유대교 전승에 나타난 의인화된 하나님의 속성들 (personified divine attributes)이 제2성전기 유대교와 초기 기독교의 하나님에 대한 이해에 어떠한 중요한 역할을 했는지를 살펴볼 것이다. 논의의 초점은 과연 의인화한 하나님의 속성들이 초기 기독교에서 예수를 하나님과 대등한 신적이며 선재적인 존재로 간주한 것에 대한 실질적인 선례가 되었는가에 있다. 이러한 목적에서 먼저 "하나님의 지혜"와 "하나님의 말씀", "하나님의 이름"이 구약성서와 제2성전기 유대교에서 어떻게 이해되었는지를 살펴보고자 한다.[1]

---

1) 하나님의 영광, 능력, 영, 얼굴, 현존 등 다른 하나님의 속성들도 논의 대상이지만 지면 관계상 여기서는 하나님의 지혜와 말씀, 이름만을 다룬다. 그러나 이러한 범위 제한은 우리가 다루고자 하는 하나님의 속성에 대한 논의에 큰 영향을 미치지 않을 것이다.

2.1. ── 정의(definition)에 관한 문제

"신의 위격"(divine hypostasis)이란 성서학계에서 "인격적 존재들과 추상적 존재들 사이의 중간적 위치를 차지하는, 하나님의 특정한 속성들의 유사-의인화(quasi-personification)"를 지칭하는 용어로서 오랫동안 사용되어왔다.[2] 맥브라이드(S. D. McBride)는 신의 위격에 대해 "어떤 신적 존재의 품격, 별칭, 속성, 현현과 같은 것으로서, 의인화와 차별화의 과정을 통해 그 자체로 별개의(완전히 독립된 것이 아니라도) 신적 존재가 된 것"이라고 정의한다.[3] 무뇨스(L. D. Muñoz)에 따르면 "'위격'(hypostasis)과 '위격화'(hypostatization)란 '신의 속성이 특정 방식으로 의인화되는 것을 지칭하는 하나의 비유적 방법'을 말한다. 바로 이러한 방식으로 성경은 '지혜'에 관해 말하고 있으며, 따라서 '쉐키나'와 '이름'과 같은 용어들은 연구의 대상이 될 만한 가치가 있는 것"이다.[4] 올리언(S. Olyan)은 "위격"과 "위격화"라는 용어 대신 이와 같은 현상을 묘사하기 위해 "특별한 비유적 취급방법"(special figurative treatment)이란 용어를 새롭게 제시한다.[5] 또 기센(C.

---

2) W. O. E. Oesterley, G. H. Box, *The Religion and Worship of the Synagogue: an Introduction to the Study of Judaism From the New Testament Period* (London: I. Pitman, 1911), 195; H. Ringgren, *Word and Wisdom: Studies in the Hypostatization of Divine Qualities and Functions in the Ancient Near East* (Lund: Ohlsson, 1947), 8.

3) S. D. McBride, *The Deuteronomic Name Theology* (Cambridge: CUP, 1969), 5.

4) D. Muñoz Leon, *Dios-Palabra: Memrá en los Targumim del Pentateuco* (Granada: Institutión San Jerónimo, 1974), 99.n.6.

5) S. M. Olyan, *A Thousand Thousands Served Him: Exegesis and the Naming of Angels in Ancient Judaism* (TSAJ 36; Tübingen: Mohr Siebeck, 1993), 89-90. 멀리 계신 하나님 가설에 대한 비평은 G. F. Moore, "Christian Writers on Judaism," *HTR* 14(1921), 241-248; G. F. Moore, *Judaism in the First Centuries of the Christian Era: the Age of the Tannaim* (Cambridge: CUP, 1930), 404-405를 보라. 이와 다른 논지는 H. B. Kuhn, "The Angelology of the Non-Canonical Jewish Apocalypses," *JBL* 67(1947), 228-230; E. P. Sanders, *Paul and Palestinian Judaism: a Comparison of Patterns of*

A. Gieschen)은 최근 "일종의 독립된 인간적 특성(personhood)을 지닌 하나님의 일면(一面)"이라는 새로운 정의를 제시했다.[6]

이렇게 "신의 위격"에 대한 다양한 정의가 제시되었다는 것은 이 용어의 기본적 이해에 대한 학문적 동의와 공감대가 부재하며 이 용어에 대한 좀 더 명확한 정의가 필요하다는 사실을 알려준다. 앞의 정의들을 살펴보면 "신의 위격"과 "의인화된 신의 속성"(personified divine attribute) 간의 명확한 구분이 없는 것처럼 보인다. 그러나 우리의 연구가 열매를 맺기 위해서는 반드시 이 둘 사이에 명확한 구분이 필요하다. 여기서 "신의 위격"과 "의인화된 신의 속성"을 각각 정의해보자.

"의인화된 신의 속성"은 "어떤 신의 품격, 별칭, 속성, 또는 현현(顯現)과 같은 것으로서 문학적 의인화를 통해 그 자체로 별개의(완전히 독립된 것이 아니라도) **신적 존재인 것처럼** 행동하지만 아직 문학적 영역에 남아 있는 것"이라고 정의할 수 있다. 반면 "신의 위격"은 "어떤 신의 품격, 별칭, 속성, 또는 현현과 같은 것으로서 의인화나 구체화 또는 차별화를 통해 그 자체로 별개의(완전히 독립된 것은 아니라도) **신적 존재가 된 것**"이라고 정의할 수 있다. 전자는 아직 문학적 영역에 머물지만, 후자는 이미 문학적 범주를 벗어나 신과 대등한 구체적이고도 실제적인 신적 존재의 모습을 지닌다.

유감스럽게도 많은 성서학자가 문학적 의인화 또는 상징적인 언어에 불과한 하나님의 속성을 지칭하는 데 "신의 위격"이라는 용어를 사용한

Religion (London: SCM, 1977), 212-217; L. W. Hurtado, *One God, One Lord: Early Christian Devotion and Ancient Jewish Monotheism* (London: SCM, 1988, 1998), 22-27을 보라.

6) C. A. Gieschen, *Angelomorphic Christology: Antecedents and Early Evidence* (AGJU 42; Leiden: Brill, 1998), 90.

다.[7] 그러나 이 용어의 오용도 문제지만 그보다는 하나님의 속성을 생생하게 묘사한 고대 유대 자료들에 나타난 언어학적 현상에 대한 오해가 더 심각한 문제로 남아 있다.[8]

이번 장에서 주로 논증할 주제는 "의인화된 신의 속성"이란 용어가 고대 유대인들이 하나님에 관해 이야기하기 위해 사용한 언어를 가장 잘 설명한다는 것이다. 다시 말해 다양한 하나님의 속성들을 사용하여 하나님 자신에 대해 말하는 언어는 "의인화"라고 불리는 문학적 장치(literary device)에 불과하다.[9] 사실 하나님에 관해 이야기하기 위해 사용한 특별한 문학적 장치를 "신의 위격"이란 용어로 설명하고자 하는 모든 시도는 고대 유대인들이 사용했던 종교 언어의 특성을 올바로 이해하지 못한 결과다.

따라서 이번 장의 목적 중 하나는 고대 및 제2성전기 유대인들이 다양한 신의 속성들에 대해 사용한 생생한 묘사가 과연 문학적 영역에 그대로 머물러 있었는지, 아니면 이 영역을 벗어나 "반(半) 신적 존재"(semi-divine beings) 또는 "인격적인 존재들과 추상적 존재들 사이의 중간적 위치를 차지하는 하나님의 특정 속성들의 유사적-의인화"(quasi-personification)란 현상으로 발전하게 되었는지를 평가하는 것이다.

---

7) 가령 P. A. Rainbow, *Monotheism and Christology in I Corinthians 8. 4-6* (PhD. diss. Oxford University, 1987), 86. "신의 위격" 용어 사용에 대한 비평은 Hurtado, *One God, One Lord*, 36-37를 보라.

8) A. Gibson, *Biblical Semantic Logic: a Preliminary Analysis* (Oxford: Blackwell, 1981), 96; 참조. J. Barr, "Hypostatization of Linguistic Phenomena in Modern Theological Interpretation," *JSS* 7(1962), 85-94.

9) 참조. Olyan, *A Thousand*, 92-97; N. T. Wright, *The New Testament and the People of God* (London: SPCK, 1992), 258-259; J. D. G. Dunn, *Christology in the Making: a New Testament Inquiry into the Origins of the Doctrine of the Incarnation* (London: SCM, 1980, 1989), 176; Hurtado, *One God, One Lord*, 37.

2.2. ─ 하나님의 지혜(Wisdom of God)

지혜라는 존재가 초기 기독론 형성에 매우 중요한 역할을 했다는 것은 학계에서 폭넓게 인식되어왔다. 지혜 기독론이 고양된 그리스도에 대한 최초기 기독교의 믿음과 그리스도가 성육신하기 이전에 하나님과 함께 선재했다는 믿음 사이에서 중요한 가교 역할을 했다고 보는 학자가 많다. 구약과 신구약 중간기 문헌에서 사용된 "지혜"에 대한 언어는 일반적으로 그리스도의 선재성을 언급하는 것으로 알려진 신약 본문에서도 발견된다 (요 1:1-18; 고전 8:5-6; 골 1:15-20; 히 1:1-3 등).[10] 따라서 유대 지혜 전승이 신약의 기독론에 미친 영향은 논쟁의 여지가 없어 보인다.

그러나 그리스도와 동일시된 이 신비적인 존재의 실체 또는 정체성에 대한 학자들 간의 의견은 일치를 보기 어려웠다. 이 지혜의 존재는 신적 존재,[11] 신의 위격,[12] 신의 속성의 의인화,[13] 우주 질서의 의인화 등으로 간

---

10) Dunn, *Christology*, 176-212는 이 본문들에서 지혜에 대한 언급을 인정하지만, 요한복음을 제외하고는 그리스도의 선재성에 대한 언급을 부인한다.

11) 참조. U. Wilckens, *Weisheit und Torheit: eine exegetisch-religionsgeschichtliche Untersuchung zu 1. Kor. 1 und 2* (BHT 26; Tübingen: Mohr Siebeck, 1959), 190-197; *TDNT* 7.508-509; H. Conzelmann, "The Mother of Wisdom," *The Future of Our Religious Past: Essays in Honour of Rudolf Bultmann* (ed. J. M. Robinson; London: SCM, 1971), 232ff.

12) Ringgren, *Word and Wisdom*, 8; Schencke, *Chokma*; O. S. Rankin, *Israel's Wisdom Literature: Its Bearing on Theology and the History of Religion* (Edinburgh: T&T Clark, 1936), 9장, 특히 224; M. Hengel, *Judaism and Hellenism: Studies in Their Encounter in Palestine During the Early Hellenistic Period* (London: SCM, 1974), 1.153ff., 171; Gieschen, *Angelomorphic*, 89-103.

13) 가령. R. Marcus, "On Biblical Hypostases of Wisdom," *HUCA* 23(1950-1951), 167 이하; R. B. Y. Scott, "Wisdom in Creation: the 'Amon of Proverbs 8.30," *VT* 10(1960), 223; R. N. Whybray, *Wisdom in Proverbs: the Concept of Wisdom in Proverbs 1-9* (SBT 45; London: SCM, 1965), 103; R. E. Murphy, *The Tree of Life: an Exploration of Biblical Wisdom Literature* (New York: Doubleday, 1996), 133.

주되어왔다.[14] 그나마 최근 초기 기독론의 기원을 연구하는 신약학자들 간의 견해는 상당히 좁혀져 신의 위격이나 신의 속성의 의인화라는 두 가지 견해가 주목을 받는 것으로 보인다.[15] 다시 말하면 유대교의 지혜 사변은 상징적 언어로 받아들여지거나 상당히 문자적 의미로 이해되는 것이다.

하나님 속성의 의인화는 구약과 신구약 중간기 문헌에서 사용된 하나의 문학적 장치로 잘 알려졌다(시 85:10-11; 96:6; 43:3; 57:3b). 더욱이 하나님의 팔과 손이 독립적인 존재로 의인화되어 나타나는 현상은 매우 흥미롭다(사 51:9; Wis 11:17). 사실 구약에서는 하나님의 속성 또는 하나님의 신체 일부뿐만 아니라 인간의 특성까지도 의인화되어 나타난다(욥 11:14; 시 107:42; 사 35:10).

그러나 지혜의 경우는 문학적 의인화의 정도가 너무 심해 과연 "의인화"라는 용어 자체가 지혜라는 존재에 적합한지에 대한 논란을 불러일으켰다. 최근 학계는 이러한 정의(definition)에 관련된 문제로 인해 "천사 형태적 전승"(angelomorphic traditions)이라는 좀 더 폭넓은 범주에 지혜 전승을 포함시켜야 한다고 제안했다.[16] 이 범주에는 지혜를 비롯한 다른 의인화된 하나님의 속성들뿐만 아니라 고양된 족장들과 천사장들에 관한 전승까지 포함된다. 따라서 이 제안은 지혜라는 존재를 단순히 하나님의 속성의 의인화가 아닌 하나님의 위격으로 간주하는 것이다.[17]

---

14) G. von Rad, *Wisdom in Israel* (Nashville: Abingdon, 1972), 144-176.
15) 지혜를 신의 위격으로 보는 학자는 A. F. Segal, *Two Powers in Heaven: Early Rabbinic Reports About Christianity and Gnosticism* (SJLA 25; Leiden: Brill, 1977); C. Rowland, *The Open Heaven: a Study of Apocalyptic in Judaism and Early Christianity* (London: SPCK, 1982); J. E. Fossum, *The Name of God and the Angel of the Lord: Samaritan and Jewish Concepts of Intermediation and the Origin of Gnosticism* (WUNT 36; Tübingen: Mohr Siebeck, 1985); Gieschen, *Angelomorphic* 등이다.
16) Gieschen, *Angelomorphic*.
17) 참조. Gieschen, *Angelomorphic*, 89-103.

제2성전기 유대인들과 초기 그리스도인들이 지혜라는 존재를 과연 어떻게 이해했는지를 알기 위해서는 지혜의 의인화가 나타난 본문들을 자세히 검토해야 할 뿐만 아니라 이런 유형의 언어를 더 넓은 히브리 사상의 정황에서 이해해야 할 필요가 있다.

2.2.1. —— 욥기 28장

욥기 28장은 지혜에 대한 하나의 독립된 시(詩)로서 12절과 20절의 후렴을 포함한 세 단락으로 세련되게 구성되어 있다. 잠언에서처럼 이 시에서 "지혜"(חכמה, 호크마)는 "명철"(בינה, 비나)과 동의적 평행법(synonymous parallelism)을 이룬다(욥 28:12, 20).[18] 이것은 저자가 이 용어들을 정확하게 구분하거나 정의하려는 의도가 없었음을 나타내며, 결국 이 본문이 신의 속성으로의 지혜가 아닌 이 세상에 현존하는 지혜에 대해 말하고 있음을 알려준다.

다른 지혜 본문들과는 달리 욥기 28장에 나타난 지혜는 한 여인으로 의인화되지 않고 피조물들에 대해 숨겨진(21절), 그리고 하나님만이 그 행방을 아는(23절) 어떤 것을 지칭한다. 그러나 27절—"그때에 그가 보시고 선포하시며 굳게 세우시며 탐구하셨고"—에 의하면 하나님은 이 세상을 창조하실 때 이것을 가지고 어떤 일을 하셨다(25-26절). 그래서 폰 라트(G. von Rad)는 지혜를 단순히 인간이 결코 도달할 수 없는 신비, 즉 "하나님이 이 세상에 부여한 질서"로 해석한다.[19]

그러나 우리는 솔로몬이 하나님께 기도하면서 장수나 부가 아닌 지혜만을 구했을 때, 하나님이 그에게 지혜를 선물로 주셨음을 기록한 열왕

---

18) 잠 2:2, 6; 3:13, 19; 5:1; 7:4; 8:1; 9:10; 10:13; 16:16; 19:8; 24:3.

19) von Rad, *Wisdom in Israel*, 148; Dunn, *Christology*, 168.

기상 3:5-12을 통해 지혜가 하나님의 선물이라는 사상을 발견할 수 있다. "지혜는 어디서 얻으며 명철이 있는 곳은 어디인고"(욥 28:12, 20)라는 질문에 대해 "하나님이 그 길을 아시며 있는 곳을 아시나니"(욥 28:23)라고 답한 것은 저자가 오직 하나님의 선물로 오는 지혜를 얻고자 열망하고 있음을 시사한다. 욥기의 저자는 "사람의 노력으로 지혜를 얻는 것은 불가능하며 이것은 오직 하나님의 선물로써만 얻을 수 있다"고 역설한다.[20] 따라서 욥기의 지혜 시(詩)에서는 신의 속성으로서의 지혜의 의인화가 아닌 사람에게 주시는 하나님의 선물로서의 지혜의 물화(物化, reification)를 발견할 수 있다. 욥기에서 지혜는 발견되기를 기다리는 숨겨진 보물과도 같다.

2.2.2. ── 잠언 1-9장

지혜가 의인화된 모습으로 가장 분명하게 나타난 첫 번째 예는 잠언 1-9장, 특히 1:20-33, 3:13-18, 8:1-9:12이다. 여기서 지혜는 공공장소에서 연설하는 매력적인 여인으로 묘사된다. 그러나 지혜가 자신을 천지창조 때 하나님의 동반자로서 그 자리에 함께 있었다고 소개하는 지혜의 가장 극명한 의인화는 잠언 8:22-31에서 발견된다. 그리고 바로 이것이 논란의 중심점이다.

링그렌(H. Ringgren)은 잠언 8:22-31이 "잠언에 나타난 지혜의 위격화(hypostatization)에 대한 가장 명확한 증거"라고 주장한다.[21] 그가 보기에 "여기서 지혜는 추상적 개념 또는 전적인 시적 의인화가 아니라 하나님 곁에 자존(自存)하는 구체적인 존재"다.[22] 천사 형태적 기독론을 주장하는

---

20) S. Sandmel, *Philo of Alexandria: an Introduction* (New York; Oxford: OUP, 1979), 98.
21) Ringgren, *Word and Wisdom*, 99.
22) Ringgren, *Word and Wisdom*, 104.

기셴(C. A. Gieschen) 역시 잠언에 나타난 여러 지혜의 의인화와는 달리 잠언 8:22-31의 지혜는 "일종의 독립된 인격체를 지닌 하나님의 일면(一面)"으로 묘사된다고 주장한다.[23]

퍼듀(L. Perdue)에 의하면 잠언 1-9장은 "지혜 여인"에 대한 우아한 작품집(collection)으로서 이 작품집에 산재한 다양한 지혜 격언들과 문학적 수미상관법 구조(잠 1:20-33; 8:1-11, 12-21, 22-31; 9:1-18)를 형성하기 위해 시작과 마지막 부분에 전략적으로 "지혜 여인"에 관한 시들을 삽입했다고 볼 수 있다.[24] 잠언 8장은 "지혜 여인"에 관해 서로 연관된 다섯 개 부분으로 한 단락에 기교 있게 짜여 있다.

① 잠언 8:1-3: "지혜 여인"에 대한 지혜자의 서론
② 잠언 8:4-11: "지혜"의 부름
③ 잠언 8:12-21: "지혜"의 섭리적 통치
④ 잠언 8:22-31: 천지창조에서 "지혜"의 위치
⑤ 잠언 8:32-36: 삶에 대한 "지혜"의 권면[25]

이 단락은 교사로서의 지혜로 시작해서(잠 8:1-11) 교사로서의 지혜로 끝마치는데(잠 8:32-36), 그 사이에 있는 하나님의 섭리(잠 8:12-21)와 창조

---

23) Gieschen, *Angelomorphic*, 90.

24) L. G. Perdue, *Wisdom and Creation: the Theology of Wisdom Literature* (Nashville: Abingdon, 1994), 78; 참조. C. Kayatz, *Studien zu Proverbien 1-9: Eine form- und motivgeschichtliche Untersuchung unter Einbeziehung ägyptischen Vergleichsmaterials* (WMANT 22; Neukirchen-Vluyn: Neukirchener Verlag, 1966); C. A. Newsom, "Woman and the Discourse of Patriarchal Wisdom: A Study of Proverbs 1-9," *Gender and Difference in Ancient Israel* (ed. P. L. Day; Minneapolis: Fortress, 1989), 142-160.

25) Perdue, *Wisdom and Creation*, 84.

(잠 8:22-31)에서의 지혜의 역할에 대한 두 개의 시를 감싸면서 "인클루지오" 구조를 이룬다.

퍼듀는 잠언 8장에서 "지혜"가 다양한 역할을 하는 모습으로 의인화됨을 분명하게 보여준다.[26] "지혜"는 자신에게 와서 배울 것을 독려하며 학생을 찾아 나서는 순회교사로(잠 8:1-11; 참조. 잠 1:20-33), 왕실의 여신으로, 다산과 지혜를 소유한 하늘의 여왕으로(잠 8:12-21), 그리고 야웨 하나님과 이 세상 사이에서 중재자 역할을 맡은 하나님의 맏아들 또는 하나님의 훌륭한 일꾼으로 의인화된다(잠 8:22-31). 또 퍼듀는 잠언 9장에 등장하는 "어리석은 여인"이 "지혜 여인"과는 완전히 상반되는 존재임을 지적한다. 물론 지혜자는 자신이 2, 5, 6, 7장에서 경계했던 "이상한 여인"보다 "지혜"를 훨씬 더 매력적으로 묘사함으로써 아스다롯 여신 숭배의 영향에 대응하고자 했을 가능성이 크다.[27] 잠언 3장과 8장에서 "지혜"를 여신으로 묘사한 것도 이와 같은 효과를 기대해서였을 것이다.

링그렌 역시 잠언 1-9장에는 야웨를 대적하는 여타 우상 숭배와 의도적으로 대조(contrast)하기 위한 목적이 있다고 말한다.[28] 그러나 그는 한층 더 나아가서 "마앗"(진리, 의, 질서, 우주의 규칙성)과 "메샤루"(의)와 같은 단어들은 이후에 독립된 신을 의미하게 되었다고 주장한다. "마앗"은 많은 제사장을 거느리고 있었고, "메샤루"라는 이름으로 신전에 세워진 신상은 숭배의 대상이었기 때문에 "마앗"이나 "메샤루"와 같은 단어들은 단순한 시적 의인화가 아니라는 것이다.[29] 그러나 우리는 "지혜" 역시 "마앗"

---

26) Perdue, *Wisdom and Creation*, 84-94.

27) Whybray, *Wisdom in Proverbs*, 87-92.

28) Ringgren, *Word and Wisdom*, 134.

29) Ringgren, *Word and Wisdom*, 45-59; "마앗"을 유대교 지혜 전승의 출처로 보는 견해는 B. L. Mack, *Logos und Sophia: Untersuchungen zur Weisheitstheologie im hellenistischen Judentum* (Göttingen: Vandenhoeck & Ruprecht, 1973), 34-39를 보라.

이나 "메샤루"처럼 "신격화"되었다는 증거를 그 어디서도 찾아볼 수 없다는 던의 지적을 기억해야 한다.[30]

잠언 1-9장의 전체적인 맥락에서 볼 때 잠언 8:22-31에 기록된 거의 신비에 가까운 시는 "지혜"에 대한 다각적인 의인화의 한 예로 보아야 한다. 그래야만 "지혜"가 일인칭으로 말하고 삼인칭으로 하나님을 지칭할 수 있다(잠 8:22-29). "지혜"가 아무리 높임을 받고 하나님과 친밀한 관계를 갖고 있다 해도, 잠언 8:22-31의 "지혜"를 신의 위격으로 보는 것은 그 당시 고대 유대인들의 종교 언어의 특성뿐만 아니라 (좀 더 구체적으로) 잠언의 저자나 편집자가 사용한 은유적 언어를 무시하는 처사다.[31]

그러므로 8:22-31의 지혜 시는 앞서 말한 지혜의 신적 기원(잠 2:6)과 하나님의 창조 사역(잠 3:19),[32] 그리고 지혜의 비교할 수 없을 만큼 귀한 가치(잠 3:15; 참조. 8:11)를 가장 극명한 시적 표현으로 재강조한 것이라고 보아야 한다.

대저 여호와는 지혜를 주시며 지식과 명철을 그 입에서 내심이며(잠 2:6).

여호와께서는 지혜로 땅에 터를 놓으셨으며 명철로 하늘을 견고히 세우셨고 (잠 3:19).

지혜는 진주보다 귀하니 네가 사모하는 모든 것으로도 이에 비교할 수 없도다 (잠 3:15).

---

30) Dunn, *Christology*, 170; Perdue, *Wisdom and Creation*, 99.
31) Hurtado, *One God, One Lord*, 47; 참조. Wright, *People of God*, 258.
32) 이 구절은 은유적인 언어를 사용해 기둥과 벽을 세우기 이전에 건물의 기초를 세우는 건축가로서의 하나님에 대해 이야기한다; 참조. Perdue, *Wisdom and Creation*, 83.

한편 잠언에서 "지혜"가 신의 위격이라기보다는 하나님의 속성의 의인화일 개연성이 높다 하더라도 일부 학자들이 주장하듯이 후대의 독자들이 원저자가 의도한 대로만 이해했다고 볼 수는 없다. 따라서 이 유대 지혜 전승이 헬레니즘 시대에 어떻게 이해되었는지를 고찰해볼 필요가 있다.

2.2.3. ─── 집회서

집회서(Sir)에는 "지혜"에 관한 시(詩)가 다섯 편 있다.[33] 그런데 다른 네 편의 시(Sir 1:1-10; 4:11-19; 6:18-37; 14:20-15:10)와는 달리,[34] 집회서 24:1-23의 시는 "지혜" 자신을 일인칭으로 묘사한다(Sir 24:3-22). 이 시에서 지혜는 자신을 하나님의 천상 회의의 구성원으로(2절), 그리고 독자들이 자기에게 와서 배울 것을(19-22절) 친밀한 언어로 독려하는 영원한 존재(9절)로 묘사한다. 또 지혜는 3-4절에서 그녀의 신적 기원을 강조하며 자신을 찬양한다. 지혜가 쉴 곳을 찾고 있을 때(7절) 하나님은 그녀에게 예루살렘에 거할 것을 명령한다(8-11절). 더 나아가 그녀는 나무들과 식물들, 그리고 팔레스타인 고유의 이국적인 요소들을 다양한 은유적 표현으로 사용해 지상에서의 자신의 삶에 관해 이야기한다(13-17절). 그리고 먹고 마시고 순종하며 일하는 비유적 묘사들을 통해 자신과 교제하며 자신의 가르침을 따를 것을 권면한다(19-22절).

여기서 우리는 지혜가 자신을 묘사한 것이 신의 위격을 의미하는 것

---

33) 이 책은 시락(Sirach, 그리스어 사본에서 발견된 이름) 또는 집회서(Ecclesiasticus, 라틴어 이름)로 알려졌다. 이 책은 본래 예루살렘에서 기원전 2세기 초에 쓰인 것으로 보인다.

34) Ben Sira의 지혜에 대한 이해는 Sir을 관통하는 일련의 지혜 시를 통해 나타난다; 참조. A. A. Di Lella, "The Meaning of Wisdom in Ben Sira," *In Search of Wisdom* (eds. L. G. Perdue *et al*.; Louisville: Westminster/John Knox, 1993), 133-148.

인지 혹은 하나의 시적 의인화에 불과한 것인지를 질문해볼 필요가 있다. 그러나 이 질문에 답하기 전에 먼저 집회서와 잠언서의 상호 관계를 살펴보아야 한다.

집회서를 편집한 벤 시라의 손자는 책 서두에서 그의 조부가 이스라엘의 성경을 연구하는 데 평생을 바쳤다고 기록한다. 벤 시라는 새로운 헬레니즘 시대를 사는 유대인들의 상황에 부합하게 성경을 해석하려고 노력했으나[35] 대부분 자신의 저서와 가장 흡사한 잠언에 대한 주석을 집필했다.[36] 그는 당시 시대 상황에 부합하는 잠언의 의미를 설명하고 그 의미들을 발전시키고자 노력했다. 따라서 잠언에 대한 그의 의존도를 짐작하기란 그리 어렵지 않다.[37]

또한 그의 주된 주제와 핵심 논지(Sir 19:20)도 잠언과 일치한다.[38] 집회서 24장의 시(詩)에 나타난 지혜의 묘사도 잠언보다 더 극명하고 명시적이긴 하지만 잠언의 "지혜"라는 존재를 연상시킬 뿐이다(잠 1:20-33; 8:1-11과 Sir 24:19-22의 비교; 잠 8:22-31과 Sir 24:3-6의 비교).

잠언서와 집회서 간의 밀접한 관계를 염두에 두면 신의 위격(Sir 24:3-4)에 대한 언급처럼 보이는 것이 서두에서 그가 주장한 것(Sir 1:1)의 부연 설명에 불과하다는 것을 알 수 있다. 또한 집회서 24:8의 "너의 거주지를 야곱에 만들고, 너의 유산을 이스라엘에서 받으라"는 하나님의 명령 역시 시내 산에서 모세를 통해 율법을 수여한 것에 대한 언급에 불과하며, 이 것은 23절에서 지혜와 율법을 명시적으로 동일시함으로써 확증된다.[39] 따

---

35) 예를 들어 신 6:5과 Sir 7:29-30; 욥 29:21과 Sir 13:23; 사 51:3과 Sir 15:6을 비교하라.

36) A. A. Di Lella, "Wisdom of Ben-Sira," *ABD* 6.939-940.

37) 예를 들어 잠 8:22과 Sir 1:4; 잠 1:7과 Sir 1:14; 잠 8:18-19과 Sir 1:16-17; 잠 17:3과 Sir 2:5; 잠 3:34과 Sir 3:18을 비교하라.

38) Di Lella, *ABD* 6.940.

39) 지혜와 토라의 동일시에 관해서는 J. T. Sanders, *Ben Sira and Demotic Wisdom* (SBLMS

라서 1-22절에 기록된 지혜의 자기 찬양과 독자들을 향한 권면은 이 시의 주된 목적인 지혜와 율법의 절정적 동일시(climactic identification)의 서막에 불과하다.

이러한 놀라운 주장은 이전의 유대 지혜 전승 어디에서도 찾아볼 수 없다. 욥기의 강조점이 지혜의 접근 불가능성(inaccessibility)이었음에도 불구하고 이러한 사상은 잠언 8장에서 전혀 발견되지 않는다. 따라서 지혜의 접근 불가능성(욥 28장)과 지혜의 신적 기원(잠 8장)에 관한 문제가 집회서에서 추가적으로 발전했다는 추측이 가능해진다. 그러나 이와 비슷한 사상이 바룩서에서도 발견되기 때문에 이러한 사상은 벤 시라 시대의 유대교에서 더욱 폭넓게 발전했을 개연성이 높다고 볼 수 있다.[40] 이제 집회서에서 지혜는 율법으로 가장해 예루살렘에 거주하라는 명령을 받게 된다.

일부 학자들은 지혜가 일인칭으로 묘사된 것(Sir 24:3-22)이 이집트 여신 이시스(Isis)에 관한 문서(aretalogies)로부터 유래했을 가능성을 보여준다고 주장한다.[41] 콘첼만(H. Conzelmann)은 집회서에서 이시스 문서와의 양식상의 유사성뿐만 아니라 주제의 유사성도 발견한다.[42] 그러나 집회서 저자가 잠언 8:22-31의 지혜 시를 토대로 자신의 지혜 시를 개작한 것으로도 볼 수 있다. 비록 벤 시라가 사용한 언어들이 어느 정도 이시스 문서

28; Chico: Scholars Press, 1983), 16-26을 보라.

40) R. J. Coggins, *Sirach* (Guides to Apocrypha and Pseudepigrapha; Sheffield: Sheffield Academic Press, 1998), 77. Baruch의 기록 연대는 논쟁의 대상이다.

41) Aretalogies는 일인칭으로 기록된 시나 문서의 형태로서 신의 특성에 대한 기록의 한 형태를 가리킨다. 이와 관련해서는 J. Marböck, *Weisheit im Wandel: Untersuchungen zur Weisheitstheologie bei Ben Sira* (BBB 37; Bonn: Hanstein, 1971), 47-54; J. Blenkinsopp, *Wisdom and Law in the Old Testament: the Ordering of Life in Israel and Early Judaism* (New York: OUP, 1995), 143-144를 보라.

42) Conzelmann, "The Mother of Wisdom," 230-243.

66 예수와 하나님 아들 기독론

에 의존한다고 볼 수 있지만, 주로 구약성서의 언어들에 의존한다는 사실은 그가 이시스 찬가들을 자신의 목적에 부합하도록 개작했을 가능성을 높여준다.[43] 집회서 24:23, 25은 그가 지혜와 율법을 동일시하려는 목적이 있음을 분명히 나타내준다.[44] 또 벤 시라는 "참된 지혜는 아테네가 아닌 예루살렘에서, 헬레니즘적 인본주의의 우수한 작품들보다 이스라엘의 영감 받은 문서들에서 발견할 수 있다"는 것을 논증하고자 했다.[45] 이런 관점에서 보면 알렉산드리아의 유대인들과 팔레스타인의 유대인들은 주변 민족들의 다신교적인 사변을 자신들의 신앙 속에 잘 조화시켰으며, 하나의 신적 존재로 숭배되던 "지혜"—이시스의 많은 이름 중 하나—의 대안으로 하나님이 이스라엘에게 주신 율법과 동일시된 "지혜"를 제시했을 것이다.[46]

따라서 벤 시라는 잠언의 전통을 그대로 이어받아 자신의 목적에 부합하도록 동일한 문학적 장치를 사용했을 뿐이다. 그의 궁극적인 목적은 그리스 철학과 종교, 그리고 생활 방식으로 인해 신앙이 동요된 독자들을 격려하고 하나님의 지혜가 권면하는 삶을 영위하기 위해 율법을 부지런히 공부하도록 돕는 것이었다.[47] 이러한 견해는 벤 시라가 적어도 다른 두 본문에서는 지혜에 대한 언급이 전혀 없이 하나님의 천지창조에 관해 이야기했다는 사실에 의해 뒷받침된다(Sir 16:26; 18:1, 2, 4).[48] 이스라엘의 유

---

43) 참조. G. T. Sheppard, *Wisdom as a Hermeneutical Construct: a Study in the Sapientializing of the Old Testament* (BZAW 151; Berlin: Walter de Gruyter, 1980), 19-71.

44) Dunn, *Christology*, 170; Kayatz, *Studien*, 138-139; J. J. Collins, *Jewish Wisdom in the Hellenistic Age* (Edinburgh: T&T Clark, 1998), 54; Murphy, *Tree of Life*, 140.

45) Di Lella, *ABD* 6.933; 참조. A. A. Di Lella, "Conservative and Progressive Theology: Sirach and Wisdom," *CBQ* 28(1966), 140-142.

46) Dunn, *Christology*, 172.

47) Dunn, *Christology*, 172; Di Lella, *ABD* 6.933.

48) Dunn, *Christology*, 172.

일한 하나님에 대한 그의 신실한 믿음을 고려한다면, 잠언의 저자(들)와 마찬가지로 벤 시라 역시 지혜를 진짜 하나님과 대등한 하나의 신적 위격으로 본 것이 아니라 그의 백성을 위하여 율법의 신적 기원과 그 중요성을 강조한 것임이 분명하다. 다시 말해 지혜는 단순히 하나님의 뜻을 시적으로 의인화한 존재로서 "야웨를 경외함"이 생명으로 인도하는 길임을 말하기 위한 문학적 장치다.[49] 독자들을 향한 지혜의 외침은 자신의 지혜를 통해 말씀하시는 하나님의 음성이므로 여기서 지혜는 궁극적으로 다름 아닌 하나님 자신의 계시를 의미한다.[50]

2.2.4. —— 바룩서

바룩(Bar) 3:9-4:4의 지혜 시(詩)는 집회서 24장과 마찬가지로 지혜를 율법과 동일시한다.

> 그녀는 하나님의 명령의 책이며, 그 율법은 영원하리라(Bar 4:1).[51]

이 시는 이스라엘이 지혜를 버린 결과로 포로 생활이란 형벌을 받았다고 설명하며(Bar 3:10-12), 그녀를 다시 버리지 말라고 권고한다(Bar 4:1-4). 바룩서는 지혜를 얻는 길은 인간들에게 알려지지 않았고 오직 하나님만이 아신다는(Bar 3:29-32) 사실을 지적하기 위해 신명기 30:12-13의 말씀을 문자적으로 해석한다. 욥기 28장은 하나님이 지혜를 가지고 무엇을 하셨는지를 명시적으로 밝히지 않지만 바룩서는 그녀(지혜)가 율법의 모

---

49) 참조. Marböck, *Weisheit im Wandel*, 65-66, 129-130; Dunn, *Christology*, 172.

50) Murphy, *Tree of Life*, 115-118.

51) 이 시의 작성 연대에 대해 정확히 알 수는 없지만 이미 그 이전에 서로 동일시된 듯 보인다.

습으로 이스라엘에게 주어졌다고 말한다. 물론 이것은 욥기 28장과 잠언 1-9장의 독자들이 예상했던 결론이 아니다. 따라서 집회서와 바룩서의 저자들은 율법의 목적과 지혜 문헌 간의 오래된 연관성을 조금 더 진전시켰다고 볼 수 있다.[52] 그런 의미에서 바룩서는 유대 지혜 문헌에 나타난 지혜의 진정한 본질을 계시하는 데 있어서 집회서의 범주를 넘어섰다고 볼 수 없다.

2.2.5. —— 솔로몬의 지혜서

지금까지 논의한 결과를 요약하면 잠언과 집회서 그리고 바룩서에 나타난 "지혜"라는 존재는 신의 위격이라기보다는 시적 의인화로 보아야 한다. 이제 지혜서 7:22-8:1을 살펴보기로 하자.[53] 이 본문은 지혜를 신의 위격으로 보는 학자들의 견해를 뒷받침하는 것으로 보이기도 한다. 지혜서 (Wis) 7:22b-23의 "지혜"에 대한 묘사는 대체로 그리스 철학에서 빌어온 스물한 개(7×3)의 별칭으로 구성되어 있다.[54] 이것은 저자가 어느 정도 그리스 철학과 친숙했음을 나타낸다.

윈스턴(D. Winston)은 지혜서의 배경을 고전적 플라톤주의나 스토아주의에서가 아닌 기원전 80년에서 기원후 200년경의 중기 플라톤주의의

---

52) Sheppard, *Wisdom*, 99.

53) 솔로몬의 지혜서의 연대에 대해 학자들은 기원전 220년에서 기원후 30년 사이로 추정한다. 연대에 대한 논의는 D. Winston, *The Wisdom of Solomon: a New Translation With Introduction and Commentary* (AB 43; New York: Doubleday, 1979), 20-25와 W. Horbury, "The Christian use and the Jewish origins of the Wisdom of Solomon," *Wisdom in Ancient Israel: Essays in Honour of J. A. Emerton* (eds. H. G. M. Williamson *et al.*; Cambridge: CUP, 1995), 183-185를 참조하라.

54) 참조. Winston, *Wisdom*, 178-183.

철학적 영역에서 찾아야 한다고 주장한다.[55] 또한 그는 지혜서의 가르침이 대부분 알렉산드리아의 필론과 상당히 유사하다는 점은 저자의 철학적 성향이 중기 플라톤주의임을 재확인시켜준다고 주장한다.[56] 그러나 저자가 중기 플라톤주의와 친숙하다는 점이 반드시 그의 근본적인 사상이 그리스 철학에 뿌리를 두고 있다는 것을 의미하지는 않는다. 지혜서의 저자가 지혜를 이해한 방식을 올바르게 평가하기 위해서는 그가 그의 조상들로부터 물려받은 엄격한 유대교 유산을 고려해야 한다. 사실 지혜에 대한 명상의 동기도 그의 유대교 신앙에서 비롯되었을 개연성이 높다고 볼 수 있다.

유일한 하나님과 선민 이스라엘에 대한 지혜서 저자의 신앙은 지혜서 12:12-19:22에 명백히 나타난다. 비록 지혜서가 집회서나 바룩서와는 달리 율법과 지혜를 명시적으로 동일시하지는 않지만, 이 지혜는 이스라엘의 하나님과 유대교 성경에 나타난 하나님의 계시 및 그의 뜻에 가장 명시적으로 연관된다. 저자는 하나님의 계시라는 지혜의 특성을 선명하게 부각한다. 예를 들어 지혜는 "하나님의 능력의 숨결", "전능자의 영광의 순수한 발산", "영원한 빛의 반사", "하나님의 사역의 흠 없는 거울", "그의 선하심의 이미지" 등 다섯 겹의 메타포로 묘사된다(Wis 7:25-26). 이러한 지혜의 묘사들은 지혜가 하나님과 구별된 하나의 신의 위격이기보다는 하나님 자신의 계시로 이해되어야 함을 시사한다. 또한 지혜와 이스라엘의 하나님과의 밀접한 관계는 이스라엘의 역사에 지혜가 직접 참여한 것에서 발견할 수 있다. 지혜서에서 지혜는 아담의 창조로부터 시작해서(10:1-2) 아브라함(10:5), 롯과 소돔(10:6-8), 야곱(10:9-12), 요셉(10:13-14)을 거쳐 출애굽, 광야 생활, 가나안 정복(10:15-12:11)에까지 빠지지 않고 등장한다.

---

55) Winston, *Wisdom*, 33; 참고. Collins, *Jewish Wisdom*, 201.
56) Winston, *Wisdom*, 34.

따라서 대부분의 학자는 이 책의 주된 목적이 이교 신앙보다 우월한 유대 종교를 강조하기 위한 것이었다는 데 동의한다.[57]

비록 지혜서의 저자가 그리스 철학에서 사용되는 표현들을 빌어 지혜를 묘사하긴 했지만, 그의 지혜에 대한 근본적인 이해는 여전히 유대적이다. 시편 33:6과 잠언 3:19을 암시적으로 언급하는 지혜서 9:1-2에서 "말씀"과 "지혜"를 동의어로 사용한다는 점은 저자가 이것이 하나님의 창조 사역을 묘사하기 위한 문학적 의인화임을 잘 알고 있었음을 알려준다.

지혜서에서 지혜가 하나님 자신과 동일시된 것 역시 매우 중요하다. 저자는 지혜서 7:15-21에서 철학과 물리, 역사, 천문학, 동물학, 종교, 식물학, 의학 등에 대한 지식을 자신에게 제공해주신 이는 하나님이라고 말한다. 그리고 22절에서는 그 모든 것을 자신에게 가르쳐준 이는 지혜였다고 고백한다.

일부 학자들은 집회서의 경우와 마찬가지로 이집트의 여신 이시스의 제의(Isis cult)가 지혜서에 나타난 "지혜" 묘사에 신화적인 영향을 주었다고 주장한다.[58] 그러나 "지혜"와 이시스가 공유한 별칭들과 특성들은 이 둘만의 독특한 것이 아니다. 우주의 질서 유지 모티프는 스토아 철학의 로고스와 더욱 밀접하게 연관되어 있으며 빛에 대한 표상은 플라톤 철학의 전통에서 중추적 역할을 한다.[59] 따라서 이시스에 대한 암시는 그 기능적 측면에서 그리스 철학에 대한 암시와 근본적으로 다를 바가 없다. 그

---

57) Winston, *Wisdom*, 63: "Wisdom of Solomon," *ABD* 6.120-127: J. S. Kloppenborg, "Isis and Sophia in the Book of Wisdom," *HTR* 75(1982), 63-64.

58) J. M. Reese, *Hellenistic Influence on the Book of Wisdom and its Consequences* (AnBib 41; Rome: Biblical Institute Press, 1970), 40-52; Mack, *Logos und Sophia*; B. L. Mack, "Wisdom Myth and Mythology," *Int* 24(1970), 46-60; Kloppenborg, "Isis and Sophia," 57-84.

59) Collins, *Jewish Wisdom*, 203.

러한 암시는 헬레니즘 세계에서 "지혜"라는 존재를 좀 더 친근감 있고 존경받는 존재로 묘사함으로써 더 많은 사람의 이해를 돕기 위한 것이다.[60] 그러므로 비록 이시스 제의로부터의 신화적 영향은 부인할 수 없지만 그것은 단순히 이시스의 특성과 표상들을 차용(借用)한 것에 지나지 않는다.

따라서 지혜서의 저자가 조상들로부터 물려받은 지혜에 대한 이해를 근본적으로 수정하도록 철학적 영향(중기 플라톤주의)과 신화적 영향(이시스 제의)이 중대하게 작용하지는 않았다고 결론 내릴 수 있다. 다시 말해 지혜서를 분석해보아도 문학적 의인화에서 신의 위격화로 나아간 명확한 증거를 찾아보기 어렵다는 것이다.[61]

2.2.6. —— 에녹1서 42장

에녹1서(*1 En.*) 42장은 집회서 24:5-11에 나타난 주제의 또 다른 변형으로서 "이 세상의 악함에 관한 종말론적 작가들의 비관적 관점의 특징"을 나타낸다.[62] 탈버트(C. H. Talbert)는 "천상의 지혜가 내려와서 거주할 곳을 찾지 못하고 다시 하늘로 돌아가 천사들 가운데 자리 잡았다는 내용의 에녹1서 42:1-2에서 이미 지혜와 천사가 동일시되었다"고 주장한다.[63] 이러한 주장은 지혜가 이미 신의 위격으로 이해되었다는 것을 의미한다.

그러나 이러한 탈버트의 해석에 결코 동의할 수 없다. 비록 "지혜"가 천사로 묘사되긴 했지만, "지혜"는 천사가 아니다. "죄악"(Iniquity)과 마찬

---

60) Collins, *Jewish Wisdom*, 204.

61) 참조. Hurtado, *One God, One Lord*, 43-44; Dunn, *Christology*, 163-176.

62) Ringgren, *Word and Wisdom*, 122.

63) C. H. Talbert, "The Myth of a Descending-Ascending Redeemer in Mediterranean Antiquity," *NTS* 22(1976), 426; 참조. G. Dix, "The Heavenly Wisdom and the Divine Logos in Jewish Apocalyptic," *JTS* 26(1925), 5.

가지로 지혜도 천사로 의인화된 것뿐이다. "지혜"와 "죄악"은 모두 이스라엘 백성 중에 거하려는 천사로 의인화되었다. 저자는 그 시대의 악함에 관해 말하기 위해 "죄악"(Iniquity) 또는 "불의"(Unrighteousness)와 상반되는 개념으로 "지혜"를 선택한 것으로 보인다. "죄악"(혹은 불의)이 "지혜"와 비슷한 방식으로 의인화되었다는 점과 죄악 역시 "지혜"와 같이 극명하게 의인화된 예를 다른 본문에서는 결코 발견할 수 없다는 점에 비추어 볼 때 여기서 지혜는 신의 위격화가 아닌 "불의"와 동일한 방식으로 의인화된 것이라고 결론 내릴 수 있다.

2.2.7. —— 필론의 저작

필론(Philo)의 글에서 "지혜"는 도시와 거주지(πόλις καὶ οἶκος, *Leg.* 3.3) 혹은 멧비둘기(τρυγών, *Her.* 127)로 묘사되고, 회막(σκηνή, *Leg.* 3.46)과 생명나무(τὸ τῆς ξύλον ζωῆς; *Leg.* 3.52)와 동일시되며, 그가 즐겨 사용하는 "샘"(πηγή)이라는 은유로 비유되기도 한다(*Leg.* 2.86f.; *Det.* 117; *Post.* 136-138; *Somn.* 2.242; *Spec.* 4.75; *Prob.* 13, 117; 참조. *Leg.* 1.64f.). 필론의 글에 나타난 "지혜"의 이러한 다중적인 은유의 명칭은 "지혜"의 문자적 해석에 대해 경고하는 역할을 한다.

필론의 글에서 "지혜"는 흔히 로고스와 동일시된다.[64] 필론은 창세기 2:10-14에 대한 풍유적 해설에서 "강"(river)이 일반적인 미덕으로서의 선(善, *Leg.* 1.65)을 나타내고 "하나님의 지혜(τῆς τοῦ θεοῦ σοφίας)인 에덴에서 흘러나오며, 하나님의 지성(ὁ θεοῦ λόγος)"을 뜻한다고 설명한다. 또한 그는 "신의 말씀은 지혜의 샘"(λόγον θεῖον, ὅς σοφίας ἐστὶ πηγή)이라고 말한

---

64) 참조. L. K. K. Dey, *The Intermediary World and Patterns of Perfection in Philo and Hebrews* (SBLDS 25; Missoula: Scholars Press, 1975), 8.

다(*Fug*. 97). 필론에 따르면 "'신의 말씀'은 미덕을 사랑하는 영혼들로 하여 금 하늘이 보낸 천상의 새싹들과 식물들에게 물을 주고 씻기게 하기 위한 강과 같은 지혜의 샘에서 흘러나온다"(*Somn*. 2.242). 비록 여기서 "지혜"와 "로고스"가 완전히 동일시되지는 않지만, "지혜"의 샘에서 흘러나오는 것 이 다름 아닌 "로고스"라는 점을 감안한다면 이 둘이 이미 동일시되었음 을 알 수 있다.

필론이 이렇게 "로고스"와 "지혜"를 동일시할 수 있었던 원인은 성경 이 "로고스"에 부여한 속성들과 기능들을 "지혜"에도 동일하게 부여한다 고 이해했기 때문이다. 천지창조에 관한 진술(시 104:24; 잠 3:19; 렘 10:12)과 하나님의 입에서 나오는 "지혜"에 관한 진술(잠 8:1ff.)도 마찬가지다. 또한 "지혜"는 지혜서 9:1-2에서도 "로고스"와 동일시된다.[65]

그뿐 아니라 필론은 어머니—특별히 사라—의 이미지를 "지혜"에 적 용한다(*Leg*. 2.82; *Det*. 124; *Congr*. 12-13). 그러나 이러한 "지혜"에 대한 그의 묘 사를 그가 평소 일관되게 풍유를 사용했다는 사실과 분리할 수 없음을 고 려한다면, 이러한 어머니의 이미지가 마치 신적 존재 또는 여신을 의미한 다고 이해해서는 안 된다.[66] 던(Dunn)은 이 문제를 다음과 같이 설명한다.

그가 하나님이 사라와 리브가와 레아와 십보라를 수태/임신시켰다고 말했을 때(*Cher*. 44-47) 그 말이 문자적으로 해석될 것을 기대하지 않았던 것처럼, 하나님을 "지혜의 남편"(*Cher*. 49)이라고 말했을 때도 이시스-오리시스의 신 화를 연상시키고자 했을 개연성은 매우 낮다. 그리고 그는 *Fug*. 108-109에 서 "지혜"를 "로고스"의 어머니로 묘사하지만 바로 앞에서 "로고스"를 "지혜" 의 샘으로 묘사한 것을 보면(*Fug*. 97), 구체적인 신화적 묘사가 아니라 단순

---

65) R. Williamson, *Jews in the Hellenistic World: Philo* (Cambridge: CUP, 1989), 105.
66) Dunn, *Christology*, 173.

히 그의 사상의 전반적인 맥락과 분리해서 이해할 수 없는 어떤 이미지의 만화경(萬華鏡, kaleidoscope of imageries)을 염두에 두고 한 표현임을 알 수 있다.[67]

비록 다음 단락에서 필론의 "로고스" 교리에 대한 논의가 마무리되어야 결론 내릴 수 있겠지만 지금까지는 필론이 "지혜"를 어떤 신적 존재나 신의 위격으로 간주했다는 증거를 찾을 수 없다. 또한 이러한 "지혜"에 대한 사변으로 인해 이스라엘의 유일하신 하나님을 믿는 그의 유일신 사상이 도전받았다는 확실한 증거도 찾을 수 없다. 오히려 하나님은 "지혜의 샘⋯유일한 지혜자"(Sacr. 64)이시며 "과거에 이 우주 전체를 만드신 이는 하나님이셨으며 또한 현재에도 하나님이시다"(Leg. 3.99)라는 그의 확고한 신념을 발견하게 된다.[68]

2.3. ── 하나님의 말씀(Word of God)

이번 단락에서는 구약 시대와 제2성전기에 하나님의 "말씀"이 어떻게 이해되었는지를 검토하고자 한다. 이번 논의는 구약의 하나님 "말씀"에 대한 언급 중 특별히 "다바르 야웨"(רבד יהוה)를 비롯한 지혜서의 "로고스", 필론의 "로고스" 교리, 그리고 타르굼(Tg.)의 "멤라" 사용을 중심으로 "과연 기독교 출현 이전에 하나님의 '말씀'이 신의 위격으로 간주되기 시작했는가?"라는 질문에 답하고자 한다.

---

67) Dunn, *Christology*, 173-174.
68) Dunn, *Christology*, 174.

2.3.1. —— 발설(發說)된 말(Spoken Word)에 대한 오해

일부 성서학자들에 의하면 고대 이스라엘인들은 발설된 말이 자율적인 능력(autonomous power)을 지닐 뿐만 아니라 심지어 유사-물질적 정체성(quasi-material identity)을 가지고 있어서 "일단 발설된 후에는 그 행동을 저지할 수 없다"고 믿었다고 한다.[69] 아이히로트(W. Eichrodt)는 말이란 "사실상 그 자체로 생명을 가지고 있다. 그것은 마치 실체(reality)에 침입하기 위해 기회를 엿보는 독립적인 존재와 같다"고 주장한다.[70] 또 링그렌은 그의 저서 『말씀과 지혜』(Word and Wisdom)에서 그와 같은 여러 학자의 결론을 당연하게 받아들이고 그 역시 같은 결론을 내놓는다.[71]

하지만 티슬턴(A. C. Thiselton)은 발설된 말에 대한 이 같은 학계의 일반적인 견해는 올바른 신학적 근거가 없으며 말이 사물과 어떻게 연관되는지를 설명한 특정 관점에 그 근거를 두고 있을 뿐이라고 신랄하게 비판했다.[72] 티슬턴에 의하면 일반적인 견해를 지지하는 학자들은 히브리어의 "다바르"(דבר)가 "말"과 "물건"을 둘 다 의미한다는 사실을 강조한다.[73] 예를 들어 "'다바르'가 일단 의도를 가지고 발설되면 하나의 사물이 된다"고 주장하는 것이다.[74] 그러나 이러한 주장은 단순히 다의어(多義語, polisemy)의 본질을 오해한 데서 비롯된다.[75] 고대 이스라엘인들이 "다바르"라는 단

---

69) E. Jacob, *Theology of the Old Testament* (London: Hodder and Stoughton, 1958), 127.

70) W. Eichrodt, *Theology of the Old Testament* (OTL; London: SCM, 1967), 69; 참조. Jacob, *Theology*, 131; Procksch, *TDNT* 4.93; G. von Rad, *Old Testament Theology* (Edinburgh: Oliver & Boyd, 1965), 2.85.

71) Ringgren, *Word and Wisdom*, 특히 157-164.

72) A. C. Thiselton, "The Supposed Power of Words," *JTS* 25(1974), 286.

73) Thiselton, "Power of Words," 286. 이 단락의 요약은 이 논문에 많이 의존하고 있다.

74) G. A. F. Knight, *A Christian Theology of the Old Testament* (London: SCM, 1959), 59.

75) J. Barr, *The Semantics of Biblical Language* (London: OUP, 1961), 133-138.

어를 사용할 때 "말"이나 "사물" 중 하나만을 의미한 것이지 결코 둘 다 의미했다고 주장할 수는 없다.[76]

티슬턴은 전통적 견해의 또 다른 취약점을 지적한다. 그것은 말 자체에 관한 본문보다는 주로 신, 또는 간혹 왕이나 예언자가 한 말에 관한 본문들을 근거로 말의 본질에 대한 일반적 결론을 유추하는 오류를 범한다는 것이다.[77] 다시 말해 야웨나 마르둑과 같은 신이 발설한 말이기 때문에 그 말에 능력이 있는 것이지 그 말 자체에 어떤 능력이 있다는 것은 논리적으로 모순이다.[78]

또한 전통적인 견해를 지지하는 학자들은 어원학적으로 "다바르"가 "뒤", "배경", "배후에 있는 것의 투영" 등과 연관이 있다고 주장한다.[79] 그러나 이 이론 역시 바아(J. Barr)의 신랄한 비판을 받았다.[80] 바아와 티슬턴의 비판적 논의는 구약의 하나님 말씀에 대한 연구가 일반적인 말의 능력과 능력 있는 하나님의 말씀을 혼동함으로써 왜곡된 것임을 분명하게 보여준다.

2.3.2. —— 구약성서에 나타난 하나님의 말씀

구약성서에서 하나님의 말씀에 대한 언급은 거의 400회에 이른다. 그중 대부분을 차지하는 것이 "야웨의 말씀"(רבר יהוה, 다바르 야웨, 240회 이상)이

---

76) Thiselton, "Power of Words," 290.

77) Thiselton, "Power of Words," 289-290.

78) Thiselton, "Power of Words," 290-291.

79) 참조. O. Grether, *Name und Wort Gottes im Alten Testament* (BZAW 64; Giessen: A. Topelmann, 1934), 59-62; Jacob, *Theology*, 128; Procksch, *TDNT* 4.92.

80) Barr, *Semantics of Biblical Language*, 129-140.

며,[81] 그 가운데 90퍼센트 이상은 예언의 말씀이다.[82] 다시 말해 구약에서 "다바르 야웨"는 특정 상황에서 예언자에 의해 선포되는 신적 의사 소통과 계시를 의미하는 하나의 전문 용어로 사용되었다.[83] 따라서 "야웨의 말씀이 임했다"는 표현이 구약에 반복적으로 나타나는 것은 전혀 놀랄만한 일이 아니다.

사실 이러한 표현은 100회 이상 나타나며, 창세기 15:1, 4, 사무엘상 15:10, 사무엘하 7:4과 24:11, 열왕기상 6:11과 13:20, 열왕기상의 엘리야에 관한 기사, 예레미야서(23회)와 에스겔서(50회)에 자주 등장한다.[84] 이는 이스라엘의 하나님은 "입이 있어도 말하지 못하는" 우상들과 달리 말씀하시는 하나님이심을 나타낸다(시 115:5; 135:16; 렘 10:5). 따라서 야웨의 말씀이 예언자에게 "온다"는 것은 다름 아닌 "예언자의 생각과는 다른 출처로부터 와서 예언자의 삶 속에 하나의 활동적 실체(active reality)가 된 말"을 의미한다.[85] 결국 하나님의 말씀에 대한 구약의 이해는 이스라엘의 하나님이 "그의 뜻을 예언자적 영감과 환상을 통해 그의 백성에게 즉각적으로 그리고 직접적으로 계시하셨다"는 신념과 밀접한 연관성을 가진다.[86]

그런데 하나님의 말씀에 관한 다른 언급들은 마치 그것이 하나님과 따로 분리된 독립적인 존재인 것처럼 보이게 하는 것이 사실이다. 하나님의 말씀은 주로 무기(호 6:5; 사 9:7[8]; 참조. 슥 9:1), 불(렘 5:14; 20:9), 망치(렘 23:29), 메신저(시 107:20; 147:15, 18), 비와 눈(사 55:10-11)이라는 메타포를

---

81) T. E. Fretheim, "Word of God," *ABD* 6.961.

82) Dunn, *Christology*, 217.

83) Grether, *Name und Wort*, 77.

84) 참조. W. H. Schmidt, *TDOT* 3:111-114.

85) Fretheim, *ABD* 6.962.

86) Dunn, *Christology*, 217.

통해 묘사되거나 창조의 도구(시 33:6)로 묘사되기도 한다. 일부 학자들은 이 본문들에서 하나님 말씀의 신의 위격화(hypostatization)를 발견하기도 한다.[87] 뒤어(L. Dürr)의 연구를 토대로, 링그렌 역시 하나님의 말씀은 "신으로부터 나와서 기계적으로 말하며 불가항력적으로 그 목적을 달성하는 신적 능력으로 충전된 구체적인 물질"이라고 해석한다.[88]

그러나 위의 본문들을 자세히 검토해보면 하나님의 말씀이 하나님과 독립적으로 행동하는 것이 아니라 야웨 하나님 자신이 직접 말씀하신다는 것을 알 수 있다. 하나님 자신이 주어이며 하나님과 그의 뜻이 강조되고 두드러져야 한다. 예를 들어 이사야 55:10-11에서 6-11절의 모든 강조점은 하나님 자신에게 있다.[89] 티슬턴 역시 이러한 관점이 이사야 55:6-11의 주안점 및 이사야 40-55장의 하나님에 대한 신학적 관점과 완전히 일치하고 있음을 올바르게 지적한다.[90]

성경 저자들은 이 세상을 향한 하나님의 창조적인 사역과(시 33:6), 구원하시는 사역(시 107:20), 섭리적인 사역(시 147:15, 18),[91] 심판하시는 사역(사 9:8), 그리고 전능하신 사역(사 55:10-11)에 대해 말하기 위해 극명한 시적 언어를 사용한다. 비록 이 본문들은 하나님의 말씀을 하나님과 독립된 존재인 것처럼 묘사하지만, 사용된 언어의 특성을 고려할 때 이것은 하나님의 말씀의 물화(物化, reification) 또는 의인화(擬人化, personification) 이

---

87) L. Dürr, *Die Wertung des göttlichen Wortes im Alten Testament und im antiken Orient: zugleich ein Beitrag zur Vorgeschichte des neutestamentlichen Logosbegriffes* (Leipzig: J. C. Hinrichs Verlag, 1938), 123.

88) Ringgren, *Word and Wisdom*, 157-164; 참조. Pfeifer, *Ursprung*, 34-35, 44, 72-73; Gieschen, *Angelomorphic*, 103-107.

89) 참조. T. Boman, *Hebrew Thought Compared With Greek* (London: SCM, 1960), 61-62.

90) Thiselton, "Power of Words," 291-292.

91) 참조. Fretheim, *ABD* 6.965.

상으로 간주될 수 없다. 결론적으로 그들의 언어는 하나님의 초월성과 유일무이성(transcendence and uniqueness)을 약화하지 않으면서 하나님의 내재성(immanence)을 표현한 다양한 방법 중 하나다.[92]

2.3.3. —— 솔로몬의 지혜서에 나타난 로고스

일부 학자들은 지혜서 18:14-16의 "로고스" 묘사에서 하나님의 말씀이 신의 위격으로 묘사되었다고 주장한다.[93] 이집트의 장자들이 죽임 당하는 이야기를 다시 들려주는 과정에서 "로고스"는 출애굽기 12:23의 "멸하는 자"(משחית)를 지칭할 뿐 아니라 용모와 역할에서도 역대상 21:15-16에 나타난 야웨의 천사와 흡사하다는 것이 그들의 주장이다. 이 견해에 의하면 "로고스"는 바로 이 천사와 동일시된다. 역대상 21장에서 이 천사는 "멸하는 천사"(מלאך המשחית)와 "야웨의 천사"(מלאך יהוה)로 묘사될 뿐만 아니라 예루살렘을 멸망시키고, "천지 사이에 섰고", 그 손에 칼을 가지고 있는 것으로 묘사된다.

그러나 "로고스"가 이 천사와 비슷하게 묘사되는 것은 사실이지만 "로고스"와 이 천사가 동일시된다는 주장은 설득력이 없다. 그 이유는 첫째, 출애굽기 12장에서는 야웨와 "멸하는 자"(야웨의 천사와 동일함)의 구분이 거의 불가능하지만, 역대상 21장의 멸하는 천사는 하나님께 종속된 자이기 때문에 야웨와 명확하게 구분된다. 둘째, "로고스"는 "왕(곧 하나님)의 보좌"에 속하며 지상으로 내려가도록 명령받은 것이 아니라 보좌

---

92) 이와 비슷한 해석은 Dunn, *Christology*, 218를 보라(the word of God is "*the word of Yahweh, the utterance of Yahweh, Yahweh himself speaking*").

93) Ringgren, *Word and Wisdom*, 158-159; J. E. Fossum, *The Image of the Invisible God: Essays on the Influence of Jewish Mysticism on Early Christology* (Göttingen: Vandenhoeck & Ruprecht, 1995), 50-51.

로부터 자발적으로 뛰어내린다.[94]

위의 논의를 통해 "로고스"는 하나님과 따로 구분된 존재라기보다는 일하시는 하나님 자신이라는 결론에 도달한다. "로고스"에 대한 묘사가 천사에 관한 이야기에 나타난다고 해서 반드시 "로고스"를 하나님과 명확하게 구분된 특정 천사로 이해해야 한다고 말할 수는 없다. 또한 비록 "로고스"와 이 천사가 동일시되었다 하더라도 지혜서 저자가 "로고스"를 신의 위격으로 보았다고 결론 내릴 수는 없다. 지혜서에서 "로고스"와 "지혜"가 동일시된 점과(9:1-2) 후자가 위격적인 존재가 아니라 하나님의 속성의 문학적 의인화라는 점을 감안한다면, "로고스"는 "천사의 의미를 내포하지 않은 천사 형태적 존재"로 이해되어야 한다.[95] 결론적으로 지혜서에서 "로고스"는 구약의 하나님의 말씀과 같이 문학적으로 의인화된 하나님의 행동일 뿐이다.[96]

2.3.4. ── 필론의 글에 나타난 로고스

선행된 논의에서 구약에서부터 신구약 중간기에 이르기까지 "하나님의 말씀"은 신의 위격이기보다는 이 세상에서의 하나님의 행동으로 이해되었음을 살펴보았다. 이제 필론의 글에 나타난 "로고스" 개념을 검토해보자.

솔로몬의 지혜서 저자와 같이 필론 역시 "로고스"를 하나님과 분리된 하나의 인격적인 존재, 즉 하나님과 세상 사이에 있는 중간적 존재

---

94) P. R. Carrell, *Jesus and the Angels: Angelology and the Christology of the Apocalypse of John* (SNTSMS; Cambridge: CUP, 1997), 91-92.

95) Carrell, *Jesus*, 92. Dunn, *Christology*, 219은 Wis 18:14-16을 출 11-12장의 이야기에 대한 극적인 해석으로 이해해야 한다고 주장한다.

96) 참조. J. C. Rylaarsdam, *Exodus* (New York: Abingdon, 1952) 923; W. C. Kaiser, *Exodus* (Grand Rapids: Regency Reference, 1990), 376.

(intermediary being)를 암시하는 언어로 사용한다. 예를 들어 필론은 "로고스"를 천사(*Leg.* 3.177; *Deus* 182; *Mut.* 87; *Somn.* 1.239-40), 천사장(*Conf.* 146; *Her.* 205), 하나님의 아들 또는 장자(*Agr.* 51; *Conf.* 63, 146),[97] 만물의 총지배인이며 관리자(*QG* 4.110-111), 그리고 심지어는 하나님(θεός, *Somn.* 1.227-230)과 "두 번째 하나님"(ὁ δεύτερος θεός, *QG* 2.62)이라고 지칭한다. "로고스"가 이런 식으로 묘사된다는 사실은 이번 장의 논의에 매우 중요한 의미를 갖는다. "과연 필론은 로고스를 하나의 실체, 즉 실체를 가진 별개의 존재로 간주하는 것인가, 아니면 로고스란 단지 철학적인 묘사에 불과한 실체가 없는 추상적인 개념인가?"[98]

최근 들어 학자들은 과거와는 달리 필론을 근본적으로 철학자나 조직신학자가 아닌 구약성서 해석자로 평가한다.[99] 필론이 아리스토텔레스에서 스피노자에 이르는 철학자 가운데 가장 중요한 철학자라고 평가한 월프슨(H. A. Wolfson)의 2부작은 그를 지나치게 조직적인 사상가로 묘사했다는 비판을 받는다.[100] 따라서 필론의 사상 가운데 나타나는 일종의 비(非) 일관성이나 모순에 지나친 관심을 두는 것은 바람직하지 않다.

필론의 사상은 그리스 철학과 유대주의의 통합체(synthesis)라고 분류

---

97) 참조. *Leg.* 3.175; *Det.* 118; *Migr.* 6; *Her.* 205; *Somn.* 1.230.

98) Sandmel, *Philo of Alexandria*, 98.

99) Sandmel, *Philo of Alexandria*, 4, 78; P. Borgen, "Philo of Alexandria: a Critical and Synthetical Survey," 138-142; *Philo of Alexandria: an Exegete for His Time* (NovTSup 86; Leiden: Brill, 1997) §1; D. T. Runia, *Philo of Alexandria and the Timaeus of Plato* (Leiden: Brill, 1986), 17-20; V. Nikiprowetzky, *Le commentaire de l'Ecriture chez Philon d'Alexandrie, son caractere et sa portee: observations philologiques* (ALGHJ 11; Leiden: Brill, 1977), 170-180; 앞의 자료와 D. Winston, *Logos and Mystical Theology in Philo of Alexandria* (Cincinnati; Hoboken, NJ: Hebrew Union College Press, 1985), 13-14를 대조해보라

100) H. A. Wolfson, *Philo: Foundations of Religious Philosophy in Judaism, Christianity, and Islam* (Cambridge: CUP, 1947). Wolfson에 대한 비평은 Borgen, "Philo of Alexandria: a Critical and Synthetical Survey," 142를 보라.

할 수 있다. 한편으로 그의 사상은 당대의 그리스 철학—특히 중기 플라톤주의[101]—의 영향을 크게 받았으며 스토아주의와 피타고라스 사상의 영향도 다소 받은 것으로 보인다.[102] 그러나 다른 한편으로는 필론이 유대인으로서 율법과 유대교 전통에 대한 강한 신념을 지니고 있었음이 확실하다. 그의 저서들은 이러한 그의 견고한 유일신 사상을 나타낸다. 비록 필론이 "로고스"와 신적 능력들 그리고 심지어 이스라엘 역사의 몇몇 영웅들—예를 들어 모세—에게 매우 고양된 언어를 사용하긴 하지만, 그는 자신의 유일신 사상을 수호할 뿐만 아니라 다신론주의를 암시하는 사상은 그 어떤 것이라도 단호하게 거부한다.[103]

심지어 필론은 "한 분이신 하나님만이 홀로 계시며 유일무이하시며 하나님과 같은 분은 없다"(μόνος δὲ καὶ Καθ᾽ αὑτὸν εἷς ὢν ὁ θεός, οὐδὲν δὲ ὅμοιον θεῷ)고 확고하게 주장한다(Leg. 2.1).[104] 필론에게는 오직 하나님만이 절대적인 존재이며 다른 작은 존재들은 그로부터 파생되었을 뿐이다(Det. 160). 하나님만이 절대적 존재라는 그의 신념은 그가 오직 하나님에 대해서만 사용했던 "현존(現存)하시는 이"(He that IS, ὁ ὤν)와 "현존자"(the Being One, τὸ ὄν)와 같은 표현에서 찾아볼 수 있다.[105] 또한 십계명 제1계명의 해설에서도 그의 유일신 사상에 대한 확고한 신념을 엿볼 수 있다.

101) J. M. Dillon, *Middle Platonists: 80 B.C. to A.D. 220* (Ithaca: Cornell University Press, 1977), 45-46, 86, 252; Winston, *Logos and Mystical Theology*, 15.

102) P. Borgen, "Philo of Alexandria," *Jewish Writings of the Second Temple Period: Apocrypha, Pseudepigrapha, Qumran, Sectarian Writings, Philo, Josephus* (ed. M. E. Stone; Philadelphia: Fortress, 1984), 256.

103) Williamson, *Philo*, 28-31; Wolfson, *Philo*, 1.171-173; Runia, *Philo and Timaeus*, 433.

104) 본문과 번역은 F. H. Colson, G. H. Whitaker, *Philo: in Ten Volumes and Two Supplementary Volumes* (LCL; London: Heinemann, 1929-1953)의 것이다.

105) Wolfson, *Philo*, 1.210.

그러므로 만물 위에 계신 유일하신 하나님을 인정하고 경외하기 위하여 가장 우선되고 거룩한 계명인 이것을 우리 마음에 새기자. 그리고 많은 신들이 존재한다는 사상이 순수함과 간결함이 없는 마음으로 진리를 찾는 것을 삶의 규칙으로 삼는 이들의 귀에 전해지지 않도록 하자(*Dec*. 65).

필론이 "신적 로고스"(ὁ θεῖος λόγος, *Somn*. 1,62),[106] "하나님"(θεός, *Somn*. 1,227-230),[107] 심지어는 "두 번째 하나님"(ὁ δεύτερος θεός, *QG* 2,62)[108]이라는 매우 고양된 표현들을 "로고스"에게 사용하긴 하지만, 그가 항상 하나님과 "로고스"를 매우 신중하게 구분한다는 사실을 간과해서는 안 된다. 또한 필론은 창세기 31:13을 해설하면서 하나님과 그의 "로고스"를 명확하게 구분한다(*Somn*. 1,228-230). 이 본문에서 필론은 독자들에게 "하나님"(ὁ θεός)은 "진실로 하나님이신 이"를 지칭한다고 말하는 반면, 정관사가 없는 "하나님"(θεός)은 "부적절하게" 하나님이라 불리는 "로고스"를 지칭한다고 말한다. 필론의 관점에서 볼 때 성경 저자들이 "테오스"(θεός)라는 칭호를 "로고스"에 부여하는 이유는 "칭호를 적용하는 데 있어서 미신적인 미묘함보다는 오직 사실을 표현하는 단어들을 사용하기 위함"이다. 필론이 "로고스"에 대한 "테오스" 사용을 옹호하려 한 것은 사실이지만 그가 "로고스"와 하나님을 신중하게 구분하는 것도 매우 분명하다.[109]

그렇다면 필론의 "로고스" 개념은 어떻게 이해해야 할 것인가? 그의 사상에서 "로고스"와 하나님은 어떠한 관계인가? 철저한 유일신론자인 그가 "로고스"에게 그러한 경어(honorific language)를 사용한 이유는 무엇

---

106) *Somn*. 1,62.
107) *Somn*. 1,227-230.
108) *QG* 2,62.
109) Williamson, *Philo*, 123-24.

인가? 필론의 "로고스" 이해는 그가 "로고스"를 하나님과 별개의 한 인격적인 존재로 이해했다는 증거가 될 수 있는가? 이러한 이슈에 대한 학자들 간의 견해는 뚜렷하게 나뉜다. "로고스"를 신의 위격으로 보는 견해가 있는 반면,[110] 단순히 추상적인 개념으로 보는 견해도 있다.[111]

던(Dunn)은 "로고스"가 신의 위격이라기보다는 추상적인 개념이라는 것을 매우 설득력 있게 논증한다.[112] 필론의 사상은 "플라톤주의적 세계관과 스토아주의적 세계관이 유대교 유일신 사상과 융합된 독특한 통합체(unique synthesis)"로 간주될 수 있다.[113] 필론은 플라톤주의의 이데아론(theory of ideas)으로부터 우리가 살고 있는 이 세계뿐만 아니라 "이데아들의 세계" 또는 그가 말하는 "인식 가능한 세계"(ὁ κόσμος νοητὸς)도 존재한다는 확신을 얻는다(참조. Opif. 36; Ebr. 132; Her. 280). 또한 필론은 만물 가운데 스며들어 이 세상에 내재한다는 스토아주의의 신적 이성(λόγος)이라는 개념으로부터 "로고스"에 대한 그의 사상을 끌어낸다(참조. Her. 119).

그러나 필론은 이러한 그의 사상을 플라톤주의와 스토아주의로부터 단순히 물려받은 것이 아니라 그의 목적에 맞게 수정한다. 따라서 필론의 글에 나타난 플라톤의 이데아는 하나님의 마음에 있는 생각들, 신적 건축가(divine architect)의 마음에 있는 계획으로 이해될 수 있다(Opif. 16-25). 범신론적 경향을 지닌 체계에서 스토아주의의 "로고스"는 어떤 물질이지만, 필론의 글에서 "로고스"는 비물질이다. 스토아주의의 신적 이성(divine reason)은 곧 하나님이지만, 필론의 글에서는 "로고스" 너머에 항상 하나

---

110) 가령 Runia, *Philo and Timaeus*, 450; Wolfson, *Philo*, 1.231-252; 아울러 Fossum, *Name of God*; Gieschen, *Angelomorphic*, 107-112를 참조하라.

111) 가령 Williamson, *Philo*, 107; Dunn, *Christology*, 220-28; Hurtado, *One God, One Lord*, 44-48.

112) Dunn, *Christology*, 220-228.

113) Dunn, *Christology*, 221.

님이 계신다(*Somn.* 1.66).[114] 결론적으로 "로고스"는 "하나님에 대해 알 수 있는 것…이해하고 경험한 범위 내의 하나님이다."[115] 요약하면 필론에게 "로고스"는 단지 하나님의 자기 계시(self-revelation) 또는 피조물을 향한 그의 "얼굴"이다.

2.3.5. ── 하나님의 "멤라"

구약성서를 아람어로 번역한 타르굼에서 하나님의 말씀을 뜻하는 "멤라"는 흔히 하나님을 신인동형적으로 표현할 때 "말씀" 대신 사용된다. 그러나 때로는 단순한 완곡 어법(circumlocution) 이상으로 하나님의 현존과 능력의 의인화된 개념을 나타내기도 한다.[116] 13세기 스페인 출신 유대인 랍비 모세 벤 나흐만의 말을 빌리면, "멤라"는 "특정 방법으로 자신을 계시한 하나님 자신"이다.[117]

타르굼의 모세오경과 예언서에 나타난 다양한 "멤라" 용례를 살펴본 무어(G. F. Moore)는 이 용어가 간혹 하나님의 뜻의 표현, 그의 목적의 계시, 또는 그의 능력의 메타포로 사용되긴 했지만 대부분의 경우에는 하나님이 사람 및 사물들과 지나치게 가까이 있는 존재로 보이지 않도록 거리를 유지하기 위한 언어적 완충장치(verbal buffer)로 사용되었다고 보고한다.[118] 따라서 그는 "멤라"가 사람들과 소통하기 위해 고용된 천사거나, 철

---

114) Dunn, *Christology*, 223.

115) Dunn, *Christology*, 226.

116) Cf. M. Barker, *The Great Angel: a Study of Israel's Second God* (London: SPCK, 1992), 146-148.

117) G. H. Box, "The Idea of Intermediation in Jewish Theology: A Note on Memra and Shekinah," *JQR* 23(1933), 118에 인용됨.

118) G. F. Moore, "Intermediaries in Jewish Theology: Memra, Shekinah, Metatron," *HTR* 15(1922), 52-53. 모세오경 타르굼에 나타난 Memra에 대한 최근 논의는 Muñoz Leon,

학적으로 창조된 비인격적인 힘이거나, 특정 방법으로 자신을 계시한 하나님 자신이거나에 관계없이 멤라는 어떤 의미에서도 결코 인격적인 "존재"가 아님을 강력하게 주장한다.[119]

헤이워드(R. Hayward)도 "멤라"가 신의 위격이 아니며 야웨의 이름을 단순히 대체한 것도 아니라는 데 동의한다. 그는 "멤라"를 "일종의 '야웨 이름' 신학을 표현하는 주해적 용어"라고 정의한다.[120] 따라서 타르굼의 "멤라"는 하나님의 초월성을 보호하는 언어적 완충장치이거나 하나님에 대한 완곡한 표현에 지나지 않는다는 결론에 도달할 수 있다.[121]

2.4. ── 하나님의 이름(Name of God)

2.4.1. ── 구약성서에 나타난 하나님의 이름

하나님의 이름을 언급하는 구약 본문들을 살펴보면 일반적으로 그의 "이름"이 단순히 하나님 자신을 가리키는 용어로 사용되었음을 알 수 있다. 따라서 다음과 같은 두 가지의 비슷한 표현들이 쉽게 발견된다.

① "여호와를 찬양하라"와 "여호와의 이름(יהוה שם)을 찬양하라"(시 113:1; 135:1; 참조. 148:5, 13; 149:3; 욜 2:26)

② "여호와를 찬송하라"(사 12:5; 시 9:12; 30:5; 98:5)와 "그의 이름을 찬송

---

*Dios-Palabra*를 참조하라.

119) Moore, "Intermediaries," 52-53.

120) R. Hayward, *Divine Name and Presence: the Memra* (Totowa: Allanheld, 1981), 서론; 참조. Hurtado, *One God, One Lord*, 143.n.73.

121) Moore, "Intermediaries," 58-59.

하라"(시 68:5; 135:3)와 "그의 영광의 이름을 찬송하라"(시 66:2)

③ "여호와께 감사하며"(시 92:2; 대상 16:7; 대하 5:13; 7:6)와 "여호와의 이름에 감사하려고"(시 122:4; 참조. 시 54:8; 138:2; 140:14; 142:8)와 "주의 거룩하신 이름을 감사하며"(시 106:47; 대상 16:35)

④ "주의 크고 두려운 이름을 찬송할지니 그는 거룩하심이로다"(시 99:3)와 "여호와를 경외할 것이다"(왕하 17:28; 참조. 시 33:8)와 "여호와의 이름을 두려워하겠고"(사 59:19; 시 102:16)

⑤ "여호와를 신뢰하라"(사 26:4; 시 4:6; 115:11)와 "여호와의 이름을 의뢰하며"(사 50:10; 참조. 습 3:12)와 "그의 성호를 의지하였다"(시 33:21)

⑥ "너희의 하나님 여호와를 사랑하여"(신 11:13, 22; 19:9; 30:6, 16, 20; 수 22:5; 23:11)와 "여호와의 이름을 사랑하며"(사 56:6)[122]

이 자료들은 하나님의 이름이 하나님 자신을 표현하거나 나타낸다고 볼 수 있기 때문에 하나님의 동의어로 사용될 수 있음을 보여준다. 사실상 열왕기상 8:13, 20, 27, 29에서 하나님의 이름은 하나님 자신과 상호교환적으로 사용된다.

8:13 내가 참으로 주[당신]를 위하여 계실 성전을 건축하였사오니

8:20 이스라엘의 하나님 여호와의 이름을 위하여(לשם יהוה אלהי ישראל) 성전을 건축하고

8:27 하늘과 하늘들의 하늘이라도 주[당신]를 용납하지 못하겠거든 하물며 내가 건축한 이 성전이오리이까?

8:29 "내 이름이 거기 있으리라" 하신 곳 이 성전을 향하여….

---

122) H. B. Huffmon, "Name," *DDD* 1149-1150.

하나님의 이름은 주로 연관성이나 특별한 접촉을 나타내는 전치사 "베"(ב)와 결합된다.[123] "베쳄 야웨"(בשם יהוה, 주로 "야웨의 이름으로/을"로 번역됨)라는 어휘는 여러 가지 동사와 결합하는데 이는 크게 말의 발설과 관련된 동사들, 그리고 여러 가지 행동과 관련된 동사들로 나뉜다.

말의 발설과 관련된 동사
• "카라"(קרא, 부르다, 선포하다): 창 4:26; 12:8; 13:4; 21:33; 26:25; 출 33:19; 34:5; 왕상 18:24; 왕하 5:11; 사 48:1; 욜 3:5; 습 3:9
• "다바르"(דבר, 말하다): 신 18:22; 왕상 22:16; 대상 21:19; 대하 18:15; 33:18; 렘 26:16; 44:16
• "바라크"(ברך, 축복하다): 신 21:5; 삼하 6:18; 대상 16:2; 시 129:8
• "칼랄"(קלל, 저주하다): 왕하 2:24
• "나바"(נבא, 예언하다): 렘 11:21; 26:9, 20
• "샤바"(שבע, 맹세하다): 삼상 20:42; 사 48:1

여러 행동과 관련된 동사
• "샤라트"(שרת, 섬기다): 신 18:5, 7; 21:5
• "바"(בא, 오다): 삼상 17:45; 시 118:26
• "할라크"(הלך, 걷다, 행하다): 미 4:5
• "바타흐"(בטח, 신뢰하다, 경외하다): 사 50:10
• "몰"(מול, 끊다): 시 118:10, 11, 12
• "바나"(בנה, [제단을] 쌓다): 왕상 18:32

123) בשם יהוה이란 표현은 구약에서 43회 나온다. 창 4:26; 12:8; 13:4; 21:33; 26:25; 출 33:19; 34:5; 신 18:5, 7, 22; 21:5; 삼상 17:45; 20:42; 삼하 6:18; 왕상 18:24, 32; 22:16; 왕하 2:24; 5:11; 대상 16:2; 21:19; 대하 18:15; 33:18; 시 20:8; 118:10, 11, 12, 26; 124:8; 129:8; 사 48:1; 50:10; 렘 11:21; 26:9, 16, 20; 44:16; 욜 3:5; 암 6:10; 미 4:5; 습 3:9, 12; 13:3.

이 두 가지 용례 모두 하나님의 이름 자체보다는 하나님에 대한 헌신을 표현한다. "야웨의 이름을 부른다"와 "야웨의 이름으로 제단을 쌓는다"는 일반적으로 하나님을 예배하는 문맥에서 사용된다.[124] "야웨의 이름으로 말한다, 축복한다, 저주한다, 예언한다"는 하나님을 대신해서 혹은 하나님의 명령을 받들어 이러한 말들을 발설한다는 의미다. 야웨의 이름으로 "섬긴다" 또는 "온다"는 하나님을 대신해서 무엇인가를 한다는 의미다. "야웨의 이름을 신뢰한다"는 하나님 자신을 의뢰한다는 의미다. 따라서 "베쉠 야웨"에 대한 용례는 하나님 이름의 위격화이기보다는 아직 문학적 의인화의 영역에 머물러 있음을 알 수 있다.

일부 학자들은 하나님의 이름이 어떤 행위의 주체, 감사의 대상, 숨을 장소, 또는 하나님의 손에 있는 방법이나 도구 등으로 다양하게 묘사되는 본문에서 하나님 이름의 위격화를 발견한다. 예를 들어 "주는 크시니 주의 이름이 그 권능으로 말미암아 크시니이다"(렘 10:6), "주께 감사하고 감사함은 주의 이름이 가까움이라"(시 75:1), "보라, 야웨의 이름이 원방에서부터 오되"(사 30:27), "야웨여 주[당신]의 이름에 감사하오리니"(시 54:6), "하나님이여 주[당신]의 이름으로 나를 구원하시고 주[당신]의 힘으로 나를 변호하소서"(시 54:1) 등이다.

그러나 여기서 사용된 "하나님의 이름" 또는 "그의 이름"은 하나님에 대한 저자의 강한 감정을 극명하게 또는 시적으로 표현한 것이지, 하나님으로부터 독립된 그의 이름을 의미한 것이 아니다.[125] 이런 표현들은 실제적인 개념보다는 사용된 언어와 관련이 있다.[126]

---

124) C. J. Davis, *The Name and Way of the Lord* (JSOTSup 129; Sheffield: Sheffield Academic Press, 1996), 110.

125) A. S. van der Woude, "Name," *THAT* 2.957.

126) 가령 Davis, *Name*, 110-111도 마찬가지다.

2.4.2. —— 신명기에 나타난 "이름 신학"

신명기는 하나님의 이름을 21회 언급한다. 비록 하나님의 이름이 자신을 계시하는 방법으로 사용된 예가 구약에서 신명기에만 국한된 것은 아니지만, 구약학자들은 한결같이 신명기의 이러한 강조점을 하나님 자신이 실제로 이스라엘의 성전에 거한다고 믿었던 과거의 미숙한 사상을 신학적으로 바로잡으려는 시도로 해석했다.[127] 다시 말해 성전에 계시는 분은 하나님 자신이 아니라(그는 하늘에 계심) 그의 "이름"이라는 의미에서 신명기는 하나님의 현존(現存)을 "비신화화"(demythologizing)했다는 것이다.[128]

"이름 신학"은 근본적으로 두 종류의 본문에서 유래되었다.

① 야웨의 "이름"이 성소에 거한다고 언급한 본문들(예. 신 12-26장에서와 신명기적 역사 전반에 걸쳐)

② 야웨 자신이 하늘에 계신다고 언급한 본문들(예. 신 4:36; 26:15; 왕상 8장에 기록된 솔로몬의 성전 봉헌 기도)[129]

폰 라트(G. von Rad)는 하나님의 이름은 "지속적이며 거의 물질적인 존재"로 격상되었으며, 그 개념은 "위격에 가까운" 개념이 되었다고 주장

---

127) 이 개념은 G. von Rad, *Studies in Deuteronomy* (SBT 9; London: SCM, 1953), 37-38 에 의해 널리 알려졌다.

128) von Rad, *Studies*, 38-40. M. Weinfeld, *Deuteronomy and the Deuteronomic School* (Oxford: Clarendon, 1972), 190; 참조. T. N. D. Mettinger, *The Dethronement of Sabaoth: Studies in the Shem and Kabod Theologies* (Lund: Gleerup, 1982), 48-51; R. E. Clements, *God and Temple: the Idea of the Divine Presence in Ancient Israel* (Oxford: Blackwell, 1965), 35, 68-69, 96; Weinfeld, *Deuteronomy*, 36-37, 208-209.

129) I. Wilson, *Out of the Midst of the Fire: Divine Presence in Deuteronomy* (SBLDS 151; Atlanta: Scholars Press, 1995), 3.

한다.[130]

많은 구약학자가 신명기보다 오래된 전승으로 간주되는 여러 구약 전승들이 하나님을 이 땅에 계시거나 이스라엘의 백성과 함께 계시는 것으로 묘사한다는 사실에 동의한다. 즉 많은 학자가 "야웨 자료"(J)와 출애굽기의 시내 산 율법 수여 기사로 대표되는 "엘로힘 자료"(E)는 하나님이 산으로 내려오시거나(J) 거기 거하신다고(E) 묘사하는 반면,[131] 일부 시편과 포로기 이전의 예언서에 포함된 "시온 전승"은 하나님이 예루살렘 성에 거하시는 것으로 묘사한다고 본다.[132] 즉 시온 전승은 "신의 우주적 거처"를 전제하는 가나안 신화의 개념으로 야웨가 시온 산에 거한다는 개념을 설명했다는 것이다.[133] 그들에 따르면 이런 관점은 하나님이 유형의 존재로서 성막 안 두 그룹 사이에 앉아 언약궤를 발등상으로 삼는 모습을 연상하게 한다.[134] 그리고 제사장들의 임무는 하나님의 현존 앞에서(לפני יהוה) 이루어지며 하나님의 신체적 필요(physical needs)를 충족시키는 것이 된다.[135] 이스라엘이 그 땅에 거할 수 있는 권리 또한 제의적인 것으로서 야웨가 시온에 거함으로써 보장된다.[136] 그런데 이러한 사상은 결과적으로 이스라엘 종교의 윤리적인 측면을 약화했으며 예언자들의 저항을 초래했다. 더 나아가 예루살렘 신학의 가장 조직적인 "비신화화"는 신명기에서 이루어졌다는 것이 이들의 공통된 주장이다.

---

130) von Rad, *Studies*, 38.

131) J. Jeremias, "Theophany in the OT," *IDBSup*, 897; J. P. Hyatt, *Commentary on Exodus* (NCBC; London: Oliphants, 1971), 23, 196, 202.

132) Mettinger, *Dethronement*, 19-37, 특히 24-28, 36-37; Clements, *God and Temple*, 40-78.

133) Clements, *God and Temple*, 94, cf. 51ff.

134) Weinfeld, *Deuteronomy*, 191.

135) Weinfeld, *Deuteronomy*, 192.

136) Clements, *God and Temple*, 86-87.

이러한 변화를 설명하기 위해 여러 가지 이론이 제시되었다. 일부 학자들은 야웨가 성소에 몸소 거한다는 신앙은 그의 현존(現存)을 특정 장소에 국한시킴과 동시에 행동의 자유를 제한하는 것으로 볼 수 있다고 말한다.[137] 한편 다른 학자들은 "이름 신학"의 논리적 근거를 여러 다른 역사적 사건들(제의의 중앙 집권화,[138] 북이스라엘 왕국이 언약궤를 빼앗긴 사건,[139] 또는 성전의 파괴[140])에서 찾는다.

그러나 이처럼 널리 인정받던 이론 역시 비판으로부터 자유롭지 못했다. 맥콘빌(J. G. McConville)은 "예언서 전승"(P)의 "영광 신학"보다 신명기의 "이름 신학"을 지나치게 강조한 폰 라트의 견해를 제대로 비판했다. 맥콘빌은 우주적이며 극적이고 영광스러운 하나님의 모습이 묘사되는 문맥과는 대조적으로, 하나님의 이름이 등장하는 문맥에서는 하나님과의 인격적인 교제와 언약 관계가 두드러진다는 사실을 설득력 있게 논증했다.[141]

이것은 하나님의 이름이 왜 신명기의 율법 관련 부분에 자주 등장하는지를 잘 설명한다. 신명기의 율법 관련 부분에서는 새 땅에서 드려지는 예배의 패턴이 어떠해야 하는지를 다루는 반면, 극적이고 특별한 하나님의 현현을 기록한 출애굽 기사에서는 "영광"이란 표현을 사용하는 것이 더 적절하다. 맥콘빌은 "이 두 용어의 사용은 각각 어떤 하나의 신학 사상에 의해 결정되는 것이 아니라 구약에 전반적으로 나타난 이 용어들의 **각각 다른 기능**에 의해 결정된다"고 결론 내린다.[142]

---

137) Clements, *God and Temple*, 100, 104; G. E. Wright, "God Amidst His People: the Story of the Temple," *The Rule of God: Essays in Biblical Theology* (New York: Doubleday, 1960), 72.

138) Grether, *Name und Wor*, 35.

139) E. W. Nicholson, *Deuteronomy and Tradition* (Oxford: Blackwell, 1967), 72-73.

140) Mettinger, *Dethronement*, 50, 59-62, 78-79, 133.

141) J. G. McConville, "God's 'Name' and God's 'Glory'," *TynBul* 30(1979), 149-163.

142) McConville, "Name andGlory," 161. 저자 강조.

한편 윌슨(I. Wilson)은 전통적인 "이름 신학"의 성경적 이중 근간(성소에 계시는 하나님 이름과 야웨의 처소로서의 하늘에 대한 언급)의 부적절함을 지적하면서 신명기에 나타난 하나님의 현존에 대해 검토했다.[143] 그는 학계가 합의한 견해에 대항해 야웨의 지상 현존(earthly presence)에 대한 언급이 신명기에서도 나타난다고 설득력 있게 논증했다. 그는 신명기 12-26장의 "리프네이 야웨"(לפני יהוה)는 "자신이 '택한 곳'에 거하는 하나님의 지역적인 현존"이라는 문자적 해석이 가능하며, "광야생활과 성전(聖戰)의 문맥에서뿐만 아니라 제의의 문맥과 하나님의 이름이 거한다고 알려진 곳에서도 하나님은 이 땅에 현존하시는 것으로 나타난다"고 주장했다.[144]

윌슨은 그의 연구를 통해 다음과 같은 결론에 도달한다.[145]

① 신명기와 사경(四經)[146]에서 비교될 만한 본문들을 검토한 결과, 하나님이 지상에 현존하신다는 사상은 최소한 신명기에서 역사를 다룬 부분들의 일부에서 분명히 나타난다.

② 야웨가 이 땅에 계신다는 언급들이 삭제되거나 조직적으로 축소되지 않았다.

③ 신명기에서 역사를 다룬 부분에 나타난 "하나님의 현존"에 대한 사상은 신명기에서 율법을 다룬 부분에서도 발견된다.

④ "하나님의 현존"에 대한 표현이 신명기에서 약화되었다는 증거를 찾을 수 없다.

---

143) Wilson, *Out of the Midst*.
144) Wilson, *Out of the Midst*, 204-205.
145) Wilson, *Out of the Midst*, 210.
146) 모세오경 가운데 신명기를 제외한 네 책에 대해 주어지는 명칭.

이처럼 "이름 신학"에 대한 비판적 평가는 지금까지 신명기에 분명하게 나타난다고 주장되어온 "이름 신학"의 존재에 대하여 심각한 의구심을 불러일으킨다.[147] 사실 "이름 신학"에 대한 전통적 이해 때문에 수많은 학자가 전혀 존재하지도 않는 하나님 이름의 위격화를 신명기뿐만 아니라 구약 전체에서 발견했다.[148] 그뿐 아니라 이러한 전통적 이해는 멀리 계신 초월적인 하나님과 천사 또는 위격적 존재의 필요성을 강조한 19세기의 근거 없는 이론들과도 무관해 보이지 않는다.[149]

2.5. ── 결론

하나님의 지혜, 하나님의 말씀, 하나님의 이름에 대한 유대교의 사변을 자세히 검토한 결과 의인화된 하나님의 속성들은 하나님과 구분된 신의 위격으로 격상되어 발전하지 않았다는 결론에 도달했다. 오히려 이러한 하나님의 속성들에 대한 극명한 묘사는, 그것이 지혜나 말씀이나 이름이거나에 관계없이 하나님의 초월성과 유일무이성(transcendence and uniqueness)을 약화하지 않으면서 이 세상에서의 하나님의 현존(現存)과 현현(顯現), 그리고 그의 사역을 의미심장하고도 강력하게 표현할 수 있는 다양한 종교적 언어를 제2성전기 유대인들에게 제공했다고 말할 수 있다.

---

147) Wilson, *Out of the Midst*, 217.
148) 참조. van der Woude, *THAT* 2.954-958; W. Zimmerli, *Gottes Offenbarung: gesammelte Aufsätze zum Alten Testament* (TB 19; München: Kaiser, 1963), 126.
149) 이 견해에 대한 상세한 논의는 Moore, "Christian," 227-254를 보라; 참조. J. Abelson, *The Immanence of God in Rabbinical Literature* (London: Macmillan, 1912), 12-16; Moore, *Judaism*, 1.405, 423-442; A. Goldberg, *Untersuchungen über die Vorstellung von der Schekhinah in der frühen rabbinischen Literatur* (Berlin: Walter de Gruyter, 1969), 1-2; Sanders, *Paul and Palestinian Judaism*, 215.

그럼에도 불구하고 제2성전기 유대교에서 하나님의 지혜를 논하기 위해 사용된 언어가 초기 기독론에 영향을 미쳤을 가능성을 완전히 배제할 수는 없다. 사실 오늘날 학자들 대다수는 유대교의 지혜 전승이 초기 그리스도인들의 예수 이해에, 특히 바울의 기독론에 영향을 미쳤음을 인정한다. 지혜 전승이 바울의 지혜 관련 본문에 미쳤을 영향에 대해서는 이 책의 8장에서 다룰 것이다.

제3장
고양된 천사들과 선재적 메시아

지금까지 우리는 의인화된 하나님의 속성에 대해 검토했다. 이번 장에서는 고양된 천사들과 선재적 메시아에 관한 유대교 사변이 초기 고 기독론의 발전에 어떤 실제적 선례가 되었는지를 고찰하고자 한다. 여기서 나는 고양된 천사들과 선재적 메시아가 하나님과 중간적 존재들 간의 명확한 구분을 방해하지 않았으며, 오히려 의인화된 하나님의 속성과 마찬가지로 하나님의 초월성과 유일성을 약화하지 않으면서 이 세상에서의 하나님의 현존, 현시 그리고 행위를 표현하기 위한 다양한 종교적 언어를 제2성전기 유대인들에게 제공해주었다고 논증할 것이다.

3.1. —— 고양된 천사들

구약에서 가장 신비스러우면서도 우리에게 잘 알려진 천사는 "주의 사자"(the angel of the Lord)다. 이번 장의 첫 단락에서는 자기 백성을 위한 하나님의 현존과 행동의 표현으로 오랫동안 이해되었던 이 천사의 개념이 과연 구약 말기에 가서는 완전히 사라지고 그를 하늘의 천군 중 가장 뛰어난 존재로 이해하게 되었는지 검토할 것이다. 이에 앞서 구약에 나타난 천사에 관한 이해, 천사와 하나님 자신과의 관계에 대한 여러 가지 이론들을 폭넓게 개관하고자 한다.

3.1.1. —— 천사에 대한 구약의 개념

구약에서 "천사" 또는 "메신저"에 해당하는 가장 보편적인 히브리어는 "말르아크"(מלאך)다. 그러나 "말르아크" 이외에도 매우 다양한 표현들이 이러한 존재들을 가리키는 데 사용되었다. "하나님의 아들들"(האלהים-בני, 브네 하엘로힘), "신들의 아들들, 신적 존재들"(בני אלים, 브니 엘림), 그리고 "신들"(אלהים, 엘로힘)은 그들의 신적 지위를 나타낸다. 반면 "거룩한 자들"(קדשים, 카도쉼)은 그들의 고유한 특성(거룩함)을 나타낸다.[1] 그들의 기능을 표현하는 용어 중에는 "사역자들"(משרתים, 메샤르팀), "지휘관/왕자"(שר, 사르), "천군/군대"(צבאות, 체바오트) 등이 있고, 그 가운데 가장 일반적인 용어가 "메신저/대사"(מלאך)다.[2]

"말르아크"(מלאך)의 어원은 "라아크"(לאך)다. 사실 이 단어는 구약이나 후기 히브리 문헌에서는 찾아볼 수 없다. 하지만 아랍어, 에디오피아어,

---

1) 창 6:2, 4; 욥 1:6; 2:1; 38:7; 시 29:1; 82:1; 89:5-7.
2) 시 103:21; 수 5:14; 단 10:13; 시 89:8.

페니키아어 문헌에서는 "보내다"라는 의미로 사용된다.[3] 또 아랍어, 에디오피아어와 우가리트어에는 모두 "mlk" 자음들로만 이루어진 "메신저"라는 명사가 있다.[4] 즉 "말르아크"는 "보냄을 받은 자" 또는 "메신저"라는 의미다.[5] 그러나 "말르아크"는 원래 기능적 용어로서 인간과 천상적 존재를 모두 지칭할 수 있다.[6] 따라서 천사들은 지상에서 하나님의 뜻을 성취하기 위해 하나님의 보내심을 받은 천상의 존재들로 이해되어왔다.

고대 근동 사회와 마찬가지로 이스라엘 사회는 기본적으로 천상의 세계를 "조정"(朝廷, royal court)으로 이해했다. 야웨는 왕으로 묘사되고 그를 보좌하기 위해 조언자, 정치적 부하, 용사, 그리고 일반적 대리인으로 섬기는 천사들이 등장한다. 따라서 조정의 형태와 잘 어울리는 천사들에 대한 다양한 표현들을 구약성서에서 어렵지 않게 찾아볼 수 있다. 천사들은 흔히 하나의 집단으로 묘사되며[7] 천상 회의나 천군을 조직하는 것으로 이해된다.[8] 이러한 천사들은 하나의 집단으로서 담당해야 할 다양한 역할을 부여받는다. 그러나 어떤 본문에서는 "메신저"(말르아크) 혹은 "야웨/하나님의 메신저"(מלאך יהוה/אלהים, 말르아크 야웨/엘로힘)가 개별 천사의 행동을 묘사하기 위해 사용되기도 한다.[9]

3) BDB, 521; V. Hirth, *Gottes Boten im Alten Testament: die alttestamentliche Mal'ak-Vorstellung unter besonderer Berücksichtigung des Mal'ak-Jahwe-Problems* (ThA 32; Berlin: Evang. Verlagsanst, 1975), 23.

4) M. Mach, *Entwicklungsstadien des jüdischen Engelglaubens in vorrabbinischer Zeit* (TSAJ 34; Tübingen: Mohr Siebeck, 1992), 39-40.

5) G. von Rad, *TDNT* 1.76; מלאך의 기본 번역인 ἄγγελος도 "메신저"라는 의미를 지닌다.

6) Mach, *Entwicklungsstadien*, 37-43, 47-51; 참조. C. A. Newsom, "Angels," *ABD* 1.248-249.

7) 창 28:12; 33:1-2; 시 29:1; 89:6-9.

8) 시 82:1; 렘 23:18; 욥 15:8; 시 89:6, 9; 148:2; 왕상 22:19; 참조. Newsom, *ABD* 1.249.

9) Newsom, *ABD* 1.249.

3.1.2. —— 주의 사자(The Angel of the Lord)

구약성서에서 "주의 사자"(מלאך יהוה)라는 표현은 58회, "하나님의 사자"(מלאך אלהים)라는 표현은 11회 등장한다.[10] 고대 근동 사회의 메시지를 전달하는 신들과는 대조적으로 "주의 사자"는 구약성서에 단 한 번도 그 이름이 명시되지 않는다.[11] 또 말르아크 야웨 또는 말르아크 엘로힘은 창세기와 사사기에 자주 등장하는 반면 그 이후의 문서에는 거의 등장하지 않는다.

창세기와 사사기에서는 이 천사와 하나님 사이에 독특한 "역할 전환"(oscillation)이 나타난다. 이 천사는 하나님의 메신저로서 말하거나 행동하다가 나중에는 하나님 자신처럼 말하고 행동한다.[12] 어떤 이야기의 같은 단락에서 이 천사는 하나님과 명확하게 구분된 인물로 나타나는 동시에 하나님과 동일한 인물로도 나타난다. 더 나아가 이 하나님의 사자는 꿈에서 야곱에게 자신이 "벧엘의 하나님"(창 31:13)이라고 말한다. 하지만 창세기 48:15-16의 "하엘로힘"(האלהים)과 "하말르아크"(המלאך)은 시적 평행법 속에서 서로 명확하게 구분되는 존재다.

3.1.2.1. —— 하나님과 "주의 사자"의 관계

이러한 사실 때문에 몇몇 학자들은 이 천사와 하나님의 관계를 설명하기 위해 다음과 같은 다양한 이론들을 제시했다.[13]

---

10) G. J. Wenham, *Genesis 16-50* (WBC 2; Dallas: Word Books, 1994), 9.

11) S. A. Meier, "Angel of Yahweh," *DDD* 97.

12) 예를 들어 창 16:7-16; 21:8-19; 22:9-18; 32:22-32; 삿 6:11-24, 13:1-23.

13) 다양한 이론에 관한 논의는 H. Röttger, *Mal'ak Jahwe, Bote von Gott: die Vorstellung von Gottes Boten im hebräischen Alten Testament* (Frankfurt: Lang, 1978), i-xxii, 12-32를 보라. 유대교 천사론의 정황에서 다룬 주의 사자에 관한 논의는 Mach,

① 로고스 이론(logos theory)은 "말르아크 야웨"를 이 세상과의 소통을 위한 하나님의 도구라고 주장한다. 이 천사는 필론의 로고스처럼 매우 다양한 상황에서 매우 다양한 형태로 자신을 나타낸다.[14]

② 대표 이론(representation theory)은 "말르아크 야웨"를 하나님의 대사로서 하나님을 대표하는 전달자의 영이라고 주장한다. 이 천사는 하나님을 대신해서 말하고 행동하지만 하나님은 아니다.[15]

③ 동일성 이론(identity theory)은 "말르아크 야웨"를 하나님 자신의 현시(顯示, manifestation)라고 주장한다. 이 견해는 이 주의 사자를 "하나님이 자신을 나타내고 인간(들)과 소통하는 시각적 또는 청각적 현상(the visible or audible phenomenon)"으로 정의한다.[16]

④ 위격 이론(hypostasis theory)은 "말르아크 야웨"가 비록 완전히 분리되지는 않았지만 구별된 정체성을 가진 하나님 속성의 의인화라고 주장한다.[17] 링그렌(H. Ringgren)에 의하면 "말르아크 야웨"는 하나님의 본성을 공유하며 하나님 자신처럼 말하고 행동한다.[18]

---

*Entwicklungsstadien*을 보라. 여러 가지 해석에 대한 논평은 W. G. Heidt, *Angelology of the Old Testament: a Study in Biblical Theology* (Washington: The Catholic University of America Press, 1949), 69-101; Ficker, "מלאך," *THAT* 1.900-908; A. S. van der Woude, "De *Mal'ak Jahweh*: Een Godsbode," *NedTT* 18(1963-1964), 1-13; Hirth, *Gottes Boten*, 13-21; C. A. Gieschen, *Angelomorphic Christology: Antecedents and Early Evidence* (AGJU 42; Leiden: Brill, 1998), 53-56을 보라.

14) G. Fr. Oehler, *Theologie des Alten Testaments* (Stuttgart: J. F. Steinkopf, 1882), 203-204; P. Heinisch, *Personifikationen und Hypostasen im Alten Testament und im Alten Orient* (BZ 9.10/12; Münster: Aschendorff, 1921), 24-25; Heidt, *Angelology*, 96-97.

15) A. Rohling, "Über den Jehovaengel des AT," *TQ* 48(1866), 431; 참조. Heidt, *Angelology*, 97-99.

16) Heidt, *Angelology*, 70.

17) H. Ringgren, "Geister, Dämonen, Engel," *RGG* 2.1301-1302. Ringgren, "Hypostasen," *RGG* 3.503-506.

18) Gieschen, *Angelomorphic*, 55. Gieschen은 이 견해를 선호한다.

⑤ 외핵(外核) 이론(*l'âme extérieure* theory)은 한 인격(personality)의 구성 요소들은 그 인격체(person)와 지속적으로 연관되어 있으면서도 그 구성 요소 간의 분리가 가능하다고 주장한다(예. 외부에 존재하는 영혼[external soul]).[19]

⑥ 삽입 이론(interpolation theory)은 "말르아크 야웨"를 하나님이 사람의 모습으로 나타나는 고대 문서 전승의 과감한 신인동형론(anthropomorphisms)을 완화하기 위한 편집자의 후기 삽입이라고 주장한다.[20]

⑦ 메신저 이론(messenger theory)은 고대 근동에 존재했던 발신자와 전달자를 동일 인물로 간주하는 개념을, 이러한 본문들을 해석하기 위한 가장 적절한 개념적 배경으로 꼽는다.[21]

여기서 언급한 이론들과 이것에 관련된 모든 이슈를 자세히 검토할 수는 없다. 이 모든 이론은 "말르아크 야웨"의 정체와 하나님 자신과의 관계를 규명하려는 시도였지만 주로 천사와 야웨 사이의 역할 전환이 있거나 그들이 거의 동일시되는 본문들에 초점을 맞춘 것이 사실이다. 그러나 후기 자료에는 이 천사의 정체와 관련해 어떤 특정한 발전이 있었다는 확실한 증거가 나타난다. 따라서 특정한 하나의 이론이 그 발전의 전체 과정을 다 설명할 수 없다는 가능성을 항상 열어놓아야 할 것이다.

또한 이 이론들이 반드시 상호배타적이지만은 않다는 사실도 주목할 필요가 있다. 예를 들어 메신저 이론은 어떻게 한 사람이 다른 사람을 대신할 수 있는지를 설명한다는 점에서 다른 이론들과 접근 방식이 매우 다

---

19) A. Lods, "L'Ange de Yahvé et l'âme extérieure," BZAW (1913), 265-278.
20) G. von Rad, *Genesis* (OTL; London: SCM, 1972), 193-194.
21) van der Woude, "Mal'ak Jahweh," 6-13.

르다. 따라서 이 이론은 나머지 이론들을 대체한다기보다는 "주의 사자"의 신비스러운 현상을 설명할 때 함께 고려해야 할 이론이다.

앞의 여러 이론과 관련된 본문들을 검토한 결과 "동일성 이론"이 최초기의 "말르아크 야웨"와 야웨의 관계를 가장 잘 설명한다고 볼 수 있다. 왜냐하면 그들 사이의 "구분 불가능성"이 그 시기에 나타난 가장 두드러진 특징이기 때문이다. 하지만 아이히로트(W. Eichrodt)도 인정했듯이 "신적 계시의 특정 매체로서의 말르아크와 창조된 하나님의 메신저로서의 말르아크 사이의 경계선을 언제나 뚜렷하게 그을 수는 없다"는 사실을 인정해야 한다.[22] 여러 본문에 나타난 말르아크 야웨와 하나님 사이의 일반적인 역할 전환은 하나님의 현존뿐만 아니라, 인간은 결코 어떤 중재자 없이 하나님을 만날 수 없다는 사실을 함께 표현하고자 한 신학적 역설로부터 유래한 것으로 보인다.[23] 따라서 말르아크 야웨는 하나님 현존(presence)의 표현이거나 하나님 자신의 현시(manifestation)라고 할 수 있다.[24]

그러나 후기에 특정한 발전이 있었음을 감안한다면 "대표 이론"이 하나님과 매우 분명하게 구분된 존재로서의 주의 사자를 가장 잘 설명해준다고 볼 수 있다. 그뿐 아니라 앞서 언급했듯이 "메신저 이론" 역시 타당성이 있음을 감안한다면 "대표 이론"과 "메신저 이론"은 주의 사자와 하나님의 관계를 상호보완적으로 잘 설명해준다. 주의 사자는 하나님을 대표

---

22) W. Eichrodt, *Theology of the Old Testament* (OTL; London: SCM, 1967), 2.29.

23) Newsom, *ABD* 1.250; 참조. Freedman, Willoughby, "מלאך," *ThWAT* 4.901; Hirth, *Gottes Boten*, 83-84; C. Westermann, *Genesis 12-36: a Commentary* (Minneapolis: Augsburg, 1985), 2.242-243; J. Barr, "Theophany and Anthropomorphism in the Old Testament," International Organization of Old Testament Scholars *Congress Volume: Oxford, 1959* (VTSup 7; Leiden: Brill, 1960), 34.

24) J. I. Durham, *Exodus* (WBC 3; Dallas: Word Books, 1986), 335; 참조. J. D. G. Dunn, *Christology in the Making: a New Testament Inquiry into the Origins of the Doctrine of the Incarnation* (London: SCM, 1980, 1989), 151.

하는 하나님의 메신저다. 그는 하나님을 대신해서 말하고 행동하는 인물이지만 하나님 자신은 아니다. 그런데 "말르아크 야웨"는 "동일성 이론"의 주장처럼 하나님 자신의 "시각적 또는 청각적" 현시는 아니지만, 어떤 점에서는 아직 하나님의 현존 또는 하나님 자신의 현시적 표현으로 남아 있다고 볼 수 있다. 이는 앞으로 더 자세히 논증할 것이다.

3.1.2.2. —— "주의 사자"의 정체성 발전

몇몇 학자들은 "말르아크 야웨"(מלאך יהוה)라는 개념이 이스라엘 역사의 최초기에 속한 것이며 후기에 나타난 천사에 관한 사상과는 크게 다르다고 말한다. 비록 이 용어가 계속 사용되기는 했지만 그 개념은 후기에 큰 발전을 경험했다.[25] 최초기에 흔히 나타난 야웨와 그의 사자 간의 신비스러운 역할 전환은 후기 자료에서는 나타나지 않는다. 따라서 하나님의 현존 또는 하나님의 현시로서의 "말르아크 야웨"는 왕정기 이전에 국한되어 나타난다고 주장되어왔다.[26]

그러나 왕정기부터 이 용어는 개별 천사에게 사용되기 시작했으며 백성 가운데 나타나는 하나님의 현존은 흔히 제의적 표현과 예언자들의 활동을 통해 표현되었다.[27] 물론 이 천사들에 대한 사변이 제2성전기 유대교 묵시 문헌에서처럼 완전히 발전된 것은 아니었지만, 이 "말르아크 야웨"라는 용어가 다시 등장했을 때는 이미 하나님의 현존이나 현시를 표현하기 위해서가 아니라 개별 천사들을 가리키기 위해서 사용되었다.

몇몇 학자는 이러한 발전 과정을 추적하면서 출애굽기에 등장하는 천

---

25) Westermann, *Genesis 12-36*, 2.243; 참조. G. von Rad, *Old Testament Theology* (Edinburgh: Oliver & Boyd, 1965), 1.286.

26) D. D. Hannah, *Michael and Christ: Michael Traditions and Angel Christology in Early Christianity* (WUNT 2/109; Tübingen: Mohr Siebeck, 1999), 22.

27) Hannah, *Michael*, 22; 참조. Eichrodt, *Theology* 2.29.

사가 바로 "말르아크 야웨"의 개념이 하나님의 현시를 표현하는 개념에서 개별 존재를 나타내는 개념으로 발전하는 긴 과정의 시발점이었다고 주장한다.[28] 이 견해에 따르면 이 천사는 출애굽기 및 다른 본문에서 여러 차례 등장한다. 거기서 이 천사에게 부여된 명칭들은 물론, 이 천사와 하나님의 역할 전환은 이 천사와 주의 사자가 서로 동일한 인물임을 암시한다.[29] 출애굽기의 천사는 하나님의 현존을 표현하는 하나님의 이름을 소유할 뿐만 아니라 하나님의 대리인으로 등장한다(출 23:20-21). 아울러 "족장 이야기"에서와는 달리 이 천사는 하나님으로부터 제3인칭으로 불린다(출 23:20-21; 32:34; 33:2-3). 이러한 증거를 바탕으로 해나(D. D. Hannah)는 "출애굽기의 천사는 비로소 유사-개별 존재성(quasi-individual existence)을 갖기 시작했다"고 결론 내린다.[30]

해나에 의하면 하나님과 그의 천사 사이의 역할 전환은 사사기에도 나타나지만(삿 6:11-24; 13:1-23), 사무엘서와 열왕기서에 이르러 말르아크 야웨와 야웨 사이의 역할 전환이 사라지기 시작하면서부터 말르아크 야웨는 하나님의 대리인으로 나타난다.[31] 이러한 개별 천사로의 발전은 포로기와 그 이후에도 계속된다. 열왕기하 19:35의 "말르아크 야웨"가 같은 사건을 이야기하는 역대하 32:21에서는 단순히 하나님에 의해 보냄을 받은 개별 천사로 묘사된다. 족장 이야기에서 하나님과 구분 불가능한 존재로 나타난 "말르아크 야웨"의 개념은 포로기 이후에 이르러서는 완전히 사라진다. 이러한 긴 발전 과정은 스가랴 1-8장에서 "말르아크 야웨"가 확실한 개별 천사로 나타나면서, 그리고 다니엘서에서 그들 자신의 이름을 가

---

28) Hannah, *Michael*, 21; 참조. 출 14:19; 23:20-33; 32:34; 33:2-3; 민 20:16; 삿 2:1-5; 민 22:21-35; 수 5:13-15; 참조. Gieschen, *Angelomorphic*, 57-69.

29) 참조. 수 2:1-5의 מלאך יהוה, 출 14:19의 מלאך האלהים 그리고 출 23:23과 32:34의 מלאכי.

30) Hannah, *Michael*, 21.

31) 참조. 삼하 24장; 왕상 19:7; 왕하 1:3, 15; 19:35.

진 천사들—미가엘과 가브리엘—로 등장하면서 끝을 맺게 된다.

3.1.2.3. —— 기본 개념의 연속성

해나의 주장은 매우 중요한 부분을 오해한 결과다. 그는 말르아크 야웨 개념의 발전 과정을 설명했지만, **개념** 자체보다는 여러 다른 시점에 이 천사적 존재에게 부여된 **정체성**(또는 명칭)에 주안점을 두었다. 물론 이 천사에게 부여된 정체성과 개념은 서로 밀접한 관계가 있다. 하지만 이 둘이 반드시 동일하다고 볼 수는 없다. 그에게 부여된 **정체성**과 그 기저에 깔린 **개념**은 구별되어야 한다.

"주의 사자"에게 주어진 정체성과 명칭이 하나님과 구분 불가능한 존재에서 하나님과 명확하게 구분되는 개별 천사로 이목을 끌 만큼 발전했다는 주장은 타당하다. 하지만 "주의 사자"라는 개념 역시 정체성과 같은 방식으로 발전했다는 확실한 증거가 없다. 다시 말해 그의 정체성은 발전했으나 그 개념 역시 현저한 발전을 보였다는 증거는 후기 본문에서 찾아보기 어렵다.

그렇다면 우리가 후기 자료에서 유일하게 발견할 수 있는 것은 무엇인가? 그것은 하나님으로부터 구분 불가능한 존재—초기 문헌에서의 두드러진 특징—가 아닌 하나님과 명확하게 구분되는 존재로 묘사됨에도 불구하고, 하나님의 대사로서 여전히 하나님을 대표하고 하나님을 대신해서 말하고 행동하는 개별적 존재로 변화된 그의 정체성의 발전이다. 즉 이 기간에 변함없이 계속 유지된 요소는 성경 저자들이 각각 자신의 내러티브에서 이 천사적 존재를 등장시키는 "목적"이다. 그들은 이 천사적 존재를 등장시킴으로써 여러 다른 시점(時點)에서 하나님이 어떻게 행동하시며 어떻게 자신의 현존과 자기 백성들을 위한 관심을 나타내시는지를 표현한다. 다음 표는 내가 말하고자 하는 바를 명료하게 보여준다.

천사적 존재에게 부여된 정체성	하나님과 구분이 불가능한 천사적 존재	→	하나님과 명확히 구별된 개별 천사
천사적 존재의 기저에 깔린 개념	하나님의 현존과 행동		
이론	동일성 이론	→	메신저 이론으로 보완된 대표 이론

앞서 살펴보았듯이 최초기 내러티브에 나타난 주의 사자(또는 "이름" 천사)는 이 세상에서 하나님의 현존과 행동을 표현하는 수단이었다. 이러한 기본적인 개념은 구약의 여러 본문에서 찾아볼 수 있다.[32] 물론 사무엘하 24장의 천사는 하나님과 구분되는 존재로 나타난다. 이제는 주의 사자와 하나님의 통상적인 역할 전환 현상이 없기 때문이다. 하지만 여전히 이 천사가 하나님을 대신하여 행동한다는 점은 분명하다. 역병을 보내시는 분은 야웨 하나님이고 멸망시키는 자는 주의 사자다. 다윗은 이 천사를 볼 수 있지만 이 천사에게 말하기보다는 하나님께 직접 말한다. 여기서 주의 사자는 하나님과 구분되나 하나님을 대신하여 행동하고 하나님이 계셔야 할 장소에 대신 나타난다는 점에서 하나님을 대표한다. 이런 점에서 백성을 향한 하나님의 현존과 행동을 표현하는 이 천사의 개념은 변하지 않고 계속 유지된다.

열왕기하 19장의 엘리야 이야기에서 주의 사자는 엘리야에게 두 번 나타나 그를 만지기도 하고 말을 걸기도 한다. 하나님과 구분된 존재로 묘사된 이 천사는 선택된 백성에게 말하며 행동하는 하나님을 대표한다. 또한 이 천사는 하나님을 대신해 엘리야를 위로한다.

---

32) 예. 출 23:20-21; 삿 2:1-5; 삼하 24:15-17; 왕상 19:7-9; 왕하 1:3, 15; 19:35; 대하 32:21; 슥 3:1-5.

물론 역대기 저자가 열왕기하 19:35에 도입한 미세한 변화—하나님 대신 행동하는 주의 사자에서 하나님이 보내신 천사로—의 중요성을 강조할 수도 있지만, 동일한 사건을 다루는 두 기사에 동일한 개념이 내재한다는 사실을 부인하기는 어렵다. 이 천사를 통해 이 세상에 나타난 하나님의 현존과 행동이 두 본문에서 동일하게 강조된다. 그러므로 이러한 변화를 저자의 신학적 사상의 변화로 볼 수 있을지 매우 의심스럽다. 오히려 이것은 저자의 취향이나 스타일에 관한 문제다. 두 본문의 관심사는 천사보다는 하나님이 그의 백성을 다루시는 방법에 있다. 이러한 사실은 "히스기야와 예루살렘 주민을 앗수르 왕 산헤립의 손과 모든 적국의 손에서 구원하여내신"(대하 32:21) 분이 야웨 하나님이라는 진술에서 엿볼 수 있다. 두 본문에서 각 저자는 **하나님이 보낸 주의 사자를 통해서라기보다는 하나님 자신이 이스라엘을 구원했음**을 독자들에게 말하고자 한 것이다. 즉 강조점은 천사가 아닌 하나님에게 있다. 따라서 두 본문의 주된 초점은 모두 **하나님의 현존과 행동**임이 명확하게 드러난다.

스가랴서에 나타난 주의 사자는 하나님과 명확히 구분되지만 하나님을 대표하기 위해 능력과 권위를 덧입는다. 그는 재판장 또는 천상 회의의 의장으로서 하나님을 대표한다(슥 3:1-10). 그는 최고 통치권자로부터 권한과 능력을 위임받은 유력한 권력자와 같은 존재다.[33] 또한 그는 최초기 문헌에서처럼 하나님 자신의 현시는 아니지만 기본적으로 여전히 이 세상에 하나님의 현존과 행동을 나타내는 존재다.

만약 이러한 해석이 올바르다면, 이 천사적 존재의 기본적 개념이 변했다기보다는 이 세상에서 당신의 백성을 위한 하나님의 현존과 행동을

---

33) P. R. Carrell, *Jesus and the Angels: Angelology and the Christology of the Apocalypse of John* (SNTSMS; Cambridge: CUP, 1997), 26; 참조. F. Stier, *Gott und sein Engel im alten Testament* (Münster: Aschendorff, 1934), 79; Newsom, *ABD* 1.251.

나타내는 수단 또는 방법에 어떤 발전이 나타났을 뿐이다. "주의 사자"에 내재한 하나님의 현존과 행동의 개념은 후기 본문에서 완전히 사라진 것이 아니다. 오히려 동일한 기본적 개념 안에서 하나님을 영화롭고 위엄 있는 왕—왕실 신하들을 통해 그의 왕국과 백성들을 통치하는—으로 묘사하기 시작했다고 보는 관점이 더 타당하다.[34] 따라서 후기 본문에 나타난 개별 천사의 개념이 처음에 출애굽기의 천사로부터 유래되었다고 해도, 이 개별 천사의 개념이 하나님의 현존과 행동을 나타내는 기본적 개념을 반드시 대체했다고 할 수는 없다. 후기의 성서 저자들이 독자들에게 전달하고자 했던 메시지는 여전히 하나님 자신의 현존과 행동이었다.

도움이 될 만한 한 가지 비유를 들자면, 어떤 화가는 연필을 사용해 의자를 그릴 수 있다. 하지만 다른 화가는 물감이나 크레용을 사용해 같은 의자를 더욱 다채롭게 그릴 수 있다. 이와 마찬가지로 후기의 성서 저자들은 하나님이 이 세상에서 어떻게 행동하시며 어떻게 자신의 현존을 나타내시는지를 훨씬 더 극명하게—그의 영화로운 천군 천사들을 통해—묘사했다고 말할 수 있다. 따라서 데이비스(P. G. Davis)는 중간적 존재들은 그 자체로서 중요하다기보다 그들이 중재하는 것, 즉 하나님과의 언약 관계 때문에 그들이 중요하다고 결론 내린다.[35] 올리언(S. Olyan) 역시 천상의 군대들과 개별 천사들의 이름을 만든 과정은 하나님의 현현과 천사들의 현현에 관한 성경 본문을 신중하게 연구한 결과에서 비롯되었다고 주장한다.[36]

---

34) 천상 세계와 그곳 거주자들에 관한 급증된 관심에 대한 간략한 소개는 S. M. Olyan, *A Thousand Thousands Served Him: Exegesis and the Naming of Angels in Ancient Judaism* (TSAJ 36; Tübingen: Mohr Siebeck, 1993), 1-13을 보라.

35) P. G. Davis, "Divine Agents, Mediators, and New Testament Christology," *JTS* 45(1994), 501-502.

36) Olyan, *A Thousand*, 14-120.

최근 기셴(C. A. Gieschen)은 출애굽기의 천사에 대해 조금 다른 접근 방식을 취했다. 그의 연구에 따르면 "말르아크 야웨"를 하나님과 구분 불가능한 존재로 묘사하는 다른 본문들과는 달리, 출애굽기 23:20-21에서의 천사는 "하나님과 명확하게 구분되는 개인적인 존재"이지만 "하나님의 이름을 소유함으로써 하나님과 밀접한 관계를 유지한다."[37] 기셴이 보기에 이는 하나님의 속성이 특정 천사로 위격화(hypostatization)된 중요한 증거다.[38] 또한 그는 출애굽기 23:20-21이 하나님의 이름을 소유함으로써 천사장들의 고양된 지위가 결정되는 후기 천사론의 발전에 지대한 영향을 미쳤다고 주장한다.[39]

그러나 그의 주장은 다음과 같은 비판을 피하기 어렵다.

첫째, 위의 본문을 주해한 결과, 우리는 이 천사를 하나님과 명확하게 구분된 존재로 보기 어렵다는 결론에 도달했다. 출애굽기 23장의 천사는 왕정기 이전의 다른 "말르아크 야웨" 본문들과 마찬가지로 자기 백성들 가운데 거하시는 하나님의 현존을 표현한 것으로 이해함이 훨씬 더 타당하다. 더럼(J. I. Durham)은 이 천사를 "야웨 자신에 상응하는 존재로서 야웨의 현존을 표현하는 또 다른 방법"이라고 해석한다.[40] 그의 견해에 따르면 야웨가 보내고자 하는 메신저에 대한 언급은 사실 출애굽기 1-20장의 내용을 주도하는 현존이라는 주제에 대한 약속과 증거를 재진술한 것에 불과하다.[41]

따라서 야웨와 말르아크 야웨 간의 역할 전환 현상은 "하나님의 현존에 대한 진술과 하나님과 인간의 중재 없는 만남의 불가능성 사이에 나타

---

37) Gieschen, *Angelomorphic*, 67.
38) Gieschen, *Angelomorphic*, 67.
39) Gieschen, *Angelomorphic*, 67.
40) Durham, *Exodus*, 335.
41) Durham, *Exodus*, 335.

나는 갈등 또는 역설에 대한 표현"으로 이해하는 것이 가장 바람직하다.[42] 우리는 이미 앞서 제2장에서 신명기적 이름 신학이, 하나님이 예루살렘 성전에 거하신다는 것을 표현하는 방법으로서 하나님의 이름이라는 흡사한 개념을 사용했다는 사실을 살펴보았다.[43]

둘째, 하나님 속성의 의인화로서의 하나님 이름에 대해 연구한 결과, 우리는 하나님의 이름이 기독교 이전에 하나님 자신과 분리된 신의 위격(divine hypostasis)으로 발전되지 않았음을 확인했다.[44]

셋째, 기셴의 논증은 대부분 천사를 하나님과 구분 불가능한 존재로 묘사하는 일부 구약 본문을 하나님과 구분되는 존재로 묘사하는 다른 본문들과 인위적으로 구분한 것에 의존한다. 그러나 기셴도 인정하듯이 단 하나의 예외(출 23:20-21)를 제외한 모든 "주의 사자" 본문들은 그 천사를 하나님과 구분 불가능한 하나님의 현시로 묘사한다.[45] 주의 사자와 하나님의 구분 불가능성과 구분 가능성 간의 명확한 분리는 구약의 증거에 대한 잘못된 해석이며 폐기되어야 마땅하다. 후기의 성서 주석가들이 출애굽기 23:21에 언급된 천사를 하나님과 구분된 천사로 보았다는 사실은, 반드시 그들이 이 천사를 신의 위격으로 이해했다는 것을 의미하지는 않는다. 이 본문으로부터 개별 천사의 개념이 유래되었다 하더라도 지혜서(Wis 10장)가 분명히 입증하듯이 그의 백성을 향한 하나님의 현존과 행동의 개념은 바뀌지 않고 그대로 유지되었을 개연성이 훨씬 높다.[46] 따라서 비록 천사장에게 영광스러운 언어를 사용했다 할지라도(예. 하나님

---

42) Newsom, *ABD* 1.250; 참조. Barr, "Theophany," 34; Freedman, Willoughby, *ThWAT* 4.901; Hirth, *Gottes Boten*, 83-84.

43) 이 책의 §2.4.2를 보라; 참조. 왕상 8:16, 29; 9:3; 렘 7:12.

44) 이 책의 §2.4를 보라.

45) Gieschen, *Angelomorphic*, 67.

46) 이 책의 §2.2도 보라.

의 이름을 가진 천사), 포로기 후기 작품에 나타난 개별 천사가 하나님의 권위를 공유하며 "어떤 의미에서는 하나님의 본질"[47]을 소유한 존재라고 보려는 시도는 매우 잘못된 해석이 아닐 수 없다.

캐럴(P. R. Carrell)도 일부 천사 현현은 하나님의 현현을 연상시키는 것이 사실이라고 인정한다. 하지만 그는 이러한 천사들이 능력과 위엄을 지닌, 하나님과 친밀한 존재로 묘사되었다고 해서 그중 누구도 기원후 1세기 말 이전에 천상의 제2인자로 숭배되는 결과를 초래하지는 않았음을 지적한다.[48] 또한 그는 천사장의 정체성에 대한 일관성이 없기에 하나님과 어떤 뛰어난 천사 간의 명백한 이원론의 중요성이 과장되어서는 안 된다고 주장한다.[49] 이런 증거들을 고려할 때 우리는 특정 천사가 하나님의 이름으로 위격화되었다는 기센의 논증에 심각한 의구심을 제기하지 않을 수 없다.[50]

3.1.2.4. —— 요약

우리는 구약에 나타난 "주의 사자"의 정체성과 그 발전에 대하여 검토했다. 이 천사의 정체성은 하나님과 구분되는 개별 천사로 주목할 만한 발전을 보였다. 하지만 백성을 향한 하나님의 현존과 행동의 표현이라는 기본적 개념은 바뀌지 않고 그대로 유지되었다. 이 세상에서의 하나님의 현존과 행동의 개념은 주의 사자 전승의 전반에 걸쳐 찾아볼 수 있다.

---

47) Gieschen, *Angelomorphic*, 67-68, 77, 151; 참조. J. E. Fossum, *The Name of God and the Angel of the Lord: Samaritan and Jewish Concepts of Intermediation and the Origin of Gnosticism* (WUNT 36; Tübingen: Mohr Siebeck, 1985), 307-321.

48) Carrell, *Jesus*, 75.

49) Carrell, *Jesus*, 75.

50) Meier, *DDD* 108.

3.1.3. —— 천사장들

이번 단락에서는 제2성전기 유대교에 급증했던, 천사와 천상의 세계에 관한 사변에 대하여 고찰하고 과연 이러한 사변들이 구약에 나타난 천사들과 하나님 사이에 명확했던 구분을 흩뜨려놓았는지를 살펴보고자 한다.

3.1.3.1. —— 제2성전기의 유대교 천사론

구약성서의 최초기부터 천사에 대한 언급이 있었던 것은 사실이다. 하지만 관련 자료들은 천상의 세계와 그곳에 거주하는 존재들에 대한 사변이 제2성전기 후기에 가서야 완전하게 발전했음을 보여준다. 이러한 새로운 발전은 이름을 가진 천사들의 출현과 천사의 등급, 천사의 계층 구조, 천상의 성전(temple)과 제의, 선한 천사들과 악한 천사들 간의 갈등 및 인간 세상에서 천사들의 역할, 천사들의 특징 묘사 등을 포함한다.

그러나 많은 경우 이런 새로운 개념들은 정말 새롭다기보다는 이스라엘 대중 종교의 오래된 개념들이 확대되고 구체화된 것이라고 할 수 있다.[51] "천상 회의"라는 오래된 개념은 천상 세계의 묘사에서 계속해서 중요한 자리를 차지해왔다. 반면 "천상 법정"에 대한 화려한 묘사가 새롭게 도입되었다. 심의(審議)의 장소로서의 천상 세계는 심판의 장소(단 7:10-14; *1 En.* 60:2-6), 계시 선포의 장소(단 7:13-14), 그리고 찬양의 장소(*1 En.* 61:9-13; *2 En.* 20:4-21:1; *Apoc. Ab.* 10:8; 18:11-14; *Ps.-Philo* 18:6)가 되었다.[52] 아울러 천상의 성전에서 제사장으로 섬기는 천사들에 대한 묘사와 함께 성전

---

51) J. J. Collins, *The Apocalyptic Vision of the Book of Daniel* (Missoula: Scholars Press, 1977), 101-104.
52) 구약에서부터 제2성전기까지 정경 및 비정경 본문에 나타난 천사에 대한 간략한 개관은 Newsom, *ABD* 1.248-253을 보라.

(temple)의 이미지가 조정(royal court)의 이미지에 추가되었다.[53]

제2성전기에는 하나님의 뜻을 수행하는 일반적인 기능이 천사들에게 주어진다. 그들의 구체적인 기능은 다음과 같다.

① 경건한 자를 도와주고 보호하며 그들의 기도를 하나님께 상달한다.
② 하나님의 뜻에 따라 심판을 선포하고 실행한다.
③ 심판 당시의 기록을 보존한다.
④ 비(非) 묵시 문학적 문맥에서 계시의 교사 및 중재인 역할을 한다.
⑤ 묵시 문헌에서 신비와 환상을 보여주고 인도하며 해석한다.

또한 제2성전기 유대교의 천사에 대한 이해는 다음과 같은 특징을 나타낸다.

① 천사들의 모습은 빛이나 불, 또는 빛나는 금속이나 보석으로 묘사된다.
② 그들은 흰 세마포 옷, 또는 황금 현장(懸章)을 두른 흰옷을 입는다.
③ 그들은 영적인 존재다.
④ 그들은 창조된 존재다.

학계에서는 왜 이 시기에 천상 세계와 그곳에 거주하는 존재들에 대한 관심이 증폭되었는지에 대해 다음의 주제들을 중심으로 다양한 이론들이 제시되어왔다.[54]

---

53) Newsom, *ABD* 1.253.
54) 다양한 이론과 간략한 평가 및 참고 문헌은 Olyan, *A Thousand*, 3-13을 보라.

① 신비

② 외부의 영향, 특히 바벨론과 페르시아 문화의 영향

③ 마술의 영향

④ 접근 불가능한 하나님과 그 결과로 나타난 중재자의 필요성

⑤ 영지주의적 개념의 영향

⑥ 신인동형론의 기피, 이스라엘 및 세상과 관련된 하나님의 활동의
   정교화(elaboration), 하나님에 대한 이해의 변화 등을 포함한 이스
   라엘 종교의 내부적 발전

⑦ 성경의 문자적 주해와 개작[55]

3.1.3.2. —— 하나님의 종으로서의 천사장들

유대교 묵시 문학에서 천사에 관한 사변이 더 큰 비중을 차지하게 된
것은 사실이지만 바뀌지 않고 그대로 남아 있는 것이 한 가지 있었다. 이러
한 묵시 문학에서도 그 본문 또는 이야기의 주된 초점이 언제나 특정 천사
가 아닌 하나님 자신이라는 사실이었다. 천사는 아무리 고양된 모습으로
나타난다 해도 하나님이 지시한 일을 수행하는 하나님의 종일 뿐이다. 따
라서 특정 본문이나 이야기의 주된 의도는 무시한 채 천사에게 부여된 특
별한 기능이나 특징을 지나치게 부각하면 안 된다. 저자의 주된 관심사는
천사들이 등장하는 상황과 관계없이 하나님이 택한 백성들을 위하여 어떤
메시지를 전달하는 데 있다. 천사들은 단순히 하나님의 종이며 모든 백성
의 삶을 통제하는 하나님의 위대하심을 더욱 높여드리는 역할을 담당한다.

이러한 본문들에서 천사장이 아무리 영광스럽게 묘사된다 할지라도,
심지어 그가 천사의 계층 구조에서 최고 위치를 차지하거나 세상과 백성

---

55) Olyan, *A Thousand*, 10은 마지막 견해를 따른다.

을 통치하는 하나님과 매우 밀접한 관계를 맺고 있다 할지라도, 한 가지 확실한 것은 그들이 하나님의 피조물이며 하나님의 경쟁 상대가 아니라 하나님을 섬기는 수많은 천사의 범주에 속한 자들이라는 사실이다. 따라서 유대교 묵시 문학은 하나님이 그의 창조세계와 그가 택한 백성을 위해 어떻게 일하시는지를 보여주려고 하지, 천상의 존재들이 하나님의 주권적 통치에 얼마나 많이 관여하는지를 보여주려고 하는 것이 아니다. 다시 말해 하나님의 현존과 행동이 주된 초점이지 그의 매개체나 도구인 천사들이 주인공은 아니다.

물론 후기의 개별 천사들과 초기의 주의 사자 전승 사이에 일종의 연속성이 존재하긴 한다. 하지만 후기의 천사론은 계속해서 이 세상에서의 하나님의 행동, 현존, 그리고 현시라는 동일한 언어를 사용했음을 주지할 필요가 있다. 유대교 묵시 문학의 천사론은 천사론 자체가 아닌 이 세상에서의 하나님의 행동이라는 측면에서 이해되어야 한다. 제2성전기 유대교 묵시 문학에서 천상의 존재들과 천상 세계에 대한 사변이 급증했다는 사실은 부인할 수 없다. 그러나 부차적인 것을 지나치게 강조하는 최근 학계를 향해 일침을 가한 보컴의 말에 귀를 기울여야 한다.

이 시기의 유대인들이 한 하나님과 다른 모든 실상을 분명하게 구분하는 확실한 선을 쉽게 그을 수 있었다는 증거가, 소위 중간적 존재들이 이 구분을 불분명하게 만들었다고 주장하는 학자들이 제시한 미미한 증거보다 훨씬 더 많다.[56]

---

56) R. Bauckham, *God Crucified: Monotheism and Christology in the New Testament* (Didsbury Lectures 1996; Carlisle: Paternoster, 1998), 16.

3.1.3.3. —— 요약

우리는 지금까지의 논의를 통해 유대교 제2성전기에 증폭된 천사장에 대한 관심이 하나님과 창조된 존재들 간의 명확한 선을 흐리게 하지 않았음을 살펴보았다. 결국 천사장들은 이 세상에서 하나님의 현존과 행위를 드러내는 또 다른 표현 방법일 뿐이었다. 미가엘, 가브리엘, 야호엘 등과 같은 천사장들은 천상 세계에서 매우 고양된 존재로 묘사됨에도 불구하고 하나님의 백성들을 위해 하나님 대신 하나님의 뜻을 수행하는 하나님의 종에 불과하다. 따라서 그들이 이 세상에 "적극적으로" 관여하는 것은 당신이 택하신 백성을 향한 하나님의 관심을 보여준다. 이 세상에서의 그들의 존재와 행동은 이 세상에서의 하나님의 현존과 행동을 표현한다. 결국 강조되어야 할 부분은 천사장들의 존재와 행동이 아닌 하나님 자신의 행동과 현존이다.

3.2. —— 선재적 메시아

던(J. D. G. Dunn)은 그의 영향력 있는 저서 『생성기의 기독론』(*Christology in the Making*)에서 초기 기독교의 성육신 교리에 대한 선례를 초기 유대교 안에서 전혀 찾아볼 수 없다고 주장했다. 그는 하나님의 아들, 인자, 마지막 아담, 성령, 천사, 하나님의 지혜와 하나님의 말씀 등 예수의 성육신과 선재성의 배경이 될 만한 다양한 전승들을 자세히 검토한다. 그러나 한 가지 특이한 사항은 메시아 사상이 그의 연구 대상에서 제외되었다는 점이다. 이에 대해 그는 "선재적 메시아의 개념이 에녹비유서 이전의 초기 유대교에 존재하지 않았기 때문"이라고 설명한다.[57] 또한 그는 이와 관

---

57) James D. G. Dunn, *The Christology in the Making: a New Testament Inquiry into the Origins of the Doctrine of the Incarnation* (London: SCM, 1980, 1989), 72.

련하여 칠십인역 시편 110:3과 미가 5:3에 나타난 증거들에 대해 다음과 같이 주장한다.

> 시편 110:1과 110:4이 최초기 기독교 변증에서 매우 중요한 증거 본문(proof texts)임에도 불구하고, 시편 110:3은 신약시대에 단 한 번도 명시적으로 인용된 적이 없었다. 기원후 2세기 중반 유스티누스의 해석(*Dial.* 63.3; 76.7)을 시작으로 이 구절들은 그리스도의 선재성에 대한 예언으로 사용되기 시작했다. 미가 5:2 역시 니케아 신경 이전 교부들에 의해 자주 인용되곤 했지만, 마지막 행(行)까지 인용된 적은 거의 없으며 선재성을 내포한 암시적 의미로 이해되지는 않았다. 만약 이러한 칠십인역의 번역을 메시아의 선재성을 언급하는 것으로 이해한다면 그것은 분명 근거 없는 해석이 될 것이다. 기원후 1세기의 침묵은 오히려 반대 방향을 가리킨다. 즉 이러한 해석은 그리스도의 선재성을 이미 기정사실로 받아들인 이후에 나타난 것이다.[58]

그러나 호버리(W. Horbury)는 그의 저서에서 선재적 메시아에 대한 개념이 이미 제2성전기 유대교 내에 존재했다고 주장한다.[59] 그가 보기에 메시아는 "하늘의 덕목과 권력을 부여받은 인간적 존재"로서 "하나님으로부터 보냄을 받은 한 영의 징후(manifestation)와 체현(embodiment)으로 간주될 수 있다."[60] 또한 영적이며 초인간적인 메시아상은 정복자로서의 인간적인 메시아상과 상반되지 않는다. 이러한 선재적 메시아상은 구약성서의 여러 메시아적 본문들에 나타난 메시아의 고양된 특성들로부터 유

---

58) Dunn, *Christology*, 71.
59) W. Horbury, *Jewish Messianism and the Cult of Christ* (London: SCM, 1998), 86-108.
60) Horbury, *Jewish Messianism*, 90.

래했으며, 모세오경의 칠십인역을 기점으로 이후 여러 유대 문헌에 광범
위하게 나타날 뿐만 아니라 랍비 문학에까지도 영향을 미쳤다.[61]

호버리는 이어서 이러한 영적 메시아상은 "인간을 구성하는 요소 중
영의 중요성을 반영한 것이며, 하나님에 의해 예정된 영적 메시아 개념"
을 계속 이어간 것이라고 주장한다.[62] 그는 초기 유대인들과 초기 그리스
도인들이 각각 갖고 있던 하나님에 대한 개념에서 공통점을 발견할 수 있
는데 그것은 바로 거룩한 천사들과 영들의 주(主)라는 개념이라고 한다.[63]
그뿐 아니라 호버리는 혼들이나 영들도 상대적 독립성을 지니고 있으며
혼들도 선재하며 환생한다는 사상이 초기 유대교에 깊은 영향을 주었다
고 주장한다.

따라서 호버리는 에녹비유서, 에스드라2서, 시빌의 신탁에 등장하는,
다니엘서 인자의 특성들을 지닌 영광스러운 메시아적 존재들에 해당하는
선재(先在)의 개념이 칠십인역 이사야 9:5(6)과 미가 5:1(2) 등의 신탁(神託)
에 이미 내포되어 있었다고 본다. 그러나 그는 천사와 같은 메시아 개념
이 대부분 유대 묵시 문학에 국한되어 나타난다는 일반적 견해에는 동의
하지 않으며, 오히려 "하늘의 구름을 타고 오는 다니엘서의 인자가 모세
오경, 예언서 그리고 시편에 나오는 여러 메시아적 신탁들과 이미 밀접한
관계를 맺고 있음을 묵시 문학 자체가 보여준다"고 주장한다.[64]

---

61) Horbury, *Jewish Messianism*, 87.

62) Horbury, *Jewish Messianism*, 87-88.

63) Horbury, *Jewish Messianism*, 87, 89: 민(LXX) 16:22(θεὸς τῶν πνευμάτων); 시(LXX)
80 (79):5(θεὸς τῶν δυνάμεων); 에(LXX) 4:17r = Rest of Esther 14:12(βασιλεῦ τῶν θεῶν);
4QShirShabbᵃ 2, 5(King of the "gods"); 히 12:9(πατρὶ τῶν πνευμάτων); *Exod. Rab.*
15.6, on 12:2. 신적 칭호에 대한 특별한 언급 없이 LXX와 외경에 나타난 천사론에 관해서
는 M. Mach, *Entwicklungsstadien*, 65-278를 참조하라.

64) Horbury, *Jewish Messianism*, 90. 아울러 W. Horbury, "Messianic Associations of
'the Son of Man'," *JTS* 36(1985), 40-48을 보라; VanderKam 역시 에녹비유서에 나타
난 성경적 암시에 대해 이와 비슷한 결론에 도달한다. J. C. VanderKam, "Righteous One,

우리는 여기서 초기 유대교 내에 존재했던 선재적 메시아 사상이 초기 기독교가 가졌던 예수의 선재성에 대한 신앙에 어떤 영향을 미쳤는가라는 문제와는 별개로, 초기 유대교 내에 이미 선재적 메시아 개념이 존재했는가 하는 문제에 대하여 상반된 두 가지 견해가 있음을 알 수 있다. 먼저 이러한 선재적 메시아 개념이 초기 유대교에 존재했다고 주장한 호버리와 샤퍼(J. Schaper)의 논증을 비판적으로 살펴보자.

호버리는 메시아에 대한 광범위한 이해를 반영한다고 여겨지는 여러 본문으로부터 선재적 메시아 개념을 유추하는 연구 방법론을 사용했다. 그의 논증은 일차적으로 칠십인역 모세오경과 예언서 그리고 시편 등의 본문을 기초로 하고 그 본문들과 연관된 다른 여러 자료 역시 논증 근거로 활용한다.[65]

① 칠십인역 모세오경, 예언서, 시편 중 다음과 관련 있는 본문
  ㄱ. 빛: 이사야 9:1(2), 5(6)
  ㄴ. 하나님이 보낸 영: 아모스 4:13, 예레미야애가 4:20
  ㄷ. 천사의 특성, 별: 민수기 24:17(주로 사 11:1-2와 연결됨)
  ㄹ. "아나톨레" 칭호: 스가랴 6:12
  ㅁ. 천체 창조 이전에 이미 존재함: 시편 72(71):5, 17, 110(109):3
② 기타 자료
  ㄱ. 솔로몬의 시편
  ㄴ. 후기 헤로디안 시기의 묵시 문헌

Messiah, Chosen One, and Son of Man in 1 Enoch 3-71," *The Messiah: Developments in Earliest Judaism and Christianity* (ed. J. H. Charlesworth; Minneapolis: Fortress, 1992), 169-191.

65) Horbury, *Jewish Messianism*, 90.

ㄷ. 시빌의 다섯 번째 책

ㄹ. 랍비 문헌

3.2.1. —— 칠십인역 이사야 9:5(6)

호버리는 히브리어 "모사, 전능하신 하나님"(בורﬞ גﬞ אל יﬞועץ פלא)의 그리스어 번역인 "위대한 조언의 천사"(μεγάλης βουλῆς ἄγγελος)가 신탁의 시작 부분에 선포된 아기와 "큰 빛"(φῶς μέγα)[66]이 동일시되면서 시각적 효과를 얻었으며, 이것은 칠십인역이 이사야서의 메시아적 신탁들을 메시아의 영적 은사에 주안점을 두고 번역했음을 나타낸다고 주장한다.[67] 그는 이러한 확대된 해석 안에서 칠십인역 이사야 9:5의 "천사"라는 칭호가 11:2-4 —"하나님의 영이 그 위에 강림하실 것이고…하나님을 경외하는 영이 그를 채울 것이다"(ἀναπαύσεται ἐπ' αὐτὸν πνεῦμα τοῦ θεοῦ…ἐμπλήσει αὐτὸν πνεῦμα φόβου θεοῦ)—와 61:1—"나에게 기름 부으신 주의 영이 내게 임하셨다"(πνεῦμα κυρίου ἐπ' ἐμέ οὗ εἵνεκεν ἔχρισέν με)—에 나타난 다른 메시아적 신탁들과도 부합한다고 본다.[68]

그러나 칠십인역 이사야서의 여러 메시아적 신탁들을 서로 연결해 그 본문들이 영적인 메시아에 대해 언급한다는 사실을 증명하려는 그의 시도는 설득력이 없어 보인다. 과연 그가 논증한 메시아상이 "성령에 감동된"(spirit-inspired) 인간적 메시아 개념 그 이상의 의미 또는 선재적 메시아의 의미를 내포하는지 의심스럽다. 성령에 감동되거나 성령으로 기름

---

66) 이 책에 나오는 LXX의 우리말 번역은 모두 저자의 사역(私譯)이다.

67) Horbury, *Jewish Messianism*, 90.

68) 나는 "부합된다"(consistent with)는 호버리의 모호한 표현이 정확히 이 문맥에서 어떤 의미인지 의구심이 생긴다.

부음을 받았다고 해서 선재적 존재가 되는 것은 아니기 때문이다.

3.2.2. —— 칠십인역 아모스 4:13과 예레미야애가 4:20

호버리는 칠십인역 예언서에서도 메시아 왕이 하나님이 보낸 영과 연관
된다고 주장한다.[69] 칠십인역 아모스 4:13은 하나님에 대해 "영을 창조하
고 사람들에게 그의 그리스도를 선포하는"(κτίζων πνεῦμα καὶ ἀπαγγέλλων
εἰς ἀνθρώπους τὸν χριστὸν αὐτοῦ) 분으로 묘사한다.[70] 따라서 그는 메시아가
천지창조 본문에 나타나며 창세기 1:2의 수면 위의 영을 연상시키는 천둥
과 "바람" 또는 "영" 직후에 언급된다고 주장한다.[71] 또한 칠십인역 예레미
야애가 4:20에서 왕은 "우리의 콧김", 즉 민족의 삶의 숨결로 묘사된다. 호
버리는 여기서도 히브리어 "루아흐"(חור)가 "영"으로 번역될 수 있으며 메
시아는 또다시 천지창조와 새로 창조된 인류에게 공급되는 생명의 호흡
과 연관된다고 주장한다.[72] 이처럼 그는 칠십인역 아모스 4:13과 예레미야
애가 4:20에서 메시아 왕은 천지창조 및 하나님이 보낸 영(들)과 연관되
며 하나님이 보낸 영의 체현인 영적 메시아로 이해될 수 있다고 본다.[73]

그러나 여전히 어떤 메시아적 존재가 하나님이 보낸 영 또는 천지창
조와 연관된다는 사실이 반드시 그가 선재적 혹은 천상적 존재라는 의
미는 아니다. 호버리가 제시한 증거들은 메시아의 "신적 영감"(divine

---

69) Horbury, *Jewish Messianism*, 91. 그가 자주 사용하는 "…와 연관되어 있다"(associated
with)라는 문구는 정확히 무엇을 의미하는지 상당히 모호한 표현이 아닐 수 없다.

70) "그의 그리스도"에 대한 언급은 암 9:11의 "다윗의 장막"과 암(LXX) 7:1의 "곡 왕"(Γωγ ὁ
βασιλεύς)에 대한 메시아적 발전으로 설명될 수 있다.

71) Horbury, *Jewish Messianism*, 91.

72) Horbury, *Jewish Messianism*, 91-92. 다시 한 번 "associated with"이라는 모호한 표현
에 주목하라.

73) Horbury, *Jewish Messianism*, 92.

inspiration) 또는 그에 대한 하나님의 예지(foreknowledge) 그 이상을 암시한다고 볼 수 없다. 결국 이 본문들 안에서 메시아의 선재성에 대한 암시(hint)를 발견할 수 있다는 주장은 설득력을 잃는다.

3.2.3. —— 칠십인역 민수기 24:17

칠십인역 민수기 24:17은 "한 별이 야곱에게서 나오며 한 규가 이스라엘에게서 일어나서"(דרך כוכב מיעקב וקם שבט מישראל)라는 발람의 예언을 "한 별이 야곱으로부터 솟아나며 한 사람이 이스라엘로부터 일어나서"(ἀνατελεῖ ἄστρον ἐξ Ιακωβ καὶ ἀναστήσεται ἄνθρωπος ἐξ Ισραηλ)로 번역했다. 호버리는 여기서 한 별과 한 사람이 서로 연관되고 별들이 "하늘의 천군"(צבא השמים, 체바 하샤마임)에 속하기 때문에 메시아의 천사적 특성을 엿볼 수 있다고 주장한다.[74] 더 나아가 그는 이후 민수기 24:17의 별-예언과 이사야 11:1-2의 이새-예언이 결합해 기독교와 유대교 공동체에 미친 영향은,[75] "솔로몬의 시편"(Ps. Sol.) 17장, 쿰란 문서 "공동체 규율집"(1QSb=1Q28b), 쿰란 필사본(col. V),[76] "유다의 약속"(T. Jud.) 24장, 요한계시록 22:16에 나타나 있듯이 이미 두 예언이 제2성전기에 오랫동안 결합해 있었음을 시사한다고 주장한다.[77]

물론 유대교 사상에서 별들이 하늘의 천군에 속해 있던 것은 사실이

---

74) 그러나 칠십인역은 "천군"(צבא השמים)을 각각 κόσμος τοῦ οὐρανοῦ(신 4:19; 17:3), στρατιὰ τοῦ οὐρανοῦ(왕상 22:19; 대하 33:3, 5//왕하 21:3, 5), δύναμις τοῦ οὐρανοῦ(왕하 17:16; 21:3, 5; 23:4, 5; 대하 18:18//왕상 22:19)로 번역한다.

75) 1 Apol. 32.12-13; 참조. Commodian, Carm. Apol. 291; T. Jud. 24; Tg. Isa. 11.1; Tg. Num. 24.17.

76) 참조. D. Barthélemy, J. T. Milik, Qumran Cave I (DJD 1; Oxford: Clarendon, 1955), 128-129.

77) Horbury, Jewish Messianism, 92-93.

다. 하지만 민수기 24:17은 별이 천사적 존재들과 연관된 것이 아니라 야곱(이스라엘)으로부터 솟아날 것이라고 말한다. 이스라엘 백성 가운데 나타날 이 별은 백성들 중 하나를 가리키는 것이지 사람이 아닌 다른 종류에 해당하는 어떤 하나(one of another kind)를 가리킨다고 보기 어렵다. 또한 "한 별이 야곱으로부터 솟아나며, 한 사람이 이스라엘로부터 일어나서"라는 두 행은 동일한 생각을 두 가지 방식으로 표현하는 히브리어 평행법에 속한다. 그렇다면 "별"은 "규"나 "사람"에 대한 유의어로 이해하는 것이 더 적절하다. 한 구절에서 "별"과 "사람"이 동시에 언급되었다는 점은 메시아의 천사적 특성 또는 더 나아가 그의 선재성을 의미하는 것이 아니다. 정확히 말해 민수기 24장의 예언은 메시아 왕의 출현을 고도의 시적인 언어로 표현한 것일 뿐이다.[78] "별-예언"이 메시아의 천사적 특성에 대한 암시를 내포하지 않는다면, 호버리가 제시한 후기 유대교 및 기독교의 증거 자료는 무의미해지거나 설득력을 잃게 된다.

3.2.4. 칠십인역 예레미야 23:5과 스가랴 3:9, 6:12

호버리는 먼저 다윗 왕적 칭호인 "가지" 또는 "싹"(צמח, 체마흐)이 칠십인역 예레미야 23:5과 스가랴 3:9(8), 6:12에서 "아나톨레"(ἀνατολή)로 번역된 것과 동사 "행진하다"(דרך, 다라크)가 민수기 24:7에서 "솟아나다"(ἀνατέλλω)로 번역된 것에 주목한다. 그리고 "아나톨레"라는 칭호가 칠십인역의 번역 시점에 이르러서는 이미 "여명"(dayspring)이라는 의미로 이해되었다고 추론한다.[79] 이에 대하여 그는 다음과 같은 증거를 제시한다.

---

78) 여기서 "별"과 "규"는 왕에 대한 환유(換喩)라고 할 수 있다.

79) Horbury, *Jewish Messianism*, 94.

① 사가랴의 노래에서(눅 1:78-79) "아나톨레"가 일출(sun-rise)이란 의미로 사용되었다.

② 순교자 유스티누스가 민수기 24:17(별과 사람)과 스가랴 6:12(아나톨레로 불리는 사람)을 순차적으로 인용했다(*Dial.* 106.4).

③ "아나톨레"라는 칭호가 갖는 천사적 함의에 관한 필론의 논의가 이를 뒷받침한다(*Conf.* 60-63, 146; *QG* 1.4).[80]

호버리는 이상을 근거로 "아나톨레"는 "메시아를 천상의 존재(a luminary and a heavenly being)로 이해하는 또 하나의 칠십인역적 칭호"라고 결론 내린다.[81] 그러나 칠십인역 예언서의 칭호 "아나톨레"에서 천사적 암시를 발견할 수 있다는 호버리의 논증은 설득력이 부족하다. 민수기 24:17에서 히브리어 동사 "다라크"(דרך)가 "아나텔로"(ἀνατέλλω)로 번역된 것은 별이나 다른 하늘의 물체가 동사의 주어가 될 경우 비문자적으로 자연스럽게 번역한 결과다(참조. 말[LXX] 3:20; 사[LXX] 58:10). 따라서 번역자들이 "아나텔로"를 선택한 것에 어떤 특별한 의미—예를 들어 "아나톨레" 칭호가 이미 "일출"로 이해되었다는 의미—가 있었을 개연성은 매우 낮다.

"체마흐"(צמח)가 "아나톨레"(ἀνατολή)로 번역된 것에 상당한 의미를 부여할 수도 있지만, 호버리 자신도 인정하듯이 "아나톨레"가 일출(日出)이나 성출(星出)뿐만 아니라 성장이나 새싹에도 사용되었다는 사실을 고려해야 한다.[82] 따라서 지시 대상이 사람을 가리킬 가능성이 큰 문맥에서

---

80) Horbury는 Philo가 *Conf.* 60-63에서 ἀνατολή(rising)를 창(LXX) 11:2의 ἀπὸ ἀνατολῶν (from the sunrising)과 연결해 논의했다는 사실을 지적한다. 그러나 이러한 논의가 전적으로 Philo의 알레고리적인 해석에 해당한다면 Philo를 증거로 제시하기는 어렵다.

81) Horbury, *Jewish Messianism*, 94.

82) 이 단어의 서로 다른 두 용례에 대해서는 I. H. Marshall, *The Gospel of Luke: a Commentary on the Greek Text* (NIGTC; Grand Rapids: Eerdmans, 1978), 94을 보라.

이 특정 단어를 선택했다는 것은 메시아를 천상의 존재로 이해했다는 충분한 근거가 될 수 없다. 그리고 "아나톨레"는 칠십인역에서 메시아적 칭호가 될 수 있지만 메시아의 천상적 특성이나 선재성을 나타낼 개연성은 매우 적다. 아울러 칠십인역 전체가 단일 번역자(들)에 의해 단번에 번역된 것이 아니라 오랜 기간에 걸쳐 번역되었다는 사실을 감안한다면, 칠십인역의 다른 부분들을 서로 "연결"하려는 시도와 칠십인역 번역자들이 어떤 특정 문제에 공통된 견해를 가지고 있었다는 주장은 설득력이 없어 보인다.

또한 누가복음 1:78-79에 나타난 "아나톨레"의 정확한 의미 역시 논쟁거리다. 물론 이 구절에서 "아나톨레"는 이사야서의 "큰 빛"과 연관될 수 있으므로 메시아를 지칭하는 칭호로 사용되었을 가능성도 있다.[83] 그러나 이 구절 외에 다른 본문에서 "아나톨레"가 빛을 밝히는 이미지와 연관되어 사용된 예가 없기 때문에 메시아에 대한 명시적 언급이 아닌 것으로 볼 수도 있다.[84] 비록 민수기 24:17의 "별"에 대한 이러한 발전된 이해가 이후 "레위의 약속"(*T. Levi*) 18:3-4에서 나타나긴 하지만, 칠십인역에서 사용된 "아나톨레"의 이미지는 (왕의) 영광을 나타내는 광채로 보아야 한다.[85] 물론 이러한 발전의 가능성은 늘 열려 있다. 하지만 결정적인 증거가 부족하다. 이러한 발전은 오직 그리스어 본문에서만 가능할 뿐, "체마흐"를 사용한 히브리어 본문에서는 불가능하다. 그러므로 "아나톨레"가 "체마흐"로부터 유래된 것이 아니라면 "아나톨레"가 메시아적 의미로 사용되었다는 논증은 타당성을 잃게 된다.

누가복음 1:78b-79a의 배경은 이사야 9:1, 58:8, 10과 60:1-3에서 찾

---

83) 민 24:17의 ἄστρον과 사 42:6의 φῶς를 참조하라. Marshall, *Luke*, 94-95.
84) J. Nolland, *Luke* (WBC 35; Dallas: Word Books, 1993), 90.
85) 참조. 사 14:12; 단 12:3; 삿 5:31; *1 En*. 104.1; 마 13:43.

을 수 있다(참조. 말 3:20[4:2]; 사 30:26).[86] 이사야 60:3의 "제라흐"(חרז, 떠오름 [rising])가 "아나톨레"로 번역된 것일 수 있으며 하나님의 백성을 비추기 위해 떠오르는 빛으로 이해하는 것이 가장 적절해 보인다(참조. 사 58:8, 10; 60:2). 어원이 같은 동사 "자라흐"(חרז, 솟아오르다[to rise])는 이사야 58:10, 60:2과 말라기 3:20[4:2]에서도 발견된다. 따라서 이 본문은 메시아의 **신분**에 관한 것이라기보다는 메시아의 **사역**에 관한 것으로 보아야 한다.[87]

호버리는 사용된 언어 및/또는 그 출처와 상관없이 같은 범주의 문헌 (same corpus)에 나오는 다른 본문들이 서로 영향을 주고받았을 개연성과 초기 작품이 후기 작품에 영향을 미쳤을 개연성에 지나치게 의존한다. 그 결과 그는 후기 자료에 나타난 개념으로부터 초기 자료에 나타난 비슷한 개념으로 추적해 올라가는 작업에 과도한 자신감을 보인다. 따라서 한 본문에 나타난 개념이 같은 범주의 문헌 중 다른 본문에도 나타나면 그것이 동일한 개념인지 확실하지 않음에도 불구하고 두 개념 간의 상호 연관성을 지나치게 확신하는 오류를 범한다.

3.2.5. ── 칠십인역 시편 72편

호버리는 칠십인역 시편에서도 선재적 메시아에 관한 개념을 찾을 수 있다고 논증한다. 그는 그리스도의 선재성에 대한 증거로 칠십인역 시편 72(71)편과 시편 110(109)편을 인용한 기원후 2세기 기독교 작품을 이에 대한 증거 자료로 제시한다. 그리고 순교자 유스티누스의 "트리포와의 대화"를 언급한다(*Dial.* 45.4; 76.7).[88] 그는 이러한 초기 기독교 작품과 메시아

---

86) Nolland, *Luke*, 90.
87) 마 4:16의 "큰 빛"에도 동일한 원칙이 적용된다.
88) 시 110:3과 시 72:5을 암시하는 *Dial.* 45.4(Christ was "before daystar and moon") 및 시

의 이름이 "해 이전에"(before the sun) 존재했다고 보는 유대인들의 해석 (*bar. Pesah.* 54a; *Tg. Ps.* 72:17) 사이에 어떤 연관이 있다고 주장한다. 그러면서 17절이 초기 기독교와 유대교 내에서 이러한 의미로 해석되었다는 것을 근거로 제2성전기 말에 이르러 5절의 "달 이전에"(before the moon)와 17절의 "해 이전에"(before the sun)가 시간적 개념으로 해석되었다고 제안한다.[89] 더 나아가 그는 시편 72:5, 17을 시간적으로 해석함으로써 에녹1서 48:3이 메시아 이름의 선재성을 의미하는 것으로 이해하게 되었다고 본다.[90]

호버리의 이러한 제안은 전혀 새로운 것이 아니다. 칠십인역 시편 72:17은 이미 일부 학자들에 의해 메시아 이름의 선재성을 나타내는 구절로 간주되어왔다. 예를 들어 폴츠(P. Volz)는 메시아 이름의 선재성은 메시아의 기원이 천지창조 이전이라는 종교적 개념을 나타내는 또 하나의 표현 방식이라고 주장했다.[91] 최근 샤퍼는 이와 같은 폴츠의 주장을 지지하며 비록 "프로 투 헬리우"(πρὸ τοῦ ἡλίου) 즉 "해 이전에/앞에서"(before the sun)가 시간적 의미로만 해석이 가능한 것은 아니지만, 칠십인역에서 왕의 이름의 중요성이 높아졌다는 점은 분명하다고 주장한다.[92] 그리스어

(LXX) 72:17("before the sun")과 사(LXX) 9:6(5)("angel of great counsel")를 암시하는 *Dial.* 76.7(David proclaimed that "before sun and moon" he should be "begotten of the womb" according to the "counsel" of the Father).

89) Horbury, *Jewish Messianism*, 95.

90) 참조. A. Goldberg, "Die Namen des Messias in der rabbinischen Traditionsliteratur. Ein Beitrag zur Messiaslehre des rabbinischen Judentums," *Frankfurter Judaistische Beiträge* 7(1979), 77.

91) P. Volz, *Die Eschatologie der jüdischen Gemeinde im neutestamentlichen Zeitalter nach den Quellen der rabbinischen, apokalyptischen und apokryphen Literatur* (Tübingen: Mohr Siebeck, 1934), 205; 그러나 W. Bousset, *Die Religion des Judentums im späthellenistischen Zeitalter* (HNT 21; Tübingen: Mohr Siebeck, 1926), 263.n.1은 조금 더 신중하게 *Tg.*과 *1 En.*만을 확실한 증거로 제시한다.

92) J. Schaper, *Eschatology in the Greek Psalter* (WUNT 2/76; Tübingen: Mohr Siebeck,

본문에 "율로게메논"(εὐλογημένον, 송축 받을)이 삽입된 것은 이름에 대한 개념이 조금 더 강조되었음을 보여준다는 것이다. 아울러 그는 히브리어 원문은 17절과 19절에서 왕의 이름과 하나님의 이름을 구분하지만 그리스어 본문에서는 두 이름 모두 찬송을 받고 있다는 사실을 강조한다. 따라서 메시아 왕의 이름은 하나님의 이름과 거의 동일시되는데 이것은 그리스어 본문에서 왕의 중요성이 더 높아졌음을 의미하며 메시아 왕이 구원을 베푸는 자로 간주되고 있음을 의미한다고 한다.[93]

샤퍼는 시편 72:17에 대한 타르굼의 해석 역시 이와 같은 이해를 반영한다고 말한다. 타르굼 본문과 해석을 살펴보자.[94]

יהי שמיה מדכר לעלם וקדם מהוי שמשא מזומן
הוה שמיה ויתברכון בזכותיה כל עמיא ויימרון טב ליה:

그의 이름은 영원히 기억될 것이며 해가 있기 전에 그의 이름은 정해졌다. 모든 민족은 그의 의를 통해 복을 받을 것이며 그를 찬양할 것이다.[95]

샤퍼는 칠십인역 번역에 나타난 전치사 "프로"(πρό)에 대한 해석적 모호성이 타르굼 본문에서는 사라졌다고 주장한다. מהוי가 삽입됨으로써

1995), 93-96; 101-107.

93) Schaper, *Eschatology*, 94; 19절의 εὐλογητόν과 17절의 εὐλογημένον을 참조하라. 아울러 G. Schimanowski, *Weisheit und Messias: die jüdischen Voraussetzungen der urchristlichen Präexistenzchristologie* (WUNT 2/17; Tübingen: Mohr Siebeck, 1985) 146 이하를 보라.

94) 이 본문은 P. A. de Lagarde, *Hagiographa Chaldaice* (Leipzig: Teubner, 1973)에서 발췌한 것이다.

95) 이 번역은 저자의 사역이다. Schaper의 영역(英譯)은 다음과 같다. "His name will be remembered forever, and before the sun was, his name was appointed. And all nations will be blessed through his righteousness and will praise him."

קדם이 지닌 모호성을 해결했다는 것이다. 즉 샤퍼는 קדם이 공간적 및 시간적 의미를 모두 내포하기 때문에 번역자나 최종 편집자가 해석을 돕기 위한 삽입을 통해 본문의 의미를 명확하게 밝혔다고 본다. 그러나 그는 그리스어 본문은 두 가지 해석이 모두 가능하므로 번역자가 의도적으로 이러한 해석학적 모호성을 선택했을 것이라고 주장한다.

그리고 그는 기원후 70년 이전의 문서로 간주되는 에녹1서 48:2-3에서 메시아 이름의 선재성에 대한 더 명확한 예를 찾아볼 수 있다고 주장한다.

And at that time the Son of Man was named
  in the presence of the Lord of Spirits
And his name before the Chief of Days;
And before the sun and the "signs" were created,
Before the stars of the heavens were made,
His name was named before the Lord of spirits.[96]

그리고 그때 인자는 영들의 주님의 현존 앞에서 이름이 지어졌고
그리고 그의 이름은 날들의 수장 앞에서 [지어졌다.]
그리고 해와 "징조들"이 창조되기 이전에,
하늘의 별들이 만들어지기 전에,
그의 이름은 영들의 주님 앞에서 이름이 지어졌다.[97]

결국 샤퍼는 칠십인역과 타르굼 모두 시편 72:17을 메시아 이름의 선

---

96) 이 번역은 M. Black, ed., *The Book of Enoch or I Enoch: a New English Edition* (SVTP 7; Leiden: Brill, 1985), 49에서 발췌한 것이다.
97) 이 번역은 저자의 사역이다.

재성을 의미하는 것으로 해석하는 경향을 보이면서 이에 대한 근거를 후기 본문인 에녹1서에서도 찾아볼 수 있다고 결론 내린다.[98]

물론 타르굼이 메시아 이름의 선재성을 보여주는 것은 사실이다. 하지만 메시아 이름의 선재성과 창조 이전에 존재한 메시아를 동일시하는 것은 적절치 않다.[99] 그것은 단순히 메시아에 대한 **개념**이 창조 이전에 하나님의 생각 속에 있었다는 것을 의미한다.[100] 쉬마노우스키(G. Schimanowski)가 주장했듯이 의역된 타르굼은 메시아 선택의 시점을 창조 이전으로 끌어올림으로써 약속된 메시아가 선택되었음을 독특한 방식으로 부각할 뿐이다.[101]

칠십인역과 관련하여 제시된 증거 역시 상당히 의심스럽다. 예를 들어 시편 72:17의 두 번째 행 "해 이전에/앞에서(before the sun) 그의 이름은 **남게 되리라**(will remain)"는 타르굼의 "해가 있기 전에(before the sun *was*), 그의 이름이 **정해졌다**(was appointed)"와는 대조적으로 미래형으로 되어 있다. 미래형으로 된 문장에서 πρό에 대한 시간적 해석은 부적절하다. 아울러 칠십인역에 관한 샤퍼의 논의는 폴츠의 주장을 더 발전시키지 못했다. 메시아 이름의 중요성이 높아졌다는 것이 메시아의 초자연적 성격이나 선재성을 의미하지는 않기 때문이다.

타르굼 및 에녹1서와 관련해서도 그리스어로 쓰인 칠십인역에 나타나 있는 사상이 히브리어/아람어를 사용하는 유대인들의 사상과 동일하다고

---

98) Schaper, *Eschatology*, 95.

99) 아람어 קום를 "존재하다" 대신 "미리 결정하다" 또는 "예정하다"로 해석하는 견해에 대해서는 Schimanowski, *Weisheit*, 150-152를 보라.

100) 참조. J. Klausner, *The Messianic Idea in Israel* (London: Allen and Unwin, 1956), 460; S. Mowinckel, *He That Cometh* (Nashville: Abingdon, 1956), 334; G. Vermes, *Jesus the Jew: a Historian's Reading of the Gospels* (London: Collins, 1973), 138-139; Dunn, *Christology*, 71.

101) Schimanowski, *Weisheit*, 148-153.

가정하는 것 역시 의문의 여지를 남긴다. 에녹1서가 원래 아람어로 기록되었을 것을 감안한다면,[102] 히브리어/아람어를 사용하던 유대인들이 그리스어로 기록된 칠십인역의 영향을 받았을 개연성은 높지 않다. 따라서 에녹1서 48:2-3과 시편 72:17에 대한 타르굼의 의역이 메시아 이름의 선재성(즉 메시아의 선재성)에 대한 교리를 내포한다 하더라도, 이와 동일한 선재성 개념이 칠십인역에도 나타난다고 논증할 만한 확실한 근거는 없다. 결국 칠십인역 시편 72편이 시간적 의미로 해석되었다는 호버리와 샤퍼의 결론은 근거가 부족하다. 또한 칠십인역 본문이 메시아 이름의 중요성을 부각한다는 샤퍼의 주장은[103] 칠십인역 시편에서 메시아의 선재성 개념을 찾아볼 수 있다는 주장으로 확대될 수 없다.[104]

3.2.6. —— 칠십인역 시편 110:3

메시아의 선재성에 관한 본문으로 간주되는 또 하나의 본문은 칠십인역 시편 110(109):3이다. 일부 학자들에 의하면 이 구절은 종말론적 구원자에 관한 것으로서 그의 선재성은 "πρὸ ἑωσφόρου ἐξεγέννησά σε"라는 구절에 나타나 있으며, 그는 에녹1서(46:1; 48:6; 62:7)의 메시아적 존재와 대등한 인물이라고 한다.[105]

그리스어로 기록된 칠십인역을 보면 히브리어 본문의 모호성을 해결

---

102) 참조. *ABD* 2,508.
103) Schaper, *Eschatology*, 96. Goldberg, "Die Namen des Messias," 77는 왕과 그의 이름에 대한 시(LXX) 72:5, 17의 시간적 해석이 *1 En.*의 제왕적 인자에 대한 이해에 영향을 미쳤다고 본다.
104) 따라서 시 72편이 신약에서 단 한 번도 인용이 되지 않은 것은 전혀 놀라운 일이 아니다. 나의 결론은 Schimanowski의 결론과 일치한다. Schimanowski, *Weisheit*, 152-153.
105) Volz, *Eschatologie*, 204-205; 참조. Bousset, *Die Religion*, 265. Schaper, *Eschatology*, 101-107는 πρό의 시간적 해석을 배제한 Schimanowski, *Weisheit*, 139-141를 비판한다.

하기 위해 본문을 재구성한 흔적을 찾아볼 수 있다.

עמך נדבת ביום חילך

בהדרי־קדש מרחם משחר לך טל ילדתיך

μετὰ σοῦ ἡ ἀρχὴ ἐν ἡμέρᾳ τῆς δυνάμεώς σου

ἐν ταῖς λαμπρότησιν τῶν ἁγίων

ἐκ γαστρὸς πρὸ ἑωσφόρου ἐξεγέννησά σε

두 본문을 나란히 놓고 보면 עמך는 עִמְּךָ(μετὰ σοῦ)로 독해되었고 נְדָבֹת는 ἡ ἀρχὴ로 번역되었음을 알 수 있다.[106] 그리고 ἐν ἡμέρᾳ τῆς δυνάμεώς σου(당신의 능력의 날에, in the day of your power)는 히브리어의 ביום חילך를 문자적으로 번역한 것이다. 그러나 나머지 히브리어 본문의 의미는 이해가 거의 불가능하다. 그래서 다양한 번역이 제기되는데, 예를 들어 새예루살렘성경(NJB)은 "성스러운 웅장함으로, 여명의 자궁으로부터(또는 자궁의 때로부터)…당신의 젊음의 이슬로"라고 번역한다.[107] 그러나 칠십인역은 이 구절을 히브리어 원문보다 한층 더 일관성 있게 신적 아기의 탄생으로 뚜렷이 묘사한다.[108]

---

106) 참조. R. J. Tournay, *Voir et entendre Dieu avec les Psaumes ou La liturgie prophétique du Second Temple à Jerusalem* (CRB 24; Paris: Gabalda, 1988), 168.

107) "in sacred splendours, from (or: from the time of) the womb of the dawn…to you the dew of your youth"(NJB).

108) S. Mowinckel, *He That Cometh* (Nashville: Abingdon, 1956), 67을 비롯한 다른 많은 구약학자들은 현재의 히브리어 본문의 변조는 필사자들이 의도적으로 의미를 은닉하려는 시도에 의해 발생한 것이라고 주장하면서 칠십인역이 히브리어 원문에 더 가깝다고 생각한다; 참조. A. Bentzen, *Introduction to the Old Testament* (Copenhagen: Gad, 1952), 100. 신약에서 3절에 대한 언급이 전혀 없는 것에 대해 H.-J. Kraus, *Psalmen* (BKAT 15/1; Neukirchen-Vluyn: Neukirchener Verlag, 1960), 2.764는 아마 그 의미가 당시에 아직 밝혀지지 않았을 것으로 결론 내린다.

ἐκ γαστρὸς πρὸ ἑωσφόρου ἐξεγέννησά σε.

from the womb I have begotten you before the morning star.

자궁으로부터 여명/샛별 이전에 내가 너를 낳았도다.[109]

샤퍼는 ἑωσφόρος가 "샛별"(the Morning-star)이라는 매우 구체적인 의미를 지니기 때문에 단순히 "여명"으로 번역하는 것은 이 구절의 핵심을 간과하는 처사라고 말한다.[110] 물론 샤퍼도 ἑωσφόρος라는 단어 뒤에 있는 하팍스 레고메논 מִשְׁחָר가 מִשַּׁחַר(여명부터)로 독해되었을 가능성을 인정한다.[111] 그러나 그것이 번역자들이 ἕως 대신 ἑωσφόρος를 선택한 이유를 충분히 설명하지는 못한다고 주장한다. 칠십인역 번역자들은 단순히 히브리어 שַׁחַר의 일반적 동의어가 아닌 훨씬 더 구체적인 단어를 선택했다는 것이다.[112] 폴츠와 마찬가지로 샤퍼 역시 πρὸ ἑωσφόρου ἐξεγέννησά σε가 메시아의 선재성을 내포한다고 확신한다.

샤퍼는 자신의 논증을 강화하기 위해 이와 같은 특이한 해석을 시편 110편 전체의 정황 속에서 시도한다. 그는 λαμπρότησιν τῶν ἁγίων(성도들의 광채)에서 성도들 또는 현자들을 천체의 광채에 비유하는 개념을 발견한다(단 12:3; 1 En. 16:7; 39:7; 104:2; 마 13:43). 그는 그리스어 번역본의 문맥과 히브리어 본문의 문맥이 서로 다르다고 주장한다. 그의 해석에 의하면, 칠십인역 시편의 문맥은 원시의 사건(πρὸ ἑωσφόρου ἐξεγέννησά σε)과 미래

---

109) 영역은 샤퍼의 사역이며 우리말 번역은 저자의 사역이다.
110) LSJ, 752. 아울러 칠십인역의 용례(욥 11:17; 38:12; 41:9; 왕상 30:17; 사 14:12)를 참조하라. NJB는 "from the womb before the dawn I begot you"로 번역한다.
111) 이것이 BHS의 견해다.
112) Schaper, *Eschatology*, 102.

의 사건(ῥάβδον δυνάμεώς σου ἐξαποστελεῖ κύριος)을 서로 연관시키면서 "당신의 권능의 날"(ἡμέρᾳ τῆς δυνάμεώς σου)을 수식한다. 그날에 구원자의 잠재력(1절)이 마침내 현실로 나타날 것이며(2절, ἐξαποστελει), 그는 하늘의 광채를 덧입은 성도들과 함께 교제를 나누면서 그의 능력을 행사할 것이다.[113]

더 나아가 샤퍼는 종말론적인 맥락에서 구원자와 성도들의 관계가 중요함도 강조한다.[114] 성도들의 "광채"(λαμπρότης)는 단순히 문학적 장치가 아니라 그들의 선재성 또는 최종 심판의 결과로 그들이 천상적 존재로 고양되었다는 믿음을 가리키며 이 두 면은 불가분하게 연관된다는 것이다. 그리고 그는 이러한 태초의 사건과 종말 사건의 관계를 천지창조 이전에 이미 존재한 구원자와 그의 종말론적인 심판이 서로 연관되어 나타나는 시편 110편에서도 찾아볼 수 있으며, 메시아적 구원자들을 다룬 기타 여러 유대교 문헌에서도 놀라운 유사성(참조. 1 En. 48:3의 "인자")을 발견할 수 있다고 주장한다.[115]

샤퍼는 성도들의 천상적 삶에 대한 믿음(belief)에 확고한 기초를 두고 있는 칠십인역 시편 110(109)편이 단순히 메시아적 왕에 관한 것이 아니라 메시아의 심판에 관한 것이라고 주장한다. 또한 칠십인역 시편 110편은 헬레니즘적 유대교(Hellenistic Jewish) 정황에서 δύναμις(능력)의 새로운 용례를 보여준다고 한다. 칠십인역 시편이 나올 즈음 δύναμις의 의미는 주어진 역사적 상황에서 신적 능력의 입증을 묘사하는 본래의 의미장(semantic field)에서 종말론적인 사변을 나타내는 새로운 의미장으로 이미 전환되었다는 것이다.[116] 따라서 그는 칠십인역 시편 110편의 문맥에

---

113) Schaper, *Eschatology*, 106.
114) Schaper, *Eschatology*, 104.
115) πρὸ ἑωσφόρου에 대한 시간적 해석을 반대하는 견해는 Schimanowski, *Weisheit*, 139 이하를 보라.
116) Schaper, *Eschatology*, 107.

서 구원자의 "능력의 날"(ἡμέρᾳ τῆς δυνάμεώς)은 그의 능력이 실제로 드러
나는 날이며, 그의 규(ῥάβδος δυνάμεώς)는 그 능력의 외형적 상징이라고
말한다.[117]

그러나 종말론적 정황을 재구성함으로써 칠십인역 시편 110편에 나
타난 메시아를 선재적 존재로 해석하고자 하는 샤퍼의 논증에 의구심을
갖지 않을 수 없다. 그의 논증은 지나치게 사변적이며 미묘한 문맥의 차
이에 대한 지나친 확대해석에 기초한다. 후대의 독자들(예. 초기 그리스도
인들)이, 시편 110:3이 메시아의 선재성을 암시한다고 해석했을 가능성은
배제할 수 없다. 하지만 샤퍼의 주장과 같이 칠십인역 번역자들이 의도적
으로 메시아의 선재성을 암시했을 가능성은 매우 낮아 보인다.

3.2.7. —— 결론

호버리와 샤퍼의 논증을 검토한 결과, 우리는 칠십인역이 번역될 시점에
이미 유대교 내에 선재적 메시아 사상이 존재했다는 그들의 주장을 확신
할 수 없다는 결론에 도달한다. 그 이유는 다음과 같이 요약할 수 있다.

첫째, 앞서 지적한 바와 같이 호버리가 제시한 여러 본문은 그의 논증
을 충분히 뒷받침하지 못한다. 예를 들어 성령에 감동된 메시아가 반드시
선재적 메시아 또는 천상적 존재를 의미하는 것은 아니기 때문이다.

둘째, 호버리는 한 본문에 나타난 개념이 같은 범주의 문헌 중 다른 본
문에도 나타나면 그것이 동일한 개념인지 확실하지 않음에도 불구하고
두 개념 간의 연관성을 지나치게 확신하는 오류를 범한다.

셋째, 그리스어 칠십인역에 나타난 사상이 히브리어/아람어를 사용

---

117) Schaper, *Eschatology*, 107.

하는 유대인들의 사상과 같다고 가정하는 것이—특히 유대 묵시 문헌과 쿰란 문서에서 서로 같은 개념이 나타날 때—과연 올바른 것인지 의구심을 갖게 된다. 학자들 대부분은 "솔로몬의 시편" 17장의 메시아가 지상의 정치적·군사적 메시아로 묘사된다는 데 의견을 같이한다. 따라서 민수기의 별과 관련된 신탁과 이사야서의 이새와 관련된 신탁 간의 연관성을 후대의 자료에서 찾고자 하는 호버리의 시도는, 이 두 본문이 이미 메시아적 예언으로 간주되었기 때문에 두 메시아상이 흔히 서로 결합해왔음을 암시할 뿐이다.

넷째, 메시아 이름의 선재성은 메시아 자신의 선재성과 동일시될 수 없다. 하지만 그것은 일부 유대 작가들이 메시아에 대한 개념이 창세 이전의 태초부터 하나님의 생각 속에 존재했다고 생각할 수 있는 길을 열어놓았다. 이것이 메시아를 인간적 특성뿐만 아닌 천상적 특성까지 갖춘 인물로 이해하는 분위기를 어느 정도 조성했을지도 모른다. 여기서 우리가 말할 수 있는 것은 단지 초기 유대교의 분위기가 메시아를 선재적 존재로 이해하는 방향으로 조성되고 있지 않았느냐고 추론해볼 수 있다는 정도다.

다섯째, 예수의 선재성의 기원 및 발전과 관련하여 초기 그리스도인들이 예수에게 곧바로 또는 손쉽게 적용할 만큼 논리적으로 일관된 메시아의 선재성에 대한 개념이 초기 기독교 이전에는 존재하지 않았을 개연성이 매우 높다고 결론 내릴 수 있다. 그러나 후대의 초기 그리스도인들에 의해 일부 칠십인역 본문(특히 시 110:3)이 메시아의 선재성을 내포하는 것으로 해석되었을 가능성을 완전히 배제할 수는 없다. 따라서 초기 기독론의 기원과 발전에 관한 연구의 초점을 예수에게 손쉽게 적용할 수 있었던 초기 유대교에 존재했던 선재성의 범주를 찾는 데 두기보다는, 어떻게 초기 그리스도인들이 구약의 메시아 본문들을 예수의 선재성을 내포 또는 암시하는 것으로 이해하게 되었는지에 두는 것이 훨씬 더 유익할 것이다. 기독교 이전의 유대인들이 칠십인역 시편 110:3을 어느 정도 메시아의 선재성을 암시하는 것으로 해석했음을 감안한다면, 초기 그리스도인들이 가장 중요한 두 개의 메시아 본문(메시아가 하나님 우편으로 고양되었다는 시 110:1과 하나님이 그의 아들에게 말씀하시는 시 2:7)의 주해에 비추어 시편 110:3이 메시아의 선재성을 내포한다고 이해했을 가능성을 결코 배제할 수는 없을 것이다.

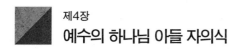

제4장
예수의 하나님 아들 자의식

신약성서에서 예수에게 적용된 기독론적 칭호 중에서 예수를 이해하는 데 가장 중요한 칭호 하나는 다름 아닌 "하나님의 아들"일 것이다.[1] 예수는 사복음서 모두에서 한결같이 하나님을 자신의 아버지로, 그리고 자신을 그의 아들로 소개한다. 그러나 오늘날 신학학계는 일반적으로 신약성서에서 "하나님의 아들"이란 칭호가 예수에게 적용된 것은 그리스도인들에 의해서였지, 그의 하나님 아들 자의식(Jesus' self-consciousness of his divine sonship)으로부터 유래된 것은 아니라고 본다. "하나님의 아들"은 원래 하나님과 왕적 메시아 간의 친밀한 관계를 표현하는 용어였는데, 초

---

1) 신약에서 "하나님의 아들"과 이에 상응하는 용어("아들", "나의 아들" 등)는 모두 124회 등장한다. 복음서에 나타난 "하나님의 아들"에 관하여는 D. R. Bauer, "Son of God," *Dictionary of Jesus and the Gospels* (eds. Joel B. Green, Scot McKnight and I. Howard Marshall; Downers Grove: IVP, 1992), 769-775를 참조하라.

기 교회가 예수의 부활을 그가 하나님의 아들이 된 시점으로 보기 시작
하면서 그 칭호를 예수에게 적용했다는 것이다.[2] 그리고 그 이후에는 초
기 교회가 하나님의 아들이라는 지위를 점차적으로 예수의 변형 사건(막
9:7), 수세 사건(막 1:11), 동정녀 탄생(마태, 누가) 또는 그의 선재성(요한)으
로까지 소급하여 적용했다고 보는 것이 보통이다.[3] 그러나 예수가 자신
을 "하나님의 아들"—"아버지 하나님과 독특한 인격적 관계를 지닌 자"(a
unique personal relationship to God as his Father)라는 의미—로 인식했으
며, 그러한 자의식을 그의 제자들에게 나타냈음을 입증할 수 있다면 학계
의 이러한 일반적 견해는 설득력을 잃게 된다.

　이번 장에서는 자신이 하나님의 아들이라는 예수의 자의식이 초기
그리스도인들의 예수에 대한 이해가 발전하는 데 있어 가장 중요한 역
할을 했을 뿐 아니라, 그가 하나님의 선재한 아들이라는 확신의 기반
(foundation) 역시 제공했다고 논증할 것이다. 그런데 이러한 예수에 대
한 이해는 매우 중요한 두 편의 메시아 시편에 대한 주해 없이는 불가능
하다.

　나는 최종목표에 도달하기 위해 어떤 과정을 가속한다는 의미로 그

---

2) J. D. G. Dunn, *Christology in the Making: a New Testament Inquiry into the Origins
of the Doctrine of the Incarnation* (London: SCM, 1980, 1989), 35-36. Dunn은 "초
기 그리스도인들은 예수의 하나님 아들 됨을 근본적으로 부활과 함께 그에게 주어진 역
할(role)과 지위(status)로 생각"했으며 예수의 부활이 그의 아들 "'됨'(becoming)의 결
정적 순간"으로 이해했다고 주장한다. 그는 롬 1:3-4과 행 13:33을 증거로 제시한다; B.
Lindars, *New Testament Apologetic: the Doctrinal Significance of the Old Testament
Quotations* (London: SCM, 1961), 140-143; E. Lövestam, *Son and Saviour: A Study
of Acts 13, 32-37* (Lund: Gleerup, 1961), 23-48; B. M. F. van Iersel, *'Der Sohn' in
den synoptischen Jesusworten* (Leiden: Brill, 1961), 66-73, 83, 174-175; E. Schweizer,
"υἱός," *TDNT* 8.367; R. E. Brown, *The Birth of the Messiah: a Commentary on the
Infancy Narratives in the Gospels of Matthew and Luke* (New York: Doubleday,
1993), 29-30, 136도 참조하라.
3) Schweizer, *TDNT* 8.366-374.

주해를 촉매제(catalyst)라고 부르고자 한다. 다시 말해 초기 교회가 예수를 하나님의 선재한 아들로 이해한 것은, 예수가 자신을 계시한 말씀 (self-revelatory statements)에 나타난 하나님 아들 자의식에 비추어 시편 110:1과 2:7의 온전한 의미를 끌어냄으로써 구체화되었다. 사실 이것은 상호작용 과정(interactive process)으로서 예수의 자의식과 두 시편에 대한 주해 가운데 어느 하나라도 존재하지 않았다면 둘 다 성립될 수 없었다.

초기 교회가 지녔던 예수의 선재성에 대한 확신은 예수 자신이 직접 말씀하신 것을 토대로 한 그들의 시편 110:1 및 2:7에 대한 기독론적 주해 없이는 불가능했다. 초기 기독교의 주해자들은 예수의 하나님 아들 자의식에 대해 숙고했고, 그 토대 위에 이 예수가 "문자적으로" 자신의 아버지 우편에 즉위한 선재한 하나님의 아들이라는 온전한 이해를 세웠다. 따라서 예수가 과연 하나님의 아들이라는 자의식을 가지고 있었는지, 그렇다면 그가 어떤 의미에서 하나님을 자신의 아버지라고 부르고 또한 자신을 그의 아들로 보았는지를 고찰하는 것은 매우 중요하다.

4.1. —— 방법론적 개요

4.1.1. —— 예수의 말씀의 진정성(authenticity)을 위한 기준들

역사적 예수를 연구하는 데 있어서 매우 중요한 도구 중 하나는 예수의 말씀이나 행동의 진정성 또는 역사성을 평가하는 기준이다. 최근 들어 그동안 제시되었던 여러 기준이 많은 학자에 의해 신중하게 검토되었고 그 결과 모호한 기준들은 폐지되었다. 그 가운데 마이어(J. P. Meier)가 제시

한 진정성의 다섯 가지 기본적 기준들이 가장 적절하다고 할 수 있다.[4]

① 당혹성의 기준(the criterion of embarrassment): 이 기준은 초기 그리스도인들을 난처하게 하거나 당혹스럽게 하면서 그들에게 난제를 던진 예수의 말씀과 행동에 초점을 맞춘다.

② 비(非) 유사성의 기준(the criterion of dissimilarity): 불연속성, 독창성 혹은 개연성의 기준으로도 불리는 이 기준은 예수 당시 유대교 또는 그 이후 초기 교회로부터 유래되었다고 볼 수 없는 예수의 독창적 말씀과 행동에 초점을 맞춘다.

③ 다수직 증인의 기준(the criterion of multiple attestation): 한 가지 이상의 독립된 문학 자료(예. 마가, Q 문서, 바울, 요한)에 나타나거나 한 가지 이상의 문학 형태 또는 장르(예. 비유, 논쟁 이야기, 기적 이야기, 예언, 격언)에 언급된 예수의 말씀과 행동에 초점을 맞춘다.

④ 일관성의 기준(the criterion of coherence): 위의 세 가지 기준을 통과한 일차적 자료들과 조화를 이루는 예수의 다른 말씀과 행동은 역사적일 가능성이 높다고 평가한다.

⑤ 거부 및 처형의 기준(the criterion of rejection and execution): 이 기준은 예수가 유대교와 로마 당국자들에 의해 재판을 받고 처형을 당한 이유를 설득력 있게 설명해주는 예수의 말씀과 행동에 큰 의미를 부여한다.

---

4) J. P. Meier, *A Marginal Jew: Rethinking the Historical Jesus* (New York: Doubleday, 1991-2001), 1,168-184; 이에 관한 상세한 논의와 예는 R. H. Stein, "The 'Criteria' for Authenticity," *Studies of History and Tradition in the Four Gospels* (eds. R. T. France *et al.*; Sheffield: JSOT Press, 1980), 225-263; C. A. Evans, "Recent Development in Jesus Research: Presuppositions, Criteria, and Sources," *Jesus and His Contemporaries: Comparative Studies* (Leiden: Brill, 1995), 13-26을 보라.

⑥ 셈어 및 팔레스타인 배경의 기준(the criterion of Semitism and Palestinian background): 나는 위의 다섯 가지 기준에 한 가지 기준을 더 추가하고자 한다. 즉 셈어적인 표현 방법과 팔레스타인 배경을 나타내는 자료들(특히 아람어로부터 직역된 것으로 보이는 말씀들)은 그 당시 예루살렘에서 아람어 또는 이중 언어를 사용했던 최초기 교회의 것으로 간주해야 한다는 기준이다.[5]

과거에는 이 중 ②번 비 유사성의 기준(double dissimilarity)을 가장 중요한 평가 기준으로 간주했었다.[6] 진보적인 학자들은 먼저 이 기준을 토대로 진정성 있는 예수의 전승들을 선별하고 이것을 다른 전승들의 진정성을 평가하는 기준(일관성의 기준 적용)으로 사용했다.[7] 그리고 이 기준을 적용해 얻은 결과는 다른 기준(예. 다수적 증언의 기준)들을 통해 얻은 결과보다 더 신뢰할 만한 것으로 간주했다.

그러나 여러 학자가 이 기준의 부정적인 적용을 더 이상 용납할 수 없다는 결론에 도달했다. 다음과 같은 심각한 취약점들 때문이다. 첫째,

---

5) Meier는 이 기준을 부차적이거나 모호한 기준으로 간주하지만 이 책은 이 기준에 더 큰 비중을 둔다. 그런데 이 기준은 헬레니즘적 특성이 있는 자료들을 배제하는 데 사용할 수 없음을 명심해야 한다. 왜냐하면 유대 지방, 특히 갈릴리는 헬레니즘의 영향 아래 있었으며 사람들은 예수가 말하는 것을 어렵지 않게 직역할 수 있는 능력이 있었기 때문이다.

6) E. Käsemann, "The Problem of the Historical Jesus," *Essays on New Testament Themes* (London: SCM, 1964), 37; J. M. Robinson, *A New Quest of the Historical Jesus* (Studies in Biblical Theology 25; London: SCM, 1959), 116-119; R. H. Fuller, *The Foundations of New Testament Christology* (London: Lutterworth, 1965), 18; N. Perrin, *Rediscovering the Teaching of Jesus* (New Testament Library; London: SCM, 1967) 89; D. L. Mealand, "Dissimilarity Test," *SJT* 31(1978), 41-50.

7) N. Perrin, *What Is Redaction Criticism?* (Guides to Biblical Scholarship; Philadelphia: Fortress Press, 1969), 71; D. Polkow, "Method and criteria for historical Jesus research," *Society of Biblical Literature Seminar Papers* (ed. D. J. Lull; Atlanta: Scholars Press, 1987), 347.

이 기준은 그 본질상 전형적 예수(characteristic Jesus)가 아닌 이례적 예수(peculiar Jesus)를 추적하는 것이다.[8] 이례적 예수가 반드시 전형적 예수인 것은 아니다. 둘째, 이 기준은 예수가 유대적 환경과는 전혀 무관하다는 전제를 내포한다.[9] 셋째, 이 기준은 예수가 부활 이후 공동체(post-resurrection community)에 어떤 영향도 미치지 못했다고 가정한다.[10] 넷째, 이 기준이 적용 가능해지려면 1세기 유대교 및 초기 교회의 신학에 대한 완벽한 지식이 있어야 한다.[11]

따라서 이 기준은 결코 주된 기준으로 사용되어서는 안 되며 부정적으로 사용되기보다는 긍정적으로 사용되어야 한다. 다시 말해 이 기준을 통과한 예수 전승들은 진정성이 있다고 평가하되 이 기준을 충족시키지 못하는 전승이라고 해서 반드시 진정성이 없다고 평가해서는 안 된다. 그 진정성을 평가하기 위해서는 다른 기준들을 함께 적용해야 한다.

이러한 기준들의 오용(misuse)과 남용(abuse)이 지닌 위험성을 감안할 때 우리는 어떤 하나의 기준에 지나치게 의존하기보다는 모든 기준을 적절하게 사용하되 그 한계도 인식해야 한다는 사실을 주지해야 한다. 다음 단락에서는 예수의 특정 말씀의 진정성을 부인했던 과거 논증들의 오류를 지적하고 그 진정성을 뒷받침하는 논증을 전개하고자 한다.[12]

---

8) M. D. Hooker, "On Using the Wrong Tool," *Theology* 75(1972), 574.

9) 최근 학자들은 이 기준을 유대교 정황에서 무엇이 타당하며 기독교의 출현을 납득할 만하게 만드는 것인지를 묻는 "타당성" 기준으로 대체했다. 이에 대해서는 G. Theissen, A. Merz, *The Historical Jesus: a Comprehensive Guide* (London: SCM, 1998), 116-118을 보라.

10) 만약 앞의 두 전제가 사실이라면 이 예수는 이전 사람에게 전혀 의존하지도 않았고 그의 추종자들에게도 아무런 영향을 미치지 못했으므로 인류 역사상 전혀 유례가 없는 사람이어야 한다. 이에 관해서는 S. C. Goetz, C. L. Blomberg, "The Burden of Proof," *JSNT* 11(1981), 43을 보라.

11) Hooker, "On Using the Wrong Tool," 575.

12) 참조. S. Westerholm, *Jesus and Scribal Authority* (Coniectanea Biblica: New

4.1.2. —— 복음서 전승의 전수

복음서를 연구하는 데 있어서 예수의 말씀이 갖는 진정성 문제와 관련된 또 다른 문제는 복음서 전승의 전수에 관한 문제다. 이 문제는 크게 두 가지로 나누어 생각해볼 수 있다.

첫째, 복음서 전승의 **형태**와 관련된 문제다. 그동안 이에 대한 학계의 일반적인 견해는 예수에 관한 전승이 처음에는 서로 분리된 형태로 전수되었으며, 이 전승들을 모은 복음서들의 연대기적 구조는 복음서 저자들의 창작에 영향받기 때문에 역사적으로 가치가 없다는 것이었다. 사실이 이론은 1919년에 슈미트(K. L. Schmidt)에 의해 제기되었으며 그후 학자들은 그의 주장을 거의 무비판적으로 수용해왔다. 그러나 최근 홀(D. R. Hall)에 의해 이 이론의 기초가 얼마나 임의적 가정에 있었는지 확실히 증명되면서 철저한 비판의 대상이 되었다.[13]

둘째, 복음서 전승의 **신뢰성**과 관련된 문제다. 이는 실제의 복음서 전승이 어떻게 전수되었으며 얼마나 신뢰할 수 있는 방식으로 전수되었는지와 관련된다. 이 문제와 관련해서 두 가지 상반된 견해가 존재한다.

첫 번째 견해는 Q 문서를 중심으로 연구하는 지배적 학파의 견해다. 그들은 복음서의 형성 과정에서 모든 단계마다 그 전승들이 급진적인 발전을 보임으로써 각 단계에서 상이한 예수의 모습이 드러난다고 본다. 이는 복음서 전승의 전수가 특정 공동체의 상황과 필요에 직결된, 매우 역동적인 창의성의 결과임을 시사한다.

두 번째 견해는 리스너(R. Riesner)와 에르핫손(B. Gerhardsson)에 의해

Testament Series 10; Lund: Gleerup, 1978), 8-10.

13) D. R. Hall, *The Gospel Framework: Fiction or Fact?: a Critical Evaluation of Der Rahmen der Geschichte Jesu by Karl Ludwig Schmidt* (Carlisle: Paternoster, 1998).

주창된 견해로서 예수의 교사 역할뿐만 아니라 가르침이 그가 가르친 사람들에 의해 신실하게 전수되었음을 강조한다.[14] 베일리(K. E. Bailey)의 통제된 전승 이론(theory of controlled tradition) 역시 이를 강력하게 뒷받침한다.[15] 그는 구전 전승의 형태를 다음의 세 가지로 구분한다.

① 비공식적이며 통제되지 않은 구전 전승(informal uncontrolled oral tradition)
② 공식적이며 통제된 구전 전승(formal controlled oral tradition)
③ 비공식적이며 통제된 구전 전승(informal controlled oral tradition)

여기서 ①번 형태는 불트만(R. Bultmann)에 의해 제안된 것으로서 구전은 공동체에 의해 전혀 통제되지 않았기 때문에 무분별하게 전해 내려왔다고 여겨진다. 이 견해에 반기를 든 에르핫손은 ②번 형태를 지지하며 예수의 "거룩한 말씀"을 보존하고 암기하는 데 있어서 사도들을 비롯한 특정 인물들의 중요성을 강조했다. 베일리는 ③번 구전 전승 형태를 지지한다. 즉 말씀 자체는 신성불가침한 것이 아니기에 전승들은 유연하게 전수되지만, 그것이 예전에 들었던 말씀과 일치하는지를 인식할 수 있는 청중들에 의해 통제된다. 베일리는 자신이 직접 중동에서 수십 년간 목격한 이러한

---

14) R. Riesner, *Jesus als Lehrer: eine Untersuchung zum Ursprung der Evangelien-Überlieferung* (WUNT 2/7; Tübingen: Mohr Siebeck, 1981); B. Gerhardsson, *The Reliability of the Gospel Tradition* (Peabody: Hendrickson, 2001). 우리는 이 접근 방법을 선호한다; 참조. B. F. Meyer, "Some Consequences of Birger Gerhardsson's Account of the Origins of the Gospel Tradition," *Jesus and the Oral Gospel Tradition* (JSNTSup 4; ed. H. Wansbrough; Sheffield: Sheffield Academic Press, 1991), 424-440.
15) K. E. Bailey, "Middle Eastern Oral Tradition and the Synoptic Gospels," *ExpTim* 106(1995), 363-367; K. E. Bailey, "Informal Controlled Oral Tradition and the Synoptic Gospels," *Themelios* 20.2(1995), 4-11.

형태가 초기 교회 내에 존재했던 전수 방법을 반영한다고 주장한다. 여기서 리스너와 에르핫손, 베일리의 견해가 전반적으로 설득력이 있다면 예수 전승의 진정성 문제를 다루어야 하는 우리의 연구에 폭넓게 영향을 끼칠 것이다.

4.2. ── 예수의 "아바" 사용에 대한 최근 논쟁

독일의 예레미아스(J. Jeremias)는 예수가 기도 중에 하나님을 "아바"라고 부른 것은 하나님과 예수의 관계의 핵심을 가장 잘 표현하는 매우 독특한 호칭이라고 최초로 제안했다.[16] 예레미아스의 입장을 직접 살펴보자.

> 팔레스타인 유대교 문헌에서 한 개인이 하나님을 향해 "나의 아버지"라는 호칭을 사용한 **선례를 아직까지 찾아볼 수 없다.**…예수가 하나님을 "나의 아버지"라고 부른 것은 상당히 이례적이다. 그가 "아바"라는 아람어 표현을 사용한 것은 더더욱 그렇다.…유대교에서 하나님을 "아바"로 부른 예는 단 한 번도 없지만 예수는 **언제나** 그의 기도 중에 하나님을 이렇게 불렀다.[17]

예레미아스는 예수가 한 개인으로서 하나님께 기도할 때 그를 "아바"라고 불렀다는 사실을 강조했다. 예레미아스의 기본적 주장은 예수가 **하나님을 보는 관점**이 완전히 새로웠다는 것이 아니라, 그와 하나님의 관계가 독특했기 때문에 그가 하나님을 **부르는 방법**이 새로웠다는 것이다. 그의 주

---

16) J. Jeremias, *New Testament Theology* (London: SCM, 1971), 67; 그의 다른 책인 *The Prayers of Jesus* (SBT 2/6; London: SCM, 1967), 57-65도 참조하라.

17) Jeremias, *New Testament Theology*, 64-66(저자의 강조).

장에 따르면 하나님과의 집단적인 관계를 표현하거나(예. 하나님을 "아버지"로 부르는 후대 랍비들의 기도), 실제적으로 하나님을 아버지라고 부르지 않고 하나님의 어떤 행위를 묘사하기 위해 아버지라는 이미지를 사용한 것(예. *b. Ta'an*. 34b)은 예수의 용례에 대한 진정한 선례가 될 수 없다.

4.2.1. ── 유대교 선례에 대한 증거

바아(J. Barr)는 그의 논문 "'아바'는 '아빠'(Daddy)가 아니다"에서 예레미아스의 논증을 반박하면서 예수가 어린이의 용어를 사용했다기보다는 어린이가 성인의 용어를 사용했다고 보는 것이 더 타당하다고 주장했다.[18] 그런데 예레미아스는 이미 자신의 주장을 수정했다. 그는 과거 논증에서 예수가 어린아이들이 아버지를 부르는 언어를 사용했다고 주장했지만("아바"는 아빠를 의미하므로), 나중에는 "아바"라는 단어를 성인들도 사용했다고 보았기 때문이다.[19] 따라서 바아(Barr)가 "아바"는 "아빠"를 의미하는 것이 아니라는 사실을 올바르게 지적했더라도 이것을 예레미아스의 최종 견해에 대한 적절한 비판이라고 볼 수는 없다. "'아바'는 가족적인 언어(어린아이건 성인이건 관계없이)를 사용하여 친밀감을 가지고 하나님을 부르는 용어임에 틀림없으며, 그런 의미에서 이 용어는 하나님을 단순히 '하나님' 또는 '주'라고 부르는 것보다는 격식을 덜 갖춘 것(less formal)이 분명하다."[20]

　　유대계 학자인 버미스(G. Vermes)는 "우리는 유대교에서 하나님이 '아

---

18) J. Barr, "'Abba' Isn't 'Daddy'," *JTS* 39(1988), 28-47; "'Abba, Father' and the Familiarity of Jesus' Speech," *Theology* 91(1988), 173-179.

19) Jeremias의 최종견해는 Jeremias, *New Testament Theology*, 67를 보라.

20) B. Witherington, L. M. Ice, *The Shadow of the Almighty* (Grand Rapids: Eerdmans, 2002), 22.

바'로 불린 **단 하나의 예**도 찾아볼 수 없다"는 예레미아스의 결론이 잘못되었다고 주장한다.[21] 버미스는 이에 대한 근거로 바빌로니아 탈무드와 타르굼 등 세 개의 유대 문서를 제시한다(*b. Ta'an.* 23b; *Tg. Mal.* 2:10; *Tg. Ps.* 89:27). 과연 버미스의 지적이 타당한지 검토해보자.

첫째, 바빌로니아 탈무드 "타아닛"(*b. Ta'an.*) 23b는 기원전 1세기 말에 살았던 오니아스의 손자 하닌 하 네바에 관련된 이야기를 들려준다. 그 본문은 다음과 같다.

> 하닌 하 네바는 "원을 그리는 사람"(Circle-maker) 오니아스의 딸의 아들이다. 이 세상이 비가 필요할 때 우리 랍비들은 어린 학생들을 그에게 보내곤 했는데 그들은 그의 옷자락을 잡고 이렇게 졸랐다. "아바, 아바 하브 란 미트라"(*Abba, abba babb lan mitra*, 아버지, 아버지 우리에게 비를 주세요). 그는 그[하나님]에게 이렇게 말했다. "세상의 주인이시여, 비를 줄 수 있는 능력이 있는 '아바'와 그럴 능력이 없는 '아바'를 아직 구별할 수 없는 이들을 위해 이 것[비]을 내려주십시오."[22]

이에 대해 예레미아스는 하닌이 기도할 때 하나님을 "아바"라고 부른 것이 아니라 단순히 아이들이 한 말을 반복한 것임을 올바르게 지적했다. 바로 여기서 당시 유대 선생들과 하시드들이 자주 사용하던 언어유희를 발견할 수 있다.[23] 오히려 그는 하나님을 "세상의 주인"이라고 정중하게

---

21) Jeremias, *New Testament Theology*, 66(저자의 강조).
22) 이 본문을 최초로 제시한 학자는 Leipoldt였다. J. Leipoldt, *Jesu Verhältnis zu Juden und Griechen* (Leipzig, 1941), 136-137. "원을 그리는 자"는 그가 땅에 원을 그리고 그 안에 들어가 무릎을 꿇고 하늘에서 비가 올 때까지 움직이지 않겠다고 선포했다는 것을 따라서 붙여진 별명이다.
23) Jeremias, *Prayers of Jesus*, 61.

부른다. 그러므로 예수의 용례와는 차이가 있다. 이 본문에서 확인할 수 있는 사항은 비록 "아바"가 한 개인의 아버지에게 더 일반적으로 사용되긴 했지만 어린아이들이 보통 어른들에게도 사용했다는 사실이다.

둘째, 타르굼 말라기 2:10(הלא אבא חד לכולנא)이 하나님에게 "아바"를 사용한 것은 히브리어 원문이 "아바"를 필요로 했기 때문이다. 여기서 중요한 것은 단순히 하나님에게 "아바"를 적용하는 경우와 실제로 그를 찾으면서 "아바"를 사용하는 경우를 구별할 필요가 있다는 사실이다.[24] 오직 후자의 경우만이 예수의 용례에 대한 진정한 선례가 된다.

셋째, 타르굼 시편 89:27(יקרא לי אבא אתה)은 예수 당시의 일부 사람들이 하나님을 "아바"라고 불렀다기보다는 예수가 자신을 다윗적 메시아로 보았다는 증거로 받아들이는 편이 낫다.[25]

던(Dunn) 역시 예레미아스의 주장을 약화하기 위한 시도를 한다. 그는 지혜서 14:3, 집회서 23:1, 51:10, 마카베오3서 6:3, 8 등 제2성전기 유대 문헌을 이에 대한 근거로 제시한다.[26] 여기서 지혜서와 마카베오3서는 본래 히브리어가 아닌 그리스어로 기록되었을 개연성이 높기 때문에 "아바"를 예수 당시 또는 그 이전의 유대인들에 의해 사용된 증거로 제시하기에는 적절하지 않다고 볼 수 있다.

집회서(또는 시락서)는 벤 시라가 히브리어로 기원전 180년경에 기록했고 그의 손자에 의해 한두 세대 이후에 그리스어로 번역된 문헌이다.[27] 집회서 51:10에서 하나님은 아람어로 친근감을 나타내는 "아바"가 아닌 히브리어 "아비"로 불리며, 그리스어 역본 집회서 23:4에서는 하나님이 "퀴

---

24) Jeremias, *Prayers of Jesus*, 60-61.

25) B. Witherington, *The Christology of Jesus* (Minneapolis: Fortress, 1990), 216-217.

26) Dunn, *Christology*, 27; M. R. D'Angelo, "Abba and Father: Imperial Theology and the Jesus Traditions," *JBL* 111(1992), 619-622.

27) 참조. Di Lella, "Wisdom of Ben-Sira," *ABD* 6.931.

리에 파테르"(κύριε πάτερ)로 불린다. 따라서 증거로 제시된 모든 본문은 단지 제2성전기에 하나님에게 "아버지"라는 단어를 (기도 중에도) 사용하는 빈도가 증가했음을 시사할 뿐이다(참조. Wis 14:3).[28]

바아(Barr)는 "아바는 아빠가 아니다"라는 논증 외에도 예수의 "아바" 사용의 독특성을 반박하기 위해 타르굼, 특히 타르굼 이사야서를 근거로 제시한다.[29] 그러나 그가 인용한 본문은 후기 아람어의 대표적 본문이라는 점에서 설득력이 없다. 후기 아람어는 첫 자음 "알레프"를 탈락시키는 경향이 있다.[30] 피츠마이어(Fitzmyer)는 쿰란 아람어와 신약에 나오는 아람어가 모두 후기 아람어(기원후 200년 이후)가 아닌 중간기 아람어(기원전 200년-기원후 200년)의 문법 및 양식을 따르고 있다는 것을 증명했다.[31] 쿰란 아람어는 강조적 상태(emphatic state)가 신약시대에도 아직 약해지지 않았음을 분명히 보여준다.[32] 예수의 "아바"는 "-a"라는 강조 어미를 사용하기 때문에 바아(Barr)의 주장은 설득력을 잃는다.

1990년 슐러(E. H. Schuller)는 쿰란 문서 4Q372 1을 새롭게 출간하면서 이 문서는 하나님에게 "아비"(abi)가 사용된 증거를 제공한다고 주장했다.[33] "요셉의 시편"으로 명명된 이 문서에는 요셉이 기도 중에 하나님을 "나의 아버지, 나의 하나님"(אבי ואלהי)이라고 부르는 기도가 나온다(4Q372

---

28) Witherington, *Christology*, 217.

29) Barr, "'Abba' Isn't 'Daddy'," 28-47; "Abba, Father," 173-179.

30) J. A. Fitzmyer, "Methodology in the Study of the Aramaic Substratum of Jesus' Sayings in the New Testament," *Jesus aux origines de la Christologie* (ed. J. Dupont; Gembloux: Leuven University Press, 1975), 92-93.

31) Fitzmyer, "Methodology," 84-85.

32) 참조. J. A. Fitzmyer, *The Genesis Apocryphon of Cave 1: a Commentary* (Rome: Biblical Institute Press, 1971), 220.

33) E. M. Schuller, "4Q372 1: a Text about Joseph," *RQ* 14/55(1990), 343-376; 그의 다른 글 "The Psalm of 4Q372,1 Within the Context of 2nd Temple Prayer: Genre and Prosody of Jewish and Christian Piety in Psalmody," *CBQ* 54(1992), 67-79도 참조하라.

1.16). 이것에 근거하여 일부 학자들은 "고대 팔레스타인 유대 문헌에 하나님을 '나의 아버지'라고 부른 증거가 아직 존재하지 않는다"는 예레미아스의 주장은 이제 받아들여질 수 없다고 평가했다.[34] 즉 이 쿰란의 새 문서가 바로 이 특정 부분에 대한 예레미아스의 결론을 무효화시킬 수 있는 것이다. 하지만 하나님에게 "아바"가 정확하게 사용된 예는—그것도 기도 중에—아직까지 제시되지 않은 것이 사실이다. "ab"에 소유격 접미사 "i"가 붙으면 "아비" 즉 "나의 아버지"가 되지, 정확하게 "아버지"를 의미하는 것은 아니기 때문이다.

요약하자면 앞에서 논의된 내용들은—예레미아스 자신도 이미 시인한 것처럼—예수가 어린아이의 용어를 사용했다는 그의 초기의 주장이 과장된 것이었음을 재확인시켜준다. 동시에 이 "아바" 용어가 친밀감을 나타내는 가족 언어(family language)에 속한 것임을 부인하려는 바아(Barr)의 시도 역시 부적절했음을 보여준다. 그뿐 아니라 여러 학자가 제시한 다양한 유대 문서는 "아바"가 예수의 독특한 기도 언어임을 논증하는 예레미아스의 핵심 주장을 뒤집기에는 불충분하다.

4.2.2. —— "아바"의 기원에 대한 언어학적 증거

예수의 "아바" 사용에 대한 유대교의 선례와 관련된 논쟁 이외에도 그 기원을 언어학적 관점에서 설명하려는 다양한 시도들이 있었다. 그것을 다음 세 가지로 요약할 수 있다.[35]

---

34) 참조. D'Angelo, "Abba and Father," 618; 인용문은 Jeremias, *Prayers of Jesus*, 29.
35) 이 단락의 내용은 Fitzmyer의 논증에 빚을 지고 있다. J. A. Fitzmyer, "Abba and Jesus' Relation to God," *A cause de l'Evangile: études sur les Synoptiques et les Actes* (ed. F. Refoule; Paris: Cerf, 1985), 15-38.

① 이 "아바" 용어는 흔히 영어의 "papa" 혹은 "daddy"와 같은 유아어라는 주장이다.[36] 이 견해에 따르면 아버지를 의미하는 'ab(초기 셈어 'abū에서 유래)에서 b가 두 번 반복된 것은 "어머니"에 해당하는 immā(초기 셈어 immū에서 유래)의 영향을 받은 결과다.

② 아람어 "아바"(abbā)는 명사 "아브"('ab)의 강조적 상태(emphatic state)이며 "아버지"(the father)라는 의미가 있다는 주장이다.[37]

③ 아람어 "아바"는 강조적 상태라기보다는 (본래 초기 셈어의) 부사형 어미인 ā"를 덧붙여 호격(vocative)으로 발전된 특별한 형태라는 주장이다.

그러나 피츠마이어는 이와는 약간 다른 견해를 제시한다. 그는 아람어 "아바"가 호격일 수도 있지만 강조적 상태로 쓰인 것이 맞다고 주장한다. "강조적 상태로 보이는 단어를 굳이 고대 어미 -ā가 잔존한 것으로 설명할 필요는 없다"는 것이다.[38] 피츠마이어는 마가복음 14:36에서 아람어 "아바"에 첨가된 그리스어 번역(ὁ πατήρ)은 잘못된 그리스어 용례라는 주장을 일축하며,[39] "호 파테르"(ὁ πατήρ)의 사용은 "아바"를 강조적 상태로 간주한 것이라고 설명한다. 그는 자신의 주장을 뒷받침하기 위해 고전 및 헬레니즘 문학 자료를 비롯해 칠십인역과 신약에서 간혹 주격(nominative case)이 호격(vocative case) 대신 사용된 예들을 제시한다. 피츠마이어는

---

36) Jeremias, *Prayers of Jesus*, 58.

37) Fitzmyer, "Abba and Jesus' Relation to God," 17; G. H. Dalman, *The Words of Jesus: Considered in the Light of Post-Biblical Jewish Writings and the Aramaic Language* (Edinburgh: T&T Clark, 1902), 192도 참조하라.

38) Fitzmyer, "Abba and Jesus' Relation to God," 18.

39) 이 견해는 사람을 부를 때 사용되는 호격이 그리스어에 존재했으므로 눅 22:42에서 사용된 것처럼 "아바"가 πάτερ로 번역될 수 있었다고 주장한다.

"'아바'에 그리스어 번역이 첨가될 때 정관사가 붙은 주격(ὁ πατήρ)은 원어의 강조적 상태를 반영할 뿐만 아니라, 그리 흔하진 않지만 올바른 그리스어 용례"라고 결론 내린다.[40]

4.2.3. —— 아버지로서의 하나님에 대한 예수의 관점

예레미아스에 대한 비판적 평가는 유대교 문헌이나 언어학적 증거에만 국한된 것은 아니었다. 아람어 "아바"의 기원 혹은 그 의미를 추적하거나 예수가 실제로 기도 중에 "아바"를 사용했는지에 초점을 맞추기보다는, 하나님에 대한 예수의 관점이 전적으로 새로운 것이었는지 아니면 동시대 유대인들의 관점과 양립할 만한 것이었는지에 초점을 두고 연구가 진행되기도 했다. 일부 학자들은 예수의 관점과 동시대 유대인들의 관점 간의 연속성을 강조하는 반면,[41] 다른 학자들은 예수의 하나님 언어가 과거 유대인들이 이스라엘의 하나님을 표현하던 것을 초월하는 새롭고도 독특한 것이었다고 주장한다.[42] 이러한 상반된 견해에도 불구하고 학자들 대부분은 예수가 하나님을 아버지로 불렀고 그때 사용한 용어가 "아바"였을 것이라는 데 동의한다.[43]

---

40) Fitzmyer, "Abba and Jesus' Relation to God," 19-20.

41) 참조. B. S. Childs, *Biblical Theology of the Old and New Testaments* (Minneapolis: Fortress, 1992), 358; N. T. Wright, *Jesus and the Victory of God* (London: SPCK, 1996), 130; M. M. Thompson, *The Promise of the Father: Jesus and God in the New Testament* (Louisville: Westminster/John Knox, 2000).

42) 참조. W. Bousset, *Jesu Predigt in ihrem Gegensatz zum Judentum: Ein religionschichtlicher Vergleich* (Göttingen: Vandenhoeck & Ruprecht, 1892), 41, 43; G. F. Moore, "Christian Writers on Judaism," *HTR* 14(1921), 242; R. Bultmann, *Theology of the New Testament* (London: SCM, 1952), 1.23-25; G. Kittel, *TDNT* 1.6; Jeremias, *Prayers of Jesus*, 11-65; Witherington, Ice, *Shadow*, 28.

43) 예수가 하나님에게 아버지라는 호칭을 사용했다는 사실을 완강히 부인하는 학자도 있다.

4.2.3.1. —— 예수는 과연 하나님을 아버지로 불렀나?

그러나 예수가 하나님을 "아바"라고 불렀다는 주장 자체에 대한 반론도 있다. "아바"라는 단어가 실제로 언급된 증거 자료가 불충분하다고 보기 때문이다. 신약 전체에서 "아바"가 사용된 예는 오직 세 번에 불과하며 (막 14:36; 롬 8:15; 갈 4:6), 복음서에서는 마가복음 14:36에 단 한 번만 사용되었다. 단젤로(M. R. D'angelo)는 "사복음서는 예수가 하나님을 항상 '아버지'로 불렀다는 주장을 지지하지 않는다. 신약이 우리에게 제시하는 결론은 단지 신약 저자들이 하나님에 대한 적절한 호칭을 '아버지'로 보았으며, 그 '아버지'라는 호칭은 마가나 Q 문서보다는 요한, 마태, 누가에게 더 중요했다는 것"이라고 말한다.[44] 다시 말해 예수가 하나님을 아버지로 호칭했다는 기록은 신약 저자들의 관심사를 반영하지 예수의 자의식이나 가르침과는 무관하다는 것이다. 그의 논증을 직접 확인하자.

> 우리는 예수가 "아바"를 사용했다고 확신할 수 없다. 물론 이 용어는 분명 바울과 마가가 속해 있던 그리스어 사용 기독교 공동체에서 성령의 능력을 힘입는다는 뜻에서 의미를 가졌을 것이다. 또한 이 용어는 바울이 사역을 시작했고 많은 학자가 마가복음의 기록 장소로 보는 시리아의 기독교 공동체에서 유래했거나 또는 그 공동체에서 특별한 의미를 가졌을 것으로 보인다.…**하나님에 대한 호칭으로서의 "아버지"가 예수로부터 유래했다거나, 그의 가르침에서 특별히 중요한 위치를 차지했다거나, 더 나아가 그가 직접 사용했다고 볼 수 있는 증거는 없다.**[45]

특히 D'Angelo, "Abba and Father," 611-630.

44) D'Angelo, "Abba and Father," 618.

45) D'Angelo, "Abba and Father," 630(저자 강조); 참조. Thompson, *Promise*, 30.

그러나 그의 주장은 제시된 여러 가지 증거들에 비추어 볼 때 설득력이 매우 부족하다. 첫째, 복음서에서 예수는 하나님을 직접 부를 때 언제나 아버지로 부른다. 유일한 예외는 예수가 십자가상에서 시편 22편을 인용하며 "나의 하나님, 나의 하나님, 어찌하여 나를 버리셨나이까"(막 15:34)라고 울부짖는 부분이다.[46] 즉 예수는 결코 왕이나 주인, 또는 지주, 농부, 재판장 등 초기 유대인들에게 친숙한 다른 용어들을 사용해 하나님을 부르지 않았다. 이런 현상에는 특별한 의미가 있다.

둘째, 복음서에서는 오직 예수만이 하나님을 "나의 아버지"라고 부르고, 복음서 외에서는 "나의 아버지"가 오직 예수의 말에서만 나타난다(계 2:27; 3:5; 3:21). 예수는 제자들과 함께 "우리 아버지"라고 부르며 기도한 것이 아니라 제자들에게 그들의 공동체 기도에서 하나님을 그렇게 부르며 기도하라고 가르쳤다(참조. 마 6:9; 눅 11:2).[47] 또한 최초기 신약 문서들은 초기 그리스도인들이 성령을 받고 하나님을 "아바"로 부르기 시작했음을 보여준다(참조. 롬 8:15-16; 갈 4:6). 이것은 지상에서 예수의 기도와 제자들의 기도 사이에 본질적인 차이가 있었음을 말해준다. 즉 예수의 지상 사역 기간에는 오직 예수만이 하나님을 "아바"라고 불렀고 제자들은 말세의 영을 받은 이후부터야 하나님을 그렇게 부르게 되었다.[48] 따라서 예수의 "하나님 아들 됨"과 초기 그리스도인들의 "하나님 자녀 됨"이 본질적으로 동일한 것이었을 개연성은 매우 낮으며, 그것은 예수가 아버지로서의 하나님과 독특하고 인격적인 관계를 맺고 있다는 의식을 가지고 있었음을 시사한다.[49]

---

46) Thompson, *Promise*, 28.
47) I. H. Marshall, "The Divine Sonship of Jesus," *Jesus the Saviour: Studies in New Testament Theology* (Downers Grove: Inter-Varsity, 1990), 136.
48) Thompson, *Promise*, 65.
49) Marshall, "Divine Sonship," 137.

셋째, 겟세마네 기도에서 예수는 하나님을 "아바"라고 부른다(막 14:36).[50] 이 장면은 예수가 진지하게 가장 친밀한 언어로 하나님께 애원하는 상황을 묘사한다.[51]

넷째, 복음서의 다양한 자료(마가, Q, 마태, 누가)에서 예수가 하나님을 "아버지"로 부른 증거들이 발견된다.[52] 특히 마태복음 11:25-27(//눅 10:21-22)에 나오는 Q 자료에서는 아버지와 아들 간의 친밀한 관계가 매우 강조된다.

앞서 제시한 증거들에 비추어 보면 예수가 하나님을 아버지로 불렀고 그의 제자들에게도 그렇게 하라고 가르쳤지만, 동시에 그는 아버지와 자신의 관계를 아버지와 제자들의 관계와 명확히 구분했다고 결론 내리는 것이 타당하다.

4.2.3.2. —— 신약에서 아버지 언어의 확산

예수의 "아바" 사용에 대한 단젤로의 극단적인 회의론은 초기 교회에서 하나님을 아버지라고 부르는 언어 사용의 빈도가 급증했다는 데 주목한 결과다. 그는 "기독론의 발전은 기독교 신학에서 '아버지'의 중요성을 부각하는 가장 중요한 요인"이었다고 말한다.[53] 또한 마가복음과 Q 문서보다 마태복음과 누가복음에서 하나님에 대한 아버지 언어가 예수의 말에 직접 나타나는 예가 현저하게 증가한 것은, 초기 기독교에서 하나님에 대한 아버지 언어가 점차 중요성을 갖게 된 증거라고 결론 내린다.

---

50) Thompson, *Promise*, 29.
51) 평행 본문에서 누가와 마태가 "아바"를 생략하고 대신 "아버지"로 번역한 것은 그들이 예수의 기도 언어를 묘사할 때 "아바" 사용을 피한 것이 아니라 아람어에 대한 지식이 부족한 독자들을 배려하기 위해서였다고 볼 수 있다.
52) Thompson, *Promise*, 59-61을 보라.
53) D'Angelo, "Abba and Father," 622.

그러나 톰슨(M. M. Thompson)은 단젤로의 이론에 대한 반론을 다음과 같이 제기한다.

① 비록 마태복음과 누가복음이—특히 마가복음과 비교할 때—하나님에 대한 아버지 언어 사용 빈도의 증가를 보이긴 하지만, 마태복음과 누가복음이 마가복음보다 전반적으로 더 기독론적이다거나 "보다 더 발전된 기독론"을 반영한다고 볼 수는 없다.

② 마가복음과는 달리 마태복음과 누가복음은 "기독론적이기보다는 오히려 공동체적이며 윤리적인 내용을 훨씬 더 많이 포함하는데, 이는 제자 공동체를 향한 "하나님의 아버지 되심"(God's Fatherhood)의 의미를 부각한다."[54]

③ 마가복음에 비해 마태복음과 누가복음에서 예수가 하나님을 아버지로 언급하는 횟수가 확연하게 증가한 현상을 단순히 복음서들의 기록 연대 시차만으로 설명할 수는 없다. 오히려 하나님의 아버지 되심과 관련된 예수 전승들이 애초부터 각기 다른 강조점을 가지고 있었으며, 이후 복음서 저자들이 그것을 더욱 다양하게 사용하고 발전시켰다고 보는 것이 타당하다.[55]

4.2.3.3. —— 예수의 "아바" 사용의 영향

위더링턴(B. Witherington)과 아이스(L. M. Ice)는 신약에서 하나님에 대한 아버지 언어의 사용이 놀랍게 확산된 문제에 관해 새로운 접근을 시도한다.[56] 그들의 주장에 따르면 신약에서 하나님에 대한 아버지 언어의 사

---

54) Thompson, *Promise*, 63.
55) Thompson, *Promise*, 64.
56) Witherington, Ice, *Shadow*. 흥미로운 점은 이런 연구의 출발점이 서로 다르다는 것이

용 빈도가 증가한 현상을 구약이나 초기 유대교 용례의 영향 혹은 일반적인 가부장적 문화나 황제 숭배와 같은 이교도적 관습의 잔재로 설명할 수는 없다.[57] 그들은 "하나님을 아버지로 강조한 것은 예수 자신이며, 바로 이 사실이 구약보다 신약에서 '아버지'가 더 많이 사용된 이유를 설명한다"고 본다.[58] 그러나 더 중요한 사실은 아들의 눈을 통해 아버지를 바라보고 아들과 아버지의 관계를 바탕으로 아버지를 바라보는 이러한 새로운 관점이 바로 신약의 이와 같은 현상들을 가장 잘 설명한다는 것이다.[59] 신약에서 아버지 하나님은 대부분 예수의 아버지 또는 아들의 아버지로 언급되며 단지 파생적인 의미에서만 예수의 제자가 됨으로써 신자가 된 자들의 아버지로 언급된다. 그리고 신약에서 "아버지"가 만물의 창조주로 언급되는 경우는 매우 드물다.[60]

한편 초기 유대교에서 아버지 언어를 하나님에게 사용한 선례가 전혀 없는 것은 아니다. 그러나 초기 유대교 문헌은 다음과 같은 예를 제시하지 않을 뿐만 아니라 신약에 나타난 독특한 현상을 충분히 설명하지도 못한다.[61]

① 유대 문헌에서는 기도 중에 하나님에게 "아바"를 사용한 예를 찾아 볼 수 없다.

다. Thompson이 이 주제 연구를 구약과 초기 유대교에 나타난 증거로부터 출발한다면, Witherington과 Ice는 신약에 나타난 예수와 초기 기독교의 증거로부터 출발한다.

57) Witherington, Ice, *Shadow*, 59; 이와 반대 의견은 D'Angelo, "Abba and Father," 623-630를 보라.

58) Witherington, Ice, *Shadow*, 5.

59) 참조. C. R. Seitz, *Word Without End: the Old Testament As Abiding Theological Witness* (Grand Rapids: Eerdmans, 1998), 258.

60) Witherington, Ice, *Shadow*, 59.

61) Witherington, Ice, *Shadow*, 19-64.

② 유대 문헌에 등장하는 역사적 인물 중에 하나님과 인격적인 관계를 표현하기 위해 일상적으로 "아버지"나 "아바"라는 호칭을 사용한 예를 찾아볼 수 없다.

③ 유대 문헌은 신약에서 하나님에 대한 아버지 언어 사용 빈도가 급증한 원인을 설명할 수 있는 납득할 만한 역사적 증거를 제시하지 못한다.

④ 유대 문헌은 초기 기독교에서 복음서가 처음 기록될 때부터 후기 복음서들(마태, 누가)이 기록될 때까지 하나님에 대한 아버지 언어의 사용 빈도가 급증한 원인에 대해 적절하게 설명하지 못한다.

결국 신약에 나타난 아버지 언어의 특성과 사용 빈도를 가장 잘 설명할 수 있는 요소는 예수의 아버지 언어 사용, 하나님과의 독특한 관계 주장, 제자들을 향한 하나님에 대한 가르침 등이며, 이런 요소들이 복합적으로 영향을 미쳤다고 할 수 있다.

4.2.3.4. ── 예수의 하나님은 이스라엘의 아버지인가?

톰슨은 신약에 나타난 아버지 언어는 기본적으로 구약과 초기 유대교의 용례, 그중에서도 특별히 하나님이 이스라엘의 아버지로 언급된 본문들에 그 근거를 두고 있다고 주장한다.[62] 그는 "예수는 먼저 하나님을 이스라엘 백성의 아버지로 이해했으며 하나님과 자신의 관계를 그 이해의 틀 안에서 그리고 그 틀을 통해 이해했다.…그러므로 하나님을 아버지로 신뢰한다는 것은 하나님과 새롭게 친밀한 관계를 맺는 것이 아니라 이스

---

62) Thompson, *Promise*, 40-53; 그의 결론은 156-162을 보라; D'Angelo, "Abba and Father," 613.

라엘의 하나님에 대한 신뢰를 다시 회복하는 것"이라고 주장한다.[63]

그러나 톰슨의 주장은 예수의 사명과 지상 사역의 급진성(radicality)을 충분히 설명하지 못한다는 취약점을 안고 있다.[64] 우리는 예수가 이 땅에서 수행해야 할 사명이 단순히 하나님과 이스라엘 백성의 기존 관계를 회복시키는 것이 아니었음을 기억해야 한다. 오히려 예수는 파멸에 처해 있던 이스라엘을 구원받아야 할 구속의 대상으로 생각했다(참조. 눅 19:10; 막 2:17). 예수는 세례 요한과 같이 급진적이며 철저한 회개를 촉구했다. 그는 종말론적 새 언약을 단순히 옛 언약의 갱신으로 이해하지 않았다. 위더링턴과 아이스는 이러한 예수의 사역과 사명의 급진성을 다음과 같이 웅변적으로 설명한다.

예수는 이스라엘이 진정 "아바"와 독특한 관계를 맺고 있는 자신의 제자가 되기를 원한다면 진정 하나님을 "아바"로 부를 수 있는 하나님과의 새로운 관계 속으로 들어올 것을 촉구했다. "아버지"는 복음서에서 하나님을 부르는 유일한 호칭이며 이는 구약과 초기 유대교의 매우 이례적인 아버지 언어 용례로는 설명되지 않는다. 이러한 현상에 대한 가장 적절한 설명은 예수 자신의 신념과 삶이라는 측면과 초기 교회의 기독론적인 신념과 삶이라는 측면이 동시에 이해되는 기독론적인 설명이다. 신약의 기독교 사상 안에서 아버지는 우선 예수의 아버지였으며 이차적으로 예수를 통한 예수의 제자들의 아버지였다.[65]

또한 우리는 구약 및 초기 유대교의 용례와 신약의 용례 간의 현저한 차이를 인식할 필요가 있다.

63) Thompson, *Promise*, 79, 84.
64) Witherington, Ice, *Shadow*, 21,n.3.
65) Witherington, Ice, *Shadow*, 63.

① 구약과 초기 유대교에서는 아버지 언어를 사용하여 하나님을 친밀한 언어로 부르는 경우가 매우 드물다.

② 그러한 매우 드문 경우에도 하나님을 기도 중에 아버지라고 부르기보다는 대부분 비유를 사용한다.

③ 하나님이 아버지로 명시되는 용례는 다윗과 그의 자손(삼하 7장; 시 2편)을 제외하면 어떤 특정 역사적 인물과 연관되어 사용된 적이 단 한 번도 없다. 그런데도 이러한 다윗적 인물의 아버지-아들 언어 역시 신약에 나타난 예수와 하나님 간의 아버지-아들 관계에 대한 선례로 보기는 어렵다. 이러한 현상에는 큰 의미가 있다. 이는 예수의 자의식의 기반을 이루는 가장 지배적인 사상이 메시아 사상이라기보다는 하나님 아들 됨 사상이며, 이것으로부터 "자신에 대한 그의 다른 기본적인 신념과 소명이 생기게 되었다"는 것을 보여준다.[66]

④ 초기 유대교 문헌에서 예수 이전에 하나님을 "아바"라고 부르며 기도했다는 확실한 증거는 아직 발견되지 않았다. 앞서 논의했듯이 하나님을 "나의 아버지"라고 부른 것은 "아바"보다는 더 격식을 갖춘 표현이다.

여기서 잠시 바울 서신의 경우를 살펴보자. 구약의 일부 본문에서 하나님을 아버지로 언급한 것처럼 바울도 간혹 하나님을 고난받는 자들을 위로하시는 자비의 아버지로 표현한다(참조. 고후 1:3). 그러나 바울의 아버지 언어는 대부분 예수의 오심 및 십자가의 죽음, 부활과 함께 시작된 새로운 종말론적 상황을 반영한다. 바울 서신에서 하나님의 아버지 되심에

---

66) J. D. G. Dunn, *Jesus and the Spirit: a Study of the Religious and Charismatic Experience of Jesus and the First Christians as Reflected in the New Testament* (London: SCM, 1975), 39.

대한 언급은 이스라엘 민족의 이야기 및 하나님과 이스라엘의 관계에 직결되기보다는 예수의 이야기 및 하나님과 예수의 관계에 직결된다(참조. 롬 6:4; 고전 15:24).[67] 그런 의미에서 바울이 로마서 9-11장에서 이스라엘의 장래에 대해 상세히 기술할 때 하나님을 아버지로 언급하지 않는다는 점과, 로마서 4장에서 이스라엘의 조상 아브라함을 언급할 때 하나님의 아버지 되심과 연관 짓지 않는다는 점은 주목할 만하다.

예레미아스의 또 다른 중요한 공헌은 예수의 하나님 언어를 그의 신학적 담론에 나타난 종말론적인 문맥 안에서 읽어야 함을 강조했다는 점이다. 그는 "하나님의 아버지와 같은 선하심의 표현들은 종말론적인 사건들"(the expressions of God's fatherly goodness are eschatological events)이라고 지적한다.[68] 다시 말해 예수는 자신의 사역을 통해 하나님이 분명하게 당신에게 속한 백성의 아버지와 구속자로서 행하시고 계심을 확신했다는 것이다. 예레미아스가 지적했듯이 "예수의 관점에서 하나님의 자녀됨은 창조의 선물이 아니라 종말론적 구원의 선물"이다.[69] 예수는 단순히 과거 유대교의 하나님에 대한 아버지 언어를 받아들인 것이 아니며, 하나님과의 이러한 관계는 제자로 부르는 예수의 초청에 긍정적으로 반응할 때만 가능하다.

그러나 톰슨은 예레미아스의 주장을 다르게 해석한다. 그는 예수의 하나님 언어를 종말론적으로 읽어야 한다는 예레미아스의 주장을 하나님에 대한 예수의 신념과 동시대 유대인의 신념 간의 연속성을 지지하는 증거로 받아들인다. 그는 다음과 같이 결론을 내린다.

---

67) Witherington, Ice, *Shadow*, 34; 이는 Thompson, *Promise*, 132에 대한 신중한 반대 의견이다.

68) Jeremias, *Prayers*, 43; 참조. 마 7:11(//눅 12:32).

69) Jeremias, *Theology*, 181.

하나님에 대한 새로운 인식이 예수로 하여금 하나님에 대해 아버지 언어를 사용하게 한 것이 아니라, 자기 자신의 인격과 사역을 통해 하나님의 종말론적인 구원이 이루어지고 있다는 예수의 신념이 하나님을 직접 개인적으로 "아바"라고 부를 수 있도록 만들었다.[70]

그러나 우리가 여기서 기억해야 할 것은 예레미야 31:9—"나는 이스라엘의 아버지요 에브라임은 나의 장자니라"—에서 하나님 자신이 이스라엘과 자신의 관계가 깨어진 것에 대해 매우 슬퍼하신다는 사실이다. 따라서 예수의 "아바" 언어는 그의 독특한 하나님의 아들 됨 자의식에 근거하며, 제자들에 대한 "아바" 언어 전수는 그가 자신이 도래시키고 있다고 믿었던 종말론적인 상황에 근거한다. 결국 톰슨의 문제는 이러한 중요한 차이점을 충분히 인식하지 못했다는 데 있다. 위더링턴과 아이스의 결론은 다음과 같다.

예수가 "아바" 언어를 사용한 것은 자신을 하나님이 구속하고자 하는 자 중 하나로 보았기 때문이 아니다. 오히려 그는 자신을 하나님의 편에 서서 구속 사역을 수행하는 자로 보았다. 따라서 그에게 "아바"는 그의 사역 기간 중—최소한 십자가 사건까지는—훼손되지 않았던 하나님과의 친밀한 관계를 반영해준다. 반면 그의 제자들에게 "아바"는 그들이 예수의 종말론적 사역을 통해 구속받았고 이제는 그들도 언제나 예수가 그렇게 했듯이 하나님을 "아바"라고 부를 수 있게 되었음을 보여주었다.[71]

---

70) Thompson, *Promise*, 32-33.
71) Witherington, Ice, *Shadow*, 24.n.13.

4.2.3.5. —— 예수의 주관적 경험에 대해 알 수 있을까?

톰슨은 예수의 "아바" 사용이 하나님에 대한 그의 경험을 반영하며 그 경험이 그의 정체성 또는 자의식에 대한 단서를 제공한다는 예레미아스의 주장에도 비판적이다.[72] 그는 "경험은 주관적 의식 및 그 의식과의 소통을 통하지 않고서는 접근이 불가하다"는 존슨(L. T. Johnson)의 말을 인용한다.[73] 더 나아가 사복음서를 예수의 "경험"이나 "주관적 의식"에 대한 "보고서"(report)로 볼 수 없으므로 우리는 하나님에 대한 예수의 경험에 직접 접근할 수 없을 뿐 아니라, 예수가 하나님을 아버지로 이해한 것 역시 그의 내적 경험의 단면이었는지를 전혀 알 수 없다고 주장한다.[74]

그러나 그의 비판적인 견해는 공적 측면이 있는 하나님과 예수의 관계, 그리고 예수 자신의 주관적 경험을 제대로 구별하지 못한다는 문제를 안고 있다.[75] 한 개인이 하나님과 갖게 되는 관계는 분명 한 개인의 주관적 느낌이나 경험을 포함하긴 하지만 그보다 더 포괄적인 문제다. 물론 우리는 슐라이어마허(F. E. D. Schleiermacher)가 말한 것처럼 예수는 "하나님에게 절대적으로 의존하는 감정"(feeling of absolute dependency on God)을 가지고 있었다는 식으로 하나님에 대한 예수의 주관적인 경험에 대해 논할 수 없다. 왜냐하면 예수는 일반적으로 자신의 감정이나 종교적인 개인 경험에 대해 말하지 않았기 때문이다. 그러나 예수는 "사탄이 하늘로부터 번개같이 떨어지는 것을 내가 보았노라"(눅 10:18)라고 말하기도

---

72) Thompson, *Promise*, 31.

73) L. T. Johnson, *Religious Experience in Earliest Christianity* (Minneapolis: Fortress, 1998), 48.

74) Thompson, *Promise*, 31.

75) Witherington, Ice, *Shadow*, 25; S. McKnight, *A New Vision for Israel: the Teachings of Jesus in National Context* (Studying the Historical Jesus; Grand Rapids: Eerdmans, 1999), 61.

했다. 이와 마찬가지로 Q 문서의 시험 기사와 마가복음의 수세 기사 또한 예수가 자신의 경험을 제자들에게 말한 것을 반영한다고 볼 수 있다. 그뿐 아니라 우리는 겟세마네 기사를 통해 예수가 하나님과 친밀한 관계를 맺고 있었으며 그 친밀도가 매우 높았기 때문에 십자가를 지나가게 해 달라고 간청할 수 있었음을 부인하기는 어렵다(막 14:36). 더 나아가 마태복음 11:25-27(//눅 10:21-22)에 나타난 예수의 말씀은 그가 아들로서 아버지인 하나님과 친밀하고 독특한 관계를 맺었음을 시사한다.

4.2.4. — 결론

이제 우리는 위의 논의를 바탕으로 다음과 같은 결론을 유추할 수 있다.

첫째, 예수 자신이 기도하면서 하나님을 "아바" 또는 "아버지"라고 불렀다는 압도적인 증거가 있다. 또한 이것은 하나님과 그의 관계가 친밀했음을 반영한다.

둘째, 예수가 사용한 "아바" 용어를 초기 그리스도인들도 동일하게 사용했다는 사실 때문에 예수의 "아바" 사용이 전혀 독특한 것이 아니었다고 말할 수도 있다. 하지만 우리는 이와 상반되는 근거들을 살펴보았다. 이러한 근거들은 예수가 하나님의 독특한 아들임을 입증한다.

셋째, 슐라이어마허의 관점에서 본다면 우리는 예수의 주관적 경험에 관해 논할 수 없을 것이다. 그러나 겟세마네 기사와 마태복음 11:25-27, 누가복음 10:21-22에 기록된 예수의 찬양 기도는 예수가 하나님과 친밀하고 특별한 관계를 맺었으며, 그 결과 하나님께 십자가를 지나가게 해 달라고 기도할 수 있었을 뿐만 아니라 하나님과의 독점적인 상호 관계(exclusive mutuality) 역시 주장할 수 있었음을 보여준다.

넷째, 신약에서 아버지 언어의 본질과 사용 빈도는 예수가 하나님께 사용한 아버지 언어, 하나님과 예수의 독특한 관계, 예수가 하나님에 대해 제자들에게 가르친 교훈 등의 영향을 반영한다고 볼 수 있다.

다섯째, 초기 교회에서 하나님에 대한 아버지 언어의 사용이 만연했던 이유는 예수 자신이 바로 그 언어를 사용했다는 사실,[76] 그리고 예수가 가졌던 아버지와의 친밀하고도 독특한 관계—당시 유대교인들과는 여러 중요한 측면에서 구별되는—로밖에 설명되지 않는다.[77]

4.3. —— 예수의 자기 계시 진술에 대한 해석

이번 단락에서는 복음서에 나타난 예수의 말씀들과 최초기 복음서에 기록된 예수의 수세 기사에 대한 세부적인 논의를 전개할 것이다.

4.3.1. —— 마태복음 11:25-27(//눅 10:21-22)

마태복음 11:25-27과 누가복음 10:21-22에 나타난 예수의 감사 기도는 우리 연구에 매우 유용하다. 학자들은 이 두 말씀의 유사성 때문에 그것의 원래 출처를 Q 문서로 본다. 지혜로운 자들에게는 숨기고 제자들에게는 계시하는 것이 아버지의 뜻이기 때문에 예수는 아버지에게 기쁨과 감사의 기도를 드리며 아버지를 부른다(Q 10:21). 그런데 이 계시는 모든 권세와 지식을 소유하고 유일하게 아버지를 계시할 수 있는 아들을 통하여 아버지로부터 온 것이다(Q 10:22).

---

76) 이와 반대 의견은 D'Angelo, "Abba and Father"를 보라.
77) 이와 반대 의견은 Thompson, *Promise*를 보라.

Ἐν ἐκείνῳ τῷ καιρῷ ἀποκρθεὶς, ὁ Ἰησοῦς εἶπεν.	그때에 예수께서 대답하여 이르시되	25a
Ἐξομολογοῦμαί σοι, πάτερ,	아버지, 감사하나이다.	25b
Κύριε τοῦ οὐρανοῦ καὶ τῆς γῆς,	천지의 주재시여,	25c
ὅτι ἔκρυψος ταῦτα ἀπὸ σοφῶν καὶ συνετῶν, καὶ ἀπεκάλυψας αὐτὰ νηπίοις.	이것들을 지혜롭고 슬기 있는 자들에게는 숨기시고 어린아이들에게는 나타내심을	25d
ναί, ὁ Πατήρ, ὅτι αὕτως εὐδοκία ἐγένετο ἔμπροσθέν σου.	옳소이다. 이렇게 된 것이 아버지의 뜻이니이다.	26
Πάντα μοι παρεδόθη ὑπὸ τοῦ Πατρός μου,	내 아버지께서 모든 것을 내게 주셨으니	27a
καὶ οὐδεὶς ἐπιγινώσκει τὸν υἱόν, εἰ μὴ ὁ πατήρ,	아버지 외에는 아들을 아는 자가 없고	27b
οὐδὲ τὸν πατέρα τις ἐπιγινώσκει, εἰ μὴ ὁ υἱὸς	아들 외에는 아버지를 아는 자가 없느니라.	27c
καὶ ᾧ ἐὰν βούληται ὁ υἱὸς ἀποκαλύψαι.	그리고 아들의 소원대로 계시를 받는 자 (외에는)	27d

일반적으로 Q 10:21의 진정성은 받아들여지지만 Q 10:22의 진정성은 많은 논란을 불러일으킨다. 수많은 양식비평학자가 Q 10:21(감사 기도)과 Q 10:22(계시 발언)은 원래 서로 다른 양식(form)을 가진 두 개의 다른 말씀(logia)이라고 주장했다. 그 결과 Q 10:22은 앞 절에 대한 해설로서 나중에 첨가된 것으로 간주되었다.[78] 그들은 이 두 말씀이 병치된 주된 이유를 "아포칼륍토"(ἀποκαλύπτω, 계시하다)라는 공통된 동사에서 찾는다.[79]

그러나 그들의 주장은 이 두 말씀의 차이점을 확대해석한다는 비판

---

78) R. Bultmann, *The History of the Synoptic Tradition* (Oxford: Blackwell, 1963), 159-160.

79) W. D. Davies, D. C. Allison, *A Critical and Exegetical Commentary on the Gospel According to Saint Matthew* (ICC; Edinburgh: T&T Clark, 1988, 1991, 1997), 279.

을 피하기 어렵다.[80] 두 말씀의 양식에 차이가 있다고 해서 반드시 그 둘이 서로 다른 기원에서 왔다고 볼 수는 없기 때문이다. 오히려 두 말씀에 나타나는 동일한 모티프가 두 말씀의 공통 기원을 뒷받침한다. 예를 들어 두 말씀은 숨겨진 것들의 드러남에 관해 말한다. 그뿐 아니라 두 번째 말씀에 나타나는 아버지와 아들의 분명한 대비는 이미 첫 번째 말씀에서도 암시된다.[81] 따라서 마샬(I. H. Marshall)은 동일한 모티프가 두 말씀에 모두 나타난다는 이유를 들어 두 번째 말씀이 동일한 저자에 의한 첫 번째 말씀의 발전일 개연성이 훨씬 더 높다고 주장한다.[82]

언어학적 증거 역시 그 진정성을 뒷받침한다. 예수의 말씀에 나타난 현저한 셈어적 특성은 이것이 이른 시기의 말씀임을 시사하기 때문에 두 번째 말씀이 첫 번째 말씀의 해설이라는 견해는 성립되기 어렵다.[83]

① 비(非) 그리스어적 표현인 "우데이스…에이 메"(οὐδείς…εἰ μή, …외에는 아무도)와 "우데…에이 메"(οὐδέ…εἰ μή)는 아람어의 אילולא…לית에 해당한다.

② "나타내셨다"는 의미의 "아페칼륍사스"(ἀπεκάλυψας)는 그리스어적 표현이 아니다.

③ 주제의 진술(25b, 27a), 주제에 대한 부연 설명(25cd, 27bc), 강조된 결론부(26, 27d)에서 평행법이 나타난다.

④ 27절의 도입 부분에 문법적으로 접속사가 생략된 무접속사

---

80) I. H. Marshall, *The Gospel of Luke: a Commentary on the Greek Text* (NIGTC; Grand Rapids: Eerdmans, 1978), 431.

81) J. A. Fitzmyer, *The Gospel According to Luke* (AB 28; New York: Doubleday, 1991), 866.

82) Marshall, *Luke*, 431.

83) Jeremias, *Theology*, 1.57-59.

(asyndeton) 형태가 나타난다.

⑤ "안다"라는 의미의 "에피기노스케이"(ἐπιγινώσκει)가 반복된 것은 비 그리스어적이다.

⑥ 셈어에는 상호대명사가 없기 때문에 27bc절에서 "아는 자가 없다"가 두 번 반복된다.

⑦ "파테르"(πάτερ)와 "호 파테르"(ὁ πατήρ)는 아람어 "아바"(אבא)를 반영한다.

⑧ "기쁘신 뜻이 당신 앞에 있다"(εὐδοκία ἐγένετο ἔμπροσθέν σου)는 표현은 신인동형론을 피하려는 완곡한 표현이다.[84]

결론적으로 말해 이 말씀을 초기 교회가 예수의 말씀인 것처럼 편집했다고 간주하여 그 진정성을 부인하기보다는 오히려 그 진정성을 받아들이는 편이 훨씬 더 수월하다.

몇몇 학자들은 정관사가 붙은 "아들"(ὁ υἱός)의 사용(absolute use)이 부활 이후의 예수에 대한 이해를 반영한다고 주장한다.[85] 그러나 "아들"이란 칭호는 앞서 논증한 "아바"의 사례처럼 하나님에 대한 예수 자신의 친밀하고도 독특한 관계를 나타내준다고 볼 수 있다. 또한 쿰란 문헌의 증거들은 이 말씀이 정관사가 붙은 "아들"을 포함하더라도 진정성이 있음을 보여준다. "하나님의 아들"이라는 칭호는 헬레니즘에서뿐 아니라 팔레스타인의 유대 정황에서도 사용이 가능했기 때문이다(참조. 4QFlor. 1:10-

---

84) R. H. Gundry, *Matthew: a Commentary on his Handbook for a Mixed Church under Persecution* (Grand Rapids: Eerdmans, 1994), 218.

85) Bultmann, *Synoptic Tradition*, 160; E. Norden, *Agnostos Theos: Untersuchungen zur Formengeschichte religiöser Rede* (Leipzig: Teubner, 1956), 277-308; U. Luz, *Matthew 8-20* (Hermeneia; Minneapolis: Fortress, 2001), 158; Davies, Allison, *Matthew*, 2.282-283.

14).[86] 따라서 정관사가 붙은 "아들"의 사용이 지나치게 헬레니즘적인 표현이라는 이유로 예수가 실제로는 그 용어를 사용하지 않았을 것이라고 말할 수는 없다.[87] 또한 이 말씀의 어조가 요한복음의 어조와 흡사하다는 이유로 그 진정성이 부인되어서도 안 된다.[88] 더 나아가 이 Q 자료의 출처가 기원후 1세기 말에 기록된 요한복음이라고 보기도 어렵다.[89] 결국 이 말씀의 내용에 근거하여 그 진정성을 부인하는 여러 주장은 타당성이 부족하다.

한편 예레미아스는 Q 10:22이 원래 일종의 비유라고 주장한다. 아람어에서 정관사는 포괄적 의미(예. a son, a father)를 나타내기 때문에 여기서 예수는 일반적인 일상생활의 모습들을 떠올리며 자신의 상황을 설명했다는 것이다.[90] 그러나 다음과 같은 본문의 특징들은 이 주장이 올바르지 않음을 알려준다.

① 앞 절에서 하나님을 "아버지"로 부른 점(Q 10:21에서 두 차례)
② 바로 앞에서 하나님의 명칭이 "나의 아버지"인 점(10:22a)
③ 바로 다음에서 예수의 명칭이 "아들"인 점(10:22d)[91]
④ 포괄적인 의미로 사용되었다면 중간의 두 절(10:22b-c)이 첫 절과 마지막 절(10:22a과 10:22d)로부터 분리되어야 하는데 전체적으로 첫

---

86) Fitzmyer, *Luke*, 206-207.
87) Marshall, "Divine Sonship," 134-135.
88) T. W. Manson, *The Teaching of Jesus* (Cambridge: CUP, 1935), 110.
89) Dunn, *Spirit*, 28.
90) Jeremias, *Prayers*, 45-52; Jeremias의 번역은 다음과 같다. "All things have been given to me by my Father. Just as no one (really) knows a son except his father, so no one (really) knows a father except his son, and anyone to whom the son chooses to make him known." 이에 대한 비판은 Marshall, "Divine Sonship," 137-139; Dunn, *Spirit*, 32; Gundry, *Matthew*, 217을 보라.
91) Gundry, *Matthew*, 217.

절과 연결된다는 점[92]

마샬의 지적처럼 만약 예수가 마태복음 11:27을 예레미아스가 제안한 식으로 말할 수 있었다면 예수가 그것을 복음서에 나타난 식으로 말할 수 있었다는 사실을 부인할 근본적인 이유는 없다.[93]

Q 10:22의 진정성을 인정하지 않는 또 다른 이유는 이 말씀이 Q 문서의 지혜 기독론을 반영한다는 것이다. 이 주장은 Q 공동체가 예수를 지혜로 묘사하거나 그들의 기독론에 지혜 모티프를 도입하고자 했음을 보여주는 여러 Q 본문을 근거로 한다(마 11:16-19[//눅 7:31-35]; 마 12:42[//눅 11:31]; 마 23:34-36[//눅 13:34-35]; 마 11:27[//눅 10:22]).[94] 그러나 이 이론의 가장 큰 취약점은 Q 공동체 자체가 존재했는지에 대한 증거가 거의 없다는 것이다. Q 공동체의 존재를 전제한 주장은 모두 공관복음서의 말씀들만을 근거로 추론한 것이기 때문에 방법론적으로 문제가 있으며 "침묵에 기초한 결론"과도 같다.[95] 또한 Q 공동체가 존재했다는 실제적 증거가 발견된다 하더라도 Q 문서에서 일관적인 지혜 기독론을 발견할 수 있는지에 대한 학자들의 견해는 비관적이다.[96] 따라서 지혜 기독론의 단서가 Q

---

92) Witherington, *Christology*, 226.

93) Marshall, "Divine Sonship," 138.

94) M. J. Suggs, *Wisdom, Christology, and Law in Matthew's Gospel* (Cambridge: CUP, 1970); Suggs는 마태복음의 지혜 모티프가 마태의 편집에 의한 것이라고 논증하지만, 그의 논증은 지혜 모티프가 마태복음의 전체적인 기독론과 잘 조화를 이루지 못한다는 Johnson의 비판을 받았다. M. D. Johnson, "Reflections on a Wisdom Approach to Matthew's Christology," *CBQ* 36(1974), 44-64.

95) Witherington, *Christology*, 223.

96) 참조. Suggs, *Wisdom*, 96; G. N. Stanton, "On the Christology of Q," *Christ and Spirit in the New Testament* (eds. S. S. Smalley *et al.*; Cambridge: CUP, 1973), 37. 지혜 주제가 Q에 존재한다는 데에는 의심의 여지가 없지만, 일관된 지혜 기독론을 나타낸다는 것과는 별개의 문제다; Witherington, *Christology*, 224; 참조. Gerhardsson, *Reliability*; Bailey, "Middle Eastern Oral Tradition," 363-367; "Informal Controlled Oral

10:22에 나타난다 하더라도 이 말씀의 진정성에 대한 반론의 증거로 사용될 수 없다.[97]

Q 10:21-22이 예수의 진정성 있는 말씀으로서 예수에게로 소급될 수 있다면 그것은 우리의 논의에 어떠한 의미가 있을까? 두 번째 말씀은 첫 번째 말씀에 암시된 것을 명확하게 설명한다. 아버지가 숨기셨던 것은 아들을 통해 "어린아이들"(νηπίοις)에게 계시되었다. 21절의 "모든 것"(πάντα)이 22절의 "이것들을"(ταῦτα) 가리키는 것은 사실이지만, "모든 것"은 예수 안에 나타난 하나님의 모든 계시를 포함한다.[98]

첫 번째 말씀에서 예수는 하나님을 먼저 아람어 "아바"에 해당하는 "파테르"(πάτερ)라고 부른다. 이 용어는 그리스어 기도문에서도 발견되긴 하지만(3 Macc 6:3, 8), 팔레스타인 정황에서는 유일하게 예수의 기도에서와 예수가 제자들에게 가르친 기도에서만 발견된다(눅 11:2). 하나님을 "아버지"라고 부른 것은 마가복음 14:36에 나오는 "아바"라는 친밀한 용어를 반영한다고 볼 수 있지만, 그다음의 "천지의 주재"라는 칭호 때문에 친밀감이 감소된다고도 볼 수 있다. 따라서 동시대 유대인들의 정서를 초월한다고 보기는 어렵다. 그러나 부연 설명 없이 두 번째로 하나님을 아버지로 부른 것은 더욱 친밀감을 나타내는 것이며, 아버지와 아들의 독점적인 상호 관계(exclusive correlation)는 예수와 하나님 사이의 독특하게 친밀한 관계의 표현으로 이해되어야 함을 나타낸다.[99]

두 번째 말씀의 첫 절(節)은 모든 것이 아버지에 의해 아들에게 전수

Tradition," 4-11.

97) D. F. Strauss가 마 11:25-30에 나타난 지혜 기독론을 최초로 주장한 이후 많은 학자가 그의 뒤를 따랐다. 그러나 마 11:25-27에서 예수는 하나님의 아들로 묘사되는 반면, 유대 문헌에서 지혜는 항상 여인으로 묘사된다.

98) 참조. Marshall, *Luke*, 431.

99) J. Nolland, *Luke* (WBC 35; Dallas: Word Books, 1993), 571-572.

되었다는 진술이다. "파라디도미"($\pi\alpha\rho\alpha\delta\iota\delta\omega\mu\iota$) 동사는 지식, 특히 전승이 스승으로부터 제자에게 전수되는 것을 의미하기도 하고(참조. 막 7:13; 고전 11:2, 23), 권력이나 권위의 이양을 의미하기도 한다(눅 4:6). "모든 것"($\pi\acute{\alpha}\nu\tau\alpha$) 역시 이 두 가지 측면으로 이해될 수 있다. 이런 모호함 때문에 예수에게 주어진 모든 것이 지식의 전수를 의미하는지 혹은 모든 권위의 이양을 의미하는지에 대해 상당한 논란이 있었다. 하지만 이것은 잘못된 대조법(false antithesis)이라고 할 수 있다. 놀란드(J. Nolland)가 지적한 것처럼, 이 구절은 "하나님으로부터 받은 모든 것을 마음대로 사용할 수 있는 자의 특권을 가진 지위"에 강조점이 있으며 이에 대한 근거는 "친밀한 관계"에 있다.[100]

이 말씀은 친밀한 관계를 강조할 뿐만 아니라 그러한 관계 안에서 하나님의 정체성을 공유하는 것에 대해 묘사한다.

① 아버지와 아들 간의 독점적 상호성(exclusive mutuality)이 존재한다.
② 이런 상호성은 아들이 "모든 것"을 소유하는 데까지 확대된다.
③ 아버지와 마찬가지로 아들 역시 알 수 없는(unknowable) 자다.
④ 아들은 선택을 받은 자일 뿐만 아니라 다른 이들의 유익을 위해 선택을 하는 자다.

"아들과 아들이 계시하기를 원하는 자들 외에는 아버지를 아는 자가 없다"라는 말의 의미는 요한복음 1:18—"본래 하나님을 본 사람이 없으되 아버지 품속에 있는 독생하신 하나님이 나타내셨느니라"—과 요한복음 14:9—"나를 본 자는 아버지를 보았다"—의 의미와 크게 다르지 않다.

---

100) Nolland, *Luke*, 573; Witherington, Ice, *Shadow*, 26.

Q 10:21-22에 기록된 예수의 말씀에 비추어 보면, 예수는 하나님의 최종 계시를 홀로 중재하는 하나님의 유일한 대리인으로서 하나님의 유일한 아들이라는 인식을 가지고 있었다는 결론에 이른다. 비록 선재성이란 개념이 이 말씀에 명확하게 나타나지는 않지만, 예수의 아들 됨에 대한 언급은 아버지 하나님과의 유일하고 친밀한 관계에 대한 그의 자의식을 강하게 시사한다.

4.3.2. ── 마가복음 13:32

그러나 그 날과 그 때는 아무도 모르나니 하늘에 있는 천사들도, 아들도 모르고 아버지만 아시느니라(막 13:32).

마가복음 13:32에 대한 학자들의 입장은 다음의 세 가지 정도다.

① 모두 예수의 진정성이 있는 말이다.
② 전적으로 초기 교회의 창작물이다.
③ "아들"에 대한 언급이 첨가되면서 예수의 말이 왜곡된 것이다.[101]

불트만 같은 학자들은 이 말씀의 마지막 일곱 단어(οὐδὲ ὁ υἱός, εἰ μὴ ὁ πατήρ, 우데 호 휘오스, 에이 메 호 파테르)를 초기 교회의 편집자가 첨가한 유

---

101) van Iersel, *Sohn*, 117-123; Witherington, *Christology*, 228-233는 이 말씀의 진정성을 인정하는 반면 Dalman, *The Words of Jesus*, 194; W. G. Kümmel, *Promise and Fulfilment: the Eschatological Message of Jesus* (SBT 23; London: SCM, 1957), 40-42; G. Bornkamm, *Jesus of Nazareth* (London: Hodder & Stoughton, 1960), 226; Jeremias, *Abba*, 40은 왜곡된 말씀으로 본다.

대교의 격언(Jewish saying)이라고 간주했었다.[102] 그러나 오늘날에는 학자들 대부분이 이 구절 전체의 진정성을 부인하지 않는다. 왜냐하면 초기 교회가 이렇게 중요한 사안을 다루면서 아들이 자신의 무지를 고백하는 "난해한 말씀"(hard saying)을 창작했다는 것은 상상하기 어렵기 때문이다.[103]

물론 예수의 재림의 정확한 시일을 안다고 주장하는 일부 종말론적 광신자들(apocalyptic enthusiasts) 때문에 초기 교회가 이러한 말씀을 창작했다고 반론을 제기할 수도 있다. 그러나 초기 교회가 자신들의 고양된 주(主)에게 무지함을 부여함으로써 심각한 손상을 초래할 수 있는 말씀을 굳이 창작할 이유는 없으므로 이러한 추론은 받아들이기 어렵다("당혹성의 기준" 적용).

실제로 이 말씀이 초기 교회에 어떤 교리적인 문제를 불러일으켰다는 사본학적 근거가 있다. 대부분의 마태복음 사본(후대 비잔틴 사본을 포함)에서 "우데 호 휘오스"(οὐδὲ ὁ υἱός, 아들도)라는 어휘가 생략된 반면 알렉산드리아, 서부, 가이사랴 사본에는 이 어휘가 포함되어 있다. 또 누가는 이 말씀 전체를 모두 생략했고 요한은 예수가 모든 것을 다 아는 자로 확실하게 묘사했다(참조. 5:6; 6:6; 8:14; 9:3; 11:11-15; 13:1-3, 11).[104] 따라서 마가복음에서와 같이 마태복음에서도 "우데 호 휘오스"가 원래 존재해 있었는데 나중에 교리적인 이유로 삭제되었을 개연성이 더 높다.[105]

"우데 호 휘오스"(οὐδὲ ὁ υἱός)라는 어휘가 초기 교회에 의해 첨가되었

---

102) 참조. Bultmann, *Synoptic Tradition*, 130; F. Hahn, *Christologische Hoheitstitel* (Göttingen: Vandenhoeck & Ruprecht, 1964), 327.
103) van Iersel, *Sohn*, 117-123.
104) Meier, *Marginal Jew*, 169.
105) 참조. B. M. Metzger, *A Textual Commentary on the Greek New Testament: a Companion Volume to the United Bible Societies' Greek New Testament* (London: UBS, 1975), 62; 참조. Dunn, *Spirit*, 35.

을 것이라는 견해는 주로 다음의 세 가지 논증에 의존한다.

① 초기 교회는 예수의 예언자적 오류 또는 재림의 지연에 대해 해명
　하기를 원했다.
② "아들"이라는 칭호에 대한 유대교의 선례가 없다.
③ 매우 지나친 고(高) 기독론을 수반한다.

그러나 이러한 주장들은 설득력이 없다. 첫째, 예수가 그의 재림이 즉
시 일어날 것이라고 예언했기 때문에 초기 교회가 각성하고 자신들의 신
학을 재조정했을 가능성은 매우 희박하다.[106] 오히려 아들의 무지에 대한
언급이 없었다면 별문제가 없었을 말씀을 초기 교회가 왜 굳이 난해한 말
씀으로 바꾸어놓았는지 설명하기 어렵다.[107] 둘째, "아들"이란 칭호에 대
한 유대교의 선례가 없다는 주장[108]에 대한 반증으로 그러한 선례가 쿰란
문헌(4QFlor 1:10-14; 4QapocrDan ar)과 구약(시 2:7; 삼하 7장)에 나타나 있
음이 밝혀졌다.[109] 셋째, 예수 자신이 "아들" 칭호를 사용했을 가능성이 희

---

106) Marshall, "Divine Sonship," 140.

107) Marshall, "Divine Sonship," 139.

108) 참조. Kümmel, *Promise*, 42.

109) Fitzmyer, *Luke*, 206-207; G. J. Brooke, *Exegesis at Qumran: 4Q Florilegium in its Jewish Context* (JSOTSup 29; Sheffield: JSOT Press, 1985). 4QapocrDan ar에 대한 최근 논의는 J. A. Fitzmyer, "The Contribution of Qumran Aramaic to the Study of the New Testament," *A Wandering Aramean: Collected Aramaic Essays* (Missoula: Scholars Press, 1979), 85-113; F. García Martínez, "The Eschatological Figure of 4Q246," *Qumran and Apocalyptic: Studies on the Aramaic Texts From Qumran* (Leiden: Brill, 1992), 162-179; É. Puech, "Fragment d'une apocalypse en araméen (4Q246＝ps Dan d) et le 'royaume de Dieu'," *RB* 99(1992), 98-131; J. J. Collins, "The *Son of God* Text from Qumran," *From Jesus to John: Essays on Jesus and New Testament Christology in Honour of Marinus de Jonge* (ed. M. C. de Boer; Sheffield: Sheffield Academic Press, 1993), 65-82; J. A. Fitzmyer, "4Q246: The 'Son of God'

박하다고 주장하는 학자들은, "아들도"(οὐδὲ ὁ υἱός)라는 어휘는 초기 교회의 첨가이거나 원래는 "인자도"(οὐδὲ ὁ υἱός τοῦ ἀνθρώπου, 우데 호 휘오스 투 안트로푸)였던 것을 초기 교회가 해석한 결과라고 본다.[110] 전자의 논리는 "우데 호 휘오스"를 삭제하면 "아버지"라는 어휘도 "나의 아버지"(아람어 "아바"의 다른 번역)로 독해가 가능하다는 것이다.[111] 그러나 마가복음 13:32은 마가복음 11:27과 마찬가지로 제자들을 향한 예수의 은밀한 가르침(esoteric teaching)임을 주목해야 한다.[112] 후자의 논리는 이 말씀의 묵시 문학적 문맥에서 볼 때 설득력이 있어 보이지만 다른 곳에서는 이러한 예를 찾아볼 수 없다는 점, "아들"과 "인자"가 의미상 매우 밀접한 연관성을 지니고 있다는 점, 그리고 마태복음 11:27과 누가복음 10:22의 진정성을 감안한다면 "아들도 모르고 아버지만 안다"는 말을 삭제할 이유가 전혀 없다.[113]

하나님은 앞날의 일을 포함하여 모든 것을 다 알고 계신다는 사상은 구약과 유대 문헌에 잘 나타난다(예. 사 46:10; 슥 14:7; *4 Ezra* 4:51-52; *2 Bar.* 21:8). 인간을 비롯해 천사들까지도 미래를 알 수 없다는 전승도 있다(*4 Ezra* 4:44-52; *Ps. Sol.* 17:21; *2 Bar.* 21:8; *b. Sanh.* 99a; *Mek. Exod.* 16:28-36).[114] 그러나 이 말씀에서 예수는 "아들도"라고 말한다. 아들에 대한 언급이 하

Document From Qumran," *Bib* 74(1993), 153-174; J. J. Collins, "The Background of the 'Son of God' Text," *BBR* 7(1997), 51-62; C. A. Evans, "Jesus and the Messianic Texts from Qumran: A Preliminary Assessment of the Recently Published Materials," *Jesus and His Contemporaries: Comparative Studies* (Leiden: Brill, 1995), 107-111; J. Zimmermann, "Observations on 4Q246: the 'Son of God'," *Qumran-Messianism: Studies on the Messianic Expectations in the Dead Sea Scrolls* (eds. J. H. Charlesworth *et al.*; Tübingen: Mohr Siebeck, 1998), 175-190을 보라

110) 참조. Fuller, *Foundations*, 114.
111) J. Jeremias, *Abba: Studien zur neutestamentlichen Theologie und Zeitgeschichte* (Göttingen: Vandenhoeck & Ruprecht, 1966), 52-54.
112) Marshall, "Divine Sonship," 140.
113) R. Schnackenburg, *God's Rule and Kingdom* (Freiburg: Herder, 1963), 210.
114) Evans, *Mark*, 336-337.

늘의 천사들 다음에 나타난다는 점은 천사들보다 아들이 하나님과 더 가깝고 친밀한 존재임을 나타낸다. 즉 아들이 하늘에서 하나님과 가장 가까운 존재라는 의미다. 그런데 "그 날"에 대해서는 하나님과 가장 가까운 자에게도 계시되지 않을 만큼 철저하게 감추어져 있다. 아버지와 아들 간의 이런 친밀한 관계는 메시아적 아들 됨(messianic sonship)을 초월한 아버지와의 유일하고 개인적인 하나님의 아들 됨(divine sonship)을 함의한다. 예수의 이러한 관계에 대한 자의식이 더욱 분명하게 드러나는 마태복음 11:27(//눅 10:22)의 진정성을 수용한다면 이러한 함의는 더욱 확실해진다.

따라서 마가복음 13:32에 나타난 예수의 말씀은 "예수의 삶의 정황"(*Sitz im Leben Jesu*)으로 소급될 수 있으며 예수의 하나님 아들 자의식에 대한 또 다른 증거를 제공한다.

4.3.3. —— 마태복음 16:17

예수께서 대답하여 이르시되 "바요나 시몬아, 네가 복이 있도다. 이를 네게 알게 한 이는 혈육이 아니요 하늘에 계신 내 아버지시니라"(마 16:17).

학자들은 다음과 같은 세 가지 방법으로 마태복음 16:13-20의 전승사 (tradition-history)에 접근해왔다.[115]

① 이 단락은 마가복음과 누가복음의 평행 단락보다 더 원시적이다. 불트만에 의하면 마태복음 16:17-19은 베드로의 고백에 대한 예수의 결론을 포함하지만, 초기 교회가 부활한 예수의 말씀처럼 편집

---

115) Davies, Allison, *Matthew*, 2.604-615는 이 이슈에 대한 가장 포괄적인 논의를 제공한다.

한 것이다. 마가 전승에서는 이 단락이 예수의 수난 예고와 베드로에 대한 책망 기사로 교체되었다(막 8:31-33).[116]

② 마태복음 9장은 원래 다른 정황에 속해 있었던 마태 이전 전승(pre-Matthean tradition), 또는 원래 부활 이후 정황(post-resurrection contexts)에 속했던 두 개 또는 그 이상의 개별적 말씀들을 포함한다.[117]

③ 마태복음 16:17-19의 세 구절은 모두 삼중 구조(triads), 평행법, 편집된 용어 등을 포함하기 때문에 마태의 저작이라고 할 수 있다.[118]

데이비스(W. D. Davies)와 앨리슨(D. C. Allison)은 다음과 같은 이유로 세 번째 견해가 가장 개연성이 낮다고 간주한다.

① 17-19절에 등장하는 비(非) 마태적인 단어들과 표현들: Βαριωνᾶ, σὰρξ καὶ αἷμα, πύλαι ᾅδου, κατισχύω, κλείς

② 다수 포함된 셈어적 표현들: 요나의 아들(Βαριωνᾶ), "세상적"이란 의미의 "혈육"(σὰρξ καὶ αἷμα), "하늘에 계신 내 아버지"(ὁ πατήρ μου

---

116) Bultmann, *Synoptic Tradition*, 258-259; 참조. M.-J. Lagrange, *Évangile selon saint Matthieu* (EBib; Paris: Gabalda, 1948), 321; G. W. E. Nickelsburg, "Enoch, Levi, and Peter: Recipients of Revelation in Upper Galilee," *JBL* 100(1981), 575-600.

117) 참조. E. Stauffer, "Zur Vor - und Frühgeschichte des Primatus Petri", *ZKG* 62(1943), 3-34(부활 기사의 일부); R. E. Brown, *The Gospel According to John* (AB; London: Chapman, 1971), 2.1088-1089(본래 부활 이후 정황에 속한 융합 말씀); B. P. Robinson, "Peter and his Successors: Tradition and Redaction in Matthew 16.17-19," *JSNT* 21(1984), 85-104(세 가지의 다른 기원을 가진 세 개의 독립된 말씀). 아울러 O. Cullmann, "L'apôtre Pierre instrument du diable et instrument de Dieu," *New Testament Essays* (ed. A. J. B. Higgins; Manchester: Manchester University Press, 1959), 94-105(최후 만찬의 정황)을 보라.

118) 참조. M. D. Goulder, *Midrash and Lection in Matthew* (London: SPCK, 1974), 383-393; Gundry, *Matthew*, 330-336.

ὁ ἐν τοῖς οὐρανοῖς), "음부의 문들"(πύλαι ἅδου), "매다⋯풀다"(δῆσαι⋯
λῦσαι), 19절에서 접속사의 생략(asyndeton), 아람어적 언어유희
(Kephā'와 kephā)

③ 17-19절의 내용에 대한 부분적 평행 단락들을 포함하는 몇몇 신약
   본문들: 마가복음 3:16, 요한복음 1:42, 20:23, 갈라디아서 1:15-18
④ "마태는 평행 구조와 삼중 구조를 즐겨 사용하긴 하지만 '명제 문
   장+대구적 이중 문장'으로 구성된 삼중 구조는 어느 곳에서도 사
   용하지 않았다."[119]

두 번째 견해도 다음과 같은 이유로 데이비스와 앨리슨의 비판을 받
는다.

① 이 단락은 원래 한 단락일 개연성이 높다.
② 마태복음 16:17-19은 부활 현현과 연관시키기 어렵다.
③ 쿨만(O. Cullmann)의 흥미로운 추측은 개연성이 낮다.[120]

첫 번째 견해와 관련해서 데이비스와 앨리슨은 마태복음 16:13-20을
부활 기사로 명명해야 한다는 불트만의 제안이 설득력이 부족한 이유를
밝혔다.[121] 그러나 더 중요한 것은 그들이 이 기사가 예수의 삶에 있었던
한 사건에 기초를 둔 것일 수도 있다는 가능성을 제기했다는 사실이다.
이에 대한 근거는 다음과 같다.[122]

---

119) Davies, *Matthew*, 2,605.
120) 참조. Davies, *Matthew*.
121) Davies, *Matthew*, 2,606-9.
122) 참조. Davies, *Matthew*, 2,609-15.

① 바울의 증거

② 셈어적 표현(Semitisms)

③ 사해 문헌

④ 일관성의 기준

⑤ 비(非) 유사성의 기준

⑥ 지리적 정황

⑦ 반론에 대한 답변

데이비스와 앨리슨의 연구 결과에 따르면 마태복음 16:17-19은 "가이사랴 빌립보 사건의 원래 결론 부분을 보존할 수도 있으며, 예수의 삶을 엿볼 중요한 기회를 제공할 수 있다."[123] 물론 이 이슈에 대해 독단적인 태도를 취하지 않으려는 그들의 노력은 이해할 만하지만, 사실 그들이 제시한 증거를 통해 우리는 이 본문 전체가 진정성이 있는 본문일 가능성이 매우 크다는 결론에 도달할 수밖에 없다.[124]

마태복음 16:17과 관련해 혹자는 "하늘에 계신 내 아버지"(ὁ πατήρ μου ὁ ἐν τοῖς οὐρανοῖς, 호 파테르 무 호 엔 토이스 우라노이스)를 마태의 편집으로 본다. 그러나 예레미아스의 연구가 올바르다면 "하늘에 계신"(ὁ ἐν τοῖς οὐρανοῖς)이라는 어휘만이 마태의 편집일 개연성이 매우 높다. 그는 자신의 연구에서 "예수 전승에서 하나님에 대한 '아버지' 사용이 현저하게 증가한 것은 그 당시 마태에게 주어졌던 (전승의) '지층'(stratum)에서 이미 시작된 것이었다"고 결론 내린다.[125] 그렇다면 우리는 마태복음 16:17도

---

123) Davies, *Matthew*, 2.615.

124) 참조. Marshall, "Divine Sonship," 141, 148.n.39; R. H. Gundry, "The Narrative Framework of Matthew XVI.17-19," *NovT* 7(1964), 1-9.

125) Jeremias, *Prayers*, 30-32.

예수가 하나님을 아버지로 부른 또 하나의 진정성 있는 예수의 말씀이라고 간주할 수 있다.

4.3.4. ── 누가복음 22:29

누가복음 22:28-30에 기록된 말씀이 이와 비슷한 마태복음 19:28의 말씀과는 완전히 다르다는 이유로 어떤 본문이 예수의 원래 발언에 근접한 것인가에 대해 학자들 간에 상당한 논쟁이 있었다.

> 28너희는 나의 모든 시험 중에 항상 나와 함께 한 자들인즉 29내 아버지께서 나라를 내게 맡기신 것 같이 나도 너희에게 맡겨 30너희로 내 나라에 있어 내 상에서 먹고 마시며 또는 보좌에 앉아 이스라엘 열두 지파를 다스리게 하려 하노라(눅 22:28-30).

> 예수께서 이르시되 "내가 진실로 너희에게 이르노니 세상이 새롭게 되어 인자가 자기 영광의 보좌에 앉을 때에 나를 따르는 너희도 열두 보좌에 앉아 이스라엘 열두 지파를 심판하리라"(마 19:28).

대다수 학자가 마태의 본문이 원문과 더 가깝다고 보지만[126] 일부 학자들은 누가의 본문이 원문에 더 가깝다고 주장한다.[127] 예를 들어 쉬어만

---

126) Bultmann, *Synoptic Tradition*, 170-171; E. Klostermann, *Das Lukasevangelium* (HNT; Tübingen: Mohr Siebeck, 1929), 209; Kümmel, *Promise*, 47; P. Vielhauer, "Erwägungen zur Christologie des Markusevangeliums," *Aufsätze zum Neuen Testament* (Munich: Kaiser, 1965), 67-68; S. Schulz, *Q: die Spruchquelle der Evangelisten* (Zürich: Theologischer Verlag, 1972), 330-332.
127) E. Schweizer, *Das Evangelium nach Matthäus* (Göttingen: Vandenhoeck &

(H. Schürmann)은 누가의 특별 자료를 근거로 제시하며 누가의 본문이 원문에 더 가깝고, "나의 아버지"(ὁ πατήρ μου)는 누가가 첨가한 것이 아니라 그의 자료에 속한 것이라고 주장한다.[128]

마태와 누가의 본문을 살펴보면 마태의 본문에는 누가복음 22:29-30에 해당하는 내용이 상당 부분 생략되었음을 알 수 있다.[129] 따라서 두 가지 가능성이 제기된다. 첫째는 마태가 또는 그의 자료가 어떤 부분을 생략했을 가능성이다. 둘째는 마태에게는 알려지지 않았지만 누가의 전승에 전해져 내려온 진정한 예수의 말씀인 29-30a절을 누가가 직접 추가했을 가능성이다.[130] 누가는 그 시점에 마태와는 다른 자료에 의존했을 가능성이 있으므로 후자의 개연성이 조금 더 높다고 할 수 있다. 아울러 29-30a절은 누가의 편집일 가능성이 적으므로 마태와 누가가 서로 다른 자료를 사용했거나 혹은 두 개의 서로 다른 Q 사본을 사용했을 개연성이 높다.[131]

누가복음 22:28-30 말씀은 그 내용의 진정성 문제가 자주 대두되어 왔다.[132] 여기서 발견되는 다음과 같은 사상과 용어들은 이 본문이 후대에 와서 발전한 것임을 반영하는 증거로 간주된다.

① 제자들이 예수의 시험에 동참했다는 진술은 제자들에 대한 존경의 의미로 이해될 수 있다.

Ruprecht, 1973), 251-252; H. Schürmann, *Quellenkritische Untersuchung des lukanischen Abendmahlsberichtes Lk. 22, 7-38* (Münster: Aschendorff, 1953-1957), 3.37-54; 아울러 Marshall, *Luke*, 815도 보라.

128) Schürmann, *Quellenkritische Untersuchung*, 3.37-54. Davies, Allison, *Matthew*, 3.55; 참조. Marshall, "Divine Sonship," 141l, *Luke*, 816.

129) 참조. 딤후 2:12; 계 2:26-27; 3:21.

130) Marshall, *Luke*, 817.

131) Marshall, *Luke*, 815; 참조. T. W. Manson, *The Sayings of Jesus* (London: SCM, 1949), 216.

132) 참조. F. W. Beare, *The Earliest Records of Jesus* (Oxford: Blackwell, 1962), 227-228.

② "맡기다"(29절)라고 번역된 "디아티테마이"(διατίθεμαι) 동사는 "유산을 물려주다"라는 의미다.

③ 예수의 "내 상"과 "내 나라"에 대한 언급은 지상의 예수에게 적용하기에는 지나친 고 기독론이다.

그러나 위의 세 가지 주장에 대한 적절한 반론들이 각각 제시되었다.[133]

① "시험"(πειρασμός, 페이라스모스)이란 단어는 누가 이전의 자료로서 누가가 제자들에 대한 찬사를 만들어내어 이 문맥에 삽입했을 가능성은 매우 희박하다.

② "디아티테마이" 동사가 아버지와 예수에게 사용될 경우, 유산을 물려준다는 의미보다는 어떤 것을 권위 있게 처리하거나 자유롭게 명령할 수 있도록 위임한다는 의미를 가진다.[134]

③ "내 상"과 "내 나라"에 대한 예수의 권위를 부인할 특별한 이유가 없으며 이러한 왕적 권위에 대한 사상은 후대에 와서 발전한 것이 아니다.[135]

"내 아버지"라는 어휘를 포함한 이 말씀이 예수에게로 소급될 수 있다면 이 말씀은 "아들"이라는 칭호를 사용하지 않으면서도 예수의 하나님 아들 됨에 대한 자의식을 뒷받침한다고 볼 수 있다. 이 구절에서 예수는 아버지의 나라를 물려받을 유일한 상속자일 뿐만 아니라 유일한 상

---

133) 참조. Marshall, "Divine Sonship," 141.

134) 참조. Schürmann, *Quellenkritische Untersuchung*, 3.41.n.145; M.-J. Lagrange, *Évangile selon St Luc* (EBib; Paris: Gabalda, 1941), 551; Klostermann, *Lukasevangelium*, 212.

135) 참조. Schürmann, *Quellenkritische Untersuchung*, 3.44.

속자로서 그에게 주어진 나라를 다스릴 수 있게 된다. 따라서 여기에 나타난 예수의 하나님 아들 됨은 단순한 메시아로서의 아들 됨(messianic sonship)이 아니라 아버지로서의 하나님에 대한 그의 독특하고도 인격적인 관계를 암시한다.

4.3.5. ── 마가복음 12:1-12

마가복음 12:1-12에 기록된 예수의 "악한 소작농부들의 비유"는 원형, 진정성, 사회·문화적 배경, 구약 언급의 일관성, "아들"의 역할과 중요성, 비유 자체가 지닌 실제적 의미 등과 관련하여 다양한 논쟁의 초점이 되어왔다. 이 비유와 관련된 중요한 문제들을 고찰함으로써 이 비유가 과연 예수에게로 소급될 수 있는지, 그리고 예수의 하나님 아들 자의식에 관하여 어떠한 기독론적 함의를 유추할 수 있는지에 대한 답을 찾아보자.

4.3.5.1. ── 비유의 원형

학자들 대다수는 마가의 기록이 마태나 누가의 기록보다 원래의 말씀에 더 가깝고 마태와 누가는 마가에 의존한다고 생각한다.[136] 그러나 이와 다른 세 가지 주장이 있다.

① 카두(A. T. Cadoux)는 다른 두 공관복음의 배후에 마가의 버전

---

136) J. A. T. Robinson, "The Parable of the Wicked Husbandmen: A Test of Synoptic Relationships," *NTS* 21(1975), 443-461; J. Gnilka, *Das Evangelium nach Markus* (EKKNT 2/2; Einsiedeln: Benziger Verlag, 1979), 2.142-143; D. Stern, "Jesus' Parables from the Perspective of Rabbinic Literature: The Example of the Wicked Husbandmen," *Parable and Story in Judaism and Christianity* (eds. C. Thoma *et al.*; New York: Paulist, 1989), 51.

(version) 이외에도 Q 버전이 존재한다고 주장했다.[137]

② 스노드그라스(K. R. Snodgrass)는 모든 버전 중 가장 오래된 버전이 마태가 마가와 Q의 자료를 혼합한 마태의 특별 전승에 보존되어 있다고 주장했다.[138]

③ 슈람(T. Schramm)은 이 비유의 한 버전이 누가의 특별 전승─누가가 마가의 자료와 혼합시킨─에 보존되어 있다고 주장했다.[139]

그런데 이 비유는 세 공관복음뿐만 아니라 도마복음에도 등장한다. 도마복음의 비유가 공관복음의 버전 가운데 하나에 의존하는지 또는 그 이상에 의존하는지의 문제는 논쟁의 대상이 되어왔다. 일부 학자들은 도마복음의 버전이 다른 세 버전에서 완전히 독립해 최초의 비유를 보존한다고 주장하는 반면, 다른 학자들은 도마복음의 버전이 공관복음 가운데 적어도 하나에 의존한다고 주장한다. 도마복음의 버전이 이 비유의 최초 버전이라고 간주하는 이유는 두 가지다.

① 이사야 5장에 대한 암시나 기독론적인 힌트, 또는 마지막 질문 등이 포함되지 않았다.

② 민담에 흔히 나타나는 "삼중 보내기"만 나타난다.[140]

---

137) A. T. Cadoux, *The Parables of Jesus: Their Art and Use* (New York: Macmillan, 1931), 40-41.

138) K. R. Snodgrass, *The Parable of the Wicked Tenants: an Inquiry into Parable Interpretation* (WUNT 27; Tübingen: Mohr Siebeck, 1983), 56-71.

139) T. Schramm, *Der Markus-Stoff bei Lukas: eine literarkritische und redaktionsgeschichtliche Untersuchung* (SNTSMS 14; Cambridge: CUP, 1971), 154-167.

140) 참조. J. Jeremias, *The Parables of Jesus* (Göttingen: Vandenhoeck & Ruprecht, 1972), 24, 70-72; J. D. Crossan, "The Parable of the Wicked Husbandmen," *JBL* 90(1971), 461; C. S. Mann, *Mark: A New Translation With Introduction and*

그러나 도마복음의 버전이 공관복음에 의존하고 있다는 증거가 더 강력하다.[141]

① 도마복음에는 포도원 주인이 출타 중이라는 것이 전제되어 있다.[142]
② 도마복음 버전에 누가의 버전과 유사한 언어인 "주다, 바치다"(δώσουσιν, 눅 20:10)와 "혹시"(ἴσως, 눅 20:13)가 나타난다.[143]
③ 도마복음 버전도 공관복음의 순서와 같이 65번과 66번 말씀이 등

Commentary (AB 27; New York: Doubleday, 1986), 461; W. G. Morrice, "The Parable of the Tenants and the Gospel of Thomas," ExpTim 98(1987), 104-107; Fitzmyer, Luke, 1280-1281; J. Marcus, The Way of the Lord: Christological Exegesis of the Old Testament in the Gospel of Mark (Louisville: Westminster/John Knox, 1992), 112; Davies, Allison, Matthew, 3.187; 그러나 B. B. Scott, Hear Then the Parable: a Commentary on the Parables of Jesus (Minneapolis: Fortress, 1989), 245 의 지적에 유의하라.

141) 이 견해를 견지하는 학자들은 다음과 같다. H. F. Bayer, Jesus' Predictions of Vindication and Resurrection: the Provenance, Meaning, and Correlation of the Synoptic Predictions (WUNT 2/20; Tübingen: Mohr Siebeck, 1986), 96-97; Gnilka, Markus, 2.142-143; M. Fieger, Das Thomasevangelium: Einleitung Kommentar und Systematik (Münster: Aschendorff, 1991), 188-194; R. H. Gundry, Mark: A Commentary on His Apology for the Cross (Grand Rapids: Eerdmans, 1993), 683; D. A. Hagner, Matthew 14-28 (WBC 33; Dallas: Word Books, 1995), 620; J. Lambrecht, Out of the Treasure: the Parables in the Gospel of Matthew (Louvain: Peeters, 1992), 107; Nolland, Luke, 3.948; J.-M. Sevrin, "Un groupement de trois paraboles contre les richesses dans L'Evangile selon Thomas: EvTh 63, 64, 65," Les paraboles évangéliques: perspectives nouvelles (ed. J. Delorme; Paris: Editions du Cerf, 1989), 425-439; N. T. Wright, The New Testament and the People of God (London: SPCK, 1992), 443; G. J. Brooke, "4Q500 1 and the Use of the Scripture in the Parable of the Vineyard," DSD 2(1995), 268-294, 특히 280.

142) 참조. A. J. Hultgren, The Parables of Jesus: a Commentary (Grand Rapids: Eerdmans, 2000), 365.

143) W. Schrage, Das Verhältnis des Thomas-Evangeliums zur synoptischen Tradition und zu den koptischen Evangelien-übersetzungen (BZNWKAK 29; Berlin: A. Töpelmann, 1964), 140; Hultgren, Parables, 365.

장하고 시편 118:22이 첨가되어 그다음 말씀으로 등장한다.[144]

④ 도마복음이 정경 복음서들과 조화를 이루려는 경향(harmonizing tendency)을 그대로 반영한다는 고대 시리아 복음서들의 증거가 있다.[145]

그뿐 아니라 헐트그렌(A. J. Hultgren)은 도마복음에서 영지주의의 영향을 발견했으며,[146] 세브렝(J.-M. Sevrin)은 63-65번 말씀에 차례로 등장하는 세 비유—어리석은 부자 비유, 큰 혼례 잔치 비유, 악한 농부 비유—를 분석해서 도마복음이 공관복음 전승을 재해석한 것임을 입증했다. 그에 따르면 도마복음의 저자가 세 비유를 함께 묶은 목적은 부를 축적하려는 시도의 무익함을 보여주고자 함이다. 저자는 종의 "지식의 부족함"과 농부들의 "지식의 소유"에 초점을 맞춤으로써 비유를 상당 부분 수정한 것으로 보인다.[147] 도마복음의 저자는 지식에 강조점을 둠으로써 종들은 부정적으로, 농부들은 긍정적으로 묘사했다. 만약 헐트그렌의 주장이 옳다면, 여기에 등장하는 사람은 하나님을 가리키는 것이 아니라 재물 때문에 멸망하는 부자를 가리키는 것이므로 도마의 버전이 이차적일 가능성이 커진다.[148] 따라서 공관복음의 비유가 원형(original form)에 더 가깝고 도마복음은 공관복음 중 하나 또는 그 이상에 의존했을 개연성이 훨씬 더 높다고 할 수 있다.

---

144) Hultgren, *Parables*, 366; 이와 반대 의견은 S. J. Patterson, *The Gospel of Thomas and Jesus* (Sonoma: Polebridge, 1993), 60-61를 보라.

145) K. R. Snodgrass, "The Gospel of Thomas: A Secondary Gospel," *SecCent* 7(1989), 28-31; Snodgrass, *Parable*, 52-54.

146) Hultgren, *Parables*, 366.

147) Sevrin, "Un groupement," 425-439.

148) Sevrin, "Un groupement," 437.

4.3.5.2. —— 비유의 진정성

진정성이 입증된다면 이 비유는 예수가 갖고 있던 하나님 아들 자의
식뿐만 아니라 그의 신적 기원에 대한 자의식에 매우 중요한 단서를 제
공한다.[149] 그러나 일부 학자들은 이 비유가 풍유적인 특성들(allegorical
features)과 한 번의 구약 인용, 그리고 구약에 대한 수차례의 암시를 포함
한다는 이유로 이 비유의 진정성을 부인해왔다.

1899년에 율리허(A. Jülicher)는 이 비유의 진정성에 대한 의구심을 제
기하면서 예수의 비유는 풍유적인 특성들을 포함하지 않는 자명한 단순
비교라고 주장했다.[150] 그리고 율리허와 고전 양식비평의 영향을 받은, 도
드(C. H. Dodd)와 예레미아스 같은 학자들은 예수가 친히 말한 비유의 핵
심 부분이 복음서 전승의 기저에 깔리긴 했지만 초기 교회에 의해 확대
및 풍유화되었다고 주장했다.[151] 그래서 그들은 비유의 원래 의미를 찾는
다는 명목으로 풍유적 요소들과 구약에 대한 언급들(사 5:2; 시 118:22-23)
을 제거해―결과적으로는 그들 역시 풍유적 해석을 피하지 못했음에도―
버렸다. 그들은 이러한 단순한 형태가 경제적 불안으로 인해 지주들이 타
지에 살면서 소작농들에게 농지를 임대하던 1세기 팔레스타인의 역사적
현실을 더 잘 반영한다고 보았다. 그러나 이렇게 "축소"된 형태의 비유가,
갖는 진정성을 옹호하려다가 오히려 원래 저자가 의도했던 의미의 올바
른 이해를 위한 필수 요소들을 대거 삭제해버리는 결과를 초래했다.

한편 큄멜(W. G. Kümmel)은 풍유적 요소들을 제거하려는 시도들을 거
부했다. 그는 예수의 비유는 일련의 메타포를 가지고 있으며 간혹 비현실

---

149) 참조. Dunn, *Christology*, 28.
150) A. Jülicher, *Die Gleichnisreden Jesu* (Tübingen: Mohr Siebeck, 1899), 1.65-85;
     2.385-406. Bultmann, *Synoptic Tradition*, 177, 205.
151) 참조. C. H. Dodd, *The Parables of the Kingdom* (Welwyn: James Nisbet, 1961), 96-
     102; Jeremias, *Parables*, 70-77.

적인 특성들을 포함하기 때문에 그의 풍유적인 비유를 단순히 선험적 근거로 거부해서는 안 된다고 판단했다.[152] 그러나 그는 이 비유의 진정성에 대한 두 가지 의문을 제기했다. 첫째, 이 비유에서는 하나님의 약속이 아들을 거부한 유대인들로부터 새로운 하나님의 백성에게로 옮겨지는 것이 아들 살해에 대한 형벌로 표현된 반면, 다른 본문에서는 예수의 죽음에 대한 언급 없이 단순히 예수를 거부한 것에 대한 형벌로 나타난다.[153] 둘째, 유대교가 "하나님의 아들"이라는 메시아적 칭호에 대해 무지했던 반면, 이 비유는 청중들이 그 아들을 종말론적 구원을 가져오는 자로 인식하고 있었음을 전제한다.

따라서 이 비유의 진정성을 부인하는 근거는 다음과 같이 요약될 수 있다.

① 예수는 풍유를 사용할 수 없었다.
② 유대교는 "하나님의 아들"이란 메시아적 칭호에 대해 알지 못했다.
③ 비유의 여러 특성이 비현실적이다.
④ 구약의 인용과 암시는 초기 교회에 의해 후대에 첨가된 것이다.

여기서 ①번 주장은 앞서 논의했듯이 마가복음에 보존된 버전이 이 비유의 원형과 가장 가까운 버전임이 입증된다면 성립하지 않는다. ②번 주장은 예수가 이 비유를 통해 자기 자신과 자신의 신분에 관해 단도직입적으로 말하고자 의도했는지가 확실하지 않기 때문에 설득력이 없다. 이 비유의 일차적 목적은 기독론적인 주장을 하는 것이 아니라 유대 종교 지도자들을 고발하는 것이었고 청중들은 단지 하나님과 친밀한 관계가 있

---

152) Kümmel, *Promise*, 82-83.
153) Kümmel, *Promise*, 83.

는 신실한 사람에 대한 언급으로 인식했어도 무방하다. 따라서 예레미아스가 지적한 것처럼 예수가 의도한 것과 그의 청중이 이해한 것의 구분이 중요하다.[154] 또한 이 주장에 나타난 오류는 쿰란 문서가 발견된 이후 더 명확해졌다.[155] 찰스워스(J. H. Charlesworth)는 예수 당대의 유대인들이 오랫동안 고대하던 메시아를 포함해 다양한 "성자"들을 가리켜 "아들" 또는 "하나님의 아들"이라는 전문 용어를 사용했음을 보여주는 열다섯 가지 예를 제시했다.[156]

나머지 두 반론은 사회·문화적 배경과 구약 언급의 의미를 다루는 다음 두 단락에서 검토하겠다.

4.3.5.3. —— 비유의 사회·문화적 배경

일부 학자들은 비현실적인 특성들을 근거로 이 비유의 진정성에 대해 의구심을 제기해왔다.[157] 이들은 포도원 주인의 이해할 수 없는 행동—지나친 늑장 대처와 종들에 대한 학대에도 불구하고 친아들까지 보내는 무모함—과 아들을 죽이고 유산을 받겠다는 소작농부들의 비현실적인 기대에 초점을 맞춘다.[158] 이들의 논리는 이 비유의 내용이 비현실적일수록

---

154) Jeremias, *Parables*, 72.

155) U. U. Mell, Die 'anderen' Winzer: eine exegetische Studie zur Vollmacht Jesu *Christi nach Markus 11, 27-12, 34* (WUNT 77; Tübingen: Mohr Siebeck, 1994).

156) J. H. Charlesworth, "Jesus' Concept of God and his Self-Understanding," *Jesus Within Judaism: New Light From Exciting Archaeological Discoveries* (London: SPCK, 1989), 149-152.

157) 이 비유의 현실성과 진정성에 대한 반론을 정리한 개요는 Kümmel, *Promise*, 82-83; W. G. Kümmel, "Das Gleichnis von den bösen Weingärtnern(Mk 12:1-9)", *Heilsgeschehen und Geschichte: Gesammelte Aufsätze 1933-64* (Marburg: N. G. Elwert Verlag, 1965), 207-217; C. E. Carlston, *The Parables of the Triple Tradition* (Philadelphia: Fortress, 1975), 178-190을 보라.

158) Jülicher, *Gleichnisreden*, 2.406; E. Haenchen, *Der Weg Jesu: Eine Erklärung des Markus-Evangeliums und der kanonischen Parallelen* (Berlin: Topelmann, 1966),

더더욱 초기 교회의 인위적인 창작물로 간주할 수밖에 없다는 것이다. 그러나 데릿(J. D. M. Derrett)이 랍비의 율법을 통해 비유에 나타난 사건을 재구성하고, 헹엘(M. Hengel)이 제논 파피루스 사본과 랍비 문헌으로부터 추가 자료를 제시함으로써 이 비유가 1세기 팔레스타인 정황에서 충분히 받아들여질 수 있음을 입증했다.[159] 이 두 학자는 마가복음 12:5b에 종들을 여러 차례 보내는 내용이 나타나지만 기본적으로 고대사회의 지주와 소작인들과의 긴장 관계를 잘 반영한다고 주장한다. 한편 스노드그라스도 일부 학자들이 제시한 비유의 여덟 가지 비현실성에 대해 상세한 반론을 제기했다.[160]

이 비유의 현실성에 대한 더욱 중요한 연구는 에반스(C. A. Evans)에 의해 이루어졌다. 그는 헹엘의 연구를 토대로 하고 여러 초기 파피루스 사본으로부터 정보를 수집함으로써 이 비유에 등장하는 지주 및 소작인들에 대한 묘사가 전적으로 현실적임을 입증했다. 에반스는 임대 계약을 기록한 언어, 포도원 개발, 채무에 관한 분쟁, 사절단 거부, 불법행위에 대한

399-403; Kümmel, "Gleichnis"; 최근 자료로는 Mell, *Winzer*, 107, 121-126; Scott, *Hear Then*, 247-253을 보라; 아울러 S. R. Llewelyn, "Self-Help and Legal Redress: The Parable of the Wicked Tenants," *New Documents Illustrating Early Christianity* (eds. R. A. Kearsley *et al.*; North Ryde: Macquarie University, 1992), 86-105를 보라. 이 견해에 대한 비판은 K. R. Snodgrass, "Recent Research on the Parable of the Wicked Tenants," *BBR* 8(1998), 196-197을 보라.

159) J. D. M. Derrett, "Fresh Light on the Parable of the Wicked Vinedressers," *Revue internationale des droits de l'Antiquité* 10(1963), 11-42; "Allegory and the Wicked Vinedressers," *JTS* 25(1974), 426-432; M. Hengel, "Das Gleichnis von den Weingärtnern Mc 12,1-12 im Lichte der Zenonpapyri und der rabbinischen Gleichnisse," *ZNW* 59(1968), 1-39.

160) Snodgrass, *Parable*, 31-40; E. Bammel, "Das Gleichnis von bösen Winzern (Mk 12,1-9) und das jüdische Erbrecht," *Revue internationale des droits de l'Antiquité* 3(1959), 11-17.

시정 등이 모두 파피루스의 내용과 상당히 흡사함을 보여주었다.[161] 그는 소작인들 모두가 가난했던 것은 아니며 종종 상당한 부를 축적하는 경우가 있었음을 지적했다. 또한 이 비유가 양식비평적 관점에서는 여러 랍비 비유와 공통점이 있으며, 전승비평적 관점에서는 성전 당국자들에 대한 예수의 비판으로 볼 수 있다고 주장했다.[162]

4.3.5.4. —— 비유와 구약 언급의 일관성

이 비유의 목적과 의미는 이 비유가 차용한 구약의 의미를 살펴보면 훨씬 더 명확해진다. 아울러 이 작업은 이 비유에서 "구약의 인용과 암시는 후대에 초기 교회에 의해 첨가된 것"으로서 진정성이 떨어진다는 주장에 대한 답을 제공해줄 것이다.

앞서 살펴보았듯이 "악한 소작농부들의 비유"의 원형을 찾아내려는 일부 학자들은 이 비유에 나타난 풍유적인 요소들과 구약에 대한 언급을 제거했다. 그러나 최근 연구들은 이 비유가 아람어적 해석 전승을 전제로 한다는 사실에 근거하여 구약에 대한 언급이 예수가 말한 원래 비유의 필수적인 부분임을 인식하게 해준다.

브룩(G. J. Brooke)은 4Q500 1과 몇몇 다른 쿰란 문서를 이 비유의 구

---

161) C. A. Evans, "God's Vineyard and Its Caretakers," *Jesus and His Contemporaries: Comparative Studies* (Leiden: Brill, 1995), 381-406. 이 비유와 관련된 여러 쟁점에 대한 상세한 논의는 C. A. Evans, *Mark 8:27-16:20* (WBC 34B; Nashville: Nelson, 2001), 216-239, 특히224-231을 보라.

162) 참조. Snodgrass, "Recent Research," 197. 사회-문화적 쟁점에 대해 전혀 다른 전망을 택하는 학자들도 있다. 가령 J. D. Hester, "Socio-Rhetorical Criticism and the Parable of the Wicked Tenants," *JSNT* 45(1992), 27-57; W. R. Herzog, *Parables As Subversive Speech: Jesus As Pedagogue of the Oppressed* (Louisville: Westminster/John Knox, 1994). 이들은 이 비유가 본래는 토지 소유자였으나 이제는 소작농으로 일할 수밖에 없었던 유대 소작농들이 겪고 있던 곤경을 표현하기 위한 것이었다고 주장한다. 아울러 도마복음도 같은 맥락으로 해석하는 Patterson, *Gospel of Thomas*, 238-239를 참조하라.

약 사용과 연결해 분석했다. 그는 이 비유의 포도원을 단순히 1세기 팔레스타인의 실제 삶의 정황을 반영하는 것으로 이해해서는 안 되며, 4Q500과 같은 유대 문헌의 배후에 있는 구약성서의 암시를 바탕으로 이해해야 한다고 말한다. 따라서 이 비유의 풍유적인 성격이 부차적이며 의미 없다고 평가절하해서는 안 된다고 강조한다.[163] 그는 4Q500과 다른 쿰란 문서들은 예수나 다른 사람들이 사용한 자료를 제공해주지는 않지만 예수 당시 팔레스타인에 어떤 성경 주해적 전승들이 존재했는지를 보여준다고 지적한다.[164] 그는 "시편 118편의 인용은 이 비유의 도입 부분과 놀라운 일관성이 있으므로 이 기사(pericope)의 필수적인 부분(4Q500에서 בנה을 사용한 것 같이)으로 보아야 한다"고 주장한다. 그리고 이어서 "묘사된 역사적 정황은 이 기사의 구약 인용이 초기 교회의 창작이라기보다는 예수 자신에게로 소급되어야 함을 시사한다"고 결론 내린다.[165]

한편 에반스는 구약 본문들의 해석이 갖는 복잡성과 일관성을 충분히 고려한다면 이사야 5:1-7의 암시와 시편 118:22-23의 인용이 그리스어를 모국어로 사용하는 기독교 공동체보다는 예수 자신으로부터 유래했을 개연성이 더욱 높아진다고 주장한다. 그는 이사야 5장의 예언자적 비판은 원래 이스라엘 백성 전체를 향한 것이었지만 이사야 5:1-7의 타르굼 버전에서는 초점이 성전 제의로 좁혀졌음을 지적한다.[166] 그의 주장에 따르

---

163) Brooke, "4Q500," 268-294(인용은 294); 참조. 아울러 J. M. Baumgarten, "4Q500 and the Ancient Conception of the Lord's Vineyard," *JJS* 40(1989), 1-6도 보라.

164) Brooke, "4Q500," 291.

165) Brooke, "4Q500," 294.

166) C. A. Evans, "Jesus' Parable of the Tenant Farmers in Light of Lease Agreements in Antiquity," *JSP* 14(1996), 70; 상세한 논의는 B. D. Chilton, *A Galilean Rabbi and His Bible: Jesus' Use of the Interpreted Scripture of His Time* (Wilmington: Michael Glazier, 1984), 111-114; B. D. Chilton, C. A. Evans, "Jesus and Israel's Scriptures," *Studying the Historical Jesus: Evaluation of the State of Current Research* (eds. B. D. Chilton *et al.*; Leiden: Brill, 1994), 299-309를 참조하라.

면 아람어 타르굼 버전은 히브리어 원문과 비교할 때 세 가지 매우 중요한 요소들을 포함한다.[167]

① 이사야서에 기록된 포도원의 노래가 타르굼 버전에서는 명확하게 비유로 소개된다.
② "짓는다"와 "판다"를 의미하는 여러 용어 대신 속죄를 위한 "높은" 언덕(즉 성전 언덕), "성소", "제단"에 대한 언급이 나타난다.
③ 타르굼 버전은 주제적·어휘적 측면에서 이 비유와 일관성을 갖는 매우 중요한 요소인 "유산" 혹은 "상속"이란 단어를 본문에 도입한다(참조. 막 12:7의 κληρονομία[클레로노미아]).

따라서 타르굼 버전의 성전 이미지의 도입은 하나님의 심판이 더 구체적으로 종교 지도자들을 향한 것으로 전환되었음을 나타내는 증거라고 볼 수 있다.[168]

타르굼 시편 118:19-27 역시 주제적인 측면과 해석학적인 측면에서 이 비유와의 일관성을 보여준다. 22절에서는 히브리어 "돌"(אבן, 에벤) 대신 아람어 "소년"(טליא)이 사용되었는데 이것은 "소년"이란 단어가 "그 돌"(האבן, 하에벤)과 "그 아들"(הבן, 하벤)의 언어유희에서 유래되었음을 보여준다.[169] 따라서 "그리스어 버전(LXX)에는 보존되지 않고 타르굼 전승에만 반영된 이 히브리어 언어유희는 시편 118편의 인용이 그리스어를 모

---

167) *Tg. Isa.*는 신약성서보다 약 3-4세기 이후에 기록되었지만, 이 중 다수의 해석 전승들은 예수 시대 혹은 그 이전의 것으로 간주될 수 있다. 이와 관련해서는 B. D. Chilton, *The Glory of Israel: the Theology and Provenience of the Isaiah Targum* (JSOTSup 23; Sheffield: JSOT Press, 1982)을 보라.

168) Evans, "Vineyard," 401; "Jesus' Parable," 71.

169) Evans, "Vineyard," 403.

국어로 사용하는 교회로부터가 아닌 예수 자신으로부터 유래되었음을 시사한다"고 결론 내릴 수 있다.[170]

또한 스노드그라스가 지적한 것처럼 시편 118편의 인용이 이 비유에 처음부터 첨부되었는지를 결정하는 중요한 열쇠는 인용 본문 자체다. 설명적 "님샬"(nimshal)이 제시되기 전에는 나단이 말한 비유의 의도를 다윗이 깨달을 수 없었던 것처럼(삼하 12:1-7), 여기서도 인용 구절(비유를 적용하거나 설명하는 기능)이 없었다면 청중들이 소작인들의 정체와 이 비유의 의도를 깨닫지 못했을 것이기 때문이다.[171]

결론적으로 이 비유가 타르굼의 해석학적 전승을 전제로 한다는 주장이 타당하다면 이 비유에서 구약의 언급을 삭제해야 한다거나, 이 비유가 그리스어를 모국어로 하는 초기 기독교의 창작이라거나, 이사야 5:1-7의 암시와 시편 118:22-23의 인용이 칠십인역과 그리스어를 모국어로 사용하는 초기 교회로부터 유래되었을 것이라는 주장들은 모두 설득력을 잃게 된다.

4.3.5.5. ── "아들"의 역할과 그 의미

이 비유 속의 "아들"이 과연 누구를 지칭하는지에 대한 견해는 매우 다양하다.[172]

---

170) Evans, "Vineyard," 403은 이 시편이 이사야 아람어 버전에서 기독교 출현 이전에 이미 메시아적 의미로 이해되었음을 보여준다고 제안한다. 아울러 B. Gärtner, "שליא als Messiasbezeichnung," *SEÅ* 18-19(1953-1954), 98-108도 보라.

171) 참조. Snodgrass, *Parable*, 96-97; Snodgrass, "Recent Research," 203-205; J. C. de Moor, "The Targumic Background of Mark 12:1-12: The Parable of the Wicked Tenants," *JSJ* 29(1998), 66-79(인용은 79).

172) Snodgrass, "Recent Research," 199-200는 일부 견해에 대해 비판적 평가를 제시한다.

① 예수 자신을 지칭

② 지칭 대상의 부재

③ 용서와 선하심에 대한 상징

④ 초기 교회의 기독론적인 풍유

⑤ 세례 요한을 지칭

⑥ 이스마엘과 이삭 간의 분쟁에 대한 암시

⑦ 이사야를 지칭

이 이야기 속의 아들이 담당하는 역할에 대해 이렇게 다양한 견해가 존재한다는 사실이 당혹스럽긴 하지만, 이러한 결과를 초래한 주된 원인은 아마도 "아들"의 진정한 중요성을 평가절하하거나 무시하려는 의도에 있는 듯하다.

반 이어셀(B. van Iersel)은 이 비유에서 아들의 도입은 우발적이며 아들이 생략되었더라도 큰 차이는 없었을 것이라고 주장한다.[173] 던(Dunn)도 같은 맥락에서 주인의 종들과 아들 간의 대조는 이 비유가 지닌 극적 절정의 관점에서 쉽게 설명되기 때문에 기독론적인 함의를 유추할 수 없다고 말한다.[174]

그러나 이러한 주장들은 설득력이 없다. 예수의 다른 비유에서는 대개 아들 또는 아들들의 존재가 구체적인 은유적 의미를 갖지 않는다.[175] 하지만 이 비유는 아들의 의미를 극대화하는 세 가지 특성을 보인다. 첫째, 예수의 다른 비유와는 달리 이 비유는 의심의 여지 없이 풍유(allegory)다.

---

173) van Iersel, *Sohn*, 144.

174) Dunn, *Spirit*, 36.

175) Schramm, *Markus-Stoff*, 168은 이 점이 비유 안에 예수에 대한 언급이 없음을 보여준다고 주장한다.

풍유는 자명한 것이 아니고 해석을 요구한다. 둘째, 던도 인정하듯이 아들은 이 비유의 전환점으로서 강조될 필요가 있다.[176] 만약 아들의 존재가 중요하지 않다면 예수는 종들을 보내는 것에서 주인이 직접 오는 것으로 건너뛸 수도 있었을 것이다. 종들에 대한 소작인들의 학대는 주인이 직접 올 수 있는 충분한 명분이 되기 때문이다. 셋째, 에반스와 다른 학자들의 지적처럼 만약 "돌 인용"이 원래 비유의 일부라면 아들이 보냄을 받고 죽임을 당하는 것의 중요성이 더욱 강조된다. 왜냐하면 예수 자신이 하나님이 보낸 거절당한 아들 혹은 돌(즉 하나님의 마지막 특사)을 상징하기 때문이다.[177] 그러므로 비유에서 "아들"은 예수가 자신을 암시적으로 지칭한 것이라는 견해가 설득력을 얻는다.

4.3.5.6. —— 비유의 의미와 기독론적 함의

스노드그라스는 이 비유에 대한 최근 연구 동향을 개관하면서 이 비유의 의미에 대해 무려 열여섯 가지의 견해를 나열했다.[178] 일부 학자들은 이 비유에서 예수의 암시적인 메시아적 주장을 발견한다.[179] 다른 학자들은 이 비유가 기독론적인 의도에서 나온 것이 아니라 유대 종교 지도자들에 대한 심판을 선포하는 것이었기 때문에, 예수 자신이나 하나님의 아들이라는 그의 자의식에 대한 단서를 제공하지 않는다고 결론 내린다.[180]

그러나 기독론이 이 비유의 핵심이 아니라 하더라도 "아들"이 예수 자신을 간접적으로 지칭한다는 점과 이 이야기의 절정에서 아들을 보낸다는 점은, 예수가 이 비유를 말하면서 자신이 하나님의 유일한 아들이며

---

176) Snodgrass, *Parable*, 81.
177) Evans, "Vineyard," 403-404; Snodgrass, *Parable*, 63-65.
178) Snodgrass, "Recent Research," 206-208.
179) 참조. Witherington, *Christology*, 215.
180) 참조. Snodgrass, "Recent Research," 208-209.

하나님으로부터 보냄을 받은 자라는 자의식에서 나온 용어를 사용했을 개연성을 높여준다. 그리고 이러한 결론은 그의 하나님 아들 자의식과 신적 사명 자의식을 반영하는 다른 본문들과도 일치한다. 즉 이 비유를 말한 사람이 하나님 아들 됨(divine sonship)과 신적 사명(divine mission)에 대한 자의식을 갖고 있었음을 고려한다면, 이 비유에 함유된 기독론적 의미를 그의 자의식이라는 전반적인 맥락에서 해석하는 관점은 전적으로 타당하다. 따라서 비록 그것이 일차적 목적은 아니라 하더라도 예수는 이 비유를 통해 하나님 아들 됨과 신적 사명에 대한 그의 자의식을 은연중에 드러냈을 개연성이 높다고 할 수 있다.

또한 예수를 아버지가 보낸 선재한 아들로 이해한 초기 교회의 기독론 형성과 이 비유를 연결할 수 있는 확실한 근거가 존재한다고 볼 수 있다. 예수의 자기 이해(self-understanding)의 주된 범주가 하나님 아들 자의식이었음을 고려한다면, 이 비유가 초기 그리스도인들의 예수에 대한 이해에 미친 영향과 정비례하여 신약의 "바울 이전의 보냄 고정문구"(pre-Pauline sending formula)[181]가 자신을 하나님으로부터 "보냄" 받았다고 묘사한 예수 자신으로부터 유래했을 개연성은 더욱 높아진다(물론 그가 어떤 의미에서 보냄을 받았다고 말했는지는 다음 장에서 더 논의되어야 한다). 이 비유가 초기 교회의 창작이 아니라 예수에게로 소급된다면, 선행된 논의에서 입증했듯이 도마복음 저자를 포함해 세 명의 공관복음 저자가 모두 이 비유를 보존하고 사용했다는 사실은 이 비유가 최초기 그리스도인들에게 지대한 영향을 미쳤음을 방증해준다.

---

181) "하나님이 그 아들을 보냈다"; 참조. 갈 4:4; 롬 8:3; 요 3:17; 요일 4:9, 10, 14.

4.3.6. ─── 마가복음 1:9-11

지금까지 논의한 다른 공관복음 본문과는 달리 마가복음 1:9-11은 "수세 (受洗) 기사"로서 예수의 말씀이 아닌 세례 시 하늘로부터 들린 하나님의 음성을 소개한다.

> 9그때에 예수께서 갈릴리 나사렛으로부터 와서 요단 강에서 요한에게 세례를 받으시고 10곧 물에서 올라오실새 하늘이 갈라짐과 성령이 비둘기 같이 자기에게 내려오심을 보시더니 11하늘로부터 소리가 나기를 "너는 내 사랑하는 아들이라. 내가 너를 기뻐하노라" 하시니라(막 1:9-11).

과거 학자들은 초기 기독론의 형성과 예수의 수세 기사에 나타난 신의 현현(顯現, theophany)의 상관관계를 고찰할 때 주로 하늘로부터 들린 하나님의 음성에 그 초점을 맞추었다. 그러나 최근 들어 이에 대한 논의는 신 현현의 역사성뿐만 아니라 수세 사건 전반—세례와 신의 현현, 그리고 이 둘의 타이밍 등—으로 확대되었다.[182] 그러나 여기서는 성령의 강림 및 예수를 "내 사랑하는 아들"(ὁ υἱός μου ὁ ἀγαπητός, 호 휘오스 무 호 아가페토스)이라고 지칭한 천상의 음성을 포함해 예수가 경험한 신의 현현에 그 초점을 맞추고자 한다.

4.3.6.1. ─── 수세 기사의 진정성

예수가 요한에게 세례를 받았다는 사실은 학계에서 별문제 없이 받아

---

182) R. L. Webb, "Jesus' Baptism: Its Historicity and Implications," *BBR* 10(2000), 261-309을 보라. 예수의 수세 사건의 역사성에 관한 문제는 이 책의 연구 범위를 벗어난다.

들여진다.[183] 그러나 수세 기사에 나타난 신 현현의 진정성에 대해서는 여러 가지 의혹이 제기되어왔다. 어떤 이들은 예수에게 성령이 임하고 그가 하나님의 아들로 묘사된 것은 초기 기독론과 지나치게 부합한다고 (비 유사성의 기준을 내세워) 주장했다.[184] 그러나 다음과 같은 증거들이 이 사건의 진정성을 뒷받침한다.[185]

첫째, 일관성의 기준을 적용할 경우[186] 신 현현의 두 요소—성령 강림과 천상의 음성—는 예수 자신의 경험으로부터 유래한 것으로 보아야 한다. 복음서 전승들은 예수의 특별한 능력이 성령의 특별한 임재에 기인하며(마 12:27-28//눅 11:19-20; 마 12:31-32//막 3:28-29//눅 12:10; 참조. 눅 4:16-21), 그가 아버지이신 하나님과의 특별한 관계를 인식하고 있었음을 시사한다(마 26:39//막 14:36//눅 22:42; 마 11:25-27//눅 10:21-22).[187]

둘째, 만약 예수 자신을 비롯해 다른 사람들이 예수를 예언자로 인식했다면 그가 어떤 시점에서든지 예언자적 소명-환상을 경험했을 것이라고 추측할 수 있다.[188]

셋째, 비 유사성의 기준을 적용했을 때 이 기사에 나타난 "비둘기와 같은"이라는 그림 언어의 기원과 의미를 설득력 있게 설명할 수 없다면 이 사건의 진정성은 더 분명해진다.[189]

---

183) 참조. Webb, "Baptism," 261; Meier, *Marginal Jew*, 2.105.
184) M. Dibelius, *From Tradition to Gospel* (Cambridge: CUP, 1971), 271-272는 초기 교회가 예수의 아들 됨과 메시아적 역할을 그의 사역 초기의 것으로 설정하기 위해 이 전승을 만들어냈다고 주장했다.
185) Webb, "Baptism," 275-277.
186) 이 기준에 대한 설명은 Meier, *Marginal Jew*, 1.176-177을 보라.
187) Dunn, *Spirit*, 63도 이 점에 대해 동의한다.
188) Webb, "Baptism," 276.
189) 이 이슈에 대한 참고 문헌은 Webb, "Baptism," 276,n.38을 보라. 다른 견해에 대한 개요는 Davies, Allison, *Matthew*, 1.331-334를 보라. 그러나 이 기준을 배타적인 방법으로 적용해 예수에게 부여한 어떤 것이 그의 추종자들의 생각과 일치한다면 본래부터 예수가 아

한편 신의 현현 기사는 예수가 요한에게 세례를 받은 문제를 해결하려는 초기 교회의 변증적 목적과도 잘 부합한다.[190] 최근 마이어는 신의 현현은 구약의 여러 본문(예. 시 2:7; 사 42:1)에 대한 "초기 교회의 미드라쉬"라는 이론을 제시했다. 초기 교회는 예수가 누구인지를 설명하기 위해 신의 현현 모티프를 수세 기사 사이에 삽입했다는 것이다.[191]

물론 일부 복음서 저자들이 변증적 목적을 가지고 복음서를 기록했음을 보여주는 몇몇 증거가 있는 것은 사실이다. 그러나 예수의 세례와 관련된 초자연적인 요소들이 전적으로 초기 교회의 창작이라고 볼 수만은 없다. 그뿐 아니라 예수와 요한을 서로 비교하지 않은 것(7-8절과 대조), 오직 예수만이 성령 강림을 목격한 것, 오직 예수에게만 하나님의 음성이 들린 것 등의 증거들은 이러한 추측의 타당성을 약화한다.[192] 다시 말해 이 기사가 만일 초기 그리스도인들이 예수를 신적 존재로 표현하기 위해 창작한 이야기라면, 그들은 이 신의 현현을 모든 무리 혹은 적어도 다른 사람이 보도록—요한(요 1:32-34)이 그렇게 했듯이—하거나 하늘의 음성을 다른 사람들도 듣도록—마태(마 3:17)와 요한(요 1:32-34)이 그렇게 했듯이—했을 것이다.[193] 또한 복수 증거의 기준(criterion of multiple attestation) 역시 예수의 세례와 신 현현의 진정성을 뒷받침한다.[194]

양쪽 논증을 검토한 결과 우리는 예수가 신의 현현을 경험한 시점이

닌 그의 추종자들로부터 유래한 것이라는 주장을 펼 수는 없다.

190) A. Vögtle, *Offenbarungsgeschehen und Wirkungsgeschichte: Neutestamentliche Beiträge* (Freiburg: Herder, 1985), 134-139.

191) Meier, *Marginal Jew*, 2.107.

192) Gundry, *Mark*, 53.

193) 참조. 막 9:2-8//.

194) 만약 이 전승의 배후에 3-4개의 독립된 기사(Q 3:21-22; 막 1:9-11; 요 1:29-34; *Gheb* §2)가 존재한다는 Webb, "Baptism," 262-274의 주장이 맞다면 예수의 세례와 신 현현의 진정성에 대한 개연성은 더욱 높아질 것이다.

설혹 수세 시가 아니라 하더라도 어느 시점에서인가는 반드시 하나님의 아들 됨과 성령의 임재를 포함한 예언자적 소명-환상을 경험했을 개연성이 훨씬 높다는 결론에 도달한다.[195]

4.3.6.2. ── 신 현현의 배경과 의미

수세 시 하늘에서 들린 음성은 예수를 "내 사랑하는 아들"(Σὺ εἶ ὁ υἱός μου ὁ ἀγαπητός, 수 에이 호 휘오스 무 호 아가페토스)이라고 부르며 "내가 너를 기뻐하노라"(ἐν σοὶ εὐδόκησα, 엔 소이 유도케사)라고 말한다(막 1:11). 이 천상의 음성은 시편 2:7과 이사야 42:1을 연상시킨다.[196]

> 너는 내 아들이다. 오늘 내가 너를 낳았다(Υἱός μου εἶ σύ ἐγὼ σήμερον γεγέννηκά σε, 시 2:7).

> 야곱은 내 종이다. 내가 그를 도울 것이다. 이스라엘은 나의 선택받은 자다. 내 영혼이 그를 받아들였다(Ιακωβ ὁ παῖς μου ἀντιλήμψομαι αὐτοῦ Ισραηλ ὁ ἐκλεκτός μου προσεδέξατο αὐτὸν ἡ ψυχή μου, 사 42:1).

그런데 학자들은 여러 구약 본문을 염두에 두고 이 천상의 음성을 다양하게 해석한다.

① 이 음성을 오직 이사야 42:1에 대한 암시로 보는 학자들은 예수를

---

195) Webb, "Baptism," 277은 이 두 사건을 연결하는 데 문제가 있음을 시인하면서도 예언자적 소명-환상이 예수가 세례를 받을 때 일어났을 가능성이 있다고 생각한다.

196) V. Taylor, *The Gospel According to St. Mark: the Greek Text* (London: Macmillan, 1952), 162.

아들과 동일시하는 배후에서 "종"기독론("servant" Christology)이 "아들" 기독론("son" Christology)으로 발전한 흔적을 발견한다.[197]

② 아브라함에게 이삭을 바치라는 명령이 기록된 창세기 22:2에 대한 암시로 보는 학자들은 이 음성을 예수가 하나님의 아들로서 이삭의 모형(typology)을 성취한 것으로 해석한다.[198]

③ 이스라엘이 하나님의 맏아들로 지칭되는 출애굽기 4:22-23에 대한 암시로 보는 학자들은 이 음성을 예수가 하나님의 아들로서 이스라엘의 역할을 성취한 것으로 본다.[199]

④ 이 기사를 요한복음 1:34과 마찬가지로 삼인칭을 사용한 독립된 형태의 수세 전승으로 보는 학자들은 "택함 받은 자" 기독론에서 "아들" 기독론으로 발전한 흔적을 발견한다.[200]

⑤ 시편 2:7에 대한 암시로 보는 학자들은 대체적으로 예수를 메시아로 이해하는 것을 가장 올바른 해석으로 본다.

그러나 이 본문과 위에 제시된 구약 본문들을 자세히 분석해보면 단 하나의 본문만으로 천상의 음성을 모두 설명할 수는 없다는 사실을 알게 된다.[201]

예레미아스는 하늘에서 난 소리의 원형이 전적으로 이사야 42:1에 기초하며 원래 예수는 아들로 지칭되지 않았다는 견해를 최초로 제시했

---

197) J. Jeremias, "παῖς θεοῦ," *TDNT* 5.701-702.

198) G. Vermes, *Scripture and Tradition in Judaism: Haggadic Studies* (Leiden: Brill, 1961, 1973), 222-223; E. Best, *The Temptation and the Passion* (Cambridge: CUP, 1965), 169-170.

199) P. Bretscher, "Exodus 4:22-23 and the Voice from Heaven," *JBL* 87(1968), 301-311 는 ἀγαπητός, μονογενής, ἐκλεκτός 배후에 πρωτότοκος가 있다고 주장한다.

200) Marcus, *The Way*, 54-55.

201) R. A. Guelich, *Mark 1-8:26* (WBC 34A; Dallas: Word Books, 1989), 33.

다.[202] 그의 견해에 따르면 후대의 헬레니즘적 그리스도인들이 원래 기록된 "파이스"(παῖς, 종)를 "휘오스"(υἱός, 아들)로 수정함으로써 이 음성을 시편 2:7로 대체하게 된 과정의 시발점—베자 사본(D)의 누가복음 3:22에 나타난 것처럼—이 되었다고 한다.

예레미아스의 이론은 과거에 폭넓은 지지를 받았다.[203] 비록 "파이스"가 "휘오스"로 교체된 것에 대한 설명은 많은 비판을 받았지만 여전히 많은 학자가 그의 기본적인 논증—"아들" 모티프는 원래 전승에 없다는—을 따른다.[204]

한편 데이비스와 앨리슨은 예레미아스의 이론을 약간 수정했다.[205] 그들은 예레미아스가 마가복음 1:11의 첫 행의 정확한 형태를 설명하는 데 실패했다고 본다. 예수에게 사용된 이인칭 서술 "너는…이다"(σὺ εἶ)는 이사야 42:1로부터 온 것이 아니라 시편 2:7을 연상시킨다. 그들은 수세 시 천상의 음성을 두 본문의 결합—시편 2:7의 문맥이 약간 수정된 첫 행을 포함한—으로 본다. 따라서 "전승사의 한 시점에서 시편 2:7에 대한 암시로 보이도록 이사야 42:1의 인용이 수정되었다"고 주장한다.

---

202) Jeremias, *TDNT* 5.701-2; *Theology*, 1.53-55. Jeremias의 견해에 대한 간략한 소개는 I. H. Marshall, "Son of God or Servant of Yahweh?: a Reconsideration of Mark 1.11.," *Jesus the Saviour: Studies in New Testament Theology* (Downers Grove: Inter-Varsity, 1990), 122를 보라.

203) 이 견해를 지지한 학자들은 다음과 같다. O. Cullmann, *The Christology of the New Testament* (London: SCM, 1963), 66; Fuller, *Foundations*, 169-170; Hahn, *Hoheitstitel*, 338, 340; J. Gnilka, *Das Evangelium nach Markus* (EKKNT 2; Einsiedeln: Benziger Verlag, 1978-1979), 1.50; 그러나 이 견해는 고 기독론은 예수 자신 혹은 초기 교회의 이른 시기로 소급될 수 없다는 신약학자들 가운데 만연해 있는 전제에 지나치게 의존하고 있음을 인식할 필요가 있다.

204) 참조. Davies and Allison, *Matthew*, 1.337-338; 이와 유사한 견해로서, 초기 교회가 시 2:7에 대한 언급을 의식적으로 원 본문에 추가했다는 견해는 Lindars, *Apologetic*, 139-140; Marcus, *The Way*, 48-56; idem, *Mark*, 158-167을 보라.

205) Davies and Allison, *Matthew*, 1.337-338.

이사야 42:1이 다른 본문보다 마가복음 1:11의 배경으로 더 적합해 보이는 것은 사실이다. 문맥상 이사야 42:1은 다른 어떤 본문보다 성령 강림 상황과 잘 어울린다. 어휘를 살펴보아도 이사야 42:1은 시편 2:7보다 더 유사성이 있고 마가복음 1:11의 마지막 부분인 "엔 소이 유도케사"($\dot{\epsilon}\nu$ $\sigma o\grave{\iota}$ $\epsilon\dot{\upsilon}\delta\acute{o}\kappa\eta\sigma\alpha$, 내가 너를 기뻐한다)는 이사야 42:1의 "라츠타"(רצתה, 기뻐한다)를 번역한 것으로 보인다.[206]

그러나 이사야 42:1을 천상의 음성의 유일한 배경으로 보는 관점은 다음과 같은 이유로 부적절하다.

① 이사야 42:1은 "종"을 직접 지칭하지 않는다.

② 모호한 "파이스"에서 "휘오스"로 교체되었을 가능성을 수용한다고 해도 두 가지 난제가 남는다. 첫째, 수세 정황에서 "파이스" 기독론이 그 이전에 존재했었다는 증거가 없다. 둘째, "파이스"가 칭호로 사용될 때 항상 "종"(예. 마 12:18; 눅 1:54, 69; 행 4:25, 27, 30; 참조. 행 3:13, 26; Did. 9.2-3)을 의미했던 초기 교회에서 "파이스"가 "휘오스"로 수정된 이유를 설명하기가 어렵다.[207]

③ 이 기사에서 "휘오스"가 "파이스"로 기록된 사본학적 근거가 없다.[208]

④ 이 이론은 "에클렉토스"($\dot{\epsilon}\kappa\lambda\epsilon\kappa\tau\acute{o}\varsigma$, 택함 받은)를 "아가페토스"($\dot{\alpha}\gamma\alpha\pi\eta\tau\acute{o}\varsigma$,

---

206) MT에는 "나의 영혼은 기쁘다"로 되어 있고, LXX에는 $\pi\rho o\sigma\epsilon\delta\acute{\epsilon}\xi\alpha\tau o$ $\alpha\dot{\upsilon}\tau\acute{o}\nu$ $\dot{\eta}$ $\psi\upsilon\xi\acute{\eta}$ $\mu o\upsilon$라는 기록이 있다. 고대 사본 A, Θ, Σ와 마 12:18에 등장하는 $\epsilon\dot{\upsilon}\delta o\kappa\epsilon\hat{\iota}\nu$도 참조하라. Tg. Isa.는 "나의 말은 기쁘다"로 의역했다.

207) Marshall, "Son or Servant," 125-126을 보라. 마 12:18의 $\dot{o}$ $\dot{\alpha}\gamma\alpha\pi\eta\tau\acute{o}\varsigma$ $\mu o\upsilon$는 수세 시 들렸던 천상의 음성을 반향할 가능성—그 반대보다는—이 높다.

208) Guelich, Mark, 33; 예레미아스가 대표하는 이 견해에 대한 세밀한 비판은 Marshall, "Son or Servant," 121-133을 보라.

사랑하는)로 의역했을 것으로 추정되는 한 전승에 집중적으로 의존한다. 하지만 누가복음 9:35과 요한복음 1:34[209]은 "아가페토스"의 변형이지 "휘오스"의 변형이 아니다. 따라서 이 구절들은 "휘오스"가 원래 본문의 일부가 아니었다는 증거가 될 수 없다. 또한 "아가페토스"의 출처가 이사야 42:1일 수 있다는 사실이 그 직전 문구의 출처 역시 이와 동일하다는 것을 입증해주지는 못한다.[210]

그러므로 천상의 음성이 이사야 42:1의 영향을 받은 것이 사실이라도 시편 2:7과 같은 다른 구약 본문들의 영향 역시 받았음을 부정할 수는 없다. 한편 다음의 증거들은 "휘오스"가 원래 말씀의 일부였을 가능성을 뒷받침한다.

① 다른 본문들(사 42:1; 창 22:2, 12, 16; 출 4:22)은[211] 삼인칭을 사용하지만 시편 2:7은 아들에게 이인칭(너는 내 아들이다)을 사용한다.[212]

② 신약의 다른 본문들에서 시편 2:7이 명시적으로 인용되었다는 사실도 이것을 뒷받침한다(참조. 행 13:33; 히 1:5; 5:5; 눅 3:22 v.l.).

③ 독특한 어순 및 시편 2:7과 천상의 음성 간의 유사성이 다른 본문에 존재하지 않는다는 점들은 시편 2:7의 암시 가능성을 배제한다고도 볼 수 있지만(참조. 시[LXX] 2:7; 행 13:33; 히 1:5; 눅 3:22 v.l.),[213] 이

---

209) 눅 9:35은 막 9:7의 ὁ ἀγαπητός 대신 ὁ ἐκλελεγμένος로 되어 있고, 요 1:34은 υἱός 대신 ἐκλεκτός를 사용한 v.l.이 있다.
210) Marshall, "Son or Servant," 123.
211) 삼하 7:14; 막 12:6과도 비교하라.
212) *Tg. Isa.* 41:8-9은 히브리어 본문(MT)을 이인칭 형태로 번역하지만, "아들" 대신 "종"이란 표현을 사용한다.
213) C. R. Kazmierski, *Jesus the Son of God: a Study of the Markan Tradition and its Redaction by the Evangelist* (Würzburg: Echter, 1979), 38는 신약성서에 인용된 시 2:7

것은 사실 시편 2:7의 암시에 대한 증거로 받아들여져야 한다.

"휘오스 무 에이 수"(υἱός μου εἶ σύ, 시[LXX] 2:7)에서 "수 에이 호 휘오스 무"(σὺ εἶ ὁ υἱός μου)로의 어순 변화는, 예수를 하나님의 아들과 동일시해 그 강조점을 의도적으로 바꾼 결과라고 보아야 한다.[214] 즉 "내 아들이다, 너는"에서 "너는 내 아들이다"로 강조점이 바뀌었다.[215] 또한 이것은 "오늘 내가 너를 낳았도다"(ἐγὼ σήμερον γεγέννηκά σε)가 생략된 이유를 부분적으로 설명한다. 그뿐 아니라 이러한 강조점의 변화는 삼인칭을 사용한 마태복음 3:17—"이는 내 사랑하는 아들이라"(Οὗτός ἐστιν ὁ υἱός μου ὁ ἀγαπητός)—및 아버지의 역할보다는 예수를 아들과 동일시하는 데 강조점을 둔 변형(變形) 기사(막 9:7[οὗτός ἐστιν ὁ υἱός μου ὁ ἀγαπητός]; 마 17:5; 눅 9:35; 참조. 벧후 1:17)의 선례가 되었을 개연성이 높다.[216]

이제 "아가페토스"(사랑하는)의 의미를 생각해보자. 이사야 42:1이 인용된 마태복음 12:18에서는 칠십인역의 "에클렉토스"(선택받은) 대신 "아가페토스"가 사용된다. 따라서 "아가페토스"는 이사야 42:1을 암시한다고 볼 수 있다. 그러나 다른 여러 가능성도 제기되었다. 그중 하나는 이 단어의 선택을 타르굼 시편 2:7—"아들이 아버지에게 사랑스럽듯이 너도 내게 그렇도다"—의 영향으로 보는 것이다.[217] 그러나 히브리어 원문(MT)에 기록된, 아들에게 직접 말하는 진술을 생략했다는 사실 때문에 타르굼을 수세

이 시편의 어순을 그대로 유지하고 있다는 이유로 시 2:7에 대한 암시를 부인한다.

214) Guelich, *Mark*, 34.

215) 이러한 강조점의 변화는 예수의 하나님의 아들 자의식이 그의 메시아 의식보다 우선됨을 시사한다.

216) 참조. Bretscher, "Exodus," 302-303.

217) Lövestam, *Son*, 96; Schweizer, *TDNT* 8.368.n.240; R. H. Gundry, *The Use of the Old Testament in St. Matthew's Gospel: With Special Reference to the Messianic Hope* (NovTSup 18; Leiden: Brill, 1967), 30f.

기사의 본 자료로 보기는 어렵다.[218]

또 다른 가능성은 소유격 대명사의 속격(τοῦ υἱοῦ σου τοῦ ἀγαπητου, 투 휘우 수 투 아가페투)이 두 차례 나오는 창세기 22:12, 16의 암시인데, 이는 천상의 음성 첫 행과 어휘적으로 매우 밀접한 관계가 있는 것으로 보인다.[219] 물론 창세기 22장은 천상의 음성을 전체적으로 설명하지는 못한다. 하지만 적어도 그 의미를 밝히는 데 중요한 단서를 제공한다.[220] 여기서 "아가페토스"(ἀγαπητός)가 칠십인역 어디에서도 이사야 42:1의 "바히르"(בחר, 택함 받은, ἐκλεκτός)로 번역되지 않았다는 사실에 주목할 필요가 있다.[221] 칠십인역에서 "아가페토스"는 "사랑하는" 또는 "유일한"으로 번역될 수 있지만 아들이나 딸에게 사용될 경우에는 후자의 의미로 사용될 가능성이 크다.[222] 따라서 아브라함의 "유일한" 아들인 이삭을 지칭할 때 이 단어를 사용하는 창세기 22:2, 12, 16은 천상의 음성에 대한 중요한 평행 구절이 될 수 있다.[223]

이 모티프는 요한복음 저자가 "모노게네스"(μονογενής, 독생자)라는 단어를 사용하면서 더욱 발전한 듯하다(참조. 요 1:14, 18; 3:16, 18). 만일 이러

218) Marshall, "Son or Servant," 127-128; 어쩌면 그리스도인들의 주장에 대한 반응으로 하나님과 그의 아들로서의 메시아의 관계가 눈에 띄게 약해진 *Tg. 2 Sam.* 7:14—"나는 그에게 아버지와 같을 것이고, 그는 나에게 아들과 같을 것이다"—과도 비교해보라; 참조. Lövestam, *Son*, 89.

219) A. M. Hunter, *The Work and Words of Jesus* (Philadelphia: Westminster, 1973), 43; 그러나 Marshall, "Son or Servant," 128은 이에 대해 다소 회의적이다.

220) Marshall, "Son or Servant," 128.

221) 사 42:1을 인용한 마 12:28에 ἀγαπητός가 등장한 것은 수세 기사의 영향보다는 의역일 개연성이 더 높다.

222) C. H. Turner, "ὁ υἱός μου ὁ ἀγαπητός," *JTS* 27(1925), 113-129(참조. C. H. Turner, *JTS* 28[1926-1927]의 논문, 362; A. Souter, *JTS* 28의 논문, 59f.); Kazmierski, *Jesus the Son of God*, 54-55.

223) 참조. G. D. Kilpatrick, "The Order of Some Noun and Adjective Phrases in the New Testament," *NovT* 5(1962), 111-114.

한 가능성이 크다면 "천상의 음성은 예수가 아버지와 특별한 관계를 맺고 있는 자라고 밝힌다"라고 말할 수 있다.[224] 따라서 창세기 22장에 표현된 개인적인 관계가 마가복음 1장의 수세 기사를 이해하는 데 중요한 역할을 하게 된다.

지금까지의 논의의 결과는 마샬의 주장과 일치한다.

> 수세 기사가 시편 2:7과 창세기 22:2, 이사야 42:1을 직접적으로 반영한다고 절대적 확신을 갖고 말할 수는 없지만, 이 세 가지 구약 본문들은 수세 기사의 해석을 위한 배경을 제공하므로 시편 2:7이나 이사야 42:1 중 어느 것도 배제되어서는 안 된다.[225]

한편 어떤 학자들은 천상의 음성이 단지 예수가 가졌던 메시아적 이해를 반영하며 "하나님의 아들" 칭호는 그가 가졌던 메시아적 인식에 비추어 부여되었을 뿐이라고 주장한다. 다시 말해 예수는 메시아였기 때문에 "아들"이라는 메시아적 칭호를 얻게 되었다는 것이다.[226] 그들은 예수가 말세에 등장한 다윗 계보의 왕으로서 하나님의 아들로 등극했다고 본다. 더 나아가 그들의 주장에 따르면 처음에 전적으로 기능적 의미로 이해되던 "하나님의 아들"이라는 칭호는 추후에 더 완전한 의미로—하나님과 더 인격적인 혹은 형이상학적인 관계로—심화 발전되었다.

그러나 마샬이 올바르게 지적했듯이 수세 기사에는 메시아로서의 예수에 대한 사상이 거의 강조되지 않는다. 메시아 사상이 이 기사 안에 조

---

224) Guelich, *Mark*, 34.

225) Marshall, "Son or Servant," 129.

226) Schweizer, *TDNT* 8.356-357; 그러나 Marshall, "Divine Sonship," 134-149; Cullmann, *Christology*, 275-281을 보라.

금이라도 포함된다면 그것은 예수가 하나님의 아들로서 메시아이기 때문이다. 예수는 메시아이기 때문에 하나님의 아들인 것이 아니다.[227] 예수와 아버지와의 유일한 관계를 나타내는 형용사 "아가페토스"(ἀγαπητός)가 사용됨으로써 수세 기사에 나타난 "하나님의 아들"이라는 칭호는, 단순한 기능적 의미 또는 메시아적 의미를 초월한다.[228] 시편 2:7에 대한 암시의 주된 목적은 예수가 단순히 메시아이기보다 하나님의 아들임을 선포하는 데 있다.

마커스(J. Marcus)는 조금 더 석의적인 관점에서 마가복음 1:11에 나타난 시편 2:7의 암시가 마가 자신의 편집 작업의 결과라고 주장한다. 둘 또는 그 이상의 성경 본문을 하나로 융합해 인용하는 것은 "마가의 전형적인 전략"이라고 보기 때문이다.[229] 이러한 구약 본문의 융합은 이사야 42:1이 제공한 문맥에 시편 2:7을 도입한 것에서 나타난다.[230] 마커스는 시편 2:7의 암시를 마가의 편집으로 볼 뿐만 아니라 더 나아가 전승의 원형에서는 예수가 이인칭(σὺ εἶ, 수 에이)으로 불리기보다는 삼인칭(οὗτός ἐστιν, 후토스 에스틴)으로 불렸을 것이라고 주장한다.[231]

마커스는 자신의 견해를 뒷받침하기 위해 요한복음 1:34이 수세 전승의 독립된 형태를 반영한다고 설명하다. 그는 마태와 누가가 이 전승을 알고 있었을 뿐만 아니라 마가가 작업한 이 전승의 편집된 버전도 알고 있었을 것이라고 주장한다.[232] 따라서 원래의 전승에서 예수는 아마도 하

---

227) Marshall, "Divine Sonship," 143.
228) Marshall, "Son or Servant," 130.
229) 마가의 "합성" 기법에 대해서는 Marcus, *The Way*, 15을 보라.
230) Marcus, *The Way*, 54.
231) 삼인칭 형태가 원래 전승을 반영하며 시 2:7과의 연결은 차후에 발전된 것이라는 주장에 대해서는 Bretscher, "Exodus," 302-303을 보라.
232) Brown, *John*, 1,65-66.

나님의 "휘오스"보다는 하나님의 "에클렉토스"로 지칭되었을 것이라고 한다. 이 이론에 의하면 마가는 다음처럼 두 가지를 수정했다.

① 이것은 메시아적 비밀 모티프의 일환으로서 환상 경험을 오직 예수 자신에게 국한하고자 하는 마가의 의도에 따라 이인칭 문장으로 전환되었다.[233]

② "하나님의 택함 받은 자"(ὁ ἐκλεκτός τοῦ θεοῦ, 호 에클렉토스 투 테우)라는 칭호를 "내 사랑하는 아들"(ὁ υἱός μου ὁ ἀγαπητός, 호 휘오스 무 호 아가페토스)이라는 칭호로 교체함으로써 시편 2:7을 부각했다. 아울러 그는 이것을 통해 복음서 전반에 걸쳐 "하나님의 아들"이라는 칭호의 중요성을 강조한다.[234]

그러나 마커스가 제안한 마가의 편집 이론 역시 여러 가지 취약점을 가지고 있다. 그의 이론은 삼인칭 문장과 "택함 받은 자" 칭호가 원형(original saying)에 속한다는 두 가지 전제에 전적으로 의존한다. 따라서 이인칭 문장이 원형에 속한다는 사실이 밝혀지면 그의 이론은 완전히 설득력을 잃고 만다. 또한 "휘오스"가 원형에 속한다면 그의 이론 전체는 통째로 무너지고 만다.

삼인칭 형태(οὗτός ἐστιν)가[235] 원형에 속한다고 보는 학자들은 다음과 같은 증거를 제시한다.

---

233) Marcus, *The Way*, 54-55; 그러나 마가의 메시아적 비밀 모티프에 대한 비판은 B. Witherington, *The Gospel of Mark: A Socio-Rhetorical Commentary* (Grand Rapids: Eerdmans, 2001), 40-42를 보라.

234) Marcus, *The Way*, 54-55.

235) 삼인칭 형태는 마 3:17, 요 1:34 그리고 변형사건 기사(막 9:7//; 벧후 1:17)에 등장한다.

① 마가복음과 누가복음의 "수 에이"(σὺ εἶ)는 시편 인용구가 이미 메시아적 아들이란 의미로 해석되어가는 과정 가운데 있음을 보여준다(눅 3:22 *v.l.*에서 완결됨).[236]

② 마가복음에 기록된 환상이 보이는 개인적인 성격은 마가의 메시아적 비밀 모티프와 부합한다.[237]

③ 만약 Q 문서가 이 수세 기사를 포함하고 있었다면 삼인칭 형태가 더 오래된 것이고 마가복음의 개인적인 환상은 후기의 편집 결과일 것이다.[238]

다음과 같이 수세 기사가 Q 문서에도 존재했을 것이라는 증거도 제시되었다.

① 마태복음과 누가복음은 마가복음과는 불일치한 곳에서 여러 차례 서로 일치하며 비록 동일한 방식은 아니더라도 비슷한 방식으로 마가복음을 수정하여 사용한다(예. 같은 단어 제거, 같은 단어 첨가, 문법적 수정, 어순 변화 등을 포함).[239]

② Q 문서의 서사학적 관점에서 볼 때 수세 기사가 있어야 선행 기사

---

236) Bretscher, "Exodus," 302; 그러나 이 본문이 아무리 이차적인 것이라 하더라도(그럴 가능성이 높다) 이것은 천상의 음성이 매우 이른 시기부터 시 2:7과 연관되었음을 보여줄 뿐이다.

237) Marcus, *The Way*, 54-55; J. Marcus, *Mark: a New Translation with Introduction and Commentary* (AB 27; New York: Doubleday, 2000), 164.

238) 그러나 Marcus, *Mark*, 164는 "안타깝게도⋯Q 문서가 수세 기사를 포함하는지 아닌지는 상당히 논쟁의 여지가 있음"을 인정한다. 양쪽 주장에 대한 참고 문헌은 J. S. Kloppenborg, *Q Parallels: Synopsis, Critical Notes & Concordance* (Sonoma: Polebridge, 1988)을 보라.

239) Webb, "Baptism," 264.

와 후속 기사의 의미가 확실해진다.[240]

그러나 삼인칭 형태 원형(original third person form) 이론도 문제가 없지는 않다. 수세 기사는 세 공관복음(막 1:9-11; 마 3:13-17; 눅 3:21-22)에 모두 기록되었고 Q 문서에도 포함되어 있을 개연성이 높긴 하지만 이것이 삼인칭 형태가 원형임을 뒷받침하는 근거가 될 수는 없다. 그 이유는 다음과 같다.[241]

① 위에 제시된 증거는 결정적이지 못하다.
② 마태와 누가 역시 그들의 수세 기사를 기록하기 위해 마가복음을 사용한 것으로 보인다.
③ 신의 현현 장면에서 마태의 삼인칭 대신 이인칭을 사용하는 누가복음의 기록은 거의 마가복음의 기록과 같다.

그러므로 이 수세 기사는 최소한 두 개의 독립된 자료에 기초하며 단편적인 증거를 가지고 Q 본문을 재구성하는 것은 거의 불가능하다는 결론에 도달한다.

또한 마가의 메시아적 비밀 모티프를 수용한다 하더라도 누가의 이인

---

240) Webb, "Baptism," 264-265.
241) 참조. A. von Harnack, *The Sayings of Jesus: the Second Source of St. Matthew and St. Luke* (London: Williams & Norgate, 1908), 310-314; B. H. Streeter, *The Four Gospels* (London: Macmillan, 1924), 188은 Q 문서가 수세 기사를 포함한다는 견해를 제시했다. 이 견해를 지지하는 최근 학자들은 다음과 같다. W. Grundmann, *Das Evangelium nach Lukas* (THKNT 3; Berlin: Evangelische Verlagsanstalt, 1966), 106f.; H. Schürmann, *Das Lukasevangelium* (HTKNT 3; Freiburg: Herder, 1969), 1.197, 218; P. Hoffmann, *Studien zur Theologie der Logienquelle* (Münster: Aschendorff, 1972), 4, 39; A. D. Jacobson, *Wisdom Christology in Q* (Diss. Claremont, 1978), 35-36; 여러 견해에 대한 개요는 Kloppenborg, *Q Parallels*를 보라.

칭 선택은 마가와 비슷한 의도가 아니라면 설명하기 어렵다. 누가가 마가를 따랐고 마태가 자신의 의도(예. 하늘의 음성을 공개적인 선포로 바꿈)에 따라 마가를 수정했다고 보는 것이 누가의 이인칭 사용에 대한 가장 적절한 설명이다.[242]

그뿐 아니라 신의 현현이 공개적 선포가 아닌 예수의 개인적 체험이었다면 이인칭 형태는 예수 자신이 직접 보고 들었다는 사실과 잘 부합한다. 따라서 조금 더 공개적인 형식의 수세 전승은 수세 사건에 나타난 객관적 진리를 강조하기 위한 후기 복음서들(마 3:17; 요 1:34)의 변증적 열망을 반영한다고 볼 수 있다.[243] 세례 요한과 예수의 대화를 기록한 마태는 세례 요한도 (어쩌면 무리들도) 하늘의 음성을 들었음을 암시하려고 의도했을 가능성이 있다.[244] 또한 이 대화가 마태복음에만 기록되었다는 사실은 예수가 요한에게 세례를 받았다는 사실이 그 당시 초기 교회의 당혹스러운 문제로 대두했을 가능성을 엿보게 해준다. 예수가 세례 요한에게 세례를 받았다는 사실, 그것도 죄 사함을 위한 회개의 세례를 받았다는 사실은 예수의 무죄성과 큰 충돌을 일으킬 수 있기 때문이다. 그러나 이러한 잠재적 문제들에도 불구하고 마태가 이 전승을 은폐하지 않고 사용했다는 사실은 의미심장하다. 이는 이 전승의 진정성을 뒷받침할 뿐만 아니라, 수세 시 예수의 개인적인 체험이 자신의 인격과 사명에 대한 자의식에 지대한 영향을 미쳤음을 강력히 시사한다.[245]

---

242) 나는 마태와 누가가 마가의 편집된 버전도 알고 있었다는 주장은 지나친 억측일 뿐이라고 생각한다.

243) Gundry, *Matthew*, 52.

244) 참조. D. Hill, *The Gospel of Matthew* (NCBC; London: Oliphants, 1972), 97; Davies, Allison, *Matthew*, 1.330.

245) R. L. Webb, *John the Baptizer and Prophet: a Socio-Historical Study* (JSNTSup 62; Sheffield: JSOT Press, 1991), 57-58.

4.3.6.3. —— 결론

마가복음 1:11에 대한 논의의 결과 시편 2:7을 단순히 예수의 메시아적 아들 됨이 아닌 하나님의 아들 됨으로 해석해야 하는 근거는 다음과 같다.

① 하늘의 음성에 나타난 어순 변화는 시편의 입양 또는 즉위라는 전통적 유대교의 모티프에서 예수를 구체적으로 하나님의 아들과 동일시함으로써 그 강조점이 의도적으로 전환되었음을 보여준다.

② 초기 교회의 당혹스러운 상황이 예견됨에도 불구하고 마태가 수세 전승을 은폐하지 않고 사용했다는 사실은, 예수와 하나님의 독특한 관계가 강조된 수세 시 예수의 개인적 체험이 하나님의 아들이라는 그의 자의식에 커다란 의미를 부여했음을 강력히 시사한다.

③ 원래 예수가 경험한 신의 현현이 공개적 선포라기보다 개인적인 체험이었으리라는 점은 수세 시 예수가 이미 자신이 하나님의 특별한 아들임을 완전히 인식하고 있었음을 말해준다. 만약 이 체험이 하나님의 아들이라는 예수의 자의식을 일으키지 않았다면 적어도 그것을 확증했을 것이다.

④ "아가페토스"(ἀγαπητός)도 중요한 의미를 가진다. 이것은 하나님과 예수 사이의 독특하면서도 인격적인 관계를 강조한다.

⑤ 설령 초기 교회의 교훈적 필요에 따라 편집되고 각색되었다 하더라도, 결국 수세 기사들(막 1:9-11//마 3:13-17//눅 3:21-22)은 예수가 지녔던 하나님의 아들이라는 자기 이해의 진정한 모습을 반영하기 위한 것이었다.

⑥ 이러한 관점은 하나님을 "아바"라고 부른 호칭에 반영된 특별한 의미로서의 하나님 아들 됨과도 부합한다. 따라서 예수의 사역과 사명을 가장 잘 대변하는 것은 그의 메시아 됨이 아니라 하나님의 아

들 됨이며, 바로 이것으로부터 "자신과 자신의 사명에 대한 다른 근본적인 신념들이 생겨났다고 보아야 한다."[246]

4.4. ── 결론

예수의 "아바" 사용에 관한 최근의 논쟁과 그의 여러 가지 어록의 진정성에 대한 논의와 주해를 재검토한 결과 우리는 다음과 같은 결론에 도달했다.

첫째, 예수는 하나님과의 친밀한 관계를 반영하는 "아바" 또는 아버지라는 호칭을 사용해 하나님을 부르면서 기도했다는 압도적인 증거가 있다.

둘째, 예수 자신이 사용했던 "아바"를 초기 교회도 사용했다는 사실은 예수의 "아바" 호칭이 전혀 독특한 것이 아님을 시사한다고도 볼 수 있지만, 이에 대한 반론과 그 근거들을 살펴본 결과 오히려 이것이 예수가 하나님의 유일한 아들 됨을 뒷받침해준다는 사실을 알 수 있었다.

셋째, 우리는 슐라이어마허가 우려했던 방식대로는 예수의 주관적 경험에 대해 말할 수 없다. 하지만 겟세마네 기사와 마태복음 11:25-27, 누가복음 10:21-22에 기록된 예수의 찬양 기도는 예수가 하나님과 친밀하고도 특별한 관계를 맺고 있었음을 보여주며, 그런 관계로 인해 예수는 십자가를 지나가게 해달라고 하나님께 기도할 수 있었을 뿐만 아니라 하나님과의 독점적인 상호 관계를 주장할 수도 있었다.

넷째, 신약에 나타난 아버지 언어의 본질과 빈도는 예수가 하나님에게 사용한 아버지 언어, 예수가 가졌던 하나님과의 관계, 그리고 예수가 제자들에게 하나님에 대해 가르친 교훈의 영향을 반영한다고 할 수 있다.

---

246) Dunn, *Spirit*, 39.

다섯째, 초기 교회에서 하나님에 대한 아버지 언어의 사용이 급격히 증가한 이유는, 바로 예수 자신이 그러한 언어를 사용했다는 사실과 예수가 지닌 아버지와의 친밀하고도 특별한 관계―당시 유대인들과는 여러 면에서 구분되는―외에는 달리 설명할 방법이 없다. 따라서 하나님에 대한 예수의 관점과 예수가 지닌 하나님과의 관계를 구약과 초기 유대교의 틀 안에서 해석하려는 시도는 이해할 수 있지만, "예수가 하나님을 먼저 이스라엘 백성의 아버지로 이해했고, 바로 그 틀 안에서 자신과 하나님과의 관계를 이해하게 되었다"는 견해에는 결코 동의할 수 없다.[247]

예수가 하나님의 아들이라고 기록한 말씀들(마 11:27; 막 13:32; 마 16:17; 눅 22:29; 막 12:1-12)의 진정성을 비판적으로 검토한 결과, 우리는 이 어록들이 각각 "예수의 삶의 정황"(*Sitz im Leben Jesu*)으로 소급될 개연성이 높다는 결론에 도달했다. 또한 마태복음 11:27에 대한 주해를 통해 예수가 하나님의 최종 계시를 홀로 중재하는 하나님의 특별한 대리인이며 하나님의 특별한 아들이라는 인식을 가지고 있었다고 결론 내렸다. 마가복음 13:32, 마태복음 16:17, 누가복음 22:29, 마가복음 12:1-12 등의 하나님의 아들 관련 어록들은 예수가 지녔던 하나님 아들 자의식에 대한 누적된 증거를 제공한다.

악한 소작농부 비유에 관한 논의에서는 이 비유가 예수의 하나님 아들 자의식에 대한 또 다른 증거를 제시할 뿐만 아니라, 신약성서에 나타난 소위 "바울 이전의 보냄 고정문구"와도 연관이 있음을 강하게 시사한다고 결론 내렸다. 예수의 자기 이해 범주가 주로 하나님 아들 자의식 안에 있었음을 감안한다면, 이 비유가 초기 그리스도인들의 예수 이해에 미친 영향력이 클수록 "예수는 하나님이 보내신 선재한 아들"이라는 이해의

---

247) Thompson, *Promise*, 79에서 인용.

발전에서도 큰 역할을 담당했으리라고 짐작할 수 있다. 세 공관복음 저자 모두가(도마복음 저자도) 이 비유를 보존했다는 사실은 이 비유가 최초기 그리스도인들에게 지대한 영향을 미쳤음을 분명하게 보여준다.

지금까지 학계의 정론은 예수의 수세 기사가 단지 예수에 대한 메시아적 이해만을 반영해줄 뿐이며 그에게 부여된 "하나님의 아들" 칭호는 그의 메시아적 의식(messianic consciousness)으로 인해 주어졌다는 것이었다. 이에 대해 우리는 마가복음 1:11에 나타난 시편 2:7의 사용은 예수가 하나님의 아들이기 때문에 메시아이지, 메시아이기 때문에 하나님의 아들인 것이 아님을 보여준다고 결론지었다. "아들"이라는 칭호는 단순히 메시아적 왕에 대한 하나님의 특별한 보호와 승리의 약속을 표현하는 방법이 아니라 아버지 하나님과의 특별하고도 인격적인 관계를 수반한다. 지금까지의 논의를 통해 우리는 예수가 갖고 있던 하나님 아들 자의식이, 예수를 선재한 하나님의 아들로 이해한 초기 고 기독론 형성의 기반이 되었으며 초기 기독론의 발전에서 가장 중요한 역할을 할 수 있는 잠재력을 지니고 있었음을 알 수 있다.

제5장
예수의 신적 사명 자의식

앞서 제4장에서는 예수가 하나님을 자신의 아버지로, 자신을 그의 아들로 인식하는 매우 독특하고도 인격적인 관계를 맺었음을 논증했다. 이번 장에서는 예수가 자신을 하나님으로부터 "왔고"(막 1:38//; 2:17//; 10:45; 눅 12:49, 51), 하나님으로부터 "보냄"을 받은 자(막 9:37//; 마 15:24)라고 표현한 말씀들에 대해 고찰하고자 한다.

제4장에서 살펴본 것처럼 예수는 (매우 미묘하고 암시적이긴 하지만) 비유를 통해 자신이 바로 하나님이 보낸 그의 유일한 아들임을 말했다(막 12:1-12//). 이번 장의 핵심은 예수가 하나님으로부터 "왔으며" 하나님으로부터 "보냄"을 받았다고 진술할 때 과연 자신의 신적 또는 초월적인 기원에 대한 인식을 가지고 있었는가 하는 것이다. 그 진술들은 예수의 기원에 관해 어떤 함의를 지니고 있을까? 예수의 진술들은 과연 신적이며 초월적인 그의 기원을 암시할까, 아니면 단순히 하나님이 주신 지상 사명

혹은 신적 사명에 대한 자의식을 암시할까? 이 질문에 답하기 위해 이번 장에서는 다음과 같은 주제들을 논의할 것이다.

① 공관복음에 기록된 예수의 말씀 중 "내가 왔다"거나 "내가 보냄을 받았다"는 말씀들은 진정성이 있는가?
② 이러한 말씀들을 통해 예수가 전달하고자 한 의미는 무엇인가?
③ 이러한 진술들은 예수를 선재한 하나님의 아들로 이해한 초기 그리스도인들의 신앙 및 예수의 하나님 아들 됨과 신적 사명에 대한 자의식을 이해하는 데 어떠한 기독론적 함의를 내포하는가?

여기서 예수의 "내가 왔다" 또는 "내가 보내심을 받았다"라는 말씀을 논의할 때 이러한 어휘들이 매우 다양한 의미를 지닐 수 있음을 인식해야 한다. 예를 들어 "지역적 의미"(한 장소에서 다른 장소로의 이동)와 "신학적 의미"를 구분해야 한다. 또한 후자의 경우는 예언자와 같이 특별한 사명을 위해 보냄을 받는 경우(내재적 의미, immanent coming/sending)와 천사와 같이 선재한 존재가 보냄을 받는 경우(초월적 의미, transcendent coming/ sending)로 구분된다.

5.1. ─ "내가 왔다"는 말씀들

5.1.1. ─ "내가 왔다"는 말씀에 대한 다양한 관점

학자들은 예수의 "엘톤"(ἦλθον, "내가 왔다") 말씀들을 다음과 같이 세 가지 의미로 해석해왔다.

① 단순히 의도나 목적을 나타내는 관용어(idiom)

② 메시아나 예언자처럼 하나님이 주신 사명이나 직위를 나타내는 표현

③ 선재성을 나타내는 표현

5.1.1.1. —— 관용적 해석(Idiomatic Interpretation)

"엘톤" 말씀에 대한 관용적 해석은 예레미아스(J. Jeremias)에 의해 최초로 제시되었으며 그 이후 아렌스(E. Arens)에 의해 논문으로 발전되었다.[1] 이 관점의 기본적 논지를 요약하자면 "엘톤"의 원의(原義)는 "'나의 목적은 …하는', '나의 직업은 …하는'으로 '엘톤'+부정사는 일종의 완곡한 표현"이라는 것이다.[2] 아렌스는 예수의 말씀이 본 문맥에 삽입되면서 "엘톤"의 의미가 이전과 전혀 다른 새로운 의미, 즉 하나님이 주신 사명이란 의미를 갖게 되었다고 주장한다.

그는 "오다" 동사+부정사가 관용적으로 "…하는 의도를 가지고 있다" 또는 "…을 할 사명이 있다"라는 의미로 사용된 여러 가지 예를 랍비 문헌에서 찾아냈다.[3] 아렌스는 이러한 증거가 헬레니즘 문헌에는 존재하지 않고 랍비 문헌에만 존재한다는 사실에 기초하여 "엘톤"+부정사 형태는 "팔레스타인의 관용어가 그리스어로 번역된 것"이라고 결론 내린다.[4]

그러나 "엘톤" 말씀에 해당하는 관용적 표현이 셈어에 존재했다는 사실과 예수의 "엘톤" 말씀이 그와 같은 관용적 표현으로부터 유래했다는 주장은 **명백히 다르다.** 아렌스의 연구가 후자를 입증했다고 볼 수는

---

1) E. Arens, *The HΛΘON-Sayings in the Synoptic Tradition: a Historico-Critical Investigation* (Freiburg: Universitätsverlag Freiburg, 1976); J. Jeremias, "Die älteste Schicht der Menschensohn-Logien," *ZNW* 58(1967), 166-167.

2) Arens, *HΛΘON-Sayings*, 54-55, 62-63; 참조. Jeremias, "älteste Schicht," 166-167.

3) Arens, *HΛΘON-Sayings*, 270.

4) Arens, *HΛΘON-Sayings*, 270.

없다.

아렌스는 미쉬나 문헌에서 "오다"(בוא)+"목적을 의미하는 부정사" 형태의 비관용적(non-idiomatic) 표현이 등장하는 네 가지 예를 제시한다.

만일 한 이방인이 불을 끄려고 왔다면(בא לכבות) 그들은 그에게 "꺼라" 또는 "끄지 마라"하지 말아야 한다. 왜냐하면 그들은 그의 안식일 준수에 대한 책임이 없기 때문이다. 그러나 그것을 끄러 온 자(בא לכבות)가 미성년자라면 그들은 그것을 허락해선 안 된다. 왜냐하면 그들은 그의 안식일 준수에 대한 책임이 있기 때문이다(*m. Šabb.* 16:6).

만일 비가 오면, 그는 언제 [초막(sukkah)을] 비워야 할까? 죽이 상할 때다. 그들은 비유를 들었다. "이것을 무엇에 비견할꼬? 주인의 컵에 [음료수를] 채우기 위해 왔는데(בא למזוג לקוניו) 그[주인]가 주전자를 그[종]의 얼굴에 붓는 것과 같다"(*m. Sukkah* 2:9).

만일 그녀가 금장식과 목걸이와 코걸이와 반지를 착용했다면 그녀를 부끄럽게 하려고 그것들을 빼앗았다. 그리고 나서 그는 이집트의 밧줄을 가지고 와서 그녀의 가슴을 묶었다. 그것을 보기 원하는 이들은 와서 보았다(בא לראות כל הרוצה לראות). 그녀의 종들을 제외하고는(*m. Soṭah* 1:6).

랍비 여호수아가 말했다. "엘리야가 부정한지 정한지를, 또 멀리 제거할지 가까이 가져올지를 선포하기 위해 오지 않을 것(…אב לטמא ולטהר, לרחק ולקרב אליהו)이라는 할라카가 시내 산에서 모세에게 주어진 것처럼 나는 자카이의 아들 랍비 요하난이 그의 스승의 스승의 스승에게 들은 한 전승을 받았다"(*m. ʿEd.* 8:7).

그리고 아렌스는 다음과 같이 말한다.

그 앞의 본문들과 마찬가지로 마지막 본문의 "오다"(בוא)는 문자적으로 이
동하는 것을 의미한다. 그러나 이 진술을 전체적으로 보면 그다음의 말라기
3:22-23의 인용이 명확히 나타내듯이 "…하기 위한 목적으로"라는 암시적 의
미를 가진다. 따라서 미쉬나 "증언들"('Ed.) 8:7은 엘리야가 "…하기 위한 목적
으로"가 아닌 조상들의 마음을 돌리기 위해 올 것이라는 말씀으로 이해해야
한다(마 10:35을 연상시키는 말 3:22-23).

한편 아렌스는 "오다"+부정사의 관용적 표현이 나타나는 다른 미쉬나
본문들을 소개하며 다음과 같은 예를 제시한다.

① "서원"(Ned.) 10:7에서는 בא לכלל가 "서원을 지킨다"는 의미로 사용
   되었다.[5]
② "공의회"(Sanb.) 8:1, "데마이"(Demai) 2:3, "부정한 것들"(Ḥul.) 9:5
   에서는 "(특정 율법의) 범주에 든다"는 의미로 사용되었다.
③ "마아세롯"(Ma'aś.) 5:5, "할라"(Ḥal.) 3:4, "페아"(Pe'ah) 4:8에서는
   בא לעונת המעשרות이라는 표현이 "십일조를 위한 시간"을 의미한다.

---

5) m. Ned. 10:7의 내용은 다음과 같다. "만약 어떤 사람이 그의 아내에게 '당신이 내가 이 시점
에서부터 어느 장소에서 돌아올 때까지 (무엇을) 서원하는 것은 다 유효할 것이다'라고 말했
다면 그는 아무것도 말한 것이 아니다. 그러나 만약 '[그 서원들은] 무효다'라고 [말했다면],
R. Eliezer는 말한다. '[그 서원들은] 무효가 되었다.' 그러나 현자들은 말한다. '[그 서원들은]
무효가 되지 않았다.' R. Eliezer는 말했다. '만약 그가 이미 금할 수 있는 힘을 가지고 있는
서원들을 무효화시킬 수 있다면, 아직 금할 수 있는 힘이 없는 서원들도 무효화시킬 수 있지
않겠는가?' 그들이 대답했다. '기록된바 그녀의 남편은 그 서원을 확정하거나 무효화시킬 수
있느니라.' 그는 어떤 서원을 확정하듯이 어떤 서원을 무효화시킬 수 있다. 그러나 그가 어떤
서원을 확정할 수 없듯이 그는 어떤 서원을 무효화시킬 수 없다."

④ "나팔절"(Rosh.) 2:9에서는 "우리가 법원 판결의 적법성을 알아보기 위해서 온다면"(אם באין אנו לדין)이라는 말이 나오는데, 그것은 "만약 우리가 …을 원하면" 또는 "우리가 …을 결정하면"이라는 의미다.

아렌스는 "증언들" 8:7과 "나팔절" 2:9의 "오다"(בא)＋부정사 형태의 관용적 표현은 원래 "엘톤"＋부정사가 "나는 …할 목적/의도가 있다"는 의미로 쓰였다는 자신의 이론을 뒷받침한다고 결론 내린다.

그러나 나의 견해로는 "증언들" 8:7과 "나팔절" 2:9 중 그 어느 것도 그의 이론을 뒷받침하지 않는다. 전자는 문자적으로 해석해야 하므로 비관용적 용례에 해당한다. 아렌스는 이 본문을 "'…하기 위한 목적으로'라는 의미를 내포하는" 것으로 해석해야 한다고 주장하지만, 사실 "오다"＋부정사의 형태를 가진 진술이라면 모두 여기에 해당한다. "나팔절" 2:9는 예수의 "엘톤" 말씀의 용례에 대한 좋은 예가 아니다. 왜냐하면 이 표현은 여기서 예수의 용례와는 다른 문맥, 다른 의미로 사용되기 때문이다. 서로 다른 두 용례를 단지 비슷한 형태를 가지고 있다고 해서 혼동해서는 안 된다.

또한 아렌스는 메킬타(Mek.)[6]의 예문 가운데 성서와 관련해 "오는 것"이 나타나는 본문들, 즉 가르치기 위해, 한계를 정하기 위해, 균일하게 하기 위해, 금지하기 위해, 나누거나 구분하기 위해 오는 본문만을 예로 제시한다. 물론 이러한 본문들이 모두 "성서가 …을 수행하는 기능 또는 역할을 한다"거나 "…하는 목적을 수행한다"는 의미로 해석될 수 있다는 아렌스의 지적은 타당하다.[7] 그러나 이 본문들은 예수의 "엘톤" 말씀의 용례를 반영하는 예로 간주할 수 없다(Rosh. 2:9에 대한 비판이 똑같이 적용됨). 성

---

6) 출애굽기를 다룬 미드라쉬 할라카를 가리킨다.

7) Arens, HΛΘON-Sayings, 267-268.

서는 비물질적인 것으로서 단순히 어떤 일을 수행하기 위한 기능과 역할을 할 수 있지만, 어떤 사람이 "온다"는 것(예수의 오심)은 단순히 어떠한 기능이나 역할에 관련된 것으로 제한할 수는 없다. 본질적으로 서로 다른 이 두 개념을 혼동하면 안 된다.

아렌스가 제시한 탈무드의 예도 설득력이 부족하다. 비록 탈무드 "안식일"(*Šabb.*) 18b는 "온다+부정사"의 관용적 표현을 사용하지만 예수의 용례를 설명하기에는 적절하지 않다. "나팔절" 2:9와 메킬타에 적용된 비판이 여기서도 동일하게 적용되기 때문이다. "온다+부정사"의 관용적 표현이 한 사람이 오는 것(랍비 아키바가 오는 것)에 사용되긴 했지만 그가 온다는 것은 예수의 오심과는 달리 어떤 특정 해석(힐렐학파의 해석)만을 보여준다는 의미를 가진다. 다시 말해 이 표현은 예수의 용례와 다른 문맥, 다른 의미로 사용되었다.

랍비 유다(R. Judah)의 아들 랍비 요세(R. Jose)가 말했다. "랍비 아키바(R. Akiba)의 말은 벤 힐렐(Beth Hillel)의 말과 같다." 랍비 아키바는 단지 벤 힐렐의 말을 설명하기 위해 온다(*Šabb.* 18b).

탈무드 "축복들"(*Ber.*) 58a의 경우는 상당히 모호하다. 다음 인용문에서 확인할 수 있듯이 "만일 어떤 사람이 너를 죽이기 위해 오면…"이란 표현은 관용적으로나 비관용적으로 모두 해석이 가능하다.

랍비 실라(R. Shila)는 이집트 여인과 성관계를 맺은 한 남자에게 채찍질을 했다. 그 남자는 가서 정부(政府)에 그를 고발하면서 말했다. "유대인들 가운데 정부의 허락 없이 판결을 내리는 자가 있다." 한 관리가 그를 불러오도록 보냄을 받았다. 그는 와서 그에게 물었다. "왜 당신은 그에게 채찍질을 했는가?"

그는 대답했다. "왜냐하면 그가 암컷 나귀와 성관계를 맺었기 때문이다." 그들이 그에게 물었다. "당신은 증인이 있소?" 그는 대답했다. "있다." 이에 엘리야가 사람의 모습으로 와서 증거를 제시했다. 그들이 그에게 말했다. "만약 그것이 사실이라면 그는 죽어야 마땅하다!" 그는 대답했다. "우리는 지금 우리 땅을 떠나 유배 중이므로 사형시킬 권한이 없소. 그를 당신이 원하는 대로 하시오." 그들이 이 사건에 관해 논할 때 랍비 실라는 외쳤다. "오 주여, 위대함과 능력이 당신의 것입니다." 그들은 그에게 물었다. "무슨 말을 하는가?" 그는 대답했다. "내가 말하고자 하는 것은 이것이다. 천상의 모델을 따라 지상의 왕권을 만드시고 당신에게 통치권을 주어 정의를 사랑하는 자로 만드신 온전히 자비하신 이는 복이 있도다." 그들이 그에게 말했다. "당신은 그렇게 정부로부터 존경을 받기를 원하는가?" 그들은 그에게 지팡이를 주면서 말했다. "당신이 재판관이 되라." 그가 나간 후 그 남자는 그에게 말했다. "온전히 자비하신 이는 거짓말쟁이들에게도 기적을 행하시는가?" 그는 대답했다. "이 몹쓸 놈! 그들은 나귀들이라고 불리지 않느냐? '그들의 살은 나귀들의 살과 같도다'라고 기록되어 있다." 그는 이 남자가 자신이 그들을 나귀들이라고 부른 것을 그들에게 알릴 것을 알아차리고 말했다. "이 남자는 박해자이며 율법은 이렇게 말했다. '만약 어떤 사람이 당신을 죽이러 오면, 일찍 일어나 그를 먼저 죽여라.'" 그래서 그는 지팡이로 내리쳐 그를 죽였다. 그리고 그는 말했다. "이 구절을 통해 나에게 기적이 일어났으니 나는 이 구절을 주해하리라"(*Ber.* 58a).

다음으로 탈무드 "안식일"(*Šabb.*) 116ab는 관용적 표현이라기보다는 비관용적 표현으로 해석하는 것이 낫다고 볼 수 있다. 게다가 화자가 예수의 말씀을 언급하고 있다면 더욱 그렇게 해석해야 한다.

랍비 엘리에제르(R. Eliezer)의 아내인 임마 샬롬(Imma Shalom)은 랍비 가

말리엘(R. Gamaliel)의 누이였다. 어떤 철학자가 그의 동네에 살고 있었는데 그는 뇌물을 받지 않기로 명성이 나 있었다. 그들은 그를 함정에 빠뜨리기 원했고 그녀는 금으로 된 램프를 사서 그에게 가서 이렇게 말했다. "나는 나의 [돌아가신] 아버지의 재산 중에서 내 몫을 받기 원합니다." 그는 "분배하라"고 명령했다. 그[R. Gamaliel]는 그에게 말했다. "아들이 있을 경우에 딸은 유산을 받지 않는다고 되어 있습니다." [그는 대답했다.] "너희가 너희의 땅에서 유배된 날부터 모세의 율법은 대체되었고 '아들과 딸이 동일하게 유산을 받는다'라고 기록된 다른 책이 주어졌다." 다음 날 그[R. Gamaliel]는 그에게 리비아 나귀를 가져갔다. 그는 그들에게 말했다. "책의 마지막 부분을 보라. 거기에는 '나는 모세의 율법을 파괴하거나 모세의 율법에 첨가하러 오지 않았다'(דמשה אתית לא למיפחת מן אורייתא דמשה אתית אלא לאוספי על אורייתא)라고 기록되어 있고, '아들이 있을 경우에 딸은 유산을 받지 않는다'라고 기록되어 있다." 그녀는 그에게 "당신의 빛을 램프처럼 비추소서"라고 말했다. 랍비 가말리엘은 그에게 말했다. "나귀가 와서 그 램프를 넘어뜨렸습니다"(Šabb. 116ab).

나의 견해로는 여기 제시된 증거를 토대로 "엘톤"+부정사 형태가 원래 셈어적 표현에서 유래되었으며 단지 "나는 …하기 위한 목적/의도가 있다"를 의미한다고 주장하는 것은 독단적이다. 아렌스는 비슷한 형태의 표현이 서로 다른 의미를 가질 수 있음에도 불구하고 관용적 용례만이 예수의 용례를 설명한다는 독단적 판단을 내린다. 오히려 "초막"(Sukkah) 2:9과 "증언들"(ʿEd.) 8:7이 예수의 "엘톤" 말씀과 가장 근접한 예라고 볼 수 있다. 아렌스의 주장이 설득력을 얻으려면 유대 문헌에 나타난 "오다"(בוא)+"목적을 가리키는 부정사"의 관용적 표현과 예수의 "엘톤" 말씀 간의 연관성을 더 확실하게 입증할 수 있는 근거를 제시해

야만 한다.[8]

5.1.1.2. —— 선재성을 나타내는 표현

또 다른 일부 학자들은 예수의 "엘톤"(ἦλθον) 말씀이 예수의 선재성을 나타낸다고 해석해왔다. 이 해석은 하늘에서 지상으로 이동하는 초월적인 "오심"을 염두에 둔다. 예를 들어 라그랑쥬(M.-J. Lagrange)는, 어떤 지역적 표식 없이 사용된 예수의 "엘톤" 말씀은 그의 선재성을 가리킨다고 주장한다.[9] 그러나 이 해석은 최근 개더콜(S. Gathercole)에 의해 비판을 받았다. 그는 지역적 언급이 없이 "온다"는 표현은 쿰란 문헌뿐만 아니라(CD 19:10-11[B]; 1QS 9:11; 1QSa 2:14), 세례 요한과 관련된 공관복음의 본문에서도 나타난다(막 9:12-13; 마 21:32)고 주장했다.[10]

더 나아가 개더콜은 예수의 오심을 어떤 특정 사역을 수반한 자발적인 행위로 정의하면서 이 특정 사역은 그의 선재성을 가리키는 결정적 지표가 된다고 본다.[11] 그러나 특별한 의도를 지닌 자발적인 행위로서의 "온다"가 어떻게 예수의 초월적 "오심" 또는 그의 선재성을 나타내는 결정적인 지표 또는 충분한 증거가 될 수 있는지 의문이다. 나는 예수의 "엘톤" 말씀들은 예수의 선재성이나 그의 초월적 기원을 나타내거나 부인하지 않는다고 생각한다. 예수의 예언자적 또는 신적 사명에 대한 진술 역시 특별한 사역을 위한 자발적인 행위로 표현될 수 있다. 즉 말씀의 형태로 그 의미까지 결정지을 수는 없다.

---

8) 아울러 S. J. Gathercole, "On the Alleged Aramaic Idiom behind the Synoptic ἦλθον-sayings," *JTS* 55(2004), 94-91도 보라.

9) M.-J. Lagrange, *Évangile selon Saint Marc* (EBib; Paris: Lecoffre, 1947), *ad loc.*

10) S. J. Gathercole, *The Pre-existent Son: Recovering the Christologies of Matthew, Mark, and Luke*, 92-147.

11) Gathercole, *Pre-existent Son*, 148-176.

5.1.1.3. —— 신적 사명을 나타내는 표현

나머지 학자들 대부분은 "엘톤" 말씀들을 하나님이 주신 사명(a God-given mission)과 연관 지어 해석한다. 그중 어떤 학자들은 이 말씀들을 종종 예수의 메시아 됨이나 조금 더 일반적 관점에서 메신저의 역할과 연관시키지만, 가장 일반적으로는 예수의 예언자적 또는 신적 사명과 연관시킨다.[12] 만약 이러한 해석이 타당하다면 예수의 "오심"은 "초월적 오심"(transcendent coming)보다는 "내재적 오심"(immanent coming)으로 이해해야 할 것이다.

5.1.2. —— 마가복음 2:17(//마 9:13//눅 5:32)

"엘톤" 말씀이 등장하는 평행 구로 이루어진 예수의 말씀에는 바리새인에 대한 그의 반응이 나타난다.

> 예수께서 들으시고 그들에게 이르시되 "건강한 자에게는 의사가 쓸데없고 병든 자에게라야 쓸 데 있느니라. 나는 의인을 부르러 온 것이 아니요 죄인을 부르러 왔노라" 하시니라(막 2:17).

이는 누가가 두 번째 평행 구에서 동사의 시제를 바꾼 것(ἐλήλυθα)과 마태가 호세아 6:6을 언급한 것 외에는 세 공관복음서에 원래 말씀 그대로(verbatim) 기록되어 있다. 앞의 평행 구는 건강한 자와 병든 자의 은유를 사용한 격언 형식이고 뒤의 평행 구는 의인들과 죄인들에 대한 "변증

---

12) R. Bultmann, *The History of the Synoptic Tradition* (Oxford: Blackwell, 1963), 152-156도 마찬가지다.

법적 부정" 형식의 "내가 왔다"(엘톤) 말씀이다.[13] 불트만(R. Bultmann)은 마가복음의 부정과거시제(aorist tense)가 예수의 인격 및 사역 전반에 대한 회고적 평가를 시사한다는 이유로 후자의 진정성을 인정하지 않았다.[14] 그러나 이것은 불필요한 부정이며 이에 대한 근거 역시 부족하다고 볼 수 있다.[15] 그 이유는 다음과 같다.

① 말씀의 내용이 공관복음 전승에 일관성 있게 묘사된 예수의 사역과 일맥상통한다.[16]
② "변증법적 부정"의 구조는 "의인들"과 "죄인들"의 대조를 포함해 구약에 나타난 셈어적 특성을 그대로 가지고 있다.[17]
③ "부르러 온다" 동사는 아람어 ל (בא) אתא를 그대로 번역했다.[18]
④ 17b절은 그 진정성을 인정받고 있는 누가복음 12:51과 매우 유사한 평행 구절이다.
⑤ 초기 그리스도인들도 자신들을 "의인"이라고 불렀기 때문에 (당혹성의 기준에 의해) 의인들이 예수가 부르러 온 대상에서 제외된다는 내용을 창작해냈을 개연성은 매우 낮다(참조. 마 10:41; 13:43, 49; 눅 14:14; 롬 1:17; 약 5:16; 요일 3:7).[19]

---

13) R. Pesch, *Das Markusevangelium* (HTKNT 2; Freiburg: Herder, 1977), 1.166.
14) Bultmann, *Synoptic Tradition*, 152-156.
15) C. E. Carlston, *The Parables of the Triple Tradition* (Philadelphia: Fortress, 1975), 114-115.
16) 참조. W. D. Davies and D. C. Allison, *A Critical and Exegetical Commentary on the Gospel According to Saint Matthew* (ICC; Edinburgh: T&T Clark, 1988, 1991, 1997), 2.106.
17) H. Kruse, "Die 'dialektische Negation' als semitisches Idiom," *VT* 4(1954), 385-400.
18) Jeremias, "älteste Schicht," 166-167.
19) 참조. Davies, Allison, *Matthew*, 2.106.

우리는 이런 증거를 토대로 17b절의 내용이 예수에게로 소급될 개연성이 매우 높다는 결론에 도달한다.[20]

크란필드(C. E. B. Cranfield)는 그의 주석서에서 "부르러 오다"에 해당하는 "동사는 예수가 자주 사용한 것이며 그의 사명에 대한 인식을 표현한다"고 지적한다. 그리고 더 나아가 예수가 이 동사를 사용한 것은 "아마도 자신의 선재성에 대한 그의 인식을 가리키는 것"이라고 덧붙인다.[21] 아렌스는 이 말씀의 원형과 마가복음에 나타난 문맥 사이의 차이점을 부각한다. 그리고 이 말씀의 원형에는 선재성에 대한 암시가 없지만 마가의 편집을 통해 이러한 의미가 부여되었다고 주장한다. 하지만 원형과 마가복음의 차이점에 주목할 필요는 없다. 왜냐하면 그러한 구분은 이미 반박한 것처럼 "엘톤" 말씀의 원형을 관용적 표현으로 해석한 것에 기초하기 때문이다.

개더콜 역시 예수의 자발적인 "오심"에서 그의 선재성을 나타내는 암시를 발견한다.[22] 하지만 예수의 자발적인 "오심"은 결코 그의 초월적 기원에 대한 결정적 근거가 될 수 없다. 오히려 개더콜 자신도 인정하듯이, 죄인들을 부르러 온 예수의 사명을 그의 "예언자적" 또는 신적 사명에 대한 인식으로 해석하는 것이 가장 타당하다고 볼 수 있다.

5.1.3. —— 마가복음 10:45(//마 20:28)

인자가 온 것은 섬김을 받으려 함이 아니라. 도리어 섬기려 하고 자기 목숨을 많은 사람의 대속물로 주려 함이니라(막 10:45).

---

20) Arens, *HΛΘON-Sayings*, 41-43.
21) C. E. B. Cranfield, *The Gospel According to Saint Mark* (Cambridge Greek Testament Commentary; Cambridge: CUP, 1963), 106; 참조. Lagrange, *Marc*, 45; E. Lohmeyer, *Das Evangelium des Markus* (Göttingen: Vandenhoeck & Ruprecht, 1951), *ad loc.*
22) Gathercole, *Pre-existent Son*, 157-158.

이 말씀은 바울 공동체,[23] 헬레니즘적 유대 기독교,[24] 또는 초기 유대 기독교 공동체[25] 등 후대 기독교의 개작으로 추정된다는 이유로 그 진정성을 인정받지 못해왔다. 그 근거는 다음과 같이 요약될 수 있다. 첫째, 섬김을 강조하는 이 말씀의 문맥과 잘 조화되지 않는다. 둘째, "엘톤" 동사의 부정과거시제($\mathring{\eta}\lambda\theta\epsilon\nu$) 사용은 예수의 생애 이후 그의 삶 전체를 회고하는 듯한 인상을 준다. 셋째, "뤼트론"($\lambda\acute{\upsilon}\tau\rho o\nu$, 대속물)과 이에 관련된 사상은 예수의 가르침 중 다른 어떤 곳에서도 찾아볼 수 없다. 넷째, 이 말씀의 원형은 누가복음 22:27에 나타나고 마가복음 10:45은 (어쩌면 바울의 영향을 받아) "교리적으로 개작된 것"이다.

그러나 이러한 주장에 대해 몇몇 학자들은 설득력 있는 답변을 제시했다.[26] 마가복음 10:45의 진정성을 인정하지 않는 학자들이 제시한 첫 번째 근거에 대해, 페이지(S. H. T. Page)는 섬김과 구속의 개념은 상호배타적이지 않다고 논증한다.

예수가 한 개념에서 다른 개념으로 전환할 수 없다고 주장하는 것은 현학적 (pedantic)이며, 사실상 그가 종합적 평행법(synthetic parallelism)을 사용할

---

23) B. H. Branscomb, *The Gospel of Mark* (MNTC; London: Hodder, 1937), 190-191; D. E. Nineham, *The Gospel of St Mark* (New York: Penguin, 1963), 280-281.

24) Bultmann, *Synoptic Tradition*, 144, 155.

25) E. Lohse, *Märtyrer und Gottesknecht: Untersuchungen zur urchristlichen Verkündigung vom Sühntod Jesu Christi* (FRLANT 64; Göttingen: Vandenhoeck & Ruprecht, 1955), 117-122.

26) J. Jeremias, *TDNT* 5.706-715; S. H. T. Page, "The Authenticity of the Ransom Logion(Mark 10:45b)," *Gospel Perspectives: Studies of History and Tradition in the Four Gospels* (eds. R. T. France *et al*.; Sheffield: JSOT Press, 1980), 137-161; P. Stuhlmacher, "Vicariously Giving His Life for Many, Mark 10:45(Matt. 20:28)," *Reconciliation, Law, and Righteousness: Essays in Biblical Theology* (Philadelphia: Fortress, 1986), 16-29; R. H. Gundry, *Mark: A Commentary on His Apology for the Cross* (Grand Rapids: Eerdmans, 1993), 587-590.

줄 모른다고 가정하는 것이다. 사실 이러한 전환은 특이하지도 않고 부적절하지도 않다.[27]

페이지는 이 말씀의 진정성을 뒷받침하는 두 가지 요인을 지적한다.

① 이 두 개념은 다른 곳에서도 찾아볼 수 있다(요 12, 13장; 벧전 2:21-24).
② "대속"에 관한 이 말씀은 이사야 53장에 나타난 고난받는 종에 의식적으로 의존하는 가운데 형성되었고 예수는 자신이 바로 이 종의 역할을 행한다고 생각했을 것이라고 논증될 수 있다.[28]

두 번째 근거에 대해서는 우리가 이미 "엘톤" 말씀은 선험적으로(a priori) 그 진정성이 부정될 수 없음을 입증했다. 또한 페이지는 부정과거시제가 반드시 초기 교회의 창작을 의미하지는 않는다고 지적한다.

그리스어의 시제는 근본적으로 행동의 시기보다는 행동의 종류를 표현하며 예수가 부정과거시제를 사용하지 않고 자신의 사명에 대해 말할 수 있었다는 것은 상상하기 어렵다. 이 시제는 예수의 전 생애를 반드시 과거의 사건으로 보아야 한다는 것을 의미하지 않는다. 사실 그런 식으로 이해해서는 안 될 이유가 있다. 마가는 부정과거시제가 예수의 삶이 이미 마감되었음을 의미한다고 결코 생각하지 않았음이 명백하기 때문이다. 만약 그가 그렇게 생각했다면 사실 그대로를 전하기 위해 수정을 가했을 것이다. 마가가 이 말씀을 현재의 형태 그대로 남겨두었다는 것은 예수가 이와 같은 진술을 하는 데 전혀 문

---

27) Page, "Ransom Logion," 139.
28) Page, "Ransom Logion," 140-141; 참조. B. Witherington, *The Christology of Jesus* (Minneapolis: Fortress, 1990), 252.

제가 없었다고 생각했음을 보여준다.[29]

더 나아가 마가복음 10:45 외에도 공관복음에서는 예수 자신이 "내가 왔다" 그리고 "내가 보냄을 받았다"라고 하는 말씀들을 다수 찾아볼 수 있다. 이 말씀들은 한결같이 예수가 자신의 신적 사명을 인식하고 있었음을 보여준다. 예수가 신적 사명에 대한 인식을 갖고 있었다는 사실이 모든 복음서에서뿐만 아니라 복음서 전승의 모든 지층에서 발견된다는 사실은, 예수가 자신의 "오심"(coming)을 과거의 한 사건으로 보았음을 강력하게 시사한다. 도드(C. H. Dodd)는 "'엘톤'(ἦλθον) + 목적을 나타내는 부정사" 또는 이에 상응하는 "히나"(ἵνα) 문구로 된 진술 양식은 예수의 말씀들이 전수된 양식 가운데 가장 폭넓게 확립된 양식 중 하나"라고 지적했다.[30]

세 번째 근거에 대해서는 다음과 같이 답변할 수 있다.

① 비록 "뤼트론"(λύτρον)이 복음서에서는 유일하게 여기서만 발견되지만, 이와 관련된 일부 사상들은 마가복음 14:24—"이것은 많은 사람을 위하여 흘리는 나의 피 곧 언약의 피니라"—에서도 나타난다.[31]

② 대속물 또는 생명의 대속에 관한 사상은 구약에 자주 등장하는 친숙한 사상이다.[32]

③ 비록 사상의 유사성—초기 교회에 이미 그리스도의 대속적 죽음의 가치에 대한 믿음이 널리 확산되어 있었기 때문에 발생한 현상—을 부인할 수는 없지만, 마가복음 10:45과 바울이 말한 예수의 죽음이

---

29) Page, "Ransom Logion," 141-142.
30) C. H. Dodd, *Historical Tradition in the Fourth Gospel* (Cambridge: CUP, 1963), 355.
31) Witherington, *Christology*, 253.
32) 참조. 출 30:12; 21:30; 레 25:51-52; 민 18:15.

갖는 대속적 의미 사이의 언어적 유사성은 크다고 볼 수 없다.[33]

④ "인자"라는 칭호 외에도 "섬김을 받으려 함이 아니라 섬기려 왔다"(οὐκ ἦλθεν διακονηθῆναι ἀλλὰ διακονῆσαι)의 부정-긍정 평행법, 설명적 보어로서 "카이"(καί)의 사용(epexegetical use), "목숨을 주려"(δοῦναι τὴν ψυχήν)라는 문구 사용, 재귀대명사 대신 "프쉬켄"(ψυχήν, 목숨) 사용, "폴론"(πολλῶν, 많은 사람)의 사용, 그리고 여기서 사용된 "뤼트론"(λύτρον, 대속물)의 용례 등은 모두 이 말씀의 특유한 셈어적 특성들을 잘 반영해준다.[34]

마지막으로 네 번째 근거에 대해 살펴보자. 마가복음 10:42-45과 누가복음 22:24-27 사이의 유사성 때문에 불트만과 쉬어만(H. Schürmann) 등의 학자들은 마가복음 10:45a이 누가복음에 더 정확하게 보존된, 섬김에 대한 진정성 있는 말씀을 신학적으로 확대한 것이라고 주장한다.[35] 하지만 이러한 견해는 설득력이 부족하다. 그 이유는 다음과 같다.

① 언어학적 분석에 따르면, 앞서 지적한 것과 같이 마가복음 10:45은 현저한 셈어적 특성을 보인다. 따라서 누가의 버전이 (마가복음에는 나타나지 않은) 이방인 기독교의 영향을 받았다고 보는 것이 더 적절하다.[36]

---

33) Page, "Ransom Logion," 143.

34) Page, "Ransom Logion," 148.

35) Bultmann, *Synoptic Tradition*, 144; H. Schürmann, *Quellenkritische Untersuchung des lukanischen Abendmahlsberichtes Lk. 22, 7-38* (Münster: Aschendorff, 1953-1957), 79-92.

36) Page, "Ransom Logion," 14-49.

② 마가가 더 오래된 버전을 보존하고 있을 뿐만 아니라[37] 두 버전 사이에 눈에 띌 만한 비 유사성이 존재하기 때문에 마가와 누가 모두 각각 독립된 전승을 반영할 가능성도 없지 않다.[38]

③ 문맥 역시 서로 다르다. 누가의 편집 기술에 비추어 볼 때 누가복음에 이 말씀이 생략되었다는 사실은 누가가 마가복음 10:35-45과 비슷한 자료를 다른 출처에서 찾아서 편집했음을 시사한다.[39]

④ 이와 유사한 디모데전서 2:5-6은 예수의 "대속물" 언급이 후대에 헬레니즘화된 버전일 개연성이 매우 높다. "안트로포스"($\check{\alpha}\nu\theta\rho\omega\pi\sigma\varsigma$, 사람)는 어색한 셈어적 표현인 "호 휘오스 투 안트로푸"($\acute{o}$ $\upsilon\acute{i}\grave{o}\varsigma$ $\tau\sigma\hat{\upsilon}$ $\grave{\alpha}\nu\theta\rho\acute{\omega}\pi\sigma\upsilon$, 인자)를 대체했고, "자기(자신)를 준"($\acute{o}$ $\delta\sigma\grave{\upsilon}\varsigma$ $\acute{\epsilon}\alpha\upsilon\tau\grave{o}\nu$)은 "자기 목숨을 준"($\delta\sigma\hat{\upsilon}\nu\alpha\iota$ $\tau\grave{\eta}\nu$ $\psi\upsilon\chi\grave{\eta}\nu$ $\alpha\grave{\upsilon}\tau\sigma\hat{\upsilon}$)을 대체했으며, 헬레니즘화된 "안티뤼트론"($\grave{\alpha}\nu\tau\acute{i}\lambda\upsilon\tau\rho\sigma\nu$, 대속물)이 "뤼트론"($\lambda\acute{\upsilon}\tau\rho\sigma\nu$)을 대체했고, "휘페르 판톤"($\acute{\upsilon}\pi\grave{\epsilon}\rho$ $\pi\acute{\alpha}\nu\tau\omega\nu$, 모든 사람을 위하여)은 셈어적 표현인 "안티 폴론"($\grave{\alpha}\nu\tau\grave{i}$ $\pi\sigma\lambda\lambda\hat{\omega}\nu$, 많은 사람을 위하여)을 대체했다.[40]

한편 "대속물"의 의미는 구약의 두 본문—"고난받는 종의 노래"와 이사야 43:3-4—으로부터 유래된 주제와 이미지의 측면에서 가장 잘 이해할 수 있다. 고난받는 종의 노래와 관련해서는 반론의 여지가 있긴 하지만,[41] 두 본문 사이의 언어학적 중복은 예수의 말씀 배후에 고난받는 종의

---

37) 참조. I. H. Marshall, *The Gospel of Luke: a Commentary on the Greek Text* (NIGTC; Grand Rapids: Eerdmans, 1978), 813-814.

38) 참조. Page, "Ransom Logion," 149.

39) Page, "Ransom Logion," 149-150.

40) J. Jeremias, *Abba: Studien zur neutestamentlichen Theologie und Zeitgeschichte* (Göttingen: Vandenhoeck & Ruprecht, 1966), 216-229; Stuhlmacher, "Vicariously Giving," 17-18.

41) 참조. C. K. Barrett, "The Background of Mark 10:45," *New Testament Essays: Studies*

노래가 존재한다는 주장을 뒷받침한다.[42]

① "디아코네사이"(διακονῆσαι, 섬기다) 동사는 이사야 52:13, 53:11의 야웨의 종을 암시한다.

② "두나이 텐 프쉬켄 아우투"(δοῦναι τὴν ψυχὴν αὐτοῦ, 자기 목숨을 주려 함)는 이사야 53:10의 일부—"그의 영혼을 속건제물로 드리기에 이르면"—와 53:12—"그가 자기 영혼을 쏟아 부어 사망에 이르게 하며"—또는 타르굼 이사야 53:12—"그가 자기 영혼을 넘겨주어 사망에 이르게 하며"—과 매우 높은 유사성을 보인다.

③ "대속물"을 의미하는 "뤼트론 안티"(λύτρον ἀντι)는 이사야서에 나오는 "속건제물"(אָשָׁם)에 대한 번역은 아니다. 하지만 예수의 말씀은 이사야 52:13-53:12의 일부를 번역한 것이라기보다는 고난받는 종의 사역을 요약한 것으로 보아야 한다.[43]

④ "폴론"(πολλῶν)은 종의 섬김의 유익함을 묘사하기 위해 사용된 이사야 53:11, 12의 "많은 사람"(רַבִּים)(LXX: πολλοῖς[11절, 여격], πολλῶν [12절, 소유격])에 대한 암시다(막 14:24에 대한 논의 참조).[44]

---

in Memory of Thomas Walter Manson, 1893-1958 (ed. A. J. B. Higgins; Manchester: Manchester University Press, 1959), 1-18; M. D. Hooker, *Jesus and the Servant: the Influence of the Servant Concept of Deutero-Isaiah in the New Testament* (London: SPCK, 1959).

42) 참조. R. T. France, *Jesus and the Old Testament: His Application of Old Testament Passages to Himself and His Mission* (London: Tyndale, 1971), 116-121; M. Hengel, *The Atonement: a Study of the Origins of the Doctrine in the New Testament* (London: SCM Press, 1981), 49-65; Pesch, *Markusevangelium*, 2.163-164; Stuhlmacher, "Vicariously Giving," 16-29; Davies, Allison, *Matthew*, 3.95-100; D. A. Hagner, *Matthew 14-28* (WBC 33; Dallas: Word Books, 1995), 582-583.

43) Davies, Allison, *Matthew*, 3.96.

44) France, *Jesus and the Old Testament*, 120.

또한 예수의 말씀은 이사야 43:3-4의 언어를 반영한 것으로 보인다.[45]

대저 나는 여호와 네 하나님이요 이스라엘의 거룩한 이요 네 구원자임이라.
내가 애굽을 너의 속량물(כָּפְרְךָ)로, 구스와 스바를 너를 대신하여(תַּחְתֶּיךָ) 주
었노라(נָתַתִּי). 네가 내 눈에 보배롭고 존귀하며 내가 너를 사랑하였은즉 내가
네 대신 사람들을 내어주며(וְאֶתֵּן אָדָם תַּחְתֶּיךָ) 백성들이 네 생명을 대신하리니
(תַּחַת נַפְשֶׁךָ).

그렇다면 이사야 53장과 이사야 43:3-4은 "예수의 사명과 메시지 그
리고 자기 이해에 대한 정보를 제공할 수 있는 상호경쟁적 자료가 아닌,
상호보완적인 자료로 보아야 한다."[46]

이 "대속물" 말씀을 복합적인 "예언서적" 배경(composite "prophetic"
background)에 비추어 해석하면, 여기서 예수의 "온다"는 말씀은 그의 초
월적 기원보다는 하나님이 그에게 주신 사명과 더 밀접하게 연관됨을 알
수 있다. 하나님이 그에게 주신 사명, 즉 다른 사람들을 위해 섬기고 희생
하는 사명은 고난받는 종과 완벽하게 조화를 이룬다. 다시 말해 예수는
야웨의 종으로서 섬기기 위해, 그리고 더 나아가 고난받고 죽기 위해 이
땅에 온 것이다.

5.1.4. ── 누가복음 19:10

인자가 온 것은 잃어버린 자를 찾아 구원하려 함이니라(눅 19:10).

---

45) Stuhlmacher, "Vicariously Giving," 22-26.
46) C. A. Evans, *Mark 8:27-16:20* (WBC 34B; Dallas: Word Books, 2001), 123.

이 구절은 마가복음 10:45에 보존된 "대속물" 말씀과 어느 정도 유사하다고 볼 수 있다. 그러나 누가복음의 이 말씀도 종종 "인자"라는 칭호를 사용한다는 이유로 진정성을 의심받고 있다. 그러나 "나"를 지칭하는 완곡한 표현(circumlocution)인 "인자"라는 칭호만 본문에서 삭제하면 진정성을 인정받지 못할 이유가 전혀 없다.[47] 오히려 이 말씀의 진정성을 인정할 수 있는 근거들은 다음과 같다.

① 목자의 이미지는 예수의 가르침과 깊은 연관이 있다.
② 디모데전서 1:15의 "그리스도 예수께서 죄인을 구원하시려고 세상에 임하셨다"는 구절이 그리스적 출처에서 유래했다고 본다면, 이 구절 또한 비슷한 형태를 취했다고 볼 수 있다.
③ 예수의 지상 사역의 목적이었던 현재의 구원 개념이 예수의 "성취된 종말론"에 이미 나타나 있다.[48]

만약 이 말씀이 예수에게로 소급될 개연성이 높다면 그는 어떠한 의미로 이 말씀을 했을까? 자신의 초월적 기원이나 선재성에 대한 자의식을 전달하기 위해서였을까? 주석가 대부분은 누가복음 19:10이 마가복음 2:17(//눅 5:32)에 보존된 말씀 및 에스겔 34장에 나타난 하나님과 다윗이 이스라엘의 흩어진 양들을 모으는 구약의 이미지와 긴밀하게 연관된다고 지적한다.[49] 그러나 에스겔 34장에서 다윗은 비교적 작은 역할을 맡

---

47) I. H. Marshall, *The Origins of New Testament Christology* (Downers Grove: Inter-Varsity, 1976, 1990), 74.
48) Marshall, *Luke* 698-699; J. A. Fitzmyer, *The Gospel According to Luke* (AB 28; New York: Doubleday, 1991, 1985), 1226; 이와 반대 의견은 F. Hahn, *Christologische Hoheitstitel* (Göttingen: Vandenhoeck & Ruprecht, 1964), 45를 보라.
49) 참조. Marshall, *Luke*, 698; J. Nolland, *Luke* (WBC 35; Dallas: Word Books, 1993), 906;

고 있으며 예수의 말씀에 묘사된 예수의 행동이 **하나님**의 사역과 흡사하다는 점을 감안한다면, 하나님 자신보다 다윗의 역할을 강조한 놀란드(J. Nolland)의 논증은 비판을 피하기 어렵다.[50] 이 부분에서 우리는 누가복음 19:10에 기록된 예수의 오심과 에스겔 34:23-24에 나타난 다윗적 메시아의 오심이 맺는 연관성이 약하다는 것을 알 수 있다.

이 말씀이 예수의 메시아적 인식으로 해석될 수 없다면 예수는 어떤 의미에서 이 말씀을 한 것일까? 나는 이 말씀에 암시된 예수의 오심의 목적이 예언자에게 기대하는 것 이상이라는 개더콜의 견해에는 동의하지만 선재성에 대한 예수의 자의식을 암시한다는 데에는 동의할 수 없다.[51]

물론 이 말씀에서 극히 고양된 예수의 자기 이해—예수가 자신을 기존에 하나님에게 부여되었던 임무를 지금 감당하는 자로 묘사하는 마태복음 15:24과 같이—를 발견할 수 있다. 하지만 이러한 이미지를 확대 해석하지 않도록 유의해야 한다. 기존에 하나님에게 부여되었던 임무를 현재 예수가 수행한다고 해서 반드시 그가 하늘에서 왔다거나 하나님과 동일시되어야 한다는 것을 의미하지는 않는다.

오히려 이 말씀의 요점은 예수가 변함없이 자기 자신을 이스라엘의 목자로 보았다는 것이다. 이것은 자신이 하나님의 백성을 인도하고 감독하며 심지어 구원하기 위해 부름 받았음을 예수가 믿었다는 사실을 암시한다.[52] 따라서 누가복음 19:10은 예수의 진정성 있는 말씀으로서 이스라엘의 잃어버린 양들을 목양하기 위한 사명을 하나님으로부터 받았다는 그의 자의식을 나타낸다는 결론을 내릴 수 있다.

Fitzmyer, *Luke*, 2.1226.

50) S. J. Gathercole, "The Advent of Jesus in the Synoptic Gospels," *An unpublished paper read at Aberdeen University NT Seminar* (2002), 9.

51) Gathercole, "Advent of Jesus," 9.

52) Witherington, *Christology*, 126.

5.1.5. —— 누가복음 12:49-51(//마 10:34)

49내가 불을 땅에 던지러 왔노니 이 불이 이미 붙었으면 내가 무엇을 원하리요. 50나는 받을 세례가 있으니 그것이 이루어지기까지 나의 답답함이 어떠하겠느냐? 51내가 세상에 화평을 주려고 온 줄로 아느냐? 내가 너희에게 이르노니 아니라. 도리어 분쟁하게 하려 함이로라(눅 12:49-51).

누가복음 12:50과 다소 유사한 말씀을 마가복음 10:38b에서[53] 발견할 수 있다. 하지만 12:49-50에 보존된 말씀은 오직 누가복음에만 나타난다. 이를 근거로 일부 학자들은 49-50절을 누가의 창작으로 간주한다. 그러나 49절에 나타난 셈어적 특성과 누가 고유의 언어적 특성이 결여된 점은 누가의 창작 가능성에 대한 강한 의혹을 불러일으킨다.[54] 만약 누가복음 12:49-50이 누가 이전의 전승이라면 먼저 이 말씀이 Q 문서의 일부였는지 혹은 누가의 특수 자료였는지 질문해야 한다. 물론 이 두 말씀이 하나의 통합된 말씀이었다고 주장하기는 어렵다. 그러나 누가복음 12:49과 마태복음 10:34 사이의 어휘적 연관성—$\beta\acute{\alpha}\lambda\lambda\omega$ 동사 사용—은 이 말씀이 Q 문서의 일부였을 가능성을 높여준다.[55] 그래서 매르츠(C. P. März)는 누가복음 12:49이 Q 문서의 (후기) 편집 과정에 속한다는 논증을 제시했다.[56]

그러나 다음과 같은 근거로 이 말씀이 예수 자신에게로 소급될 개연

---

53) 이 말씀은 누가가 생략하기로 한 단락에 기록되어 있다.

54) Marshall, *Luke*, 548; S. J. Patterson, "Fire and Dissension: Ipsissima Vox Jesus in Q 12:49, 51-53?," *Forum* 5.2(1989), 121-139; 참조. Arens, *HΛΘON-Sayings*, 64-65.

55) Nolland, *Luke*, 707.

56) C. P. März, "'Feuer auf die Erde zu werfen, bin ich gekommen…': Zum Verständnis und zur Entstehung von Lk 12, 49," *A cause de l'Evangile* (ed. F. Refoulé; Paris: Cerf, 1985), 493-501.

성이 높다고 볼 수 있다.

① "퓌르 발레인"(πῦρ βάλλειν, 불을 던지다)은 비록 "은유적 표현으로 이
해할 수 있는 그리스어"이긴 하지만,[57] "불을 점화하다"라는 아람어
표현의 직역일 수도 있다.[58]

② "티"(τί, 무엇)는 "얼마나"라는 의미로 수사학적 질문을 도입할 때의
מה와 비슷한 셈어적 표현으로 보인다(삼하 6:20; 마 7:14).[59]

③ 이와 마찬가지로 "텔로 에이"(θέλω εἰ, 내가 원한다)도 셈어적 표현에
가깝다(사 9:5; Sir 23:14).[60]

④ 마태복음 10:34b의 "발레인 에이레넨"(βαλεῖν εἰρήνην, 평화를 던지
다)이라는 표현도 셈어적 표현으로 보인다.[61]

⑤ 마태복음 10:34의 "우크⋯알라"(οὐκ⋯ἀλλά) 구조는 아람어로 다시
번역이 가능한 누가복음 12:51의 초기 형태로 보아야 한다.

⑥ 마태복음 10:34b은 분쟁이 절정에 달했던 예수의 사역 후기 정황
과 잘 어울린다.[62]

따라서 누가복음 12:49과 마태복음 10:34b(서로 독립된 전승이라면 복수
언급의 기준 적용)은 셈어적 요소를 비롯해 초기 교회의 진술 내용 및 관심
사뿐만 아니라, 그 당시 만연해 있던 유대교 정서와의 비 유사성(셈어 및
비 유사성의 기준 적용)을 감안할 때 예수에게로 소급될 개연성이 매우 높다

---

57) Marshall, *Luke*, 546; 참조. 마 10:34; Jos. *Ant.* 1.98; *BD* 299 §4.
58) J. Jeremias, *The Parables of Jesus* (Göttingen: Vandenhoeck & Ruprecht, 1972), 163.
59) Arens, *HΛΘΟN-Sayings*, 64 이하.
60) 그러나 Herodotus 6:52; 9:44를 보라.
61) 참조. *Lev. R.* 9[111b], *Mek. Exod.* 20:25; *Sipre Num.* 16.
62) Arens, *HΛΘΟN-Sayings*, 86.

고 할 수 있다.

이처럼 이 본문들의 진정성이 확보된다면 이를 통해 어떠한 통찰력을 얻을 수 있을까? 이 본문의 의미를 해석하는 데 결정적인 요소는 불에 대한 정의다. 하르낙(A. von Harnack)이 지적했듯이 "불"은 종교적인 의미로 사용될 때 긍정적인 의미와 부정적인 의미를 모두 가질 수 있다.[63] 불은 전적으로 멸망의 의미(고전 3:13)만 있는 것이 아니라 심판(눅 9:54; 마 13:30)이나 정결케 하는 힘 또는 성령의 깨끗게 하는 행위를 의미하기도 한다. 따라서 누가복음 12:49-51의 문맥에서 불을 심판과 관련된 것으로 이해해야 한다는 마샬(I. H. Marshall)의 지적은 적절하다.[64]

개더콜은 누가복음 12:49-51에서 예수의 선재성에 대한 힌트를 찾을 수 있다고 주장한다.[65] 개더콜이 보기에 불은 하늘에서 즉 하나님에게서 오는 것이기 때문에, 하늘에서 불을 내려달라고 기도했던 엘리야와는 달리 예수가 이 땅에 불을 내릴 수 있다고 주장하는 것은 신적 정체성에 대한 암시적 주장이다. 더 나아가 그는 예수의 오심의 의도가 이 땅에 불을 가져오는 것을 포함했다면 이것은 자신이 하늘로부터 온 자임을 밝히는 것이라고 결론 내린다.[66]

그러나 다음과 같은 중요한 사항들을 고려해야 한다.

① 마태복음 10:34과는 달리 누가복음 12:49, 50은 비록 임박한 것이지만 **미래에 일어날 일을 가리킨다.**[67]

---

63) A. von Harnack, "Ich bin gekommen': Die ausdrücklichen Selbstzeugnisse Jesu über den Zweck seiner Sendung and seines Kommens," *ZTK* 22(1912), 12.

64) Marshall, *Luke*, 547; 참조. 행 2:19; 계 8:5, 7; 20:9.

65) Gathercole, "Advent of Jesus," 6.

66) Gathercole, "Advent of Jesus," 7.

67) Witherington, *Christology*, 121.

② 누가복음 12:49의 말씀은 예수 자신이 앞으로 수행할 일을 가리키는 반면, 50절의 말씀은 비록 자신의 사명을 성취하는 도구이긴 하지만 구체적으로 **자신에게 반드시 일어날 어떤 일**을 가리킨다.[68] 이처럼 예수가 앞으로 일어날 일을 완전히 통제할 수 없다는 사실 때문에 예수의 "오심"이 그의 초월적 기원을 의미한다고 보기는 어렵다.

③ 마태복음 10:34의 검(sword) 메타포는 종말론적인 시대의 도래, 특히 종말론적 심판의 도래를 가리키는 것으로 보인다.[69] 여기서도 불이 임박한 심판을 가리킨다고 볼 때, 앞서 지적한 부분들은 이 말씀이 예수의 오심을 하나님의 종말론적 심판을 이 땅에 임하게 하는 것으로 표현한 "예언자적 심판 선언"임을 알려준다. 다시 말해 예수는 종말론적 심판이 임하도록 하는 신적 사명의 수행을 자신의 사역으로 본 것이다.

5.2. ── "내가 보냄을 받았다"는 말씀들

하나님이 주신 신적 사명에 대한 예수의 자의식이 가장 명료하게 잘 나타난 부분은 마태복음 15:24 및 평행절과 마가복음 9:37 및 평행절에 보존된 "내가 보냄을 받았다"는 말씀들이다.

---

68) T. W. Manson, *The Sayings of Jesus* (London: SCM, 1949), 120-121; W. G. Kümmel, *Promise and Fulfilment: the Eschatological Message of Jesus* (SBT 23; London: SCM, 1957), 70.n.168.

69) 참조. 사 34:5; 66:16; 겔 21장; *1 En.* 63:11, 91:12, 100:1-2; *2 Bar.* 70:6.

5.2.1. —— 마태복음 15:24

> 예수께서 대답하여 이르시되 "나는 이스라엘 집의 잃어버린 양 외에는 다른
> 데로 보내심을 받지 아니하였노라" 하시니(마 15:24).

이 구절은 마태복음 15:24과 마태복음 10:6—"오히려 이스라엘 집의
잃어버린 양에게로 가라"—이 초기 팔레스타인 기독교의 선교적 설교를
반영한다는 이유로 그 진정성을 인정받지 못했다.[70] 그러나 이러한 주장
에 의문을 제기하지 않을 수 없다. 마태복음 10:6은 그들의 사명을 유대
인들에게 국한하긴 하지만 이렇게 초기에 이방인을 위한 선교를 금지했
다는 확실한 증거는 없다(물론 공개적으로 이방인 선교를 장려한 것은 아니다).[71]
사실 이렇게 선별적으로 선교를 제한하는 말씀이 초기 이방인 선교가 시
작된 이후에 생겨났을 가능성은 매우 낮다. 또한 마태복음 15:24과 10:6
에 나타난 선별적으로 제한된 선교는, 보편적인 선교를 강조하는 마태의
사상과도 상반되어 보인다(참조. 마 2:1이하; 4:15; 12:18, 21; 8:11이하; 15:21이
하; 특히 28:19).[72]

이 말씀의 진정성은 언어학적 관점에서도 뒷받침된다. 이 말씀은 다음
과 같은 근거로 아람어 원형으로 소급된다고 평가받는다.

① "우크…에이 메"(οὐκ…εἰ μή)는 아람어 אלא לא(…외에는)를 반영한다.
② 신적 수동태 "아페스탈렌"(ἀπεστάλην, 보냄을 받다)은 초기 전승의 특

---

70) 참조. F. W. Beare, *The Gospel According to Matthew: a Commentary* (Oxford: Blackwell, 1981), 341-342.

71) Witherington, *Christology*, 124.

72) D. Hill, *The Gospel of Matthew* (NCBC; London: Oliphants, 1972), 185; E. Schweizer, *The Good News According to Matthew* (Atlanta: John Knox, 1975), 238.

징에 해당한다.

③ "에이스"(εἰς, …으로)는 히브리어 전치사 "베"(ㅂ)의 번역으로 셈어적 표현이다.

④ "지파", "혈통" 또는 "공동체"라는 의미의 "오이코스"(οἶκος)는 히브리어적 표현이며, 정관사가 생략된 "오이쿠 이스라엘"(οἶκου Ἰσραήλ)은 히브리어의 연계형 명사구(construct state)를 반영한다.[73]

그뿐 아니라 이 구절들의 진정성은 이미 그 진정성이 입증된 누가복음 19:9-10을 비롯한 다른 전승들에 의해서도 뒷받침된다.[74] 따라서 우리는 마태복음 15:24의 말씀이 예수에게로 소급될 수 있다는 결론에 도달한다.[75]

그렇다면 마태복음 15:24로부터 유추할 수 있는 예수의 자기 이해에 대한 함의는 무엇일까? 예수의 말씀은 자기 사명의 목적에 관한 것이다. 이스라엘을 양 떼로 묘사하는 표현은 구약의 여러 본문에 나타나며(예. 시 23편; 겔 34장), 잃어버린 양으로 묘사된 이스라엘 민족 역시 구약에 흔히 나타난다(예. 겔 34장; 렘 50:6). 예수가 자신의 사명을 묘사하기 위해 이스라엘 민족을 잃어버린 양으로 묘사했다는 사실은, 예수가 자신을 "에스겔 34장에 나타난 야웨의 기존 수행 임무를 대신 맡아서 수행하는 자로 보았다"는 것을 알려준다.[76] 다시 말해 "예수는 자신을 이스라엘의 목자로 인식하고 있었으며 이는 그가 하나님의 백성을 인도하고 감독하고 심지어 구원하기 위해 부름 받은 자라고 믿었음을 암시한다."[77]

---

73) J. Jeremias, *Jesus' Promise to the Nations* (SBT 24; London: SCM, 1958), 26-27.

74) 이 책의 §5.1.4을 보라.

75) Witherington, *Christology*, 125; Marshall, *Luke*, 698-699; Fitzmyer, *Luke*, 1226도 마찬가지다.

76) Witherington, *Christology*, 126.

77) Witherington, *Christology*, 126.

이러한 사상이 마태복음 15:24과 누가복음 19:10에 독립된 전승으로 나타난다는 사실은 이 모티프가 복음서 저자들의 편집이라기보다는 예수에게로 소급될 개연성이 훨씬 더 높다는 점을 확인시켜준다. 따라서 마태복음 15:24의 말씀은 누가복음 19:10과 함께 예수가 갖고 있던 신적 사명 자의식—이전에 야웨가 수행하던 임무를 부여받은 자로서의 신적 사명 의식—에 대한 매우 중요한 통찰력을 제공해준다.

5.2.2. —— 마가복음 9:37(//마 10:40//눅 9:48)

누구든지 내 이름으로 이런 어린아이 하나를 영접하면 곧 나를 영접함이요, 누구든지 나를 영접하면 나를 영접함이 아니요 나를 보내신 이를 영접함이니라 (막 9:37).

너희를 영접하는 자는 나를 영접하는 것이요 나를 영접하는 자는 나 보내신 이를 영접하는 것이니라(마 10:40).

그들에게 이르시되 누구든지 내 이름으로 이런 어린아이를 영접하면 곧 나를 영접함이요, 또 누구든지 나를 영접하면 곧 나를 보내신 이를 영접함이라. 너희 모든 사람 중에 가장 작은 그가 큰 자니라(눅 9:48).

마가복음 9:37b은 예수를 영접하는 것과 그를 보내신 이를 영접하는 것이 동일하다고 기록한다. 이 말씀은 부활 이후의 정황을 반영한다고 볼 수도 있다. 그러나 이 말씀이 결코 예수에게로 소급되지 않는다고 단정할 수는 없다. 오히려 복음서의 중복되는 자료들은 약간 변형된 이 말씀을 구전 전승에서 어렵지 않게 발견할 수 있었다는 사실을 보여준다

(이는 진정성 있는 말씀으로 볼 수 있는 매우 좋은 단서다).[78] 이 말씀은 마태복음 10:40b,[79] 누가복음 9:48b(약간 수정된 형태로), 누가복음 10:16c(부정적 진술로)에 나타날 뿐만 아니라, 요한복음 13:20에도 독립된 전승으로 나타난다("데코메노스"[δεχόμενος] 대신 "람바논"[λαμβάνων]이 사용됨).

마가복음 9:37b과 누가복음 9:48b의 말씀은 마태복음 18:5에 기록된 예수의 이름으로 어린이를 영접하라는 말씀과 관련되어 나타난다. 이를 볼 때 어린이들을 영접하라는 원형 말씀이 예수와 그를 보낸 이를 영접하라는 다른 독립된 말씀에 의해 확대되었을 가능성이 제기된다.[80] 따라서 이 말씀의 원래 표현이 확실하지 않더라도 이 말씀과 그 평행 구절들은 후대 교회의 관심사를 반영한다기보다는 "예수의 삶의 정황"(*Sitz im Leben Jesu*)으로 소급될 개연성이 매우 높다.

예수를 영접하는 것과 그를 보낸 이를 영접하는 것의 동일시는 예수가 하나님에 의해 하늘로부터 보냄을 받았음(즉 그의 초월적 기원)을 의미하는 것으로 해석될 수도 있다. 하지만 이 말씀 후반부에 나타난 "샬리아흐"(*shaliach*)라는 유대교 개념은 이러한 해석에 문제가 있음을 알려준다. "샬리아흐" 개념은 유대 문헌에 흔히 인용되는 "어떤 사람으로부터 **보냄을 받은 자**(שׁליח, 샬리아흐)는 그 사람 자신과 같다"는 말로 설명될 수 있다(*m. Ber.* 5.5, 참조. *Mek. Exod.* 14:31; 18:12).[81] 이 개념에 비추어 볼 때 이 말씀은 예수가 자신을 하나님의 메신저, 즉 아버지로부터 보냄을 받은 자(참조. 눅 10:16; 요 5:23; 12:44-45; 13:20)로 간주했으며 하나님이 주신 신적 사명에 대한 인식을 가지고 있었음을 보여준다.

---

78) D. A. Hagner, *Matthew 1-13* (WBC 33; Dallas: Word Books, 1993), 294-295도 마찬가지다.
79) H. Fleddermann, "The Discipleship Discourse(Mark 9:33-50)," *CBQ* 43(1981), 62-63.
80) Marshall, *Luke*, 395.
81) "샬리아흐" 개념에 관해서는 K. H. Rengstorf, *TDNT* 1.414-420을 보라; 참조. Marshall, *Luke*, 397; Hagner, *Matthew 1-13*, 295.

요약하면 마태복음 15:24과 마가복음 9:37을 비롯해 그 평행 구절에서 찾아볼 수 있는 예수의 "내가 보냄을 받았다"는 말씀들은 하나님이 주신 신적 사명에 대한 그의 자의식을 나타낸다고 볼 수 있다.

5.3. ── 예수의 자의식에 대한 기독론적인 함의

"내가 왔다"와 "내가 보냄을 받았다"는 예수의 말씀들에 관한 지금까지의 논의를 통해 우리는 예수가 지상에서 하나님이 주신 사명을 수행하려는 인식을 가진 자로 자신을 계시하였음을 논증했다.

앞서 우리는 "내가 왔다"라는 예수의 말씀에 대한 관용적 해석은 확실한 근거나 설득력이 없음을 살펴보았다. 또한 모든 "엘톤"($\ddot{\eta}\lambda\theta o\nu$) 말씀들은 예수의 초월적 기원보다는 하나님이 주신 그의 **신적 사명**에 강조점이 있음도 살펴보았다. 결국 예수의 "오심"은 하늘로부터의 그의 강림이라기보다는 하나님이 주신 그의 신적 사명의 동의어로 보는 것이 가장 타당하다고 할 수 있다.

마태복음 15:24과 마가복음 9:37에 보존된 "내가 보냄을 받았다"는 말씀과 관련해서도 우리는 동일한 결론에 도달했다. 그런데 우리는 이 말씀들과 제4장에서 다루었던 "악한 소작농부들의 비유" 사이에 매우 중요한 차이점이 있음을 발견했다. "내가 보냄을 받았다"는 말씀보다는 악한 농부들의 비유가 조금 더 확신 있는 결론으로 우리를 이끈다. 비록 미묘하긴 하지만 우리는 예수가 이 비유를 통해 자신의 하나님 아들 됨과 자신의 신적 또는 초월적 기원에 대한 인식을 암시적으로 드러냈음을 알 수 있다.[82]

---

82) 막 12:35-37과 14:62에 대한 자세한 논의는 이 책의 §6.2.5를 보라.

"내가 보냄을 받았다"는 말씀들과 악한 소작농부들의 비유가 하나님으로부터 보냄을 받았다는 공통분모를 가지고 있는 것은 사실이다. 하지만 이 둘 사이의 가장 큰 차이점은 "보냄 받은" 말씀과는 달리 악한 소작농부들의 비유에서는 예수가 자기 자신을 **하나님의 아들**로뿐만 아니라 하나님으로부터 **보냄을 받은** 자로 묘사한다는 것이다. 이 두 요소의 결합은 기독론에서 더욱 심오한 함의(stronger implications)를 지닌다. 여기서 예수는 이 세상에 보냄을 받은 하나님의 아들로 드러난다.

지금까지 두 장에 걸쳐 예수의 하나님 아들 자의식과 신적 사명 자의식에 대해 논의했다. 그렇다면 이제는 "그의 삶과 가르침이라는 전반적인 정황에 비추어 볼 때 예수가 지녔던 자의식이 어떠한 기독론적 함의들을 지니고 있었을까?"에 대한 논의가 이루어져야 할 적절한 시점인 듯하다.

혹자는 예수의 하나님 아들 자의식과 신적 사명 자의식이 그의 선재성에 대한 자의식을 함의한다고 주장할 수도 있다. 이러한 예수의 자의식에 관한 공관복음의 증거들을 논의한 결과 우리는 예수가 하나님을 자신의 아버지로, 그리고 자신을 그의 아들로 보는 하나님과의 독특하고 인격적인 관계에 대한 인식을 가지고 있었음을 증명했다. 같은 맥락에서 예수가 자신의 신적 사명, 즉 지상에서 하나님이 주신 사명을 수행하려는 인식을 지니고 있었음도 논증했다. 그러나 이러한 하나님의 아들 됨과 신적 사명에 대한 자기 이해 자체가 예수의 지상 사역 기간에 그를 선재한 존재로 이해하는 데 중요한 역할을 했다고 말하기는 어렵다.

그런데 만약 초기 그리스도인들이 예수의 하나님 아들 자의식과 신적 사명 자의식을 그의 부활 사건 및 그의 삶과 가르침이라는 전반적인 정황에 비추어 부활 이후에 다시 회상하고 재검토했다면, 이러한 예수의 자기 이해를 그의 선재성으로 이해했을 가능성을 완전히 배제할 수는 없다. 다시 말해 예수의 자기 이해가 초기 그리스도인들에 의해 회고적으로 재해석되었다면 이러한 해석은 터무니없는 것이 아니라 실제적 개연성을 갖게 된다는 것이다. 바로 여기서 초기 기독교의 시편 110:1 및 2:7의 주해가 중추적 역할을 하게 된다.

그렇다면 우리는 예수의 하나님 아들 자의식과 신적 사명 자의식, 그리고 그의 신적이며 선재적인 자의식 사이에 실제적으로 명확한 선을 그을 수 있는지에 대해 질문해보아야 한다. 만약 그의 하나님 아들 됨과 신적 사명에 대한 자기 이해가 부활 이후의 관점에서 회고적으로 재검토되었다면 이 둘 사이의 명확한 구분은 문제가 될 수 있다. 그런 의미에서 그의 자기 이해는 그의 신적이며 선재적인 자의식과 양립할 수 있다고 보아도 무방하다. 그리고 바로 그런 의미에서 예수의 "아바" 사용 및 하나님의 아들 됨과 신적 사명에 대한 말씀들이 전반적으로 그의 선재성을 함의한다고 볼 수 있다.

복음서를 자세히 살펴보면 예수의 제자들은 부활 사건 이전에는 결코 예수가 과연 어떤 분(person of Jesus)인지 완전히 이해하지 못했다. 이는 예수가 자기 자신을 명확하게 드러내 보이지 않았기 때문이기도 했지만 그들이 영적으로 무지했기 때문이기도 했다. 그러므로 예수의 실제적 자의식과 그에 대한 제자들의 이해 사이에는 상당한 간격(gap)이 있었음을 인정해야 한다.

앞으로 제6장과 제7장에서 논의하겠지만 이 "간격"은 초기 그리스도인들이 부활 이후 시편 110:1 및 2:7을 메시아적-기독론적으로 주해하는 과정을 통해 메워졌다. 이 과정을 통해 그들은 예수의 자기 계시 진술들(self-revelatory statements)에 내포된 그의 선재성에 대한 함의를 유추해냈던 것이다.

그러므로 예수의 하나님 아들 됨과 신적 사명에 대한 우리의 논의는, 초기 그리스도인들이 선재한 하나님의 아들로서의 예수에 대한 온전한 이해를 구축할 수 있었던 견고한 기반이 결국 예수 안에 존재했다는 결론에 이르도록 한다. 피상적으로 보면 예수가 자기 자신에 대해 인식한 것(예수의 기독론)과 초기 그리스도인들이 그에 대해 믿게 된 것(초기 교회의 기독론) 사이에 상당히 큰 간격이 있었던 것처럼 보인다. 바로 이러한 둘 사이의 큰 간격—어떤 이들에게는 결코 "화해될 수 없는" 간격—은, 많은 학자가 초기 기독론의 형성과 예수의 선재성의 기원을 예수 자신이 아닌 다른 것(유대 지혜 전승, 제2성전기의 선재적 메시아 전승, 유대 "천사 형태론적" 신적 중개인 전승 등)에서 찾게 하는 빌미가 되었다.

우리는 앞으로 제6, 7장에서 초기 교회가 어떻게 시편 110:1 및 2:7을 해석하고 사용했는지 살펴볼 것이다. 그리고 예수가 자기 자신에 관해 주장한 것과 초기 교회가 그에 대해 믿게 된 것 사이에 존재했던 "간격"을 그들이 가장 소중하게 여겼던 이 두 시편의 주해를 통해 어떻게 성공적으로 "메울 수" 있었는지에 대해 살펴볼 것이다. 그들은 두 시편의 주해를 통해 예수의 부활 및 자기 계시 진술들에 비추어 그들이 이미 믿기 시작한 것들을 확증할 수 있었다. 그뿐 아니라 예수를 하나님의 우편에 즉위한 선재한 하나님의 아들로 이해하는 믿음을 심화할 수 있었다. 이제 그 "메우는" 작업을 위해 다음 장으로 넘어가자.

초기 그리스도인들은 그 당시 유대인들과 마찬가지로 구약을 성서로 존중했다. 그들은 동시대의 유대인들과 마찬가지로 유대인으로서 그들이 경외하던 구약성서에서 하나님의 뜻을 찾을 수 있다고 믿었다. 따라서 그들이 예수의 죽음과 부활을 설명하기 위해 구약성서에 의존한 것은 전혀 놀라운 일이 아니다.

대다수 학자는 기독교가 출현하기 이전에 이미 일부 구약 본문들이 메시아적 관점에서 해석되고 있었다는 데 동의한다. 초기 그리스도인들은 예수가 바로 그들이 오랫동안 고대했던 메시아라고 확신하게 되면서부터 메시아적 관점으로 해석될 수 있는 구약 본문에 관심을 집중했다. 그리고 그러한 구약성서의 메시아적 주해가 마침내 예수가 과연 누구인가 하는 그들의 물음에 답을 주었다.

이제부터 우리는 이 책의 제6, 7장을 통해 최초기 그리스도인들이 예수를 선재한 주와 하나님의 아들로 이해할 때 매우 중요한 역할을 한 시 두 편을 발견했다고 논증할 것이다. 바로 시편 110:1과 2:7이다.[1]

시편 110:1은 예수의 부활을 하나님 우편으로의 고양(高揚, exaltation) 으로 이해하는 데 결정적인 역할을 했다.[2] 이 시편은 초기 그리스도인들 에 의해 그의 "문자적" 고양에 대한 예언으로 해석되었을 뿐만 아니라 하 나님이 이미 주(主, Lord)이신 자에게 선포하는 말씀으로 이해되었다. 이 와 같은 맥락에서 자신이 하나님의 아들이라는 예수의 주장을 발단으 로 해서, 초기 그리스도인들은 시편 2:7을 그의 하나님 아들 됨에 대한 예언—부활을 통해 결정적으로 성취된—으로뿐만 아니라 하나님이 이미 아들이신 자에게 선포하는 말씀으로 해석하게 되었다.

이렇게 시편 110:1과 2:7은 예수가 그의 지상 사역 기간은 물론이고 그 이전에도 이미 선재한 주와 하나님의 아들이었다는 초기 그리스도인 들의 믿음을 뒷받침하는 중요한 본문이 되었다. 따라서 두 편의 메시아 시편에 대한 초기 그리스도인들의 주해는 예수의 선재성 사상의 발전 과 정에서 가장 중요한 역할을 했다고 볼 수 있다.

초기 기독교의 출현은 예수의 추종자들이 예수가 죽음에서 부활하여 그들 앞에 나타난 것을 믿는 믿음 없이는 절대 불가능하다. 신약성서에는 예수의 추종자들이 예수의 부활을 그가 다시 살아나 하늘로 승천한 것으 로뿐만 아니라 하나님 우편으로 고양 또는 즉위한 것으로 이해했다는 충 분한 증거들이 존재한다. 그들이 이렇게 이해하게 된 근거는 무엇일까?

이에 대한 가장 설득력 있는 대답은 시편 110:1에 나타난 하나님의 우 편에 "앉는다"는 개념이 예수의 부활을 하나님 우편으로의 고양으로 이해

---

1) H.-J. Kraus, *Theology of the Psalms* (Minneapolis: Fortress, 1992), 180-188도 초기 기 독교에서 이 두 시편의 중요성에 대해 언급한다.
2) 이 책 §7.3을 보라.

하는 데 결정적이었다는 설명이다. 왜냐하면 그 개념은 이 구절 외에 다른 곳에서는 찾아볼 수 **없기** 때문이다. 따라서 우리는 초기 기독론의 발전을 탐구할 때 결코 시편 110:1의 중요성을 과소평가해서는 안 된다.

시편 110:1의 중요성은 이 구절이 신약성서에서 가장 많이 인용되거나 암시된 구약 본문 가운데 하나라는 사실이 잘 말해준다.[3] 학자들은 하나님의 우편에 앉은 고양된 그리스도에 대한 모든 진술은 직간접적으로 모두 이 구절에 의존한다는 데 의견을 같이한다.

시편 110:1은 초기 기독교에서 얼마나 폭넓게, 그리고 얼마나 일찍부터 사용되기 시작했을까? 시편 110:1을 예수에게 적용했을 때 초기 그리스도인들은 예수를 주(主)라고 생각했을까? 만일 그렇지 않았다면 그들이 예수를 주라고 믿은 이유는 무엇이었을까? 하나님의 시각에서 예수는 부활 이전에 이미 주였을까? 혹은 그의 주 됨이 부활과 함께 그에게 부여된 것일까? 좀 더 구체적으로 시편 110:1은 예수가 부활의 시점에 주가 되었음을 의미하는 것으로 이해되었을까? 아니면 하나님이 이미 "주"인 자에게 말씀하시는 것으로 이해되었을까? 예수가 성전에서 가르칠 때(막 12:35-37), 그리고 재판 도중에 인자가 하나님의 우편에 앉을 것과 하늘의 구름을 타고 올 것을 예언할 때(막 14:62) 시편 110:1을 인용했다는 복음서의 증거는 얼마나 중요하고도 적절한 것일까? 이러한 복음서의 본문들은

---

3) 이 주제에 대해서는 D. M. Hay, *Glory at the Right Hand: Psalm 110 in Early Christianity* (SBLMS 18; Nashville: Abingdon, 1973); M. Gourgues, *A la droite de Dieu: resurrection de Jesus et actualisation du psaume 110, 1 dans le Nouveau Testament* (Paris: J. Gabalda, 1978); T. Callan, "Ps. 110:1 and the Origin of the Expectation That Jesus Will Come Again," *CBQ* 44(1982), 622-635; W. R. G. Loader, "Christ at the Right Hand – Ps. CX in the New Testament," *NTS* 24(1978), 199-217; M. Hengel, "'Sit at My Right Hand!' The Enthronement of Christ at the Right Hand of God and Psalm 110:1," *Studies in Early Christology* (Edinburgh: T&T Clark, 1995), 119-225를 보라.

예수에 대한 새로운 이해 과정을 주도할 만큼 진정성이 있었던 것일까? 초기 그리스도인들이 시편 110:1과 8:6을 병치해서 읽었을 때 그들이 유추해낸 기독론적 함의는 무엇이었을까? 예수를 선재한 주로 이해하는 데 그것이 얼마나 중요한 역할을 했을까? 이번 장에서는 이러한 질문들에 대해 답하고자 한다.

이를 위해 첫째, 시편 110:1이 초기 유대교에서 어떻게 사용되었으며 해석되었는지를 간략하게 논의한다. 둘째, 최초기 그리스도인들이 이 시편을 어떻게 사용했으며 해석했는지에 대해 고찰한다. 셋째, 이 시편 구절은 먼저 예수의 하나님 우편으로의 고양에 대한 예언으로 해석되었으며, 이후 신속하게 초기 교회 신앙고백의 일부분을 차지하게 되었다고 논증한다. 넷째, 그의 사역 기간에 예수가 직접 시편 110:1을 인용한 것을 포함하는 복음서 본문들(막 12:35-37; 14:62//)은 진정성(authenticity)이 있으며, 이것이 시편 110:1을 그의 하나님 우편으로의 고양에 대한 예언으로 해석하는 과정을 주도했을 개연성이 매우 높다고 논증한다.

사복음서는 이 시편을 통해 예수가 자기 자신을 다윗의 주이며 최후 심판을 위해 다시 올 하나님의 우편에 앉은 인자로 이해했다고 증언한다. 만약 이것이 옳다면 이 시편에 대한 예수의 이해는 이번 장의 논의에서 매우 중요하다. 그러한 증언은 단순히 이 시편에 대한 초기 그리스도인들의 해석이 아니라 예수가 그의 추종자들에게 미친 영향의 결과라고 보아야 하기 때문이다.

6.1. ─── 초기 유대교의 시편 110편 해석

6.1.1. ─── 시편 110편의 원래 정황 및 후기 기능

구약학자들 대부분은 시편 110편이 제왕 시 가운데 하나로서 원래 하나님이 왕에게 부여한 영광과 권위를 은유적으로 표현하기 위해 다윗 왕가 중한 왕의 즉위식을 상정해 쓰인 시라는 데 동의한다.[4] 이후 이 시는 매년 신년 축제, 실제 전투 혹은 전쟁 전의 승리를 약속하는 예식에 사용되었다.[5] 그러나 이 시가 다윗 왕조의 한 왕과 직접적인 연관이 없다고 주장하는 학자들은 이 시가 처음부터 종말론적이며 메시아적인 시였다고 간주한다.[6]

6.1.2. ─── 시편 110편의 후대 해석

시편 110편은 신구약 중간기 혹은 랍비 문헌에서는 폭넓게 사용되지 않았다. 또한 이 시편이 초기 기독교의 출현 이전에 초기 유대인들에 의해 메시아적인 시편으로 해석되었는지 역시 분명하지 않다. 헤이(D. M. Hay)의 연구에 의하면 초기 유대교의 증거는 빈약하다고 할 수 있다.[7] 그는

---

4) 이 시편의 저작 연대기와 원래 정황은 구약학자들 간에 논쟁의 대상이 되고 있다; 참조. A. Weiser, *The Psalms: a Commentary* (Göttingen: Vandenhoeck & Ruprecht, 1962), 693; H.-J. Kraus, *Psalmen* (BKAT 15/1; Neukirchen-Vluyn: Neukirchener Verlag, 1960), 775-776; L. C. Allen, *Psalms 101-150* (WBC 21; Dallas: Word Books, 1983), 83-86.

5) 참조. Allen, *Psalms*, 83.

6) 참조. E. J. Kissane, "The Interpretation of Psalm 110," *ITQ* 21(1954), 106; D. Kidner, *Psalms 73-150: A Commentary on Books 3-6 of the Psalms* (TOTC; London: Inter-Varsity, 1975), 392.

7) Hay, *Glory*, 21-33.

"욥의 유언서" 33:3,[8] 마카베오상 14:41,[9] 다니엘 7:9-14에서[10] 이것을 메시아적으로 해석했다는 단서는 확실하지 않을 뿐만 아니라, 기원후 3세기 후반 이전에 이것을 명확하게 메시아적으로 해석한 랍비 문헌도 찾아볼 수 없다고 밝혔다. 단지 기원후 130-150년경의 어떤 랍비 문헌들이 이 시편을 아브라함, 다윗, 히스기야 등의 역사적 인물에 적용했을 뿐이다. 이런 연구 결과는 시편 110:1이 유대교에서 확고하게 자리 잡은 메시아 본문이 아니었음을 시사한다.

일각에서는 유대교인들이 그리스도인들의 논쟁 "무기"를 빼앗기 위해 이 시편에 대한 기존의 메시아적 해석을 제지했을 가능성이 제기되었다.[11] 그런데도 피츠마이어(J. A. Fitzmyer)는 이 시편의 메시아적 해석이 초기 유대인들 사이에는 존재하지 않았으며 예수 자신으로부터 시작되어 (막 12:35-37//눅 20:41-44) 초기 그리스도인들에 의해 지속되었을 것이라고 주장한다.[12] 그러나 다음의 몇 가지 요인들로 인해 그의 견해는 설득력이 떨어진다.

첫째, 포로생활을 마치고 돌아온 후 아론 계통 제사장들의 종교적·정치적 리더십 아래 (언약궤나 예루살렘의 왕 없이) 새 성전이 세워졌을 때부터 시편 110편의 원래 의미—하나님이 주신 명예와 권위로 다스리는 왕을 조망하는—는 시간이 지남에 따라 사라졌을 것이다.[13] 결국 후대의 유대인들은 이 시편을 아브라함과 히스기야와 같은 역사적 인물에게 적용

---

8) *T. Job*의 저작 연대는 주로 기원전 1세기에서 기원후 1세기 사이로 추정된다.

9) 하스몬 왕조는 "진정한 예언자가 나타날 때까지"만 유효하다는 내용을 담고 있다.

10) Hay, *Glory*, 26.

11) Hay, *Glory*, 33; Hengel, "Right Hand," 178-179.

12) J. A. Fitzmyer, *The Gospel According to Luke* (AB 28; New York: Doubleday, 1991, 1985), 1311; E. Schweizer, *Das Evangelium nach Markus* (Göttingen: Vandenhoeck & Ruprecht, 1967), 145-146.

13) Hengel, "Right Hand," 178.

하거나 종말론적-메시아적 인물에게 적용하는 두 가지 선택권만을 갖고 있었다. 그리고 제2성전기 유대교와 신약 시대의 증거는 후자의 개연성이 더 높다는 것을 보여준다.[14] 만약 이것이 사실이라면 반기독교적인 유대교의 변증이 랍비 자료들(특히 타나임 시대의 자료들)에서 비(非) 메시아적인 해석을 하도록 주도했을 것이라는 주장이 설득력을 얻게 된다.

둘째, 타이손(J. Theisohn)은 에녹비유서의 인자와 시편 110편의 밀접한 관계를 지적하면서 에녹비유서의 인자 혹은 메시아의 즉위에 대한 개념이 시편 110편의 영향을 받았다고 주장한다.[15]

셋째, 최근 샤퍼는 칠십인역 시편 110편이 메시아적 해석을 반영한다고 논증했다.[16] 그는 칠십인역 시편 110:1이 그리스어 시편 가운데 가장 주목할 만한 메시아적 해석 중 하나라고 주장한다. 그는 이 시편의 전반적인 정황과 번역자들의 의도적인 단어 선택(예. ἑωσφόρος, δύναμις, λαμπρότης, ῥάβδος)에 특별히 초점을 맞춰 110:3이 선재적 메시아를 가리킨다고 해석한다. 나는 그가 메시아를 선재적 존재로 해석한 것에는 동의할 수 없지만 이 시편에 대한 메시아적 해석에는 동의한다.[17]

넷째, 시편이 한 권으로 수집될 무렵 일부 시들이 이미 메시아적 시

---

14) I. H. Marshall, "The Messiah in the First Century: A Review Article," *Criswell Theological Review* 7(1993), 67-83.

15) J. Theisohn, *Der auserwählte Richter: Untersuchungen zum traditions-geschichtlichem Ort der Menschensohngestalt der Bilderreden des Äthiopischen Henoch* (SUNT 12; Göttingen: Vandenhoeck & Ruprecht, 1975), 98(Hengel, "Right Hand," 186에서 발췌). 에녹비유서의 저작 연대에 대해서는 J. H. Charlesworth, *The Old Testament Pseudepigrapha and the New Testament: Prolegomena for the Study of Christian Origins* (SNTSMS 54; Cambridge: CUP, 1985), 1.7을 참조하라.

16) J. Schaper, *Eschatology in the Greek Psalter* (WUNT 2/76; Tübingen: Mohr Siebeck, 1995), 101-107.

17) Schaper의 견해에 대한 나의 비판적 평가는 이 책 §3.2.6을 보라.

로 해석되었다는 증거가 있으며 시편 110편이 그중 하나다.[18] 메이스(J. L. Mays)는 다윗의 시를 읽을 때 하나님이 메시아를 선택했고 반드시 자신의 약속들을 지킬 것이라는 사실을 인식하고 읽어야 한다고 주장한다.[19]

다섯째, 마가복음 12:35-37의 다윗의 자손에 관한 예수의 질문은 정황상 시편 110:1에 대한 메시아적 해석을 전제로 할 때 더 잘 이해할 수 있다.

물론 우리에게 주어진 자료들이 기독교 출현 이전에 시편 110편이 얼마나 폭넓게 메시아적으로 해석되었는지에 대한 확실한 답을 제공하지는 못한다. 하지만 앞서 제시한 논증들은 초기 유대교에 이러한 해석이 이미 존재했을 개연성을 충분히 뒷받침한다.

여기서 에녹비유서에 나타난 보좌에 앉은 인자가 하나님의 우편에 앉은 예수에 대한 초기 그리스도인들의 이해에 매우 중요한 선례를 제공한 것으로 보인다는 논증에 대해 자세히 살펴보자. 시편 110:1에서 하나님의 우편에 앉은 자는 하나님의 통치에 직접 참여한다. 하나님의 우편에 앉는다는 것은 하나님의 권력과 심판 권한을 양도받는다는 의미다. 이와 마찬가지로 칠십인역 다니엘 7:9-11에서 하나님의 통치권과 "인자와 같은 이"의 통치권은 하나로 통일된다. 마소라 사본(MT)과 테오도티온(Theodotion)[20]의 역본과는 달리, 칠십인역 다니엘 7장에 등장하는 이 신비스러운 존재는 옛적부터 항상 계신 이와 더욱 밀접하게 연관되어 있다.[21] "인자와 같은 이"는 거의 하나님의 지위를 대신 차지하여 결국 그의 권위는 하나님의 권위와 동일

18) 참조. J. L. Mays, *The Lord Reigns: a Theological Handbook to the Psalms* (Louisville: Westminister John Knox, 1994), 94-98, 119-127; Hengel, "Right Hand," 179.

19) Mays, *Reigns*, 98.

20) Theodotion은 헬레니즘의 영향을 받은 유대인 학자로서 기원후 150년경 히브리어 구약성서를 그리스어로 번역했다.

21) 참조. 김세윤, "*The 'Son of Man'" as the Son of God* (WUNT 30; Tübingen: Mohr Siebeck, 1983), 22-24.

시되며 그의 통치권은 하나님의 통치권과 동일시된다.

　시편 110:1과 다니엘 7:9-14에 나타난 표현과 개념의 유사성은 마지막 날 하나님의 보좌에 앉아서 모든 필멸의 존재들과 영적 존재들을 심판할 인자/메시아가 등장하는 에녹1서에서 더욱 명확하게 나타난다.[22] 에녹 1서에서 인자는 모든 통치권을 가진 선재적-천상적 존재로 묘사된다. 시편 110편과 다니엘 7:13의 "인자와 같은 이"와 유사한 표현은 에녹비유서에 폭넓게 나타나 있을 뿐만 아니라, 마가복음 14:62에서 예수가 대제사장에게 메시아에 관해 고백하는 장면에도 나타난다.

'Εγώ εἰμι,

καὶ ὄψεσθε τὸν υἱὸν τοῦ ἀνθρώπου

ἐκ δεξιῶν καθήμενον τῆς δυνάμεως

καὶ ἐρχόμενον μετὰ τῶν νεφελῶν τοῦ οὐρανοῦ.

I am,

and you will see the Son of Man

seated at the right hand of the Power,

and coming with the clouds of heaven.

내가 그니라.

그리고 너희는 인자가

권능의 우편에 앉은 것과

하늘의 구름을 타고 오는 것을 보리라(사역).

---

22) Hengel, "Right Hand," 185-189.

예수가 대제사장 앞에서 선포한 이 고 기독론적 진술은, 복음서 저자의 창작에서 비롯된 것이 아니라 예수의 하나님 우편으로의 고양과 그의 재림을 연계시키는 초기 기독교 전승을 반영한다. 비록 예수가 대제사장과 산헤드린 공회원들 앞에서 이런 식으로 혹은 이와 비슷한 내용으로 말했다는 사실을 증명할 수는 없지만, 예수의 재판 기사를 면밀히 검토해보면 최소한 예수가 이와 같은 권위를 주장하면서 당대의 종교 지도자들에게 커다란 위협이 됨으로써 결국 신성모독이라는 처벌을 받게 되었다는 것을 확신할 수 있다.[23]

에녹비유서에는 이와 비슷한 말씀이 왕들과 권세 있는 자들에게 선포된다.

> *1. En.* 55:4 …너희는 나의 택한 자가 영광의 보좌에 앉는 것을 보게 될 것이다.…
> *1. En.* 62:3 그리고 그들은 영광의 보좌에 앉은 그를 보고 인정하게 될 것이다(5절
> 참조).

그러나 하나님과의 긴밀한 교제를 나타내는 "하나님의 우편에 앉는다"는 표현은 에녹비유서에 등장하지 않는다. 그러나 이런 본문들을 통해 인자가 "(그의) 영광의 보좌"(참조. *1 En.* 61:8; 62:3, 5), 즉 하나님 자신의 보좌(*1 En.* 51:3)에 앉아 하나님의 대리인으로서 왕들과 권세 있는 자들을 심판할 것임을 추론할 수 있다. 다시 말해 하나님의 보좌는 택한 자/인자의 보좌가 되고, "그[인자]의 영광의 보좌"(*1 En.* 63:5; 69:27, 29)로 표현될 수도 있다.

헹엘(M. Hengel)에 의하면 신약성서에서도 이와 비슷한 표현을 찾아볼 수 있다.

---

23) 이 책 §6.2.5.2를 보라; 참조. Hengel, "Right Hand," 187.

① 마태복음은 인자가 하나님의 권위를 가지고 하나님의 대리인으로서 "그의 영광의 보좌 위에"(ἐπὶ θρόνου δόξης αὐτοῦ, 에피 트로누 독세스 아우투) 앉을 것을 두 번 언급한다(마 19:28; 25:31).

② "시빌의 신탁" 역시 에녹비유서에 나타난 표현들과의 친숙함을 보여준다(Sib. Or. 6:1-2).

③ 바울은 고린도후서 5:10에서 모든 그리스도인이 종말론적 심판자의 보좌인 "그리스도의 심판 보좌"(βῆμα τοῦ Χριστοῦ, 베마 투 크리스투) 앞에 서게 될 것이라고 말하며, 로마서 14:10에서는 "우리가 모두 '하나님의 보좌'(βῆμα τοῦ θεοῦ, 베마 투 테우) 앞에 서게 될 것"이라고 말한다.

따라서 우리는 보좌에 앉은 에녹서의 인자가, 예수를 하나님의 우편에 앉은 선재적 존재로 이해한 초기 그리스도인들의 신앙에 중요한 선례를 제공했다고 결론 내릴 수 있다.

6.2. —— 초기 기독교의 시편 110:1 해석

6.2.1. —— 초기 기독교 문헌에 나타난 시편 110:1

시편 110:1은 신약성서에 나타난 구약 본문 가운데 가장 많이 인용되거나 암시된 구절이다. 네슬레-알란트 제27판(NA[27])에 의하면 시편 110:1은 신약성서에 7회 인용되었고(마 22:44; 막 12:36; 눅 20:42-43; 행 2:34-35; 고전 15:25; 히 1:13; 8:1), 9회 암시됨으로써(마 26:64; 막 14:62; 16:19; 눅 22:69; 롬 8:34; 엡 1:20; 골 3:1; 히 1:3; 10:12-13) 총 16개 본문에서 사용되었다. 그리고 예수가 하나님의 우편에 앉거나 고양된 것을 언급하는 본문들(행 2:33; 5:31; 7:55-56; 히 12:2; 벧전 3:22; 계 3:21)까지 모두 포함하면 무려 22개의 본문에서 사용되었다고 할 수 있다.[24]

헤이(Hay)는 초기 그리스도인들의 시편 110편 사용에 대해 포괄적으로 연구했다. 우리는 그의 연구를 통해 다음과 같은 내용들을 확인할 수 있다.[25]

첫째, 시편 110:1은 기본적으로 세 부분으로 나뉜다.

① 서론: "주께서 내 주께 말씀하셨다"

　　(εἶπεν ὁ κύριος τῷ κυρίῳ μου)

② 고양/즉위: "내 우편에 앉으라"

　　(κάθου ἐκ δεξιῶν μου)

③ 권세자들 굴복: "내가 네 원수들로 내 발판이 되기까지"

　　(ἕως ἂν θῶ τοὺς ἐχθρούς σου ὑποπόδιον τῶν ποδῶν σου)

둘째, 다음 표는 순교자 유스티누스 이전까지 초기 기독교 문헌에 등장한 시편 110:1을 보여준다(Q는 인용, A는 암시).[26]

---

24) 참조. Hay, *Glory*, 15, 155.

25) Hay, *Glory*.

26) 이 도표는 Hay의 연구를 바탕으로 Albl이 보완한 것이다. M. C. Albl, '*And Scripture Cannot Be Broken': the Form and Function of the Early Christian Testimonia Collections* (NovTSup 96; Leiden: Brill, 1999), 217-219.

등장 위치	등장 성격과 해당 구	등장 구의 기능	"우편"의 표시
막 12:36	Q 1a-c	그리스도가 "다윗의 자손"이 아니라 "주"라는 것을 입증(예수가 말함)	ἐκ δεξιῶν
마 22:44	Q 1a-c	위와 동일	ἐκ δεξιῶν
눅 20:42	Q 1a-c	위와 동일	ἐκ δεξιῶν
막 14:62	A 1b	예수(인자)가 후에 메시아로 입증됨(예수가 말함)	ἐκ δεξιῶν
마 26:64	A 1b	위와 동일	ἐκ δεξιῶν
눅 22:69	A 1b	위와 동일	ἐκ δεξιῶν
막 16:19	A 1b	예수의 승천을 묘사	ἐκ δεξιῶν
행 2:33-36	Q 1a-c	다윗이 아니라 예수가 주와 그리스도로 고양되었음을 입증	τῇ δεξιᾷ (33절) ἐκ δεξιῶν (35절)
행 5:31	A 1b	하나님이 예수를 지도자와 구원자로 높인 것에 대한 묘사	τῇ δεξιᾷ
행 7:55-56	A 1b	예수가 높임을 받은 인자임을 묘사(스데반의 환상)	ἐκ δεξιῶν
롬 8:34	A 1b	고양된 그리스도 예수가 어떻게 신실한 자들의 중보자가 되는지에 대한 묘사	ἐν δεξιᾷ
고전 15:25	A 1c	그의 원수들이 굴복할 때까지 그리스도가 통치할 것임을 입증	-
엡 1:20-22	A 1bc	하나님이 예수를 다른 모든 권세 위에 교회의 머리로 높임에 대한 묘사	ἐν δεξιᾷ
엡 2:6	A 1b	믿는 자들이 그리스도와 함께 부활하고 고양될 것에 대한 묘사	-
골 3:1	A 1b	믿는 자들이 동참하게 될 그리스도의 고양에 대한 묘사	ἐν δεξιᾷ
히 1:3	A 1b	죄를 깨끗하게 한 후 예수가 고양됨을 묘사	ἐν δεξιᾷ
히 1:13	Q 1bc	천사들보다 탁월한 그리스도를 입증	ἐκ δεξιῶν

히 8:1	A 1b	예수를 영광의 대제사장으로 묘사	ἐν δεξιᾷ
히 10:12-13	A 1bc	제물이 된 후 대제사장으로 고양된 예수를 묘사: 그의 원수들이 굴복하기를 기다림	ἐν δεξιᾷ
히 12:2	A 1b	고난 이후 예수의 신원과 고양을 묘사	ἐν δεξιᾷ
벧전 3:22	A 1bc	세례를 통한 믿는 자들의 구원의 정황에서 그리스도의 고양과 권세들의 굴복을 묘사	ἐν δεξιᾷ
계 3:21	A 1b	그리스도가 하나님의 보좌로 고양된 것처럼 믿는 자들도 천상의 보좌로 높임 받게 될 것을 묘사	-
1 Clem. 36:5-6	Q 1bc	천사들보다 탁월한 그리스도를 입증	ἐκ δεξιῶν
Poly. Phil. 2:1	A 1bc	믿는 자들을 권면하는 정황에서 그리스도의 고양과 권세들의 굴복을 묘사: 그들도 부활함	ἐκ δεξιῶν
Barn. 12:10-11	Q 1a-c	그리스도가 다윗의 자손이 아니라 하나님의 아들임을 증명	ἐκ δεξιῶν
Sib. Or. 2:241-245	A 1b	그리스도를 재판장으로 묘사: 단 7:13과 결합	ἐπὶ δεξιᾷ
Apoc. Pet. 6	A 1b	위와 동일	우편에
Ascen. Isa. 10:14; 11:32	A 1b	심판 후 그리스도의 영광스러운 승천을 묘사	-
Ap. Jas. 14:30-31	A 1b	예수의 임박한 승천을 묘사	우편에
Exc. Theo. 62.1-2	Q 1b	마지막 때까지 데미우르고스의 우편에 앉을 "초능력적인"(ψυχικός, psychic) 그리스도를 묘사	-

이 도표가 보여주듯이 시편 110:1의 중요성은 신약성서를 비롯한 후대의 기독교 문헌에 이 구절이 언급된 횟수와 언급된 문헌의 다양성을 통해 입증된다. 여기서 가장 주목할 만한 특징은 시편 110:1이 예수의 고양과 연계되어 있다는 점이다. 그중 많은 본문은 초기 그리스도인들이 예수

의 부활을 하나님 우편으로의 고양으로 이해했다는 것을 명확하게 보여준다(행 2:32-35; 롬 8:34; 엡 1:20; 벧전 3:22). 예수의 고양을 묘사할 때 "하나님의 우편에" 앉았다거나 계시다는 회화적 표현이 일반적이고도 친숙하게 등장한다는 사실은 이러한 모습이 예수에 대한 초기 그리스도인들의 이해에 매우 중요한 역할을 했음을 분명하게 말해준다.

6.2.2. —— 시편 110:1의 간접적인 출처

초기 그리스도인들이 시편 110:1을 인용할 때 사용했던 정확한 표현을 살펴보면 아주 흥미로운 특징을 발견하게 된다. 시편 110:1이 명시적으로 인용될 때에는 "에크 덱시온"(ἐκ δεξιῶν)이라는 칠십인역의 표현이 항상 그대로 사용되었지만 암시적인 사용에서는 대부분 "덱시아"(δεξιᾷ)가 사용되었다.

① 엔 덱시아(ἐν δεξιᾷ): 로마서 8:34, 골로새서 3:1, 에베소서 1:20, 베드로전서 3:22, 히브리서 1:3, 8:1, 10:12, 12:2

② 테 덱시아(τῇ δεξιᾷ): 사도행전 2:33, 5:31

③ 에피 덱시아(ἐπὶ δεξιᾷ): "시빌의 신탁"(*Sib. Or.*) 2:243

그 가운데 매우 특이한 것은 히브리서에 나타난 시편 110:1의 용례다. 히브리서 저자는 1:13에서 시편 110:1을 인용할 때는 "에크 덱시온"(ἐκ δεξιῶν)이라는 칠십인역의 속격을 사용하는 반면, 1:3에서 이 구절을 언급할 때에는 "엔 덱시아"(ἐν δεξιᾷ)라는 여격을 사용한다. 그리고 다른 모든 "우편에 앉는다"의 암시적 차용(히 8:1; 10:12; 12:2)에는 속격인 "에크 덱시온"(ἐκ δεξιῶν) 대신 히브리서 1:3과 일치하는 여격 "엔 덱시아"(ἐν δεξιᾷ)를 사용한다.

또한 앞의 표에는 나타나지 않지만 로마서 8:34, 베드로전서 3:22, 그리고 사도행전의 인용/암시에서는 "앉는다"에 대한 구체적인 언급 없이 단순히 하나님의 우편에 "계신다"는 표현을 사용한다.

이런 증거들은 시편 110:1의 암시적 사용 사례가 칠십인역 이외의 다른 간접적 자료들에서 유래했다는 사실을 알려준다. 여기서 두 가지 중요한 함의를 유추해낼 수 있다. 첫째, 이 시편을 암시하고자 하는 사람은 원래의 시편 본문을 직접 인용하기보다는 "중간 자료들"(Vorlagen)을 사용한다. 둘째, 이 중간 자료들은 초기 그리스도인들에게 어휘를 제공했을 뿐만 아니라 이 시편에 대한 해석에도 영향을 미쳤다.[27]

6.2.3. —— 바울 이전의 신앙고백에 나타난 시편 110:1

얼마나 일찍이 그리고 얼마나 폭넓게 예수가 하나님의 우편으로 고양되었다는 믿음이 초기 기독교 내에 확립되었을까? 예수가 하나님의 우편에 앉았다는 개념은 바울의 초기 서신에서 단 두 번 나타난다(롬 8:34; 고전 15:25, 28). 이러한 미미한 빈도는 바울이 서신서를 기록할 당시 바울 자신과 독자들에게 예수의 고양이라는 개념이 크게 중요하지 않았다는 증거일까?

헹엘은 그와 반대되는 견해를 피력한다. 그가 보기에 바울이 로마서와 고린도전서를 기록한 때는 이러한 개념이 기독론을 형성하고 영향력을 행사할 시기가 이미 지난 시점이었다. 따라서 바울은 시편 110:1과 연관된 기독론적 사상들이 고린도와 로마에 있는 성도들 가운데 이미 존재한다는 전제 아래 이와 같은 표현들을 사용했다는 것이다.[28]

---

27) Hay, *Glory*, 38-43.
28) Hengel, "Right Hand," 137-138; "Christology and New Testament Chronology,"

6.2.3.1. —— 로마서 8:34(벧전 3:22; 참조. 골 3:1)

로마서 8:34은 신약성서에서 예수의 하나님 우편으로의 고양에 대한 가장 오래된 증거다. 헹엘은 이 구절의 배후에 "바울 이전의 케리그마적 고정문구"(a pre-Pauline kerygmatic formula)가 존재한다고 설득력 있게 논증했다.[29] 그 근거는 다음과 같다.

첫째, 로마서 8:34에는 4중적 고백이 나타난다.[30]

① 죽으실 뿐 아니라(ὁ ἀποθανών)

② 다시 살아나신 이는 그리스도 예수시니(ἐγερθείς)

③ 그는 하나님의 우편에 계신 자요(ὃς καί ἐστιν ἐν δεξιᾷ τοῦ θεοῦ)

④ 우리를 위하여 간구하시는 자시니라(ὃς καί ἐντυγχάνει ὑπὲρ ἡμῶν)

둘째, 바울은 로마 교인들이 이 문구를 매우 중요하게 여긴다는 사실을 알고 있었으며(히; 벧전; *1 Clem.* 36:5), 그들과 자신이 공유한 공통된 신앙을 강조하기를 원했다.[31]

셋째, 신약성서 안에는 시편 110:1을 직접 인용하지는 않지만 이 구절을 암시하는 초기 교회의 신앙고백이나 찬양이 다수 포함되어 있다.[32] 자신의 우편에 앉으라는 하나님의 초청 내용(κάθου ἐκ δεξιῶν μου, 카투 에크

Between Jesus and Paul: Studies in the Earliest History of Christianity (Philadelphia: Fortress, 1983), 30-47; *The Son of God: the Origin of Christology and the History of Jewish-Hellenistic Religion* (London: SCM, 1976), 80-83.

29) Hengel, "Right Hand," 137-63.

30) Hengel, "Right Hand," 139.

31) M. Hengel, "Hymns and Christology," *Between Jesus and Paul: Studies in the Earliest History of Christianity* (Philadelphia: Fortress, 1983), 87. 로마서에서 바울은 여기서만 나타나는 다른 여러 기독론적 문구들을 사용한다(참조. 롬 1:3-4; 3:25; 4:25; 8:32; 14:9).

32) Hay, *Glory*, 39.

덱시온 무)이 현재 그리스도가 계신 장소(ὃς καὶ ἐστιν ἐν δεξιᾷ τοῦ θεοῦ, 호스 카이 에스틴 엔 덱시아 투 테우)로 단순화되기도 한다.[33] 서로 거의 같은 어휘를 사용해 시편 110:1b을 명확하게 암시하는 다음 세 개의 본문은 이에 대한 좋은 사례다.

① ὃς καὶ ἐστιν ἐν δεξιᾷ τοῦ θεοῦ(호스 카이 에스틴 엔 덱시아 투 테우, 롬 8:34)

② ὃς ἐστιν ἐν δεξιᾷ (τοῦ) θεοῦ(호스 에스틴 엔 덱시아 [투] 테우, 벧전 3:22)

③ ὁ Χριστός ἐστιν ἐν δεξιᾷ τοῦ θεοῦ καθήμενος(호 크리스토스 에스틴 엔 덱시아 투 테우 카테메노스, 골 3:1)

넷째, 이러한 견해를 뒷받침하는 중요한 증거들이 있다.[34]

① 칠십인역에는 앞의 세 본문(롬 8:34; 벧전 3:22; 골 3:1)에 사용된 단어들이 발견되지 않는다.[35]
② 예수의 고양을 가리키는 다른 본문들보다 로마서 8:34과 베드로전서 3:22은 더 광범위한 구원의 사건들을 포함한다.
③ "고양된 자"의 간구(롬 8:34의 네 번째 구성 요소)는 히브리서에서도 나타난다.[36]
④ 시편 110:1의 암시 중 일부는 새로운 내용을 전혀 또는 거의 첨가

---

33) Hengel, "Right Hand," 141.
34) Hengel, "Right Hand," 145. Hay, *Glory*, 40-41.
35) 참조. Hay, *Glory*, 39-40; Hengel, "Right Hand," 141-145.
36) Hengel, "Right Hand," 145-147.

하지 않는다(참조. 골 3:1; Pol. *Phil.* 2:1). 이는 이러한 개념이 이미 저자와 독자들에게 잘 알려진 것임을 말해준다.[37]

⑤ 몇몇 암시적 인용들은 초기 교회의 신앙고백이나 찬양을 시사하는 문맥에서 나타난다(엡 1:20-22; 2:4-10; 히 1:2-3; Pol. *Phil.* 2:1).[38]

6.2.3.2. —— 결론

시편 110:1에 대한 신약성서의 암시적 인용의 배후에는 이러한 전통적 문구들(초기 교회의 신앙고백, 찬양, 또는 예배 자료 등)이 존재했을 개연성이 높다. 따라서 우리는 그리스도가 하나님의 우편에 앉으셨다는 주제가 바울이 그의 서신서를 기록하기 훨씬 이전부터 초기 교회 내에서 이미 널리 확산했다는 확실한 결론을 도출할 수 있다.

6.2.4. —— 시편 110:1과 시편 8:6의 기독론적 결합

초기 그리스도인들의 시편 110:1 사용에서 주목할 만한 사실은 이 구절의 후반부와 시편 8:6(LXX 8:7)의 후반부가 서로 융합되었다는 것이다(πάντα ὑπέταξας ὑποκάτω τῶν ποδῶν αὐτοῦ, 판타 휘페탁사스 휘포카토 톤 포돈 아우투).[39] 이 두 구절의 융합은 고린도전서 15:25-27, 에베소서 1:20-22, 베드로전

---

37) Hay, *Glory*, 40.

38) Hay, *Glory*, 40-43; 참조. J. Frankowski, "Early Christian Hymns Recorded in the New Testament: A Reconsideration of the Question in Light of Heb 1,3," *BZ* 27(1983), 183-194; J. F. Balchin, "Colossians 1:15-20: an Early Christological Hymn? The Arguments from Style," *Vox Evangelica* 15(1985), 65-94. 이들은 이 본문들 배후에 초기 교회의 신앙고백이나 찬양보다는 공통 주제나 공통 전승이 존재한다고 본다.

39) 시 8편은 신약에서 매우 중요한 기독론적 본문 중 하나다. 신약에서 3회 인용되었고(고전 15:27; 히 2:6-8; 마 21:16), 3회 암시되었으며(엡 1:22; 빌 3:21; 벧전 3:22), 다른 곳에서도 이 시편이 연상된다(예. 막 12:36; 롬 8:20-21; 빌 2:6-11).

서 3:22, 그리고 "빌립보인들에게 보내는 폴리카르포스의 편지"(Pol. *Phil.*) 2:1-2에 매우 명확하게 나타나며 마가복음 12:36에서도 발견할 수 있다.[40]

헹엘은 고린도전서 15:25-27과 에베소서 1:20-22, 베드로전서 3:22에 나타난 이 시편 구절들의 융합이 가능했던 것은, 초기 그리스도인들이 예수의 고양과 권세들의 복종이라는 관련된 두 개의 모티프를 "메시아적 찬양"으로 사용했기 때문이라고 논증한다.[41] 유대교인들의 찬양집에 포함되었던 이 두 시편은 예루살렘에서 메시아적 찬양으로 사용되었으며 상호 보완적 해석을 통해 초기 기독론 형성에 지대한 영향을 미쳤다. 초기 그리스도인들은 이 두 구절을 융합해 예수의 고양과 권세들의 복종에 관한 의미로 해석했다. 두 구절 간의 유사한 표현이 그들로 하여금 이 두 본문을 상호보완적으로 해석하도록 추동했을 것으로 보인다.[42] 따라서 시편 8편의 기독론적-구원론적 해석은 처음부터 상당히 가능성이 있는 접근 방법이었다.[43]

6.2.4.1. —— 고린도전서 15:25-27

시편 110:1과 시편 8:6을 이처럼 해석한 최초의 증거는 고린도전서 15:25-27이다.

25 그가 모든 원수를 그 발 아래에 둘 때까지 반드시 왕 노릇 하시리니 26 맨 나중에 멸망 받을 원수는 사망이니라. 27 만물을 그의 발 아래에 두셨다 하셨으니 만물을 아래에 둔다 말씀하실 때에 만물을 그의 아래에 두신 이가 그중에 들

---

40) Hengel, "Right Hand," 163-172.
41) Hengel, "Hymns," 78-96, 특히 84-88.
42) Hay, *Glory*, 44-45.
43) Hengel, "Right Hand," 168-169; Hay, *Glory*, 44-45.

지 아니한 것이 분명하도다(고전 15:25-27).

이 구절에서 바울은 역사의 종말의 극적 과정을 간략하게 묘사한다. 이 두 시편의 융합은 25절에 나타난다. "그가 모든 원수를 그 발아래에 둘 때까지 반드시 왕 노릇 하시리니"(δεῖ γὰρ αὐτὸν βασιλεύειν ἄχρι οὗ θῇ πάντας τοὺς ἐχθροὺς ὑπὸ τοὺς πόδας αὐτοῦ)는 시편 110:1과 8:6에 대한 명백한 암시다. 물론 이 두 구절은 원문 그대로 인용되지 않는 대신 전후 내러티브에 서로 엮여 있다. 시편 110:1의 마지막 부분은 고린도전서 15:24c에 이미 의역되어 있고 일부 수정된 부분들이 나타난다.[44] 그 가운데 가장 중요한 변화는 하나님 대신 그리스도가 행위의 주체가 되는 기독론적 전환이다(참조. 빌 3:21).[45] 시편 저자에게는 하나님이 주어(θῶ, 일인칭)인 반면, 바울에게는 그리스도가 주어(θῇ, 삼인칭)다.[46]

그 이후에 바울은 이 관점을 강조하기 위해 27절에서 시편 8:6을 인용한다. 그렇다면 여기서 바울은 의도적으로 시편을 인용한 것인가, 아니면

---

44) Hay, *Glory*, 36.
45) 분명하게 그리스도가 주어인 빌 3:21에서 바울은 같은 시편을 사용하면서 "그는 만물을 자기에게 복종하게 하실 수 있는 자"(…τοῦ δύνασθαι αὐτὸν καὶ ὑποτάξαι αὐτῷ τὰ πάντα)라고 기록한다.
46) 이 본문은 초대교회 시대부터 논쟁의 대상이었다. 그리스도를 주어로 보는 견해로는 J. Becker, *Auferstehung Der Toten Im Urchristentum* (Stuttgart: KBW Verlag, 1976), 86; H. Conzelmann, *1 Corinthians: a Commentary on the First Epistle to the Corinthians* (Hermeneia; Philadelphia: Fortress, 1975); J. Lambrecht, "Paul's Christological Use of Scripture in 1-Corinthians 15,20-28," *NTS* 28(1982), 508-511 등을 참조하라; 하나님을 주어로 보는 견해로는 U. Luz, *Das Geschichtsverständnis des Paulus* (BEvTh 49; München: Kaiser, 1968), 86; T. Aono, *Die Entwicklung des paulinischen Gerichtsgedankens bei den Apostolischen Vätern* (Europäische Hochschulschriften, XXIII, 137; Bern: P. Lang, 1979), 26-28를 참조하라; 고전 15:23-28의 그리스도 중심적 읽기를 변호하는 자세한 논증은 Lambrecht, "Christological Use," 508-511를 보라.

단순히 성경을 자유롭게 사용한 것인가? 여기서 바울이 시편을 증거 자료로 인용했다고 생각할 수도 있지만, 다음과 같은 증거들은 바울이 자기 생각을 표현하기 위해 단순히 시편의 언어를 사용했음을 보여준다.

① 고린도전서 15:25-28에 도입 문구가 없다.
② 고린도전서 15:27의 "'그런데…말씀하실 때에'(ὅταν δὲ εἴπη, 호탄 데 에이페)라는 어휘를 제외하면" 바울이 여기서 구약을 "인용"한다는 명백한 증거가 없다.[47]

그렇다면 과연 바울이 직접 이 두 시편을 융합한 것일까? 이 두 시편이 에베소서 1:20-21과 베드로전서 3:22, 그리고 히브리서 1:13과 2:6-9에서도—비록 여기서는 몇 절 사이에 두고 있지만—서로 융합된 것을 감안하면 이 두 시편은 바울 이전에 이미 누군가에 의해 "메시아적 시편"으로 융합되었을 것이라는 견해가 설득력을 얻는다.[48] 그뿐 아니라 바울이 자신의 이러한 시편 사용을 고린도 교회 교인들도 알고 있다고 전제한다는 것 역시 이러한 견해를 뒷받침한다.

앞서 제시한 증거들은 고린도전서 15:25-28에서 바울이, 이 두 시편이 서로 동일한 종말론적 사건을 가리키는 것으로 이해했음을 말해준다. 즉 바울은 이 두 시편이 예수의 부활/고양과 권세들의 복종 이후의 그리스도의 통치(βασιλεία, 바실레이아)에 대해 말한다고 이해했다.[49] 결론적으로 바울은 고린도전서 15:25-28에서 그 이전에 이미 융합되어 사용되었던 시

---

47) Lambrecht, "Christological Use," 508.
48) 물론 에베소서 본문은 고전 15:25-27을 따르고 있다고 볼 수도 있다. 엡 1:20-22이 고린도전서 본문에 의존하고 있다는 견해로는 Lambrecht, "Christological Use," 520를 보라.
49) Hengel, "Right Hand," 165.

편 110편과 8편의 기독론적인 측면과 종말론적인 측면을 부각하는 모습을 보여준다.

6.2.4.2. —— 에베소서 1:20-22

에베소서 1:20-22에서도 시편 110:1과 8:6의 융합이 나타난다.

20 그의 능력이 그리스도 안에서 역사하사 죽은 자들 가운데서 다시 살리시고 하늘에서 자기의 오른편에 앉히사 21 모든 통치와 권세와 능력과 주권과 이 세상뿐 아니라 오는 세상에 일컫는 모든 이름 위에 뛰어나게 하시고 22 또 만물을 그의 발 아래에 복종하게 하시고 그를 만물 위에 교회의 머리로 삼으셨느니라(엡 1:20-22).

여기서도 고린도전서 15:25, 27에서와 마찬가지로 두 가지 변화가 있다. 그것은 바로 "두다"라는 동사가 이인칭(ὑπέταξας, 휘페탁사스)에서 삼인칭(ὑπέταξεν, 휘페탁센)으로, 그리고 "아래"라는 전치사가 "휘포카토"(ὑποκάτω)에서 "휘포"(ὑπό)로 바뀐 것이다. 따라서 이 본문 역시 바울 공동체 내에서 시편 110:1과 8:6의 융합이 계속 사용되었음을 보여준다.

6.2.4.3. —— 베드로전서 3:22

이와 유사하게 베드로전서 3:22은 예수의 고양에 대한 진술(ὅς ἐστιν ἐν δεξιᾷ τοῦ θεοῦ)과 시편 8:6의 "만물을 두셨다"(πάντα ὑπέταξας, 판타 휘페탁사스)를 연상시키는 권세들의 복종(ὑποταγέντων αὐτῷ ἀγγέλων καὶ ἐξουσιῶν καὶ δυνάμεων)에 대해 기록한다.

그는 하늘에 오르사 하나님 우편에 계시니 천사들과 권세들과 능력들이 그에게 복종하느니라(벧전 3:22).

저자는 여기서 "엔 덱시아"(ἐν δεξιᾷ)를 사용함으로써 시편 본문을 직접 인용하기보다는 전승에 의존했음을 보여준다.[50] 즉 저자는 시편 110:1과 8:6이 이미 융합된 간접자료들에 의존했다고 볼 수 있다.

6.2.4.4. —— "빌립보인들에게 보내는 폴리카르포스의 편지"(Pol. *Phil.*) 2:1

기원후 115-120년 사이에 기록된 것으로 추정되는 폴리카르포스의 편지에서는 다시 한 번 "하나님의 우편에 앉으심"과 권세들의 복종이 융합하는 현상이 5개의 진술로 구성된 구원 사건의 일부로 나타난다.

πιστεύσαντες εἰς

τὸν ἐγείραντα τὸν κύριον ἡμῶν Ἰησοῦν Χριστὸν ἐκ νεκρῶν

καὶ δόντα αὐτῷ δόξαν καὶ θρόνον ἐκ δεξιῶν αὐτοῦ·

ᾧ ὑπετάγη τὰ πάντα ἐπουράνια καὶ ἐπίγεια,

ᾧ πᾶσα πνοὴ λατρεύει

ὃς ἔρχεται κριτὴς ζώντων καὶ νεκρῶν.[51]

이러한 방식은 베드로전서 3:18-22과 흡사하다. "휘페타게"(ὑπετάγη, 부정과거 신적 수동태)와 "돈타"(δόντα, 부정과거 분사형)의 사용은 그리스도의 고양과 권력 이양이라는 모티프가 서로 융합해 하나의 과거 사건이 되었

---

50) P. J. Achtemeier, *A Commentary on First Peter* (Hermeneia; Minneapolis: Fortress, 1996), 273.

51) 이를 번역하면 다음과 같다. "죽음에서 우리 주 예수 그리스도를 일으키시고 그에게 영광과 자신의 우편 보좌를 베푸신 그를 믿었다. 그에게 하늘과 땅의 만물이 복종하며 모든 영이 그를 섬기며 그는 산 자와 죽은 자의 재판관으로 오신다."

음을 보여준다.[52] 문맥과는 무관한데도 신조(creed)와 같은 형태의 긴 형용구적 문장을 사용했다는 것은 이 부분이 편지의 기록 연대보다 훨씬 더 오래된 자료에 의존한다는 사실을 알려준다.[53]

6.2.4.5. —— 히브리서 2:8-9

시편 110:1과 8:6의 융합은 초기 그리스도인들이 예수를 이해하는 데 어떤 영향을 미쳤을까? 던(J. D. G. Dunn)은 히브리서 2:8-9이 예수가 인류를 향한 하나님의 원래 계획을 성취하신 분이라고 묘사하는 "아담 기독론"을 나타내기 위해 시편 8:5-6을 가장 효과적으로 사용한 본문이라고 주장한다.[54]

8 "만물을 그 발아래에 복종하게 하셨느니라" 하였으니 만물로 그에게 복종하게 하셨은즉 복종하지 않은 것이 하나도 없어야 하겠으나 지금 우리가 만물이 아직 그에게 복종하고 있는 것을 보지 못하고 9 오직 우리가 천사들보다 잠시 동안 못하게 하심을 입은 자, 곧 죽음의 고난받으심으로 말미암아 영광과 존귀로 관을 쓰신 예수를 보니 이를 행하심은 하나님의 은혜로 말미암아 모든 사람을 위하여 죽음을 맛보려 하심이라(히 2:8-9).

그러나 과연 초기 그리스도인들이 두 시편의 융합으로부터 이러한 함의를 유추해냈을까? 히브리서 2:8-9에 대한 던의 시편 8:5-6의 해석은 타당한가? 사실 이에 대한 학자들의 견해는 인류학적 해석(인류의 대표자로서

---

52) Hengel, "Right Hand," 167.

53) Hay, *Glory*, 40.

54) J. D. G. Dunn, *Christology in the Making: a New Testament Inquiry into the Origins of the Doctrine of the Incarnation* (London: SCM, 1980, 1989), 109. 던은 "부활의 예수는 아담이 죄로 인해 달성하는 데 실패한 그 영광으로 관을 썼다"고 말한다.

의 예수 이해)과 기독론적 해석(천상적 인자로서의 예수 이해)으로 나뉜다. 전자의 견해를 요약하면 다음과 같다.

① 시편 8편은 초기 기독교에서 사람을 가리키는 것으로 이해되었다.
② 이 시편이 랍비 문헌에서 메시아적으로 해석된 확실한 증거가 없다.
③ 구약에서 "인자"는 일반적으로 사람의 동의어이며 이러한 용례는 신약성서에 반영되었다.
④ "천사들보다 잠시 못하게 하심을 입은 자 예수"(τὸν δὲ βραχύ τι παρ' ἀγγέλους ἠλαττωμένον βλέπομεν Ἰησοῦν, 톤 데 브라쿠 티 파르 앙겔루스 에라토메논 블레포멘 예순)는 다른 인물, 즉 "사람"과 대조를 이룬다.

이 관점에 따르면 히브리서 2:8-9은 다음과 같이 의역할 수 있다.

시편 8편은 우주에 대해 절대적 권위를 지닌 인간에 관해 말한다. 그러나 우리는 현재 이러한 징후(sign)를 발견할 수 없다. 다만 우리가 볼 수 있는 것은 한때 낮아지셨지만 이제 영광의 모습으로 고양된 예수뿐이다.[55]

한편 후자는 이 시편을 기독론적으로 이해한다.[56] 그 기본 내용을 요약하면 다음과 같다.

① 신약 후기 기독교 작가들과 현대 학자들의 지지를 받는 인류학적 해석의 일부 주장들은 창의적인 주해를 시도하는 히브리서의 증거

---

55) P. Ellingworth, *The Epistle to the Hebrews: a Commentary on the Greek Text* (NIGTC; Grand Rapids: Eerdmans, 1993), 150.
56) Ellingworth, *Hebrews*, 150-151.

와 비교하면 설득력이 떨어진다.

② "휘오스 안트로푸"(υἱὸς ἀνθρώπου)라는 문구가 저자의 고유한 어휘
는 아니지만, "호 휘오스 투 안트로푸"(ὁ υἱὸς τοῦ ἀνθρώπου)는 복음
서에서 자주 사용되었고 예수와 매우 밀접한 연관이 있는 문구이기
때문에 히브리서의 저자가 시편 8편을 기독론적인 의미로 이해했
을 가능성이 크다.[57]

③ 비록 작가가 "인자"를 "사람"의 동의어로 사용했다고 해도, 반드시
"인자"의 의미를 "사람"의 의미로 해석했다고 볼 수만은 없다.

④ 유대 묵시 문학과 기독교화된 영지주의에서는 인자 또는 첫 사람,
완전한 사람, 혹은 단순히 사람으로 알려진 한 인물에 관한 사변이
존재했다.

⑤ 히브리서 1:2, 4(참조. 시 8:1, 9)의 "주의 이름"(ὄνομα κυρίου, 오노마 퀴
리우)은 주로 예수의 칭호인 "아들"(Son)을 의미한다.

⑥ 히브리서 2:10-11은 인용구의 첫 두 행보다는 마지막 행의 "판
타"(πάντα)에 그 기초를 두기 때문에 히브리서에는 인류에 대한 앞
선 언급이 나타나지 않는다.

⑦ 저자가 인용구를 온전히 그리스도에게 적용하는 데 어려움을 겪
는다는 사실이 "톤 데…예순"(τὸν δὲ …Ἰησοῦν [오직 우리가 천사들보
다 잠시 동안 못하게 하심을 입은] 자…예수를 [보니])에 암시된 앞 절과의
대조를 가장 잘 설명해준다.[58]

⑧ 히브리서의 문맥과 시편 110:1 및 8:6-8이 융합되어 나타난 다

---

57) P. Giles, *Jesus the High Priest in the Epistle to the Hebrews and in the Fourth Gospel*
(M.A. Thesis, Manchester, 1973), 3-10.
58) 이 관점은 다음과 같이 요약될 수 있다. "시 8:6b은 그리스도의 우주적 주 되심에 관해 이야
기하지만, 시 110:1b이 보여주듯이 이것은 아직 완전히 나타나지 않았다. 우리가 보는 것은
예수가 현재 영광으로 높임을 받았다는 것뿐이다."

른 신약성서의 본문들은 히브리서 2:8a의 "휘포카토 톤 포돈 아우투"(ὑποκάτω τῶν ποδῶν αὐτοῦ)가 히브리서 1:13의 "휘포포디온 톤 포돈 수"(ὑποπόδιον τῶν ποδῶν σου)와 같은 의미로 이해되어야 함을 알려준다.

이처럼 두 견해가 극명한 대조를 보이지만 이 본문에 대한 기독론적 해석을 거부하려는 시도는 설득력이 없다. 히브리서 2:9에 나타난 지상에서의 예수의 지위는 시편 8:6의 도움을 받아 표현된다. "오직 우리가 천사들보다 잠시 동안 못하게 하심을 입은 자…예수를 보니." 히브리서 저자는 시편 8:6의 두 행을 인용할 때 원본문의 동의(同意)적 평행법(synonymous parallelism)을 염두에 두지 않는다. 시편 기자의 관점에서는 천사들보다 "못하게 하심을 입은 자"가 "영광과 존귀로 관을 쓰게" 되지만, 히브리서 저자의 관점에서 이 평행에 나타난 두 구성원(members)은 예수 생애의 두 단계를 나타낸다. 즉 첫째 행은 예수의 일시적인 낮아짐(abasement)을 나타내고, 둘째 행은 예수의 고양(exaltation)과 영화(glorification)를 표현한다. 이러한 기독론적 본문 읽기는 그다음에 나타난 평행법(시 8:7a)의 첫째 행이 여기서 왜 생략되는지를 잘 설명해준다.

따라서 저자가 여기서 예수를 하나님의 영원한 아들(eternal sonship)로 이해한다는 해석은 그가 의식적으로 원래 본문의 평행법에서 벗어나 이 인용구에 대한 새로운 의미를 창출해냈다는 점에 의해 뒷받침된다.[59] 그러므로 우리는 저자가 시편 8:6의 인용구를 첫 아담에게 적용하기보다 마지막 아담이신 그리스도에게 적용하고 있다고 볼 수밖에 없다. 또한 여기서 시편 8:4의 "인자"가 다니엘 7:13의 "인자와 같은 이"와 동일시

---

59) 참조. *TDNT* 8.42; W. L. Lane, *Hebrews* (WBC 47; Dallas: Word Books, 1991), 48.

된 것으로 보인다. 브루스(F. F. Bruce)의 결론과 같이, 예수가 자신을 "인자"로 지칭한 이후 이 표현은 그리스도인들에게 어원학적인 의미를 초월하는 의미를 갖게 되었으며 히브리서 저자에게도 이 의미가 동일하게 적용되었다.[60] 그뿐 아니라 히브리서 2:8-9이 다른 두 바울 본문과 공통점—실현되지 않은 종말론을 피력한 점, 시편 8:6b에 초점을 맞춘 점(특히 [τὰ] πάντα), 신자들과 그리스도와의 관계에 대한 언급, 이 시편을 그리스도에게 적용한 점 등—을 가지고 있다는 것 역시 매우 주목할 만하다.[61] 따라서 시편 110:1과 8:6이 기독론적인 관점에서 이미 일찍이 서로 융합되고 후자가 전자에 의해 해석(참조. 고전 15:25-27; 엡 1:20-22)되었을 개연성은 매우 높다.[62]

6.2.4.6. —— 결론

고린도전서 15:25-27, 에베소서 1:20-22, 베드로전서 3:22, "빌립보인들에게 보내는 폴리카르포스의 편지"(Pol. Phil.) 2:1, 히브리서 2:8-9을 근거로, 우리는 "메시아적 시편"인 시편 110:1과 8:6에 대한 기독론적-구원론적 해석이 바울 이전에 이미 형성되었으며, 그것이 예수의 고양과 원수들의 굴복에 관해 말하기 위함이었음을 살펴보았다. 초기 교회 내에서 이 시편들이 행사한 커다란 영향력은 시편 110:1이 마가복음 12:36과 마태

---

60) F. F. Bruce, *The Epistle to the Hebrews* (NICNT; Grand Rapids: Eerdmans, 1990), 73; G. W. Buchanan, *To the Hebrews* (AB 36; Garden City: Doubleday, 1972), 38-51; P. Giles, "The Son of Man in the Epistle to the Hebrews," *ExpTim* 86(1974-1975), 328-332.

61) Ellingworth, *Hebrews*, 151; 시 8편의 인용이 왜 그리스도를 가리키는지에 대한 논의는 J. C. Adams, *The Epistle to the Hebrews with Special Reference to the Problem of Apostasy in the Church to which it was Addressed* (M. A. Thesis; Leeds, 1964), 304-323를 보라.

62) Ellingworth, *Hebrews*, 151; 참조. Hengel, "Right Hand," 165.

복음 22:44에 명시적으로 인용되는 과정에서 마지막 행이 시편 8:6의 영향으로 "훼손"된 사실이 잘 나타내준다. 다윗 자신이 "시편에서"(ἐν βίβλῳ ψαλμῶν, 엔 비블로 프살몬) 친히 언급했다고 명시한 누가복음 20:42-43만이 이 인용구를 정확하게 정정했다. 이러한 결합이 고린도전서가 쓰인 시기와 비슷하게 일찍이 이루어졌을 뿐만 아니라 광범위하게 나타났다는 점을 감안한다면 시편에 대한 이러한 해석이 이미 바울 이전의 기독교 공동체 안에 만연해 있었다고 결론 내릴 수 있다.[63]

6.2.5. —— 예수의 시편 110:1 사용

우리는 초기 기독교가 예수의 부활을 하나님 우편으로의 고양으로 해석하는 과정에서 시편 110:1을 사용했으며 이러한 시편 110:1의 사용이 매우 초기에 폭넓게 나타났음을 확인했다. 그렇다면 이러한 믿음은 시기적으로 얼마나 일찍 생겨난 것일까? 예수 자신이 지상 사역 기간에 이 같은 이해의 단초를 제공한 증거는 없을까? 이번 단락에서는 이 질문들에 대한 답을 제시하고자 한다.

초기 그리스도인들이 헬레니즘의 영향으로 말미암아 예수를 주로 간주하게 되었다고 처음 주장한 학자는 부세(W. Bousset)였다. 그에 따르면 초기 그리스도인들은 시간이 흐름에 따라 예수를 이방 종교에 비추어 이해하기 시작했고, 원래는 단순히 선생과 예언자로 존경했던 예수를 점차적으로 이방 종교에서 섬기던 하나의 신으로 간주하게 되었다. 따라서 예수를 주로 간주하게 된 것은 초기 기독론의 형성 과정에서 두 번째 단계에 속한다.[64]

---

63) Hengel, "Right Hand," 172-175.
64) W. Bousset, *Kyrios Christos: a History of the Belief in Christ From the Beginnings of*

그러나 부세의 가장 큰 문제점 중 하나는 고린도전서 16:22에 기록된 초기 그리스도인들의 "마라나타"(주여 오시옵소서)라는 신앙고백적 기도를 충분히 설명할 수 없다는 것이다. 이 기도는 아람어 그대로 보존되었으며 그리스어를 사용하는 교회에서도 아람어로 사용되었다. 이 사실은 예수가 아람어를 사용하는 교회에서부터 장차 오실 주로 간주되었으며, 이러한 결정적인 신학적 발전 역시 아람어를 모국어로 사용하는 공동체에서 이루어졌을 개연성을 상당히 높여준다.[65]

그래서 한(F. Hahn)은 "마라나타" 같은 문구들을 근거로 초기 그리스도인들이 가장 먼저 그의 재림의 정황에서 예수를 주로 간주하게 되었다고 주장한다. 그는 "퀴리오스"가 최후 심판과 연결되어 사용되는 여러 공관복음 본문들을 증거로 제시한다(마 7:21, 22; 25:11, 37, 44). 또한 시편 110:1이 원래 장차 올 예수의 재림(막 14:61-62)에 적용된 것이라고 주장한다. 한의 주장에 따르면 처음에 예수의 부활은 단순히 비(非) 활동 상태로 물러나거나 옮겨진 것으로 이해되었다(막 2:18-20; 행 1:9-11; 3:20-21). 그러다가 재림이 지연되자 초기 교회는 예수를 단순히 주로 임명된 자(Lord-designate)가 아닌 이미 주(already the Lord)이신 분으로 인식하게 되었다. 이런 깨달음이 초기 교회로 하여금 "주"라는 칭호를 부활한 예수에게 적용하게 했고, 이후에는 예수의 지상 행적에도 적용하게 했다는 것이다.[66]

그러나 한의 주장도 결코 만족스럽지 못하다. 그의 논증은 어떻게 주

Christianity to Irenaeus (Nashville: Abingdon, 1970).

65) I. H. Marshall, "Jesus as Lord: the Development of the Concept," *Jesus the Saviour: Studies in New Testament Theology* (Downers Grove: Inter-Varsity, 1990), 202; Bousset의 견해에 대한 비판적 평가는 I. H. Marshall, *The Origins of New Testament Christology* (Downers Grove: Inter-Varsity, 1976, 1990), 104-107와 Larry W. Hurtado, *Lord Jesus Christ: Devotion to Jesus in Earliest Christianity* (Grand Rapids: Eerdmans, 2003)를 보라.

66) F. Hahn, *The Titles of Jesus in Christology* (London: Lutterworth, 1969), 89-103.

제6장 | 초기 기독교의 시편 110:1 주해   **285**

라는 칭호가 처음부터 장차 올 인자와 주라는 의미로 예수에게 적용되었
는지에 대해 충분히 설명하지 못하기 때문이다. 이는 특히 예수가 자신을
장차 올 인자로 지칭했음을 부인하는 학자들에게는 더욱 해결하기 힘든
난제가 아닐 수 없다. 따라서 어떻게 초기 그리스도인들이 장차 올 예수에
게 "주"라는 칭호를 적용하게 되었는지를 제대로 설명할 수 없다면, 오히려
그들이 먼저 예수가 "주"이심을 믿기 시작했고 그 이후에 그 주가 장차 다
시 올 것을 그들이 예언했다고 보는 것이 훨씬 더 설득력을 갖추게 된다.[67]

부세와 한의 논증을 비판적으로 고찰한 결과 우리는 예수의 주 됨
의 기원이 다른 곳에 있음을 깨닫게 된다. 비록 신약성서 저자들은 시편
110:1을 부활 이후 예수의 고양에 적용했지만, 공관복음은 한결같이 예수
가 이 구절을 "메시아는 단순히 다윗의 자손"이라는 전통적인 이해에 도
전하기 위해 사용했을 뿐만 아니라(막 12:35-37//), 산헤드린 공회 앞에서
대제사장의 심문에 답하기 위해 사용했다고 기록한다(막 14:62//). 그렇다
면 예수 자신이 직접 사용한 시편 110:1이 예수의 주 됨의 기원을 추적할
기회를 제공해줄 수도 있다. 따라서 이 복음서 본문들의 중요성은 이 본
문들의 진정성(authenticity)을 부정하는 학자들의 견해를 반박한 후에 명
확히 드러나게 될 것이다.

6.2.5.1. —— 마가복음 12:35-37의 진정성
마가복음 12:35-37의 내용은 다음과 같다.

35 예수께서 성전에서 가르치실새 대답하여 이르시되 "어찌하여 서기관들이
그리스도를 다윗의 자손이라 하느냐? 36 다윗이 성령에 감동되어 친히 말하되

---

67) Marshall, *Origins*, 101-104; "Jesus as Lord," 203.

'주께서 내 주께 이르시되 내가 네 원수를 네 발 아래에 둘 때까지 내 우편에 앉았으라 하셨도다' 하였느니라. 37다윗이 그리스도를 주라 하였은즉 어찌 그의 자손이 되겠느냐?" 하시니 많은 사람들이 즐겁게 듣더라(막 12:35-37).

그동안 이 본문의 진정성에 의혹을 제기하는 여러 가지 주장들이 다양하게 제시되어왔다.[68]

① 초기 유대교 문헌에서는 시편 110:1에 근거한 메시아에 관한 논의가 결여된 반면 신약성서에서는 이러한 논의가 빈번하게 나타난다는 점은 이것이 초기 교회에 의한 창작임을 말해준다.
② 이 구절은 기독론적인 칭호들을 사용하여 기독론적인 관심을 두드러지게 나타낸다.
③ "주"라는 칭호를 사용한 언어유희는 히브리어에는 존재할 수 없고 단지 칠십인역에서만 가능하다.
④ 전통적인 다윗의 자손 메시아 사상을 인자 혹은 하나님의 아들 메시아 사상으로 대체하려는 시도가 엿보인다.
⑤ 예수가 유대교 메시아 사상에 관한 논쟁에서 주도권을 잡고 있다.[69]

하지만 이 주장들을 면밀히 검토해보면 다음과 같은 의구심이 생긴다. 첫째, 초기 유대교에서 시편 110:1을 근거로 한 메시아에 관한 논의가 거의 없었던 것은 사실이지만 앞서 논증한 대로 기독교 이전 유대교에서

---

68) Hahn, *Titles*, 103-105, 251-254는 예수가 지상에서는 "다윗의 자손"으로 여겨졌다가 그의 고양 이후에는 "다윗의 주"로 간주되었다는 2단계 기독론을 주창한다.
69) R. W. Funk, *The Gospel of Mark: Red Letter Edition* (Sonoma: Polebridge, 1991), 187-188.

이 시편에 대한 메시아적 해석이 존재했을 가능성이 있고(§6.1.2), 설령 이러한 논증에 오류가 있다 할지라도 예수 자신이 이 본문을 직접 토론에 도입하고 그 이후에 초기 교회가 이 본문을 다시 사용했을 가능성을 배제할 수 없다.[70] 이 본문은 예수가 메시아를 다윗의 자손으로 이해하는 전통적 해석과 충돌을 일으키는 새로운 논점을 도입했음을 보여준다. 아울러 이 본문의 시편 110:1 사용이 다른 신약 본문과 다르다는 점은 이 본문을 초기 교회의 창작으로 보는 견해와 어긋난다.[71] 그뿐 아니라 마가복음 14:62—"내가 그니라. 인자가 권능자의 우편에 앉은 것과 하늘 구름을 타고 오는 것을 너희가 보리라"—에 나타난 또 다른 예수 전승이 진정성을 갖고 있다면 이 본문이 "예수의 삶의 정황"(*Sitz im Leben Jesu*)을 보존할 개연성은 충분해진다.

둘째, 이 본문은 기독교적 관심사를 명확하게 반영하지 않는다.[72] 예수는 자기 자신을 직접 지칭하기 위하여 이 구절을 사용하지 않는다. 오히려 그는 시편 110:1을 암시적으로 사용함으로써 자신이 아닌 다른 사람을 가리키고 있다는 결론을 끌어낼 수도 있게 한다. 또한 예수가 유대교 메시아 사상에서 사용되었던 칭호들을 완전히 무시했다는 가정도 잘못 되었다.[73] 예수가 그러한 메시아 사상에 이의를 제기하기에는 이미 다윗 계보의 메시아 사상이 너무 확고하게 뿌리내리고 있었기 때문이다. 오히려 이러한 메시아 사상이 구약과 유대교에 매우 명확하게 나타났기 때

---

70) B. Witherington, *The Christology of Jesus* (Minneapolis: Fortress, 1990), 190.

71) 참조. B. M. F. van Iersel, *'Der Sohn' in den synoptischen Jesusworten* (Leiden: Brill, 1961) 171-173, 특히 n.3.

72) E. Lohmeyer, *Das Evangelium des Markus* (Göttingen: Vandenhoeck & Ruprecht, 1951), 263; V. Taylor, *The Gospel According to St. Mark: the Greek Text* (London: Macmillan, 1952), 492-493.

73) I. H. Marshall, *The Gospel of Luke: a Commentary on the Greek Text* (NIGTC; Grand Rapids: Eerdmans, 1978), 746-747.

문에 예수나 초기 교회가 그것을 부인했을 가능성은 매우 희박하다. 다 윗 혈통의 메시아 사상은 사무엘하 7장에서 시작되었지만, 시간이 흘러 역대상 17:11, 14이 기록될 즈음에는 집합적인 의미의 "너희의 씨"가 "너 의 씨 곧 너의 아들 중 하나"로 좁혀지는 현저한 변화가 일어났다.[74] 비록 "다윗의 자손"이라는 정확한 명칭은 "솔로몬의 시편" 17:23 이전까지 나 타나지 않았다 하더라도 그 이후 이 메시아 사상은 예언서에 자주 등장 했고(사 9:2-7; 11:1-9; 렘 23:5-6; 30:9; 33:15, 22; 겔 34:23-24; 37:24; 호 3:5; 암 9:11), 랍비 문헌에서는 매우 일반적인 개념이 되었다.[75] 쿰란 문서 "플로 릴레기움"(4QFlor) 1:11-13에서 다윗에게 한 약속이 아모스 9:11에 비추 어 해석된다는 점도 주목할 만하다.[76] 또한 공관복음서 저자들이 전혀 거 리낌 없이 이 본문의 이야기와 다윗 혈통의 메시아 사상을 결합시켰다는 사실은 그들이 처음부터 메시아의 다윗 혈통설을 부인하지 않았다는 견 해에 힘을 실어준다.[77] 따라서 마가복음 12:35-37에서 예수는 전통적인 메시아 사상의 부정확성(inaccuracy)보다는 부적절성(inadequacy)을 드러 냈다고 보아야 한다.[78] 예수가 이해시키고자 했던 핵심은 메시아가 다윗 이 아닌 다른 인물의 자손이라는 것이 아니라, 메시아가 다윗의 자손이 긴 하지만 단순히 다윗의 자손이 아닌 그 이상의 인물이라는 것이었다. 또한 몇몇 학자들의 주장과 같이 예수가 메시아의 다윗 혈통설에 이의를 제기했다는 가설이 제기될 만큼 초기 교회가 본문을 창작했을 개연성은

---

74) J. A. Fitzmyer, "Son of David and Mt. 22:41-46," *Essays on the Semitic Background of the New Testament* (London: G. Chapman, 1971), 118-119.

75) 참조. *b. Sanh.* 97a; 98a; *y. Ta'an.* 4.8.68d

76) 참조. CD 7.16; *b. Sanh.* 96b.

77) J. Nolland, *Luke* (WBC 35; Dallas: Word Books, 1993), 971.

78) Witherington, *Christology*, 190.

매우 낮다.[79]

셋째, 예수가 시편 110:1을 인용할 때 히브리어 성경 두루마리를 읽은 것이 아니라 기억에 의존했음을 감안한다면 그는 이 본문을 아람어로 인용했을 가능성이 높다. 피츠마이어는 아람어에서도 이 언어유희가 완벽하게 성립할 수 있음을 증명해 보였다. 그는 두 번 기록된 "퀴리오스"가 같은 의미의 아람어 "마레"에서 왔다고 본다. 즉 그리스어 εἶπεν κύριος τῷ κυρίῳ μου는 아람어 *amar marya le mari*를 반영한다는 것이다.[80] 그러나 이 언어유희가 성립한다는 이유 때문에 이 말씀의 진정성이 밝혀지지는 않는다. 이 본문은 "하나님이 '나의 주'(다윗의 자손)에게 내 우편에 앉으라고 말씀하신다"라는 의미다. 예수는 "어떻게 메시아가 다윗의 하나님이 될 수 있느냐"가 아니라 "어떻게 메시아가 다윗의 자손인데 다윗의 주가 될 수 있느냐"라고 질문했다. "하나님"과 "나의 주"가 같은 그리스어(또는 아람어) 단어를 사용한다 해도 서로 혼동될 가능성은 없다. 그뿐 아니라 시편 110:1에서 두 번 사용된 "주" 사이에는 분명한 구분이 있기에 (특히 히브리어 본문에서) "아도니"(אדני)를 신적 의미로 이해할 위험성은 없다.

넷째, 전통적인 다윗의 자손 메시아 사상을 인자 혹은 하나님의 아들 메시아 사상으로 대체하려는 의도가 있었다는 증거를 찾기 어렵다. 인자 메시아 사상이 나타난다는 주장이 성립하려면 마가복음 14:62을 이 본문의 틀 안으로 끌어들여 읽어야 한다. 또한 하나님의 아들 메시아 사상이

---

79) 참조. C. A. Evans, "Recent Development in Jesus Research: Presuppositions, Criteria, and Sources," *Jesus and His Contemporaries: Comparative Studies* (Leiden: Brill, 1995), 19.

80) J. A. Fitzmyer, "The Contribution of Qumran Aramaic to the Study of the New Testament," *NTS* 20(1973-1974), 389-390; *Luke*, 1312; 아울러 시 110편과 이 정황에 대한 이 시편의 적합성에 대한 상세한 논의는 D. L. Bock, *Luke* (BECNT; Grand Rapids: Baker Books, 1996), 1630-1641를 보라.

나타난다는 주장은 이 본문의 강조점이 메시아가 하나님의 아들이 아닌 다윗의 "퀴리오스"임을 간과하는 것이다.[81]

다섯째, 예수가 어떤 논의에서도 주도권을 갖지 않았다고 주장하는 것은 양식비평의 오용(誤用)에 해당한다. 예수가 주도권을 갖고 있었으며(막 8:27, 34; 9:16, 33; 10:33; 12:43), 가르침의 핵심을 암시적으로 제시했다는 증거가 있다(참조. 눅 7:22이하).[82] 테일러(V. Taylor)가 주장하듯이 "이러한 암시적 성격은 이 어록이 예수의 본래 가르침임을 뒷받침한다. 이 어록은 '메시아적 비밀'의 절반은 은폐하고 절반은 공개한다."[83]

여섯째, 이 본문의 진정성을 가장 강력하게 뒷받침하는 근거 중 하나는 이 본문의 기능과 의미에 관한 다양한 해석이 반영해주듯이 본문의 내용이 암시적 성격과 기독론적 모호함을 지닌다는 것이다.[84] 이 본문에서 예수가 전달하려는 핵심이 매우 모호하며 유대적이라는 점이 오히려 예수의 시편 110:1 사용의 진정성을 반증해준다. 메시아의 다윗 계보설을 강조하지 않은 것은 부활 이후의 일반적인 강조점과는 상반된다(행 2:30-36; 13:23-39; 롬 1:2-4; 히 1:3-14).

따라서 우리는 이러한 증거들을 통해 "시편 110:1 사용의 기원이 공개적으로 예수를 그리스도로 고백하던 공동체에 있다기보다는 예수의 정체성에 대한 논쟁이 수면 위로 떠오르던 시기로 소급해 올라가며…신약 본문들에 나타난 시편 110:1의 기원이 예수 자신에게로 소급될 개연성이 매

---

81) Witherington, *Christology*, 190; 참조. Marshall, *Luke*, 746-747; Fitzmyer, *Luke*, 1312-1313; Taylor, *Mark*, 491-493.
82) 참조. I. H. Marshall, *I Believe in the Historical Jesus* (London: Hodder & Stoughton, 1977), 170-171에 인용된 A. M. Ramsey, "History and the Gospel," *Studia evangelica* (ed. Cross F. L.; Berlin: Akademie-Verlag, 1968), 75-85, 특히 78; Witherington, *Christology*, 191.
83) Taylor, *Mark*, 493.
84) Taylor, *Mark*, 493; Nolland, *Luke*, 971; Hay, *Glory*, 26, 110, 114, 158-159.

우 높다"는 결론에 도달한다.[85]

한편 몇몇 학자들은 이 어록이 메시아가 다윗의 자손이라는 전통적인 메시아 사상을 부인하기 위한 것이었다고 주장한다. 클라우스너(J. Klausner)는 예수가 메시아의 다윗 혈통설을 부인했다고 본다. 반면 버거(C. Burger)는 초기 그리스도인들이 예수가 다윗의 자손이 아니라고 생각했기 때문에 메시아의 다윗 혈통설을 부인하면서 예수가 메시아임을 증명하려 했다고 주장한다.[86] 그러나 앞에서도 언급했듯이 예수가 다윗의 자손이라는 사실이 초기 교회에서 의심을 받았거나 알려지지 않았다는 증거는 없다.[87]

또 다른 학자들은 이 어록을 다윗계 메시아에 대한 기대를 수정한 것으로 간주한다. 쿨만(O. Cullman)은 예수의 의도는 다윗의 자손설 자체를 부인한 것이라기보다는 정치적인 왕으로서의 메시아에 대한 이해를 부인한 것이라는 견해를 피력했다.[88] 그러나 이 견해의 취약점은 시편 110:1의 인용 자체가 정치적 왕위의 측면(politico-royal terms)에서 이루어졌다는 데서 드러난다.[89]

건드리(R. Gundry)는 위의 주장들을 모두 일축하면서 예수가 던진 질

---

85) D. L. Bock, *Blasphemy and Exaltation in Judaism and the Final Examination of Jesus: a Philological-Historical Study of the Key Jewish Themes Impacting Mark 14:61-64* (WUNT 2/106; Tübingen: Mohr Siebeck, 1998), 222.

86) J. Klausner, *Jesus of Nazareth: His Life, Times, and Teaching* (New York: Macmillan, 1926), 320; C. Burger, *Jesus als Davidssohn: eine traditionsgeschichtliche Untersuchung* (Göttingen: Vandenhoeck & Ruprecht, 1970), 52-59; 참조. G. Schneider, "Die Davidssohnfrage(Mk. 12, 35-37)," *Bib* 53(1972), 83.

87) 이와 반대 의견은 B. Lindars, *New Testament Apologetic: the Doctrinal Significance of the Old Testament Quotations* (London: SCM, 1961), 47를 보라. Lindars는 다윗의 자손에 관한 공관복음 본문은 다윗의 자손에 대한 논쟁이 발생한 다소 후기 정황을 반영한다고 생각한다.

88) O. Cullmann, *The Christology of the New Testament* (London: SCM, 1963), 130-133.

89) Marshall, *Luke*, 744-745.

문의 진정한 핵심은 서기관들이 사용한 "다윗의 자손"이라는 명칭에 있다고 지적한다. 다시 말해 예수는 서기관들에게 "다윗의 자손"이라는 명칭의 출처에 관해 물었다는 것이다. 즉 예수는 서기관들에게 "어디서"(καὶ πόθεν, 카이 포텐) 그리스도가 다윗의 자손이라는 사상적 뿌리를 찾을 수 있느냐고 질문했다.[90] 이 견해에 의하면 신약에서 "포텐"(πόθεν)의 의미는 "어떤 관점에서" 혹은 "어떤 방식으로"라기보다는 "어디로부터"에 가깝다.

그러나 이러한 해석은 35절의 "다윗의 자손"(υἱὸς Δαυίδ)이란 어구를 지나치게 칭호로서 이해한 결과다. 놀란드(Nolland)가 지적했듯이 "'다윗의 자손'이 일찍이 메시아의 칭호로 사용된 사례는 매우 제한적이었다는 점, 시편 인용구에서 '나의 주'가 사용된 점, 그리고 마가복음 12:37에서 '그의 자손'이 사용된 점을 고려하면 '다윗의 자손'이 원래 메시아의 칭호(Son of David)로 사용되었다기보다는 단순히 다윗의 자손(son of David)이라는 의미로 사용되었을 개연성이 조금 더 높다고 볼 수 있다."[91]

다우베(D. Daube)는 이 문제를 조금 다른 관점에서 접근한다. 그는 예수의 이 어록이 명백한 모순처럼 보이는 두 구절이 발생시키는 난제를 각 구절의 문맥에서 이해함으로써 해결하는 랍비들의 4단계 논의 중 한 부분에 해당한다고 주장한다.[92] 그에 따르면 예수의 질문은 메시아가 다윗의 자손이라는 사상에 부연 설명을 하기 위한 것이다.[93]

마샬(I. H. Marshall)은 마가복음 12:35-37에서 예수의 시편 110:1 사용

---

90) R. H. Gundry, *Mark: A Commentary on His Apology for the Cross* (Grand Rapids: Eerdmans, 1993), 718-719, 722-723; αὐτοῦ의 강조된 위치에 대해서는 J. Marcus, "Mark 14:61: 'Are You the Messiah-Son-of-God?'," *NovT* 31(1989), 135-136를 보라.

91) Nolland, *Luke*, 971.

92) D. Daube, "Four Types of Questions," *JTS* 2(1951), 45-48; *The New Testament and Rabbinic Judaism* (London: University of London, 1956), 158-163.

93) 참조. Schneider, "Davidssohnfrage," 83-85는 이 견해에 반대한다.

과 메시아의 주 되심에 대한 매우 중요한 단서를 발견한다. 첫째, 예수는 여기서 메시아가 "주"라는 칭호로 불린다고 말한다. 둘째, 예수는 이런 칭호에 대한 근거를 시편 110:1에서 찾는다. 셋째, 예수는 시편 110:1을 앞으로 성취될 메시아에 대한 예언으로 이해해야 한다고 말한다.[94]

그렇다면 예수가 이 질문을 던진 가장 중요한 의도는 무엇이었을까? 무엇보다 먼저 예수는 메시아가 단순히 다윗의 자손이라는 서기관들의 전통적인 해석에 도전한다. 동시에 예수는 이스라엘을 외부의 세력으로부터 해방시키는 정치적인 인물로 메시아를 묘사하는 "솔로몬의 시편" 17장 및 다른 문서에 나타난 메시아 사상도 함께 비판했다고 볼 수 있다.[95]

그러나 우리는 본문에 나타난 예수의 가르침의 형태에서 예수가 그 이상의 의도를 가지고 있었음을 알 수 있다. 예수에게 메시아는 반드시 고양된 존재와 다윗의 자손으로서의 특성을 모두 함께 지니고 있는 인물이어야만 한다. 사실 이 본문은 예수가 공개적으로 자신을 어떤 존재로 생각하는지를 나타내기 위하여 사용한 암시적·간접적 방식을 반영한다 (참조. 막 12:1-12).[96] 그가 사용한 방식은 자신을 미묘하게 암시함으로써 청중들이 자신의 정체성에 대하여 신중하게 생각하도록 유도하는 것이었다. 마가복음 12:35-37에서 예수는 메시아가 다윗의 주로서 다윗보다 탁월하며 먼저 계신 자임을 밝힌다. 예수는 자신이 다윗의 주이며 자신의 기원 역시 초자연적일 가능성을 열어놓은 것이다.[97] 결국 다윗의 자손의 참된 정체성에 대한 예수의 가르침은 그가 자신을 어떤 존재로 생각했는지를 엿볼 기회를 제공해준다고 할 수 있다. 이러한 함의는 예수가 이 본

---

94) Marshall, "Jesus as Lord," 205.
95) Witherington, *Christology*, 191는 "예수는 인간의 영들에 대한 사탄의 지배에 대항했지만, 가이사와 정면으로 맞서지는 않았다"라고 지적한다.
96) 막 12:1-12에 대한 논의는 이 책 §4.3.5을 보라.
97) 참조. Taylor, *Mark*, 493; Marshall, *Luke*, 746-749.

문과 다니엘 7:13을 함께 사용해 자신에게 신적 권위가 부여될 것임을 암시한 마가복음 14:62의 선포를 통해 더욱 선명하게 드러난다.

앞의 논증들은 예수를 주(아니면 선재한 주)로 믿은 초기 교회의 신앙이, 예수가 지상 사역 중 자신에 대하여 암시한 것을 그의 청중들(특히 그의 제자들)이 숙고하면서 그의 정체성에 대하여 질문하는 과정을 통해 형성되었으며 궁극적으로는 예수 자신에게서 기인했음을 알게 해준다. 그러므로 그 당시 초기 그리스도인들이 미처 깨닫지 못했더라도, 예수가 자신을 오랫동안 고대했던 메시아로뿐만 아니라 선재한 주로 암시했을 가능성도 완전히 배제할 수 없다.

6.2.5.2. —— 마가복음 14:62

예수는 산헤드린 공회 앞에서 대제사장의 질의에 대해 시편 110:1과 다니엘 7:13을 암시적으로 인용하며 답변했다. 하지만 학자들은 이 답변에 내포된 고 기독론과 부활 이후의 정황으로 인해 그 진정성을 완강히 부인해왔다. 이 어록의 진정성은 이 재판 장면이 "예수의 삶의 정황"으로 소급될 수 있는지에 대한 문제와 밀접하게 관련된다.

이 재판 장면의 진정성을 의심하는 여러 원인은 다음과 같다. 첫째, 성전모독에 관한 이슈에서 기독론적 이슈로의 갑작스러운 전환은 본문의 재판 정황이 실제라기보다는 마가의 창작일 개연성이 높다는 것을 의미한다.[98] 둘째, 하나님에게 사용된 "찬송받을"(εὐλογητός, 율로게토스)과 "권능"(δύναμις, 뒤나미스) 같은 완곡한 표현들이 과연 진정성 있는 전승을 반영하는지 의심스럽다. 왜냐하면 하나님 이름의 완곡한 표현으로서의 "율로게토스"는 이전 문서에서 거의 찾아볼 수 없고, 잔존하는 유대 문헌에

---

98) 참조. H. Anderson, *The Gospel of Mark* (NCBC; London: Oliphants, 1976), 330-331.

서도 "하나님의 아들"이라는 칭호가 메시아의 명칭으로 사용된 적이 거의 없기 때문이다.[99] 셋째, 예수의 시편 110:1과 다니엘 1:13의 사용은 부활 이후의 정황을 전제로 한다. 페린(N. Perrin)에 따르면 시편 110:1과 다니엘 7:13(즉 12:10도 함께)의 결합은 다니엘 7:13에 대해 유대교의 "메시아적" 해석을 적용한 두 개의 기독교 "페셰르"(pesher) 전승이 통합된 결과다. 결국 마가복음 14:62은 이 전승들이 "역사화"(historicization)한 산물로서 후대에 발전한 사상을 예수가 그 당시 말한 것처럼 표현한 것에 불과하다.[100] 넷째, 예수가 과연 자신을 묵시적 인자로 언급했는지는 아직도 학자들 간의 치열한 논쟁거리로 남아 있다. 다섯째, 기독론적인 칭호가 마가복음 14:61-62에 집중적으로 사용된 것은 그 진정성을 약화한다.

이와 같은 주장들에 대한 반론은 다음과 같다.[101]

첫째, 보크(D. L. Bock)는 라인볼트(W. Reinbold)의 논증을 반박한다. 라인볼트는 재판의 기본적 정황이 예수의 삶의 정황을 반영하기보다는 마가의 편집으로부터 비롯된 것이라고 논증했다.[102] 라인볼트는 아침에 이루어진 예수의 재판이 기본적으로 마가가 보도한 대로 이루어졌다는 베츠(O. Betz)의 견해에 이의를 제기했다.[103] 또한 미혹죄 혐의는 예수에게

---

99) D. H. Juel, *Messiah and Temple: the Trial of Jesus in the Gospel of Mark* (SBLDS 31; Missoula: Scholars Press, 1977), 78-79; 참조. Anderson, *Mark*, 331.

100) N. Perrin, "Mark XIV. 62: The End Product of a Christian Pesher Tradition?," *NTS* 13(1965-1966), 150-155. 아울러 N. Perrin, *Rediscovering the Teaching of Jesus* (New Testament Library; London: SCM, 1967), 172-185을 보라.

101) 여기서 우리의 논의는 Bock, *Blasphemy*, 209-233에 크게 의존한다.

102) W. Reinbold, *Der älteste Bericht über den Tod Jesu: literarische Analyse und historische Kritik der Passionsdarstellungen der vangelien* (BZNW 69; Berlin: Walter de Gruyter, 1994), 256 이하.

103) 참조. O. Betz, "Probleme des Prozesses Jesu," *Aufstieg und Niedergang der römischen Welt* (eds. H. Temporini *et al.*; Berlin: Gruyter, 1982), 565-647. Betz는 Josephus, 쿰란, 신약 문헌 등을 검토한 결과 마가의 예수의 재판 기사가 유대교 정황과 얼마나 잘 어울리며 어떻게 논리적으로 성전 모독의 문제에서 기독론적 문제로 전환되었

해당되지 않으며 그 문제는 신약의 전승 어느 곳에서도 제기되지 않았다고 주장하면서 스트로벨(A. Strobel)의 주장을 반박했다.[104] 그러나 라인볼트의 비판은 다음과 같은 문제점을 안고 있다.[105]

① 신약성서에는 "플라노스"($\pi\lambda\acute{a}\nu o\varsigma$)와 "플라나오"($\pi\lambda\alpha\nu\acute{a}\omega$) 같은 용어들을 사용하면서 예수가 미혹하는 자로 보였음을 말해주는 본문이 여러 개 있다(마 27:63-64; 요 7:12, 47).

② 기독교 및 유대교 자료들은 예수가 이스라엘을 미혹했다는 이유로 죽임을 당했다고 일관성 있게 증언한다(b. Sanh. 43a; m. Sanh. 7.4; 4Q375; 4Q376; Dial. 69.7; 108.2; Cels. 1.68; 1.71; Dem. ev. 3.3.1-4; 3.6.1).

③ 그의 논증은 "유대교에서는 우상숭배와 신성모독이 유사한 것이며 때로는 서로 연관이 있는 범죄로 보이기도 했지만 반드시 그래야만 하는 것은 아니었다"라는 보크의 중요한 지적을 무시한다.[106]

④ 라인볼트의 논증은 성전을 헐겠다는 말이 로마의 압제하에 있던 나라를 위험에 빠뜨리는 것으로 해석될 수 있었음을 증명한 베츠의 논증을 제대로 반박하지 못했다.

⑤ 라인볼트는 역사적 배경을 기초로 한 전체적 논증들을 신중히 평가하지 않고 단순히 일부 학자들이 제기한 사소한 몇몇 쟁점을 비판하는 데 그치고 말았다.

는지를 설득력 있게 논증했다.

104) 참조. A. Strobel, *Die Stunde der Wahrheit: Untersuchungen zum Strafverfahren gegen Jesus* (WUNT 21; Tübingen: Mohr Siebeck, 1980), 46-61. Strobel은 민 13:1-13을 미혹죄와 우상 숭배에 대한 주된 본문으로 본다.

105) Bock, *Blasphemy*, 211-213.

106) Bock, *Blasphemy*, 212.

둘째, 보크는 유대 문헌에서 "율로게토스"(찬송받을)와 "뒤나미스"(권능)에 대한 중요한 언어적 통계를 조사한 결과 다음과 같은 결론에 도달한다. "율로게토스"에 대한 조사 결과 "단편적인 성격의 자료들조차도 마가복음과 매우 흡사한 예들을 보여준다"(*m. Ber.* 7.3; *1 En.* 77:2).[107] "뒤나미스"에 대한 조사 결과 "'권능자'를 언급한다는 것은 권위를 가지고 말씀하시는 하나님에 관해 이야기하는 것이다.[108] 이 표현은 초기 미드라쉬에 광범위하게 나타나기 때문에 이른 시기로 소급될 가능성이 높다."[109]

셋째, 예수의 시편 110:1 사용과 관련된 진정성의 문제는 앞서 마가복음 12:35-37을 다룰 때 이미 논의했다. 그 결과 신약성서에 나타난 시편 110:1 인용은 예수 자신에게로 소급될 개연성이 높다는 사실을 알 수 있었다. 또한 시편 110:1은 예수가 청중으로 하여금 자신이 다윗의 주이며 초자연적인 기원을 가진 인물일 가능성을 염두에 두도록 하기 위한 암시일 수 있음을 살펴보았다. 그렇다면 다니엘 7:13-14의 경우는 어떨까? 과거에는 유대교 내에서 인자라는 인물에 대해 말할 수 있었는지에 대해 치열한 논쟁을 벌였던 것이 사실이지만, 지금은 다니엘 7장에 뿌리를 둔 고양된 존재에 대한 사변이 유대교 내에 존재했다는 인식이 널리 퍼졌다.[110] 여러 학자가 유대교의 다양한 자료에서 그 근거를 발견한다.[111] 따라서 이처럼 다양한 자료에 나타난 증거들은 이 본문의 정황이 부활 이후일 개연

107) Bock, *Blasphemy*, 217.
108) 참조. *1 En.* 62:7; *Sipre Num.* 112; *b. 'Erub.* 54b; *b. Yebam.* 105b; *Tg. Job* 5:8; *b. Šabb.* 88b; *b. Meg.* 31b 등.
109) Bock, *Blasphemy*, 218-219.
110) J. J. Collins, "The Son of Man in First-Century Judaism," *NTS* 38(1992), 448-466; W. Horbury, "The Messianic Associations of 'the Son of Man'," *JTS* 36(1985), 34-55.
111) 11QMelch 2.18; Ezek. Trag. 68-69; *1 En.* 46:2-4; 48:2; 62:5, 7, 9, 14; 63:11; 69:27, 29; 70:1; 71:14, 17; *4 Ezra* 13; *b. Ḥag.* 14a; *b. Sanb.* 38b; 4Q491 등이 연구 대상이다.

성을 희박하게 만든다.[112]

한편 페린의 페셰르 전승에 관한 견해는 사변적이라고 할 수 있다. 물론 그가 에녹 전승을 증거로 사용한 것은 적절하다고 볼 수 있지만 후대의 미드라쉬 문헌을 기독교 이전의 메시아적 해석에 대한 증거로 사용한 것은 부적절하다. 페셰르의 "역사화"에 대한 그의 견해는 이러한 전승들이 예수의 가르침에서 기인했을 가능성을 배제한다. 그러나 페린은 한편으로 이미 확립된 유대교 전승들과 성경의 증거 본문(testimonia)들을 서로 결합하는 초기 기독교의 주해 방식, 그리고 이러한 주해 방식이 기독론에 미치는 영향 간의 긴밀한 연관성을 올바르게 부각한다. 또한 앨블 (M. C. Albl)은 마가복음 14:62에서 시편 110:1과 다니엘 7:13이 융합되어 사용되었다는 합당한 결론을 내린다.[113]

넷째, 복음서의 증거는 "인자"라는 칭호가 초기 교회의 창작이라는 견해에 대해 두 가지 중요한 문제를 제기한다.[114]

① "주"와 "하나님의 아들", 그리고 "메시아"와 같은 중요한 기독론적 칭호와는 달리 "인자"는 모두 예수의 어록에서만 발견된다.
② 만약 이 칭호가 초기 교회에 의해 창작된 예수의 자칭 명칭이라면 왜 그것을 복음서 이외의 신약에서 거의 찾아볼 수 없는 것일까?[115]

---

112) Bock, *Blasphemy*, 223-224.

113) Albl, *Scripture*, 230.

114) 이와 반대 의견은 M. Casey, *Son of Man: the Interpretation and Influence of Daniel 7* (London: SPCK, 1979)을 보라.

115) R. E. Brown, *The Death of the Messiah: From Gethsemane to the Grave: a Commentary on the Passion Narratives in the Four Gospels* (London: G. Chapman, 1994), 507.

그뿐 아니라 제사장들을 포함한 유대교의 종교 지도자들이 예수를 다시 올 재판장으로서 **보게 될** 것이라고 위협받았다는 사실은 초기 교회 창작설을 약화한다.[116] 기원후 70년경에는 그것이 불가능해졌기 때문이다. 따라서 우리는 "예수가 직접 다니엘 7장을 인용했을 뿐만 아니라 예루살렘에 가까이 이르러 이 본문에 대한 가장 명백한 언급이 나타난 것으로 보아, 다니엘 7장이 예수가 지상 사역을 마칠 무렵 그의 생각을 강하게 지배했을 것"이라고 결론 내릴 수 있다.[117]

다섯째, 보크는 형식적 근거와 개념적 근거를 바탕으로, 기독론적 칭호의 집중적 사용이 그 진정성을 훼손한다는 주장을 반박한다. 형식적 측면에서 보면 어떤 핵심을 강조하려고 할 때, 특별히 어떤 장엄한 말을 할 때 칭호들을 집중적으로 사용하는 것은 유대교에서 특기할 만한 일이 아니다.[118] 즉 당시 상황은 매우 심각했기 때문에 대제사장이 형식적으로 이런 칭호들을 함께 모아서 예수를 심문하는 모습은 전혀 이상하지 않다. 개념적인 면도 전혀 문제가 되지 않는다. 대제사장은 예수에게 그의 메시아적 신분을 확증할 것을 요구할 뿐이다. 지금까지 학자들은 메시아임을 주장하는 것 자체가 유대교에서 사형에 해당하는 죄, 즉 신성모독은 아니라고 지적하면서 이런 해석을 부인해왔다. 그러나 보크는 이런 비평이 대제사장의 질문과 예수의 답변이 보여주는 관계에 대한 잘못된 가정에서 비롯됨을 지적한다. 다시 말해 "심문의 목적과 심문의 결과가 완전히 같은 것"이었다고 잘못 가정한다는 것이다.[119]

---

116) Hengel, "Right Hand," 187.

117) Bock, *Blasphemy*, 227.

118) Bock, *Blasphemy*, 230는 *1 En*. 77:2("Most High" and "eternally Blessed"); *1 En*. 48:2("the Lord of Spirits, the Before-time"); *Ps. Sol*. 17:21("their king, the son of David"); 사 9:6을 증거로 제시한다.

119) Bock, *Blasphemy*, 231.

그러나 시편 110:1과 다니엘 7:13이 서로 얽혀 있는 것을 보면 메시아 주장에 대한 심문으로 시작된 재판이 그 이상의 것으로 마무리되었음을 분명하게 알 수 있다. 예수가 이 두 본문을 병치한 것은 유대 지도자들에게 너무 도발적이었기 때문에 그는 "종교적인 범죄 중에서 가장 엄중한 신성모독죄"로 처벌당할 수밖에 없었다. 보크는 이 죄목의 두 가지 원인을 다음과 같이 지적한다. 첫째, 지도자들의 관점에서 예수의 답변은 자신을 하나님과 지나치게 가까운 존재로 간주한 것으로 보였다. 둘째, 예수는 자신이 하나님의 임명을 받았다고 자부하는 종교 지도자들을 심판할 재판장으로 올 것이라고 선포했다.[120]

마가복음 14:62에 대한 논의의 결과 우리는 산헤드린 공회 앞의 재판에서 예수가 유대교 지도자들의 질문에 시편 110:1과 다니엘 7:13을 인용해 답변했으며, 그들이 예수를 신성모독죄로 판결할 만큼 그의 답변이 심각한 위협을 야기했을 개연성이 매우 높다는 결론에 도달한다.

6.2.5.3. —— 결론

지금까지 우리는 마가복음 12:35-37과 14:62의 진정성을 부인하는 많은 학자의 논증들을 반박했다. 마가복음 두 본문에 나타난 예수의 시편 110:1 사용에 관한 여러 증거를 검토한 결과 우리는 다음과 같이 결론 내릴 수 있다.

첫째, 예수는 메시아가 다윗의 주일 뿐만 아니라 장차 인자가 하나님의 우편으로 고양될 것을 시사했다.

둘째, 초기 교회는 예수의 하나님 우편으로의 고양이 그의 부활과 함께 이루어진 것으로 믿었으며 이 믿음을 표현하기 위해 예수가 인용했던

---

120) Bock, *Blasphemy*, 231.

시편 110:1을 지속적으로 사용했다.[121]

6.2.6. —— 예수의 주 되심의 확증으로서의 시편 110:1

이제 남아 있는 문제는 초기 그리스도인들이 예수를 부활 이전에 이미 주
(主)였다고 이해했는가, 아니면 그들이 주라는 칭호를 부활의 시점에 예
수에게 부여했는가 하는 것이다. 다시 말해 초기 그리스도인들은 시편
110:1을 예수가 부활의 시점에 비로소 주가 되었다는 의미로 해석했는가,
아니면 부활을 통해 그의 주 되심이 확증되었다는 의미로 해석했는가?

사도행전 2장을 무심코 읽으면 하나님이 예수를 주와 그리스도가 되게
하셨다(36절)고 기록하기 때문에 전자의 견해가 올바른 것처럼 보인다.[122]
빌립보서 2:9-11 역시 "주"라는 칭호가 고양된 예수에게 부여되었음을 알
려준다고 볼 수도 있다(참조. 고전 9:5; 11:23). 그러나 이 본문들을 조금 더 주
의 깊게 주해하면 초기 그리스도인들이 근본적으로 예수의 부활을 새로운
신분의 부여라기보다는 이미 가지고 있던 신분의 확증으로 보았다는 견해
가 설득력을 얻게 된다.

베드로가 "너희가 십자가에 못 박은 예수를 하나님이 주와 그리스도
가 되게 하셨느니라"라는 말씀으로 설교를 마무리했을 때 그는 예수의
주 되심이 십자가 처형 이후에 일어났다고 말한 것인가? 바로 전에 부활
을 언급한 것으로 미루어 보아 그렇게 이해하는 것이 더 타당해 보일 수
도 있다. 그러나 "여기서 부활이 예수의 고양이 이루어진 시점(참조. 빌 2:9-
11)으로 해석되었다면(그럴 개연성이 더 크다), 그의 이전 신분을 거부할 근

---

121) 참조. B. Witherington, "Lord," *DJG*, 485; 아울러 Marshall, "Jesus as Lord," 203도 보라.
122) 참조. Dunn, *Christology*, 181.

거는 전혀 없다."[123] 가까운 문맥 역시 예수가 부활의 시점에 주가 되었다고 말하지 않는다. 베드로의 마지막 선포는 그가 지금까지 논증한 것에서 나온 결론이다. 그는 예수의 주 되심(행 2:34-35)과 그의 메시아 되심(행 2:25-32)을 증명하려고 했다.[124] 마샬이 올바르게 지적한 것처럼 "그는 메시아였기 때문에(참조. 행 2:22; 10:38이하) 죽음으로부터 부활했으며, 이미 주라고 불리던 존재였기 때문에 하나님의 우편에 앉으라는 명령을 받은 것이다."[125] 따라서 베드로 설교의 마지막 결정타는 예수를 주와 메시아로 임명한 것에 대한 관심의 표명이 아니라, 이미 주이며 메시아인 예수에게 자행되었던 유대인들의 포악한 행위를 지적하기 위한 것이었다. "주"와 "그리스도"라는 칭호는 역할과 신분을 나타낸다.[126] 부활은 이미 소유하고 있던 그의 신분을 확증하고 드러낸다.

빌립보서 2:9-11에도 이와 비슷한 개념이 나타난다. "하나님이 그[그리스도]를 지극히 높여"라는 진술 및 이와 평행을 이루는 "[하나님이 그에게] 모든 이름 위에 뛰어난 이름을 주사"라는 표현이다. 사실 지극히 높임을 받은 자에게 주어진 이름이 정확히 무엇인지에 대해 적잖은 논쟁이 있었다. 하지만 지금은 그 이름이 "주"를 가리킨다는 데에는 폭넓은 일치를 보았다.[127] 이 두 번째 문구의 역할은 고양에 있어서 따로 분리된, 또는 그 이

---

123) I. H. Marshall, "The Divine Sonship of Jesus," *Jesus the Saviour: Studies in New Testament Theology* (Downers Grove: Inter-Varsity, 1990), 145.

124) I. H. Marshall, *The Acts of the Apostles: an Introduction and Commentary* (TNTC; Grand Rapids: Eerdmans, 1980), 76-80; G. Schneider, *Die Apostelgeschichte* (HTKNT 5; Freiburg: Herder, 1980), 1.276-277은 비록 베드로의 설교를 누가가 편집했다고 간주하지만, Marshall과 흡사한 견해를 가지고 있다; R. Pesch, *Die Apostelgeschichte* (EKKNT 5; Zürich: Benziger Verlag, 1986), 1.126-128도 우리의 견해와 마찬가지로 부활과 성경이 기독론의 발전으로 이어졌다고 보는 것 같다.

125) Marshall, *Acts*, 80.

126) Marshall, "Sonship," 145.

127) 학자들 대부분은 이 견해를 지지하지만, 유일하게 C. F. D. Moule, "Further Reflexions

상의 단계를 묘사한다기보다는 첫 번째 문구에 대한 평행 진술로서 그것의 의미를 확대하고 그 본질을 설명하는 데 있다.[128] 우리는 고양과 선재성이 상반되어 나타나지 않는 이 찬송 전체의 문맥 안에서 이 문구를 해석해야 한다.[129]

6.3. — 결론

신약에 나타난 시편 110:1의 사용에 대한 논의 결과 이 메시아 구절은 신약에서 한결같이 예수가 하나님의 우편으로 고양되었다는 의미로 그의 부활에 적용되었음이 분명해졌다.

증거들을 피상적으로 읽을 경우 초기 그리스도인들은 시편 110:1을 먼저 예수의 부활에 적용하고 예수가 하나님의 우편으로 고양된 시점에 비로소 그가 주가 된 것으로 이해했다고 볼 수도 있다. 그러나 이번 장에서 그러한 해석이 부적절함을 자세히 살펴보았다. 기독교의 출현은 예수의 부활을 그의 하나님 우편으로의 고양으로 이해하지 않고는 결코 설명할 수 없다. 우리는 이 믿음이 초기 교회의 최초기 신앙고백의 일부였음을 증명했다. 이런 점에서 시편 8:6과 시편 110:1이 일찍이 연관되어 있

---

on Philippians 2.5-11," *Apostolic History and the Gospel: Biblical and Historical Essays Presented to F. F. Bruce on His 60th Birthday* (eds. W. W. Gasque *et al.*; Exeter: Paternoster, 1970), 270는 그 이름이 "예수"라고 주장한다.

128) P. T. O'Brien, *The Epistle to the Philippians: a Commentary on the Greek Text* (NIGTC; Grand Rapids: Eerdmans, 1991), 237. 따라서 두 개의 부정과거 동사 ὑπερύψωσεν와 ἐχαρίσατο는 동시적(coincident)이다.

129) 이 찬송에서 선재성의 개념을 부인하는 대표적인 학자는 Dunn, *Christology*, 114-121. 던의 견해에 대한 반박은 I. H. Marshall, "Incarnational Christology in the New Testament," *Jesus the Saviour: Studies in New Testament Theology* (Downers Grove: Inter-Varsity, 1990), 169-170를 보라.

었다는 사실은 기독교가 그리스도의 우주적 주(Cosmic Lord) 되심을 매우 초기에 깨달았다는 사실을 강력하게 뒷받침한다.

나아가 우리는 초기 그리스도인들이 시편 110:1을 하나님 우편으로의 고양에 대한 예언만이 아니라 하나님이 자신의 관점에서 이미 주인 자를 향해 하시는 말씀으로 이해했다고 논증했다. 결과적으로 우리는 그들이 예수의 부활을 근본적으로 새로운 신분(status)의 부여라기보다는 이미 소유한 신분의 확증으로 이해했음을 확인했다.

또한 우리는 예수를 주로 믿는 초기 교회의 신앙이, 궁극적으로 예수가 시편 110:1을 장차 성취될 메시아에 대한 예언(막 12:35-37)으로 암시한 것과 이 신탁(神託)을 하나님 우편으로의 자신의 고양에 대한 예언(막 14:62)으로 이해한 것에 뿌리내리고 있다고 논증했다. 아울러 마가복음 12:35-37의 증거는 예수가 자신에 대한 미묘한 암시를 통해 자신이 다윗보다 먼저 계신 다윗의 주일 가능성을 열어놓음으로써 자신의 선재성과 양립하는 자의식을 보여준다. 예수가 산헤드린 공회 앞에서 심문받았을 때 그의 진술을 기록한 마가복음 14:62 역시 이러한 논증을 뒷받침한다.

따라서 시편 110:1에 대한 초기 그리스도인들의 메시아적 주해로부터 끌어낼 수 있는 가장 중요한 기독론적 함의는, 그들이 예수의 부활을 하나님 우편으로의 고양으로 이해했으며 선재한 주로서의 예수의 신분이 부활을 통해 확증되었다고 이해했다는 것이다.

그런데 시편 110:1에 대한 초기 교회의 주해가 시편 2편과 독립적으로 이루어졌을 가능성은 매우 희박하다. 따라서 다음 장에서는 초기 그리스도인들이 예수를 이해하기 위해 시편 2:7을 어떻게 해석했는지 검토할 것이다. 그리고 그 마지막 부분에서는 이 두 시편이 초기 교회 내에서 지니고 있었던 기독론적 함의에 대해 고찰하고자 한다.

신약성서에서 메시아 본문으로 활용되는 시편 2:7은 초기 교회가 예수의 인격(person of Jesus)을 이해할 때 매우 중요한 역할을 했다. 아마도 시편 2:7은 시편 110:1과 함께 초기 그리스도인들이 예수에 대한 이해를 심화하는 데 있어서 가장 중요한 본문 중 하나였을 것이다. 이번 장에서는 초기 기독론의 형성 과정에서 시편 2:7이 어떻게 이해되고 사용되었는지에 대하여 고찰해보자.

많은 신약학자가 시편 2:7이 예수의 부활과 관련하여 가장 먼저 사용되었으며 그 시점에서부터 예수가 하나님의 아들로 간주되었다는 데 의견을 같이한다. 즉 예수가 죽음에서 부활함으로써 비로소 하나님의 아들이 되었다는 것이다. 그뿐 아니라 이러한 관점을 견지하는 학자들은 대부분 예수의 수세(受洗) 장면에 나타난 신의 현현(theophany), 특히 천상의 음성(막 1:11)의 진정성에 대해서도 회의적이다. 그도 그럴 것이 흔히 복음서에 기록된 수세 사건은 예수의 인격에 관한 복음서 저자들의 신학적 창작물이지 결코 역사적으로 신뢰할 만한 기록이 아니라고 주장되어왔기 때문이다.

그러나 이번 장에서는 초기 기독론의 형성에서 시편 2:7이 가진 위치와 의미를 논의함으로써 이러한 일반적 견해를 반박하고자 한다.

초기 교회가 시편 2:7을 어떻게 사용하고 해석했는지를 이해하기 위해서 우리는 몇 가지 질문을 던져보아야 한다. 초기 교회가 시편 2:7을 예수에게 적용했을 때 그들은 이미 그가 하나님의 아들이라고 생각했을까? 그렇지 않다면 무엇이 그들로 하여금 예수를 하나님의 아들로 생각하게 했을까? 그들은 시편 2:7을 예수가 부활을 통해 하나님의 아들이 되었음을 알려주는 성경적 근거로 이해했을까? 아니면 부활을 통해 성취된, 그의 하나님 아들 됨에 관한 예언—하나님이 이미 그의 아들인 자에게 말한 것—으로 이해했을까? 하나님의 아들 됨은 부활의 시점에 이르러서야 비로소 예수에게 부여된 것일까? 아니면 지상에서 그리고 그 이전에도 이미 그는 하나님의 아들이었을까? 초기 교회가 시편 2:7을 사용하는 데 있어서 예수가 수세 시 경험한 신의 현현이 얼마나 중요한 역할을 했을까? 만약 수세 기사가 역사적으로 진정성이 있다면 이것이 기독론의 기원이 되었다고 볼 수 있을까? 초기 교회가 예수를 선재한 하나님의 아들로 믿을 때 이것이 얼마나 중요한 역할을 했을까?

이번 장에서는 이러한 질문들에 답함으로써 다음과 같은 세 가지 논증을 펼치고자 한다.

첫째, 시편 2:7은 부활을 통해 성취된 예수의 하나님 아들 됨에 관한 예언으로 간주되었으며 매우 초기부터(참조. 롬 1:3-4) 신속히 초기 교회 신앙고백의 일부가 되었다. 초기 교회는 예수의 부활을 근본적으로 새로운 신분의 부여가 아니라 이미 가지고 있던 신분의 확증으로 보았을 개연성이 매우 높다.

둘째, 예수가 수세 시 경험한 신의 현현은 시편 2:7을 예수의 하나님 아들 됨에 관한 예언으로 해석하는 과정의 시발점이 되었을 것이다. 시편 2:7을 연상시키는 하늘로부터의 신적 선포를 기록한 예수의 수세 사건은 하나님의 아들이라는 예수의 자의식이 확증된 사건으로 이해해야 한다. 따라서 초기 교회가 예수를 하나님의 아들로 이해할 때 이 사건이 지닌 중요성을 간과해서는 안 된다.

셋째, 이상의 논의를 통해 우리는 시편 2:7에 대한 초기 교회의 메시아적 주해가 내포하는 매우 중요한 기독론적 함의가 "지상에서 그리고 그 이전에도 예수는 이미 하나님의 아들이었다"는 것이라는 결론을 얻을 수 있다.

7.1. —— 초기 유대교의 시편 2편 해석

초기 교회가 시편 2편을 어떻게 해석했는지를 이해하기 위해서는 먼저 초기 유대교에서 이 시편을 어떻게 해석했는지를 고찰하는 것이 중요하다.

7.1.1. —— 시편 2편의 원 정황 및 후대 기능

시편 2편은 일반적으로 "제왕 시"로 알려져 있다. 여러 학자가 이 시편의 본래 삶의 정황에 대해 다양한 가설을 제시했지만, 대다수 학자는 이 시편이 다윗 계보에 속한 왕의 즉위식(enthronement)을 위해 쓰였을 것이라는 데 동의한다.[1] 그런데 시편 2편이 고대 이스라엘의 삶의 정황에서 반복

---

1) P. C. Craigie, *Psalms 1-50* (WBC 19; Waco: Word Books, 1983), 64; J. W. McKay, J. Rogerson, *Psalms* (CBC; Cambridge: CUP, 1977), 1.19-20.

적으로 사용되면서 보존되었다는 가설은 이 시편의 후기 기능에 대해서도 다음과 같은 여러 가지 견해를 낳았다.

① 왕의 대관식(Coronation Ceremony): 이 견해는 시편 2편이 제의적 정황에서 유래했으며 특히 새로 등극하는 왕의 대관식 및 즉위식과 관련된 제의적 드라마의 일부로 사용되었을 것으로 본다.[2] 이 시편의 문학 양식과 예식적인 측면은 대관식의 특성과 조화를 이룬다. 기름 부음(2절), 취임(6절), 인준(7절), 권한 부여(9절).[3] 즉 이 시편은 예루살렘에서 새로 등극하는 왕의 즉위식(enthronement festival)에서 "하나님이 왕을 시온에 세우는" 예식(6절)을 행할 때 활용되었다.

② 연례적 즉위 의례(Annual Enthronement Ritual): 일부 학자들은 이 시편에 나타난 왕의 즉위 이미지에 따라 이 시편이 새로 등극하는 왕의 대관식뿐만 아니라 고대 근동 지방의 관례처럼 매년 행해지는 연례적 즉위 의례에서도 사용되었으리라고 본다.[4]

③ 신년 혹은 가을 축제(New Year or Autumnal Festival): 이는 ②번 견해의 변형으로서 일부 학자들은 이 시편이 신년 혹은 가을 축제에 시행한 제의적 의례의 마지막 단계에 해당한다고 본다.[5] 이 견해에 따르면 이 시편의 원수는 실제적이거나 임박한 위협이 아니라 제의적 드라마 속에서 야웨의 계획을 훼방하는 모든 원수를 의인화한

---

2) 대표적으로 H. Gunkel, *Die Psalmen* (Götingen: Vandenhoeck & Ruprecht, 1968), 5; S. Mowinckel, *The Psalms in Israel's Worship* (Oxford: Blackwell, 1982), 61-66을 참조하라.
3) Craigie, *Psalms*, 62-69.
4) H.-J. Kraus, *Psalms 1-59: a Commentary* (Minneapolis: Augsburg, 1988), 126; H. Schmidt, *Die Psalmen* (HAT 1/15; Tübingen: Mohr Siebeck, 1934), 5-6.
5) A. R. Johnson, *Sacral Kingship in Ancient Israel* (Cardiff: University of Wales Press, 1955), 128-129; J. H. Eaton, *Kingship and the Psalms* (Sheffield: JSOT Press, 1986), 111-113.

것이다.

④ 군사적 의례(Military Ritual): 일부 학자들은 이 시편이 전쟁을 앞두고 반복적으로 행해지는 제의적 의례 중 하나였다고 본다. 이 견해에 따르면 이 시편은 거기에 반영된 긴박한 상황을 강조하며 당시의 실제적인 위협에 대한 반응을 나타낸다.[6]

⑤ 종말론적 기능(Eschatological Function): 이 시편은 오직 메시아의 도래와 온 세상을 다스리는 그의 왕권을 선포하는 종말론적 성격의 작품으로 간주되기도 한다.[7] 이 견해는 이 시편이 포로기 이후의 정황을 반영하지만 그 내용은 애초부터 종말론적인 관점에서 기록되었다고 본다. 이 견해를 지지하는 학자들은 다음과 같은 사항들을 고려한다. 첫째, 이 시편은 보편적인 관점을 제시한다. 왜냐하면 이스라엘이나 유대의 왕 중 어느 누구도 전 세계를 통치한 적이 없기 때문이다. 둘째, 시편 2:7을 문자적으로 실제 출산과 출생으로 이해해야 한다. 셋째, 이 시편의 내용과 일치하는 역사적 정황이 알려진 바 없다. 넷째, 신약에서 이 시편은 메시아에게 적용된다.

그런데 이 시편이 고대 이스라엘에서 어떻게 사용되었는지에 대한 관점은 7절의 "너는 내 아들이라. 오늘날 내가 너를 낳았도다"를 어떻게 해석하는가에 달려 있다. 시편 2편에서 하나님과 고대 이스라엘 왕의 관계는 부자(父子) 관계로 묘사된다. "기름 부음 받은" 주인 왕과 야웨의 관계

---

6) A. Bentzen, *King and Messiah* (London: Lutterworth, 1955), 16-17; J. Willis, "A Cry of Defiance: Psalm 2," *JSOT* 47(1990), 33-50.

7) 참조. C. A. Briggs, *A Critical and Exegetical Commentary on the Book of Psalms* (ICC; Edinburgh: T&T Clark, 1906), 12-14; P. P. Saydon, "The Divine Sonship of Christ in Psalm II," *Script* 3(1948), 32-35; A. Deissler, "Zum Problem der Messianität von Psalm 2," *De la Tôrah au Messie* (eds. J. Doré *et al.*; Paris: Brouwer, 1981), 287-291.

는 매우 친밀하다. 따라서 이 시편이 애초부터 오로지 종말론적 또는 메
시아적 전망을 가지고 있었다는 견해는 설득력을 잃는다. 비록 신약 저자
들이 이 시편을 메시아를 가리키는 본문으로 사용했더라도 그와 같은 결
론이 정당화될 수는 없다. 이 시편의 관점은 먼 미래의 사건이 아닌 당면
한 정치적 위기 상황을 상정한다. 시편 2편을 애초부터 메시아적 시편으
로 이해하는 학자들은 신약 저자들이 구약의 본문을 다양한 방법으로 사
용한다는 사실을 제대로 이해하지 못하는 실수를 범하는 것이다.[8]

또한 일부 학자들은 다른 주변 국가들이 자신들의 왕을 신으로 여겼
듯이 고대 유대인들도 하나님의 아들 됨에 대한 진술(시 2:7)을 실제로 신
의 탄생이나 종말론적 메시아 탄생의 의미로 이해했다고 보기도 한다. 그
러나 고대 유대인들이 신의 아들로서 왕이 물리적으로 탄생한다는 개념
을 수용했을 리 만무하다.[9] 그보다는 즉위한 왕을 하나님의 입양된 "아들"
로 보았을 개연성이 훨씬 더 높다.[10] 이스라엘의 왕은 하나님의 후계자 및
우주적 통치권자로서 창조주이며 온 우주의 통치자인 하나님의 "아들"로
간주되었던 것이다.[11]

7.1.2. —— 시편 2편의 후대 해석

시편 2편이 고대 이스라엘에서 원래 어떻게 구성되고 활용되었는지에 대
한 우리의 지식은 매우 제한적이다. 하지만 제2성전기 유대인들이 이 시
편을 어떻게 이해하고 해석했는지에 대해서는 어느 정도 자세히 알 수 있

---

8) Willis, "A Cry of Defiance," 34-36.
9) 이와 같은 견해는 구약에 나타난 왕에 대한 신학적 사상과 대치된다.
10) 참조. A. Weiser, *The Psalms: a Commentary* (Göttingen: Vandenhoeck & Ruprecht, 1962), 113; Kraus, *Psalms 1-59*, 130-131.
11) 참조. 시 24:1-2; 47:2, 7, 8; 89:11; 사 6:3.

다. 칠십인역과 타르굼에 나타난 번역들, 정경 시편에서의 배치, 그리고 구약 위경 및 쿰란 문헌들과 랍비 문헌에 나타난 다양한 언급들을 통해 연구가 가능하기 때문이다.

7.1.2.1. ── 칠십인역과 타르굼

칠십인역(LXX)은 시편 2편에 대한 가장 오래된 해석일 것이다. 칠십인역 시편 2편은 히브리어 구약 본문의 형식적인 요소들을 대부분 그대로 보존하고 있으며, 히브리어 구약 본문에 나타난 야웨와 왕의 교대 연설을 왕의 독백으로 바꾼 점 외에는 다른 특이한 차이점을 보이지 않는다.

그러나 샤퍼(J. Schaper)는 최근 "솔로몬의 시편"과 칠십인역 시편 2편의 문서적 유사성(textual similarities)을 지적하면서 시편 2편이 그리스어로 번역될 즈음엔 "포로기 전 제왕 시편이 오랜 재해석 과정을 통해 메시아적 찬가(hymn)로 바뀌었다"고 주장했다.[12] 또한 그는 "솔로몬의 시편" 17장과 18장의 저자 또는 역자들이 메시아적 시를 쓰기 위해 시편 2편의 이미지들을 사용한 점을 지적하면서, 칠십인역에서도 시편 2편에 대한 메시아적 해석을 찾아볼 수 있다고 주장했다. 그의 이런 제안은 타당성이 있어 보이며 기독교 이전 유대교에서 이 시편이 메시아적으로 해석되었다는 견해에 힘을 실어준다.

우리는 앞서 칠십인역 역자들이 시편 110:3을 선재한 메시아적 인물을 가리키는 것으로 이해했다는 호버리와 샤퍼의 제안을 비판적으로 평가했지만, 우리의 반론은 이 인물이 메시아적·종말론적 인물일 가능성을 배제하지는 않았다(§3.2.6). 오히려 시편 110:3은 시편 2:7에 (또는 역으로) 비추었을 때 발견되는 두 구절 간의 긴밀한 언어적 유사성이 시사하듯이

---

12) J. Schaper, *Eschatology in the Greek Psalter* (WUNT 2/76; Tübingen: Mohr Siebeck, 1995), 72-76.

단일 인물의 "출생"을 가리키는 것으로 이해되었을 가능성도 없지 않다.

μετὰ σοῦ ἡ ἀρχὴ ἐν ἡμέρᾳ τῆς δυνάμεώς σου ἐν ταῖς λαμπρότησιν τῶ
ν ἁγίων ἐκ γαστρὸς πρὸ ἑωσφόρου ἐξεγέννησά σε(시 110:3).

διαγγέλλων τὸ πρόσταγμα κυρίου κύριος εἶπεν πρός με υἱός μου εἶ
σύ ἐγὼ σήμερον γεγέννηκά σε(시 2:7).

한편 구약성서를 아람어로 의역한 타르굼은 시편 2:7을 다소 특이하
게 번역했다.

아들이 아버지에게 그렇듯이[소중하듯이] 너도 나에게 소중하도다. 너는 오
늘 내가 너를 창조했을 만큼 칭찬할 만하구나(Tg. Ps. 2:7).[13]

이러한 타르굼의 의역은 아들을 신적 또는 메시아적 존재로 규정하기
를 기피하는 경향을 보여준다고 할 수 있다.[14]

7.1.2.2. ──── 정경 내의 배치

시편이 편집되는 과정에서 시편 2편이 정경 시편의 서두에 배치되었
다는 점은 중요한 의미를 가진다. 시편이 최종 형태로 편집되는 과정에
관여한 시편 편집자의 색다른 의도를 엿볼 수 있기 때문이다. 메이스(J. L.
Mays)는 여러 시편이 수집되어 새롭게 편집되는 과정을 통해 일부 시편

---

13) S. H. Levey, *The Messiah: an Aramaic Interpretation: the Messianic Exegesis of the Targum* (Cincinnati: Hebrew Union College-Jewish Institute of Religion, 1974), 105.
14) J. W. Watts, "Psalm 2 in the Context of Biblical Theology," *HBT* 12(1990), 80.

이 이미 메시아적으로 해석되었다고 주장했다.[15] 윌슨(G. H. Wilson)은 시편의 최종 편집 과정을 연구하면서 제왕 시들이 시편에서 두드러진 위치에 배치되었음을 발견했다. 그는 시편 편집자들이 제왕 시들을 시편 1-3권의 "솔기"(seams) 부분(시 2, 72, 89편), 즉 "앞의 책과 뒤의 책이 의미 있는 관계를 갖도록 서로 '꿰매기' 위한 편집 작업이 예상되는 곳들"에 배치했음을 입증했다.[16] 이것은 시편 편집자(들)가 시편의 1-3권을 통해 종말론적인 함의와 메시아적인 이해를 강하게 나타내려는 의도가 있었음을 보여준다.

7.1.2.3. —— 구약 위경 문헌

구약 위경에서 시편 2편에 대한 언급은 매우 미미하다. 앞서 우리는 "솔로몬의 시편"에 나타난 시편 2편에 대한 언급을 다루었다. "솔로몬의 시편" 17:21-24, 30-31에서 저자는 장차 오실 왕을, 정의로 통치하고 "죄인들의 거만함을 토기장이의 항아리처럼 부수어버릴 것이며 그들의 본질을 철장으로 깨뜨려버릴"(참조. 시 2:9) "다윗의 자손"으로 묘사한다. 또한 이 왕은 예루살렘을 정결케 할 것이며 이를 통해 이방 민족들이 "그의 영광을 보기 위해 땅끝에서부터" 올 것이다(참조. *Ps. Sol.* 17:30-31; 시 2:8). 기독교 출현 직전 장차 올 왕에 대한 이러한 묘사는 외부 세력의 침략 가운데서도 소망을 강조하기 위해 시편 2편을 사용했을 뿐만 아니라, 장차 메

---

15) 참조. J. L. Mays, *The Lord Reigns: a Theological Handbook to the Psalms* (Louisville: Westminister John Knox, 1994), 94-98; 이 책 §6.1.2를 보라. 그뿐 아니라 일부 초기 유대교와 기독교 전승은 편집 과정에서 시 1편과 2편이 서로 통합되었고, 이 두 시편이 통일된 시편으로서 전체 시편 중 첫 시로 간주되었다는 단서를 제공한다.

16) G. H. Wilson, "The Structure of the Psalter," *Interpreting the Psalms: Issues and Approaches* (eds. David Firth, Philip S. Johnston; Downers Grove: InterVarsity, 2005), 233.

시아의 우주적 통치를 묘사하기 위해서도 일부 유대인들이 시편 2편을 사용했음을 잘 보여준다.[17]

시편 2편에 대한 암시는 에녹비유서에서도 찾아볼 수 있다.[18] 에녹서는 인자가 세상 왕들을 심판하는 이유에 대해 "그들이 그를 높이고 영화롭게 하지 않으며 그에게 복종하지도" 않기 때문이라고 기록한다(*1 En.* 46:5; 참조. 시 2:11-12). 시편 2편에 대한 또 다른 암시는 에녹1서 48:10에 나타난다. 거기서 세상의 왕들은 "영들의 주와 그의 메시아를 부인"했기 때문에 심판을 받는다(참조. 시 2:2). 이 두 본문 모두 시편 2편을 메시아적으로 해석한 사례다.

7.1.2.4. ── 쿰란 문헌

쿰란 문헌에서는 "플로릴레기움"(4QFlor) 1:10-12와 "공동체 규율집"(1QSa) 2:11-12에 시편 2편에 대한 언급이 나타난다. 파편적 문서인 "플로릴레기움" 1:7-13, 18-19는[19] 사무엘하 7:10-14, 시편 1:1, 2:1-2에 대한 페셰르식 해설을 담고 있다. 불행하게도 시편 2:1-2의 인용과 해석을 뺀 나머지 부분은 존재하지 않는다.

"플로릴레기움"에서 우리는 사무엘하 7:11-14에 대한 명시적인 메시아적 주해를 발견한다. 나단의 신탁은 종말론적 관점에서 "마지막 날에

---

17) D. P. Wallace, *Texts in Tandem: the Coalescent Usage of Psalm 2 and Psalm 110 in Early Christianity* (PhD. diss.; Baylor University, 1995), 115.

18) 에녹비유서의 역본과 개론은 E. Isaac, "1 (Ethiopic Apocalypse of) Enoch," *The Old Testament Pseudepigrapha* (ed. J. H. Charlesworth; London: Darton, Longman & Todd, 1983), 1.5-89를 보라.

19) 이 문서에 대해서는 J. M. Allegro, "Further Messianic References," *JBL* 75(1956), 176-177; *Qumran Cave 4 I (4Q158-4Q186)* (DJD 5; Oxford: Clarendon, 1968), 53-57; E. Lohse, *Die Texte aus Qumran: Hebräisch und Deutsch* (München: Kösel, 1981), 256-258을 보라. 4QFlor는 기원전 1세기에 기록되었으며 다윗적 또는 왕적 메시아와 아론적 또는 예언자적 메시아 등 두 메시아의 도래를 선포한다.

시온에서 보좌에 앉을 것이며 율법의 해석자와 함께 서게 될 다윗의 가지(צמח דויד)"에 직접적으로 적용된다(4QFlor 1:11-12). 비록 이 해석은 예레미야 33:15-17—"그날 그때에 내가 다윗(דוד)에게서 한 공의로운 가지(צמח)가 나게 하리니…왕위에 앉을 사람이 다윗에게 영원히 끊어지지 아니할 것이며"—을 암시하긴 하지만, 아모스 9:11—"그날에 내가 다윗의 무너진 장막을 일으키고"—의 성취로 적용된다.[20]

한편 시편 2편에 대한 쿰란 미드라쉬도 존재한다.

> 어찌하여 이방 나라들이 분노하며 민족들이 헛된 일을 꾸미며, 세상의 왕들이 일어나며 왕자들이 주와 그의 메시아를 대항하여 함께 음모를 꾸미는가? 해석하면, 이 말씀은 마지막 날에 이스라엘의 택함 받은 자를 대항해 격노할 이방 나라들의 왕들에 관한 것이다.[21]

비록 해석 부분은 거의 보존되지 않았지만 여기서 시편 2:1-2은 종말론적 전투에서 공동체를 향해 행해질 악한 왕들의 박해로 해석된다는 사실을 알 수 있다.

골드스미스(D. Goldsmith)와 브룩(G. J. Brooke)은 "플로릴레기움"의 내용을 사무엘하 7장과 시편 2:7에 대한 페셰르라고 본다. 유대교 내에서는 언어적 유사성에 근거하여 다른 본문들을 서로 연결해 풀이하는 해석이 일반적이었다.[22] 이러한 관행은 신약에서도 나타난다. 히브리서 1:5은 시

20) C. A. Evans, "Jesus and the Messianic Texts from Qumran: A Preliminary Assessment of the Recently Published Materials," *Jesus and His Contemporaries: Comparative Studies* (Leiden: Brill, 1995), 105.

21) G. Vermes, *The Dead Sea Scrolls in English* (London: Penguin Books, 1987), 293-294.

22) D. Goldsmith, "Acts 13:33-37: A Pesher on 2 Samuel 7," *JBL* 87(1968), 321-324; G.

편 2:7과 사무엘하 7:14을 서로 연관 지어 하나의 긴 기독론적 "사슬" 중 첫 고리로 만들고, 사도행전 13:32-33은 이 신탁들을 조금 더 복잡하게 서로 융합시킨다.[23]

많은 학자가 원문 복원 작업의 어려움에도 불구하고 "공동체 규율집" 2:11-12를 "하나님이 그들 가운데 메시아를 낳을(יוליד) 때"로 읽어야 한다는 데 동의한다.[24] 에반스(C. A. Evans)는 이러한 복원을 뒷받침하는 세 가지 이유를 다음과 같이 제시한다.

① 마지막 글자는 사진에서 달렛(아무튼 최종 카프이기엔 너무 짧다)으로 보인다.

② 1950년대 초에(이 가죽 문서가 오늘날보다 더 좋은 상태에 있었을 때) 이 두 루마리를 연구한 학자들 대다수는 יוליד가 올바른 독법임을 확신했다.

③ 이 복원은 시편 2:2, 7—"세상의 군왕들이 나서며 관원들이 서로 꾀하여 야웨와 그의 메시아(משיחו)를 대적하며…그가 내게 이르시되 너는 내 아들이라 오늘 내가 너를 낳았도다(ילדתיך)—과 조화를 이룬다. 시편 2:2, 7의 언어를 따르자면 "공동체 규율집" 2:11-12를 "하나님이 메시아를 낳게 될 때"로 복원하는 것은 이상하거나 예상치 못한 것이 전혀 아니다.[25]

J. Brooke, *Exegesis at Qumran: 4Q Florilegium in its Jewish Context* (JSOTSup 29; Sheffield: JSOT Press, 1985), 209; 참조. D. H. Juel, *Messianic Exegesis: Christological Interpretation of the Old Testament in Early Christianity* (Philadelphia: Fortress Press, 1988), 62-77.

23) 참조. J. A. Fitzmyer, "4Q Testimonia and the New Testament," *TS* 18(1967), 513-515.

24) C. A. Evans, "Jesus and the Messianic Texts from Qumran: A Preliminary Assessment of the Recently Published Materials," *Jesus and His Contemporaries: Comparative Studies* (AGJU 25; Leiden: Brill, 1995, 1996), 83-154.

25) Evans, "Jesus and the Messianic Texts," 96; 참조. R. Gordis, "The 'Begotten' Messiah in the Qumran Scrolls," *VT* 7(1957), 191-194.

그렇다면 쿰란 공동체는 이 "출산" 언어를 어떻게 해석했을까? 문자적으로 혹은 은유적으로 해석했을까? 논란의 단어를 ילדתיך로 복원한다고 해서 반드시 문자적 해석을 옹호하는 것은 아니다. 일부 학자들은 이 단어를 지나치게 문자적으로 해석하여 "메시아의 신성"을 주장하기도 한다.[26] 그러나 에반스는 이 단어가 은유적으로 "언젠가 하나님이 메시아적 인물을 일으킬 것이라는 확신"으로 해석되었을 것이라고 본다.[27] 그는 은유적 해석을 뒷받침하는 단서들을 다음과 같이 제시한다.

첫째, 이 시편의 본래 정황이 은유적 해석을 지지한다. 다윗이 하나님의 아들로 입양되는 내용이 사무엘하 7:14과 시편 89:26-27에 명확하게 기록되었다. 시편 2:7에는 이 관계가 조금 더 신화적으로 묘사된다. "내가 야웨의 명령을 전하노라. 야웨께서 내게 이르시되 '너는 내 아들이라. 오늘 내가 너를 낳았도다.'"

둘째, "플로릴레기움"은 아모스 9:11의 성취를 언급한다.[28] 그 본문은 다음과 같다.

> 이것은 마지막 날에 시온에서 보좌에 앉을 것이며 율법의 해석자와 함께 서게 될 "다윗의 가지"(צמח דויד)다. 기록된바 "내가 다윗의 무너진 장막을 일으킬 것이다(והקימותי)"(암 9:11). 이것은 이스라엘을 구원하기 위해 세워질 "다윗의 무너진 장막"이다(암 9:11-13).

아모스 9:11의 인용에 사용된 동사 קום(일으키다)은 칠십인역에서 "아나스테소"(ἀναστήσω, 행 13:33에도 사용된 동사)로 번역된다. 또한 여기에는

26) P. Sigal, "Further Reflections on the 'Begotten' Messiah," HAR 7(1983), 221-233.
27) Evans, "Jesus and the Messianic Texts," 97-98.
28) Evans, "Jesus and the Messianic Texts," 105.

동사 "나다"(ܢܡ܏ܨ)가 사용된 예레미야 33:15-17—"그날 그때에 내가 다윗(ܢ܏ܝܝ)에게서 한 공의로운 가지가 나게 하리니⋯왕위에 앉을 사람이 다윗에게 영원히 끊어지지 아니할 것이며"—에 대한 암시도 나타난다.

요약하면 쿰란 문서들은 시편 2:7이 이미 사무엘하 7장과 연계되어 나타났으며 쿰란 공동체에서도 메시아적 의미를 염두에 둔 은유적 해석이 이루어졌음을 보여준다.[29]

7.1.2.5. ── 랍비 문헌

랍비 문헌에 나타난 시편 2편에 대한 암시는 주로 하나님과 메시아와 이스라엘에 대한 저항, 반란, 적대적인 공격 등의 개념과 관련이 있다.[30] 야웨와 그의 기름 부음 받은 자에 대한 이방 나라들의 반란은 아론에 대한 고라의 반란과 장차 이스라엘 자손에 대한 곡과 마곡의 반란 등으로 다양하게 해석되었다.[31] 랍비 문헌은 저항의 문맥 속에서 장차 맞이할 난국 앞에서 안전과 확신의 기반을 발견하고자 시편 2:1-2을 사용하였다. 또한 시편 2:7은 하나님의 아들들인 이스라엘 백성과 메시아에게 적용되었는데 메시아가 하나님의 아들이라는 측면이 강조되지는 않았다.[32]

랍비 문헌에서 시편 2:7이 메시아적으로 해석되었다는 것은 거의 확실하다.[33] 랍비들은 예수가 하나님의 아들이라는 그리스도인들의 주장에 항변했지만[34] 시편 2:7에 대한 메시아적 해석은 부인하지 않았다. 그들이 시

---

29) 참조. E. E. Ellis, *The Gospel of Luke* (London: Oliphants, 1974), 91-92.

30) 참조. *Midr. Ps.* 2.

31) 곡과 마곡에 관해서는 H. L. Strack, P. Billerbeck, *Kommentar zum Neuen Testament aus Talmud und Midrasch* (München: Beck, 1956), 3,831-840을 보라.

32) 참조. *Midr. Ps.* 2.9.

33) 참조. *b. Sukkah* 52a; *Midr. Ps.* 2.9(on 2:7); *Midr. Ps.* 2.9에서는 사 42:1, 52:13, 시 110:1, 단 7:13-14이 인용되었으며 메시아적으로 해석되었다.

34) 참조. *Exod. Rab.* 29.5(on 20:1); *y. Ta'an.* 2.1.

편 2:7과 신의 아들 개념에 큰 강조점을 두지 않았다는 것은 이 구절이 예수가 하나님의 아들 됨을 말한다고 여긴 초기 그리스도인들의 해석에 대한 반작용으로, 또 "하나님의 아들 개념의 풍부한 메시아적 적용이 이미 기독교 이전 초기 유대교에 존재했다"는 증거로 볼 수 있다.[35]

7.1.2.6. —— 결론

결론적으로 여기서 살펴본 제2성전기 유대 문헌들(특히 4QFlor와 1QSa)은 시편 2편이 초기 기독교 출현 이전에 이미 유대교 내에서 메시아적으로 해석되었다는 사실을 보여준다. 그러나 이러한 결론은 초기 그리스도인들이 시편 2:7을 예수에게 적용하면서 단순히 메시아 증거 본문으로서만 이해했음을 의미하는 것은 아니다. 그들은 이 본문을 다른 본문들과 연계시켜 읽으면서 이 구절에서 훨씬 더 중요한 기독론적 의미를 발견했을 것이다. 다음 단락에서는 초기 그리스도인들이 시편 2편(특히 2:7)을 어떻게 해석하고 이해했는지 고찰하고자 한다.

7.2. —— 초기 기독교의 시편 2:7 해석

시편 2:7이 초기 기독론의 기원과 발전에 미친 영향은 아무리 강조해도 지나치지 않을 것이다.

---

35) Evald Lövestam, *Son and Saviour: A Study of Acts 13, 32-37* (Coniectanea biblica: New Testament Series; Lund: Gleerup, 1961), 23; 참조. Watts, "Psalm 2," 80; E. Huntress, "Son of God' in Jewish Writings Prior to the Christian Era," *JBL* (1935), 117-123.

너는 내 아들이라. 오늘 내가 너를 낳았도다(υἱός μου εἶ σύ ἐγὼ σήμερον γεγέννηκά σε, 시 2:7).

이 구절은 사도행전 13:33과 히브리서 1:5, 5:5에서 인용되었고 로마서 1:3-4과 예수의 수세 및 변형 기사(막 1:11//; 9:7//)에 암시되었다. 복음서의 암시를 제외하면 시편 2:7은 예수의 부활 또는 고양(高揚)과 직접 연계된 것으로 보인다. 이러한 성경적 근거를 토대로 다수 신약학자는 사도행전 13:33에 나타난 것처럼 초기 교회가 시편 2:7을 예수의 부활에 대한 언급으로 이해했을 뿐만 아니라, 부활을 기점으로 비로소 예수가 하나님의 아들이 되었음을 믿었다고 주장한다.[36]

예를 들어 던(J. D. G. Dunn)은 초기 그리스도인들이 예수의 하나님 아들 됨을 근본적으로 부활 시 그에게 부여된 역할(role)과 지위(status)라고 생각했으며, 예수의 부활을 그의 아들 "됨"(becoming)의 결정적 순간으로 이해했다고 주장한다.[37] 이 견해에 따르면 예수가 지상에 있을 때나 그 이전에는 하나님의 아들이 아니었지만 부활을 통해 비로소 하나님의 아들이 되었고, 후에 초기 교회가 이 칭호를 점차적으로 예수의 지상의 삶(마가), 동정녀 탄생(마태, 누가), 그의 선재성(요한)으로까지 소급해 적용했다.[38]

---

36) 대표적인 예로 다음 학자들을 참조하라. J. D. G. Dunn, *Christology in the Making: a New Testament Inquiry into the Origins of the Doctrine of the Incarnation* (London: SCM, 1980, 1989), 35-36; B. Lindars, *New Testament Apologetic: the Doctrinal Significance of the Old Testament Quotations* (London: SCM, 1961), 140-143; Lövestam, *Son*, 23-48; B. M. F. van Iersel, 'Der Sohn' in den synoptischen Jesusworten (Leiden: Brill, 1961), 66-73, 83, 174-175; R. E. Brown, *The Birth of the Messiah: a Commentary on the Infancy Narratives in the Gospels of Matthew and Luke* (New York: Doubleday, 1993), 29-30, 136. 이 견해를 지지하는 학자들은 행 13:33 뿐만 아니라 히 1:5, 5:5과 롬 1:3-4도 이를 뒷받침한다고 본다.
37) Dunn, Christology, 36, 46.
38) Brown, *Birth of the Messiah*, 29-32.

이런 학자들의 주장을 배경으로 하는 이번 단락의 초점은 초기 교회가 시편 2편을 어떻게 이해했는지를 조명하는 데 있다. 이것을 위해 먼저 사도행전 13:33에 인용된 시편 2:7의 기능에 대한 여러 학자의 다양한 해석들을 검토할 것이다. 그리고 비록 신약성서 기자에 의해 직접 인용된 사례는 없지만 시편 2편을 메시아적 시편으로 읽은 초기 교회의 관점에서 추론해볼 때 시편 2:7보다는 오히려 시편 2:6이 예수의 부활 또는 하나님 우편으로의 고양에 대한 예언으로 해석되었을 개연성이 더 높다는 것을 주장하고자 한다.

7.2.1. —— 사도행전 13:33에서 시편 2:7 사용

사도행전 13:16-41에는 비시디아 안디옥에서 선포한 바울의 설교가 등장한다. 여기서 바울은 시편 2:7을 인용한다(33절).[39]

> 32우리도 조상들에게 주신 약속을 너희에게 전파하노니 33곧 하나님이 예수를 일으키사 우리 자녀들에게 이 약속을 이루게 하셨다 함이라. 시편 둘째 편에 기록된 바와 같이 "너는 내 아들이라. 오늘 내가 너를 낳았도다"(행 13:32-33).

시편 2:7이 누가복음에 기록된 예수의 수세 및 변형 사건에 암시되기는 했지만 누가-행전에서 이렇게 명시적으로 인용된 경우는 여기가 처음이다. 이 인용구는 "예수를 일으키사"(ἀναστήσας Ἰησοῦν, 아나스테사스 예순)라는 분사구 바로 다음에 나온다.

---

39) 여기에 인용된 시 2:7은 칠십인역, 히브리어 구약 본문과 어순까지 완전히 일치하며, 히 1:5과 5:5에 기록된 인용구와도 일치한다.

ὅτι ταύτην ὁ θεὸς ἐκπεπλήρωκεν τοῖς τέκνοις αὐτῶν ἡμῖν ἀναστήσας
Ἰησοῦν ὡς καὶ ἐν τῷ ψαλμῷ γέγραπται τῷ δευτέρῳ· υἱός μου εἶ σύ,
ἐγὼ σήμερον γεγέννηκά σε.

이와 같은 시편 2:7의 명백한 인용은 초기 교회에서 이 구절이 어떻게
해석되었는지를 잘 보여주는 증거다.

7.2.1.1. —— "아나스테사스 예순"(ἀναστήσας Ἰησοῦν)의 의미

이 구절을 다룰 때 최대의 난제는 바로 "아나스테사스 예순"이라는 구절
의 의미다. 사도행전에서 "아니스테미"(ἀνίστημι) 동사는 예수의 부활(행 2:24,
32: 13:34: 17:31)을 의미하는 동시에 어떤 인물을 역사의 무대에 "세운다"(행
3:22: 7:37)라는 의미로도 사용되기 때문이다. 과연 이 분사구가 예수의 부활을
의미하는지 아니면 "예수의 역사적 출현"을 의미하는 것인지가 중요한데 학
자들의 견해는 양분되어 있다.[40] 지금까지의 연구들을 검토해 보면 소수의
학자만이 "아나스테사스 예순"을 "예수의 역사적 출현"으로 이해하고[41] 대다

---

40) 이 난제에 대해서는 양쪽 논의를 요약한 M. Rese, *Alttestamentliche Motive in der
Christologie des Lukas* (SNT 1: Gütersloh: Mohn, 1969), 82-86를 참조하라.
41) "예수의 역사적 출현" 견해를 지지하는 학자들은 다음과 같다. Rese, *Alttestamentliche
Motive*, 81-86: F. F. Bruce, *The Acts of the Apostles: the Greek Text with Introduction
and Commentary* (Grand Rapids: Eerdmans, 1990), 309: "The Davidic Messiah in
Luke-Acts," *Biblical and Near Eastern Studies: Essays in Honor of William Sanford
LaSor* (ed. G. A. Tuttle: Grand Rapids: Eerdmans, 1978), 12: C. K. Barrett, *A Critical
and Exegetical Commentary on the Acts of the Apostles* (International Critical
Commentary: Edinburgh: T&T Clark, 1994), 1.645-646: R. N. Longenecker, *Acts*
(Grand Rapids: Zondervan, 1995), 428: M. L. Strauss, *The Davidic Messiah in Luke-
Acts: the Promise and its Fulfillment in Lukan Christology* (JSNTSup: Sheffield:
Sheffield Academic Press, 1995), 164-166: I. H. Marshall, "Acts," *Commentary on
the New Testament Use of the Old Testament* (eds. G. K. Beale, D. A. Carson: Grand
Rapids: Baker, 2007), 585: Yuzuru Miura, *David in Luke-Acts: His Portrayal in the*

수는 예수의 부활로 이해한다는 사실을 알 수 있다.[42]

이 분사구가 "예수의 역사적 출현"을 의미한다고 해석하는 학자들은 다음과 같이 주장한다.

① 사도행전 13:30, 34과는 달리 33절에는 "죽은 자 가운데서"(ἐκ νεκρῶν) 가 생략되었다.

② 더 넓은 문맥에서 볼 때 33절의 "아니스테미"는 예수의 역사의 무대 등장에 관한 진술인 22-23절과 개념적 평행을 이룬다.

③ "아나스테사스 예순"은 예수의 지상 사역에 대한 진술인 사도행전 13:23-31의 요약이라고 할 수 있다.

④ 사도행전 3:22, 26과 7:37에서도 "아니스테미"가 역사적 출현의 의미로 사용되었다.

⑤ 부활에 관한 논의는 34절에서 취급된다.

⑥ 시편 2:7 인용구는 예수의 수세 사건(눅 3:22)에서 암시된 구절로 그

Light of Early Judaism (Wissenschaftliche Untersuchungen zum Neuen Testament 2/232; Tübingen: Mohr Siebeck, 2007), 181-186.

42) "예수의 부활" 견해를 지지하는 학자들은 다음과 같다. Jacques Dupont, "'Filius meus es tu': L'interpretation de Ps. II, 7 dans le Nouveau Testament," *Recherches de science religieuse* 35(1948): 522-543, 특히 528-535; Lövestam, *Son*, 8-11; E. Haenchen, *The Acts of the Apostles* (Philadelphia: Westminster, 1971), 411; E. Schweizer, "The Concept of the Davidic Son of God in Acts and its Old Testament Background," *Studies in Luke-Acts: Essays Presented in Honor of Paul Schubert* (eds. L. E. Keck, J. L. Martyn; Nashville: Abingdon, 1966), 190; D. L. Bock, *Proclamation from Prophecy and Pattern: Lucan Old Testament Christology* (JSNTSup; Sheffield: JSOT Press, 1987), 244-249; J. Jervell, *Die Apostelgeschichte* (KEK 3; Götingen: Vandenhoeck & Ruprecht, 1998), 359; J. A. Fitzmyer, *The Acts of the Apostles* (New York: Doubleday, 1998), 516; K. L. Anderson, *The Resurrection of Jesus in Luke-Acts* (PhD. diss.; Brunel University, 2000), 245-250; *"But God Raised Him from the Dead": The Theology of Jesus' Resurrection in Luke-Acts* (Milton Keynes: Paternoster, 2006).

의 사역의 시작과 연계된다.

이 견해에 따르면 사도행전 13:32-33은 예수의 역사적 출현에 관한 진술로서 시편 2:7을 성경적 근거로 제시하는 반면, 13:34-37은 부활의 문제를 다루면서 이사야 55:3과 시편 16:10을 성경적 근거로 제시한다. 즉 하나님이 역사의 무대에 "예수를 세우심"(ἀναστήσας Ἰησοῦν)으로써 조상들에게 하신 약속을 이루시고, 예수를 죽음에서 부활시키심(ἀνέστησεν αὐτὸν ἐκ νεκρῶν, 34절)으로써 그 약속의 성취를 확증하셨다는 것이다.

이 견해를 지지하는 스트라우스(M. L. Strauss)는 시편 2:7의 인용이 두 가지 목적을 가지고 있다고 제안했다. 그중 하나는 시편 2:7이 부활과 함께 성취된 구약의 예언임을 밝히는 것이며, 다른 하나는 더욱 주된 기능으로서 예수가 하나님의 아들 즉 메시아임을 입증하는 것이다.[43] 즉 "아나스테사스"(ἀναστήσας)는 단순히 예수의 역사적 출현뿐만 아니라 그의 전 생애(탄생, 사역, 죽음과 부활)를 가리킨다. 스트라우스의 견해에 따르면 시편 2:7의 전반부인 "휘오스 무 에이 수"(υἱός μου εἶ σύ)는 예수가 바로 약속의 성취로서 다윗의 씨에서 세우심(행 13:23, 33)을 받은 메시아임을 입증하는 성경적 근거로 인용되었다. 그리고 후반부인 "에고 세메론 게겐네카 세"(ἐγὼ σήμερον γεγέννηκά σε)는 사도행전 13:34a의 부활에 관한 진술(ὅτι δὲ ἀνέστησεν αὐτὸν ἐκ νεκρῶν)과 이에 대한 성경적 근거 두 가지(사 55:3; 시 16:10)를 추가로 제시하기 위해 인용되었다. 따라서 스트라우스는 "오늘날"(σήμερον, 세메론)을 부활한 날로, 출산 이미지는 "아버지가 예수에게 부여한 새로운 부활의 삶"으로 해석한다.[44]

한편 이 분사구를 예수의 부활로 보는 학자들은 다음과 같이 주장한다.

---

43) Strauss, *Davidic Messiah*, 164.
44) Strauss, *Davidic Messiah*, 164.

① 가까운 문맥(행 13:31, 34)이 부활에 관해 말한다.

② 사도행전 2:24, 32에서 "아니스테미"는 수식어 "에크 네크론"($\dot{\epsilon}\kappa$ $\nu\epsilon\kappa\rho\hat{\omega}\nu$) 없이도 부활의 의미로 사용된다.

③ 누가-행전에서 동사 "아니스테미"(또는 에게이로[$\dot{\epsilon}\gamma\epsilon\dot{\iota}\rho\omega$])는 (나사렛) 예수와 함께 나올 때(행 2:24, 32; 4:10; 5:30; 10:40; 13:30) 주로 부활을 의미한다.

④ 사도행전 13:31-34 사이에서 "아니스테미"의 의미가 두 번씩이나 바뀔 개연성이 낮다. 결론적으로 하나님은 예수를 죽음에서 부활시키심으로써 다윗에게 하신 약속을 성취하셨다. 시편 2:7은 부활에 대한 성경적 근거로 인용된 것이다.

뢰베스탐(E. Lövestam)은 시편 2:7이 부활과 연계된다는 견해를 뒷받침하기 위해 시편의 출산 모티프(birth motif)를 끌어온다.[45] 그는 시편 2:7c의 "내가 오늘 너를 낳았다"는 출산 모티프가 이미 초기 교회에서 부활의 의미로 해석되었다고 주장한다. 그는 이 주장을 입증하기 위해 네 개의 본문을 제시한다.

① 사도행전 2:24: 사망의 고통(진통)을 언급한다.

② 에스라4서 4:40-42: 지하 세계와 진통 이미지를 언급한다.

③ 골로새서 1:18, 요한계시록 1:5: "죽은 자들 가운데서 먼저 나신 이"가 언급된다.

④ 로마서 1:4: 부활을 통해 하나님의 아들로 선포되었다고 진술한다.

---

45) Lövestam, *Son*, 43-47.

그러나 그가 제시한 본문들과 출산 이미지 또는 부활의 연결 고리는 약하기 때문에 그의 주장은 설득력이 부족하다.[46] 뢰베스탐의 주장을 강력하게 반박한 보크(D. L. Bock)는 시편 2:7이 부활을 가리킨다는 데는 동의하지만 이에 대한 새로운 해석을 시도한다. 그는 사도행전 13:32-33의 도입 문장은 정확하게 세 부분으로 나뉘며 연이어 그 세 부분을 언급하는 세 개의 구약 본문이 각각 동일한 순서대로 인용된다고 주장한다. 즉 시편 2:7의 인용(33b절)은 조상들에게 주신 약속의 전파(32a절)와 연결되고, 이사야 55:3의 인용(34b절)은 약속이 조상들의 자녀들("우리")에게 성취된 것(33a절)과 연결되며, 시편 16:10의 인용(35b절)은 "예수를 일으키사"(33b절)와 연결된다는 것이다. 다시 말해 시편 2:7의 인용은 이상적인 다윗 왕조의 통치자에게 주신 약속을 가리킨다. 그리고 이사야 55:3의 인용은 "다윗의 거룩하고 미쁜 은사"(τὰ ὅσια Δαυὶδ τὰ πιστά)가 "너희에게" 주어졌음을 가리킨다. 또한 시편 16:10은 부활이 이 거룩한 자의 썩지 않음과 연결된다는 사실을 입증하기 위해서 인용된다.[47]

따라서 보크는 다윗에게 주어진 하나님의 약속이 예수에게 성취(행 13:22-23)되었으며 예수의 부활이 그 약속의 성취에 대한 확증임을 가리키는 일련의 구약 인용 본문 가운데 하나가 시편 2:7이라고 주장한다.[48] 또한 그는 예수를 하나님의 아들로 지명하기 위해 시편 2:7이 인용되었으며 부활을 통해 예수가 하나님의 아들로 지명된 것이 결정적으로 확증되었다고 본다. 왜냐하면 "부활은 하나님 앞에서 그의 불변의 고양된 지위를 공적으로 입증했을 뿐만 아니라 그가 약속의 아들임을 확실하게 드러

---

46) Lövestam의 제안에 대한 비평은 "출산 이미지가 부활과 연계됐다는 증거는 신약성서에 존재하지 않는다"(248)라고 단정적으로 결론을 내린 Bock, *Proclamation*, 246-248; Strauss, *Davidic Messiah*, 165,n.1을 참조하라.

47) Bock, *Proclamation*, 244-245.

48) Bock, *Proclamation*, 248.

내 보였기" 때문이다.[49] 따라서 사도행전 13:33에 인용된 시편 2:7의 주된 기능은 예수의 "하나님 아들 되심"의 약속을 확증하는 것이며 부활과의 연계성은 간접적이라고 결론 내린다.

여기서 언급한 스트라우스와 보크의 해석은 흥미롭지만 나는 다음 사항들을 지적하고 싶다.

첫째, 스트라우스가 누가복음의 수세 기사에 암시된 시편 2:7과 사도행전 13:33에 인용된 시편 2:7이 서로 연계되었다고 보는 관점은 타당하다. 만약 누가가 예수의 수세 장면에서 시편 2:7을 암시적으로 인용했다면 사도행전 13장을 기록할 시점에 와서 그것을 망각할 가능성은 희박하기 때문이다. 그러나 이 두 본문에 나타난 시편 2:7의 기능이 예수가 메시아임을 입증하기 위함이라는 그의 주장은 설득력이 없다. 앞서 살펴보았듯이 시편 2:7에 대한 암시를 포함한 누가복음의 수세 기사의 주된 목적은 예수가 메시아일 뿐만 아니라 하나님의 아들임을 명백하게 밝히기 위함이었기 때문이다. 물론 "하나님 아들"을 단순히 "메시아"로 이해했을 가능성도 배제하기 어렵지만,[50] 초기 교회가 예수의 부활 사건 이후 예수가 지상 사역을 통해 암시했던 하나님의 아들이라는 자의식(self-consciousness of divine sonship)으로부터 깊은 함의를 찾아내 예수가 하나님의 아들임을 입증하는 구절로 시편 2:7을 인용했을 개연성이 훨씬

---

49) Bock, *Proclamation*, 245-256(인용은 249); 참조. W. H. Bellinger, "The Psalms and Acts: Reading and Rereading," *With Steadfast Purpose: Essays on Acts in Honor of Henry Jackson Flanders Jr.* (ed. N. H. Keathley; Waco: Baylor University, 1990), 140-141.

50) 참조. N. T. Wright, *The Letter to the Romans* (The New Interpreter's Bible; Nashville: Abingdon, 2002), 417; Wright는 이렇게 초기 단계에, 그리고 롬 1:3-4에서는 예수의 하나님 아들 되심이란 표현을 그의 신성(divine nature)을 지칭하기보다는 그의 메시아 신분을 의미하는 것으로 이해해야 한다고 생각한다.

높다.[51]

둘째, 스트라우스는 "오늘날"을 부활한 날로, 그리고 출산 이미지를 하나님이 예수에게 부여한 새로운 부활의 삶으로 해석하며, 초기 교회가 이미 다윗의 약속 전승에 비추어 시편 2:7을 부활-고양의 의미로 해석하고 있었다는 사실을 누가가 알았다고 주장했다.[52] 그러나 만약 시편 2편을 부활-고양의 의미로 이해한 그의 해석이 타당하다면(아래에서 구체적으로 다루겠지만),[53] 오히려 이러한 해석은 초기 교회가 시편 2:6을 예수의 하나님 우편으로의 고양에 대한 예언으로 이해한 데서 비롯되었을 것이다. 즉 시편 2:7보다 2:6이 부활-고양의 의미를 잘 나타낸다.

셋째, 시편 2:7b은 예수가 하나님의 아들임을 가리키고 2:7c은 "새로운 부활의 삶"을 지칭한다는 스트라우스의 주장은 설득력이 없다. 오히려 이 두 문구가 병렬구조로 된 하나의 문장이기 때문에 서로 다른 의미를 가진 두 문구라기보다는 메시아가 하나님의 아들임을 이야기하는 단일 진술로 이해하는 것이 더 타당하다.

넷째, 시편 2편의 출산 모티프와 부활을 직접 연계하려고 시도하는 뢰베스탐에 대한 보크의 반박은 매우 타당하다. 그러나 시편 2:7이 히브리서 1:5과 5:5에서 예수의 부활과만 연계되는 것이 아니라 예수의 고양과도 항상 연계된다는 그의 주장은 적절치 않다. 히브리서 저자는 마지막 송영에서 부활을 한 번 언급할 뿐 그 외의 곳에서는 항상 고양을 언급한다. 히브리서에서 부활은 항상 고양 안에 포함되기 때문이다. 즉 히브리서에서 부활과 고양을 구별하려는 그의 시도는 불필요하며 상당히 인위

---

51) 아울러 예수가 수세 시 경험했던 신의 현현(theophany)도 자신의 메시아 신분보다는 자신의 하나님의 아들 신분을 최종적으로 확증하는 계기였을 것이다.

52) Strauss, *Davidic Messiah*, 57-67, 164-165.

53) Strauss는 또 "예수의 부활과 다윗의 약속 전승이 연계된 최초의 증거는 롬 1:3-4"이라고 주장한다.

적일 뿐이다. 초기 교회는 예수의 부활과 고양을 동일한 사건의 두 가지 측면으로 보았다.

다섯째, 사도행전 13:32-33의 도입 문장이 정확하게 세 부분으로 나뉘고 연이어 인용된 세 개의 구약 인용구와 각각 차례대로 연계된다는 보크의 주장은 상당히 매력적이지만, 이것 역시 상당히 인위적으로 보인다. 과연 바울/누가가 이와 같은 구조를 실제로 의도했을지 대단히 의심스럽다.

여기서 살펴본 것처럼 "아나스테시스 예순"의 의미에 대한 학자들의 견해는 여전히 다양하다. 그런데 보크와 스트라우스는 이 문구의 정확한 의미에 대해서 서로 다른 주장을 하면서도 시편 2:7의 일차적인 기능에 대해서는 비슷한 결론에 도달한다. 즉 두 학자 모두 시편 2:7이 예수의 부활보다는 그의 하나님 아들/메시아 됨에 대한 성경적 근거로 인용되었다는 데 동의한다.[54] 그러므로 "아나스테시스 예순"이 "역사적 출현"을 의미하든 "부활"을 의미하든 상관없이 같은 결론에 도달할 수 있다.

7.2.1.2. —— 초기 기독론의 형성과 시편 2:6의 역할

사실 지금까지 학자들은 초기 기독론 형성 과정에서의 시편 2:7의 역할에 관하여 연구할 때, 시편 2:7이 신약에서 여러 차례 직접 인용 또는 암시(행 13:33; 히 1:5; 5:5; 롬 1:3-4; 막 1:11//; 9:7//)된 것을 토대로 그 중요성을 인식해왔다. 물론 신약에 인용되거나 암시된 구절들은 초기 교회의 기독론을 엿볼 수 있는 좋은 자료가 된다. 하지만 그 자체가 초기 교회에서 진행되었던 역동적인 기독론적 구약 해석 과정을 보여주지는 못한다. 그것은 해석 과정보다는 그 과정을 통해 형성된 기독론, 즉 결과물만을 보여주기 때문이다.

---

54) 물론 Strauss는 예수의 메시아 되심과 하나님의 아들 되심을 동일시하는 반면, Bock는 이 둘을 구별하는 것으로 보인다.

만약 초기 교회에서 진행된 구약 석의 과정을 엿볼 방법이 있다면 구태여 그 결과물에만 집착할 필요는 없다. 이를 전제로 시편 2편을 메시아적 시편으로 간주한 초기 교회의 관점을—신약성서 기자가 시편 2편을 직접 인용한 사례는 없더라도—추론해보고자 한다. 이런 접근 방법에 따르면 시편 2:7보다는 오히려 2:6이 예수의 부활 또는 하나님의 우편에 앉으실 것에 대한 예언으로 해석되면서, 시편 2편과 예수의 부활을 이어주는 진정한 연결 고리 역할을 했음을 알 수 있다.

초기 교회가 유대교의 메시아적 해석을 이어받아 시편 2편을 메시아적 시편으로 해석했음은 의심의 여지가 없다. 그러나 그렇다고 해서 초기 교회가 시편 2:7을 단순히 예수의 메시아 되심에 대한 성경적 근거로만 이해했다고 말할 수는 없다. 부활 사건을 경험한 초기 교회는 부활한 예수가 누구인지 알기 위해 메시아 본문을 붙잡고 기독론적 석의(christological exegesis)를 했을 것이다. 따라서 초기 교회가 이 시편을 다른 구약 본문들과 함께 읽으면서 새로운 기독론적 의미를 발견했을 가능성을 항상 열어놓아야 한다.

시편 2:6에서 하나님은 세상의 군왕들을 향해 "내가 나의 왕을 내 거룩한 산 시온에 세웠다"(ἐγὼ δὲ κατεστάθην βασιλεὺς ὑπ' αὐτοῦ ἐπὶ Σιων ὄρος τὸ ἅγιον αὐτοῦ)고 선포하신다. 초기 교회가 시편 2편을 이미 메시아적 시편으로 보고 예수에게 적용해 해석했다면 분명히 6절도 그렇게 해석했을 것이다. 그렇다면 초기 교회는 "나의 왕을 내 거룩한 산 시온에 세웠다"를 어떻게 예수에게 적용하여 해석했을까? "거룩한 산 시온"은 하나님이 계시는 곳이고, "시온에 세웠다"는 하나님이 예수를 죽음에서 부활시킴으로써 하나님이 계신 "시온"으로 들어 올려 왕으로 세웠다는 의미로 해석하지 않았을까? 그렇다면 초기 교회는 2:6을 예수의 부활 및 하나님 우편에 앉으심에 관한 예언으로 이해했을 것이고, 7-8절—"내가 여호와의 명령을 전하노라. 여호와께서 내게 이르시되 '너는 내 아들이라. 오늘 내가 너를 낳았도다. 내게 구하라. 내가 이방 나라를 네 유업으로 주리니 네 소유가 땅 끝까지 이르리로다'"—은 하나님이 메시아(예수)에게 하신 약속으로서 메시아(예수)가 모든 원수를 그 발아래에 둘 때까지 하나님의 우편에서 행사하게 될 왕권 통치를 의미한다고 해석했을 것이다(참조. 고전 15:24-28; 시 110:1; 8:6). 이런 추론을 뒷받침하는 증거는 다음과 같다.

첫째, 시온(산)을 하나님이 계신 "하늘의 예루살렘"으로 보는 전승이 제2성전기 유대교 내에 이미 존재했으며 신약성서에도 이 유대 전승을 이어받아 사용한 흔적이 나타난다.

둘째, "하늘의 예루살렘" 사상은 "위에 있는 예루살렘"(ἡ ἄνω Ἰερουσαλὴμ)이라는 표현으로 갈라디아서 4:26에 처음 나타난다. 새 언약을 상징하는 "위에 있는 예루살렘"은 옛 언약을 상징하는 "현재의 예루살렘"(25절)과 대조를 이룬다.[55] 바울은 여기서 시온 산이라는 단어를 옛 언약을 상징하는 시내 산과 대조시키지는 않지만 "위에 있는 예루살렘"이 "현재의 예루살렘"과 대조를 이룬다는 사실은 분명하다. 물론 "현재의 예루살렘"과 "위에 있는 예루살렘"이라는 개념을 바울이 창안해낸 독특한 개념이라고 볼 수도 있다. 하지만 바울이 이 개념을 아무런 사전 설명 없이 소개한다는 사실은 이 개념이 독자들에게 완전히 생소하지는 않았음을 시사한다.[56] 그뿐 아니라 바울이 갈라디아서에서 사용한 이 개념과 동일한 개념을 히

---

55) 또한 "위에 있는 예루살렘"이 "우리 어머니"(갈 4:26)라는 사상도 유대적 배경을 갖고 있다. 시 87편은 예루살렘(시온)을 하나님 자신의 어머니로 찬양한다. 사 66:7-11은 예루살렘(시온)을 아들을 낳기 위해 해산의 고통을 겪는 어머니로 묘사한다. *4 Ezra* 10:7은 시온을 상징적으로 "우리 모두의 어머니"라고 표현한다.

56) F. F. Bruce, *The Epistle of Paul to the Galatians: a Commentary on the Greek Text* (NIGTC; Exeter: Paternoster, 1982), 221.

브리서와 요한계시록에서도 발견할 수 있다.[57] 히브리서 12:22에서는 "하늘의 예루살렘"('Ιερουσαλὴμ ἐπουρανίῳ)이라는 표현으로 직접 사용되고, 요한계시록 14:1에서는 어린 양이 시온 산에 서 있는 모습으로 표현된다.

셋째, 도날드슨(T. L. Donaldson)의 연구에 의하면 이 "하늘의 예루살렘"이라는 개념에는 매우 풍부한 유대적 배경이 있다.[58] 이 개념은 인류 역사에서의 구속 계획의 완성, 즉 하나님의 온전한 통치에 대한 사상과 직접 연계된다. 마지막 때의 영적인 예루살렘을 가리키는 이 개념은 종말론적 개념으로서 현재의 예루살렘과 극명한 대조를 이룬다. 물론 "하늘의 예루살렘"이라는 개념이 처음부터 이렇게 깊은 의미를 가졌던 것은 아니다. 구약(시 87:3; 사 54장; 겔 40-48장)이나 유대 지혜 문헌(Sir 36:13ff.; Tob 13장) 등은 이러한 의미를 거의 내포하지 않는다. 그러나 제2성전기로 접어들면서 유대 묵시 문헌에서는 이 개념이 좀 더 발전된 형태로 나타난다.[59] "하늘의 예루살렘"이라는 정확한 표현이 신약성서와 유대 묵시 문헌을 통틀어 오직 히브리서 12:22에만 나타나더라도, 이러한 유대 문학적 배경은 이 메타포가 묵시 문학 전승에서 비롯되었음을 시사한다.[60]

57) Bruce, *Galatians*, 220-221; Richard N. Longenecker, *Galatians* (Dallas: Word Books, 1990), 213-214; 히 12:22과 11:10, 14-16; 계 3:12; 21:2, 9-11을 비교해보라.

58) T. L. Donaldson, *Jesus on the Mountain: a Study in Matthean Theology* (JSNTSup 8; Sheffield: JSOT Press, 1985), 30-83.

59) *1 En.* 53:6; 90:28-29; *2 En.* 55:2; *Ps. Sol.* 17:33; *4 Ezra* 7:26; 8:52; 10:25-28, 38-59; *2 Bar.* 4:2-6; 32:2; 59:4; 1QM 12:1-2; 4QShirShab^a 등에서는 하늘의 성전에서의 천사 사역에 대한 언급이 나온다. 이 유대 전승에 대해서는 K. L. Schmidt, "Jerusalem als Urbild und Abbild," Eranos-Jahrbuch 18(1950) 207-248; R. E. Clements, *God and Temple: the Idea of the Divine Presence in Ancient Israel* (Oxford: Blackwell, 1965), 126-127; R. J. McKelvey, *The New Temple: the Church in the New Testament* (London: OUP, 1968), 25-41; D. Flusser, "Two Notes on the Midrash on 2 Sam. 7:1," *Israel Exploration Journal* 9(1959), 99-109를 참조하라.

60) 참조. H. Bietenhard, *Die himmlische Welt im Urchristentum und Spätjudentum* (WUNT 2; Tübingen: Mohr Siebeck, 1951), 192-204. 현재의 예루살렘과 대조를 이

넷째, 또한 제2성전기 유대교에서는 계시의 산을 상징하는 시내 산과 종말론적 구속을 상징하는 시온 산을 서로 대조시킨 사례가 급격히 증가한다.[61] 따라서 히브리서 12:22과 마태복음에서 종말론적 구속과 시온 산의 상징적 의미를 서로 연계하는 사상은 제2성전기 유대교 내에서 발전된 "시온 신학"(Zion theology)에 기초를 둔 초기 교회 전승을 반영한다고 할 수 있다.[62]

다섯째, 쿰란 문헌에서는 마지막 때에 나타날 메시아와 시온의 보좌를 서로 연계시키려는 시도도 찾아볼 수 있다. "플로릴레기움"(4QFlor) 1:11-13은 "이는 율법의 해석자와 함께 서 있게 되고 **마지막 때에 시온의 보좌에 앉게 될 '다윗의 가지'**(צמח דויד)다. 기록된바 '내가 다윗의 무너진 장막을 일으킬 것이다(והקימותי).' 이는 이스라엘을 구원하기 위해 일어날 '다윗의 무너진 장막'이다"라고 기록한다.

여섯째, 우리는 앞 장에서 초기 교회가 시편 110:1을 토대로 예수의 부활 사건을 예수의 하나님 우편으로의 고양으로 이해했음을 살펴보았다.[63] 더 나아가 초기 교회는 예수가 하나님의 보좌 우편에 앉으신 것 혹은 고양되신 것에 대한 믿음의 성경적 근거를 시편 2:6에서도 발견했을 것이다. 초기 교회가 이러한 신학과 믿음을 시편 110:1에서뿐만 아니라 시편 2:6에서도 발견했을 개연성은 매우 높다. 또한 초기 교회는 시편 110편과 2편을 가장 중요한 메시아적 시편으로 간주했기 때문에 예수가 누구인지를 이해하

루는 개념으로서 "하늘의 예루살렘"은 랍비 문헌에서도 나오지만 유대교 자체를 부정적으로 반영하지는 않는다; 참조. *b. Ta'an.* 5a; *b. Ḥag.* 12b; *Gen. Rab.* 55.7; 69.7; *Num. Rab.* 4.13; *Midr. Ps.* 30.1; 122.4; *Cant. Rab.* 3.10; 4.4; *Pesiq. Rab.* 40.6; Longenecker, *Galatians*, 214; Donaldson, *Jesus on the Mountain*, 234.

61) Donaldson, *Jesus on the Mountain*, 52-83.

62) Donaldson, *Jesus on the Mountain*, 87-213.

63) 행 2:32-35; 롬 8:34; 엡 1:20; 벧전 3:22에는 명백하게 나타나고 행 5:31; 7:55-56; 고전 15:25; 골 3:1; 히 1:3; 10:12; 12:2에는 암시적으로 나타난다.

고자 하는 석의 과정에서 이 두 시편을 상호 참조했을 개연성 역시 매우 높다고 할 수 있다.[64]

일곱째, 신약에서 시편 2편의 이미지들은 시편 110편과 연계되어 자주 나타난다. 예를 들어 첫째, 고린도전서 15:24-28의 모든 세상의 권세가 굴복하고 하나님의 신정 통치가 이루어질 것이라는 바울의 논의(시 110:1과 8:6이 뒷받침함)는 시편 2:7-8의 이미지 및 테마와 깊은 연관성이 있다. 시편 2:7-8은 아들에게 최종적으로 원수를 굴복시킬 권세를 주시는 이가 바로 하나님이며 그의 말씀임을 언급한다. 둘째, 시편 110편과 8편을 암시한 고린도전서 15:28에 나타난 "아들"이라는 칭호는 시편 2:7의 메아리(echo)라고 볼 수 있다. 셋째, 시편 110편과 2편 모두 메시아의 "탄생"에 대해 언급한다(시 110:3의 ἐκ γαστρὸς πρὸ ἑωσφόρου ἐξεγέννησά σε와 시 2:7의 υἱός μου εἶ σύ ἐγὼ σήμερον γεγέννηκά σε).

여덟째, 앞의 논의는 시편 2편의 연대적 순서와도 일치한다. 사도행전 4:25-28이 암시하듯이 시편 2:1-2의 예언은 예수가 이방인들과 이스라엘 백성들에 의해 죽임을 당함으로써 성취되었고, 시편 2:6-8은 부활을 통해 예수가 하나님의 우편에 앉으신 그의 아들임이 확증됨으로써 성취되었다.[65]

만약 초기 교회가 시편 2:6을 예수의 하나님 우편 고양/즉위에 관한 예언으로 이해하게 되었다는 논증이 설득력이 있다면, 이러한 논증은 시편 2편과 예수의 부활-고양(롬 1:3-4; 히 1:5; 5:5)을 이어주는 "숨겨진" 연결 고리를 제공해준다. 아울러 사도행전 13:33에 나타난 시편 2:7의 인용

---

64) 참조. Martin Hengel, "'Sit at My Right Hand!' The Enthronement of Christ at the Right Hand of God and Psalm 110:1," *Studies in Early Christology* (Edinburgh: T&T Clark, 1995), 119-225.

65) Strauss, *Davidic Messiah*, 165.

은 예수의 부활을 직접적으로 언급하기 위해서라기보다는 예수의 하나님 아들 되심을 확증하는 성경적 근거로 보아야 함을 알려준다.[66] 더 나아가 시편 2:6을 (시 110:1과 함께) 메시아(예수)가 부활을 통해 하나님의 우편에 앉게 될 것이라는 예언으로 이해한 초기 교회는, 자연스럽게 7절의 "오늘 날"(σήμερον)을 예수의 부활의 날 또는 고양의 날, 즉 예수의 하나님 아들 되심이 확실하게 선포된 날로 이해하기 시작했을 것이다.

신약성서에서 시편 2:6이 예수의 고양의 의미로 인용된 사례가 전무하다는 점은 다소 이해하기 어려울 수도 있다. 그러나 당시 초기 교회에서 시편 110:1이 예수의 부활과 천상 통치를 간단명료하게 입증해주는 구절로서 최고의 인지도를 지녔다는 사실을 고려한다면, 왜 시편 2:6이 신약에서 인용되지 않았는지 이해할 수 있다. 그뿐 아니라 시편 2:7과 110:1이 신약에 기독론적 본문으로 가장 많이 인용된 점을 고려한다면, 부활 사건에 비추어 메시아적 시편 해석을 마친 초기 교회가 예수의 하나님 아들 되심을 예언한 대표적인 구절로 시편 2:7을, 예수의 부활과 고양을 예언한 대표적인 구절로 시편 110:1을 각각 지정하고자 했음을 충분히 짐작할 수 있다.

7.2.1.3. —— 결론

시편 2:7이 초기 기독론에 미친 지대한 영향은 의심의 여지가 없다. 그동안 신약학계는 일반적으로 초기 교회가 시편 2:7을 예수의 부활과 연계해서 사용하기 시작한 것으로 생각해왔다. 또한 초기 교회 내에서 7c절의

---

66) 참조. Kelli S. O'Brien, *Use of Scripture in the Markan Passion Narrative* (New York: T&T Clark, 2010), 162-164. O'Brien은 나의 논의를 "합리적"이라고 평가했다. 하지만 그는 최종적으로 "일으키사"라는 표현이 다윗의 자손을 역사의 무대에 등장시키는 의미로서 (나중에 초기 교회 내에서 이중 의미로 사용됨) 원래 "다윗의 약속" 전승과 연계된 것이라는 견해를 선택했다.

출산 모티프는 이미 부활과 연계되어 있었다고 단정해왔다.

　이런 배경 속에서 우리는 초기 기독론의 발전 과정에서 시편 2편의 역할을 논할 때 7절 한 절에 매우 치중하는 점을 감안하여, 예수의 부활을 경험한 초기 교회가 메시아적 시편인 시편 2편을 예수에게 어떻게 적용하며 해석했을지를 추론했다. 나는 초기 교회가 "하늘의 예루살렘" 개념을 종말론적 시온과 연계해 해석해온 유대 전승에 비추어 시편 2편을 해석했을 것이라고 주장했다. 여기서 우리는 초기 교회가 7절보다는 6절을 예수의 부활 또는 하나님의 우편 고양에 대한 예언으로 이해했으리라 짐작할 수 있었다. 또한 7절의 "출산" 모티프보다는 6절의 "거룩한 산 시온에 세움" 모티프가 시편 2편과 예수의 부활-고양을 이어주는 진정한 연결 고리임도 살펴볼 수 있었다.

　따라서 초기 교회가 처음부터 시편 2:7이 예수의 부활을 직접적으로 언급한다고 이해했다는 신약학계의 정론보다는, 그들이 예수가 (부활을 통해) 하나님의 아들이심을 확증하는 성경적 근거로 시편 2:7을 사용했을 것이라는 견해가 더 설득력 있다. 아울러 이러한 주장은 시편 2:7을 예수의 부활-고양과 연계하는 다른 구절(롬 1:3-4; 히 1:5; 5:5)들에 똑같이 적용할 때 더 설득력을 얻을 것이다.

구분		ἀναστήσας	시 2:7
예수의 역사적 출현에 대한 견해	일반적 견해	예수를 역사의 현장에 세움	• 예수의 역사적 출현에 대한 성경적 근거
	스트라우스의 견해	부활을 포함한, 예수를 역사의 현장에 세움	• 예수의 메시아 정체성과 부활에 대한 성경적 근거 • 시 2:7c은 부활을 진술하고(행 13:34a), 사 55:3과 시 16:10로부터 성경적 근거(행 13:34b, 35)를 제시하며 논지를 진전시키기 위해 인용됨
	나의 견해	부활을 포함한, 예수를 역사의 현장에 세움	• 시 2:7은 예수의 하나님 아들 됨(그가 하나님의 아들로 역사의 현장에 오심)에 대한 성경적 근거 및 부활에 대한 간접적 언급을 위해 사용됨 • 시 2:7의 두 평행 절은 하나님의 아들 됨에 관한 단일 진술이므로 둘로 분리되어서는 안 됨 • 시 2:6이 시편 2편과 부활과의 연결 고리 • 초기 교회는 초기 유대교의 "하늘의 예루살렘" 전승을 시 110:1 및 8:6과 연계하면서 시 2:6을 예수의 하나님 우편으로의 고양으로 해석함
예수의 부활에 대한 견해	일반적 견해	예수를 죽음에서 일으킴	• 부활에 대한 성경적 근거
	뢰베스탐의 견해	예수를 죽음에서 일으킴	• 부활에 대한 성경적 근거 • "출산" 모티프(시 2:7c)는 구체적으로 부활을 가리킴
	보크의 견해	시 16:10을 가리키며 예수를 죽음에서 일으킴(행 13:35b)	• 조상들의 약속(행 13:32a)을 가리키는 예수의 하나님 아들 됨에 대한 성경적 근거
	나의 이차적 견해	예수를 죽음에서 일으킴	• 시 2:7은 부활 시점에 일어난 일에 대한 성경 본문으로 사용됨: 초기 교회는 부활을 예수의 하나님 아들 됨이 온전히 입증된 결정적인 순간으로 해석함 • 시 2:6이 시편 2편과 부활과의 연결 고리 • 초기 교회는 초기 유대교의 "하늘의 예루살렘" 전승을 시 110:1 및 8:6과 연계해 시 2:6을 예수의 하나님 우편으로의 고양으로 해석함

7.2.2. —— 로마서 1:3-4에서의 시편 2:7

7.2.2.1. —— 문구의 원형

이 문구의 원형에 대해서는 학자들 간의 이견이 다소 존재하지만, 학자들 대부분은 로마서 1:3-4에서 바울이 자신과 로마서 수신자들 간의 신학적 접촉점을 만들기 위해 초기 교회의 신앙고백 또는 신조를 인용한다는 데 동의한다.

> 3그의 아들에 관하여 말하면 육신으로는 다윗의 혈통에서 나셨고 4성결의 영으로는 죽은 자들 가운데서 부활하사 능력으로 하나님의 아들로 선포되셨으니 곧 우리 주 예수 그리스도시니라(롬 1:3-4).

이 문구가 바울 이전의 전승에서 비롯되었다는 근거는 다음과 같다.

① 이미 고정된 문구의 특징인 평행분사절(parallel participial clauses) 형태를 보인다.
② "사릌스"(σάρξ, 육신)와 "프뉴마"(πνεῦμα, 영)의 이분법이 바울의 용법과 다르게 사용되었다.
③ 바울 서신에 나타나지 않는 예수의 다윗 혈통 사상이 등장한다.
④ 선재적 기독론이 아닌 양자론적 기독론—τοῦ ὁρισθέντος υἱοῦ θεοῦ(투 호리스텐토스 휘우 테우)에 암시된—이 나타난다.
⑤ 바울이 반드시 언급해야 할 예수의 십자가 죽음에 대한 언급이 없다.
⑥ "투 호리스텐토스 휘우 테우"와 "프뉴마 하기오쉬네스"(πνεῦμα ἁγιωσύνης, 성결의 영) 같은 독특한 표현이 사용되었다.

⑦ 이 문구가 바울이 "하나님의 복음"(εὐαγγέλιον θεοῦ, 유앙겔리온 테우)을 요약한 것이라면 이전의 전승에서 유래되었을 가능성이 높다(고전 15:1-4; 딤후 2:8; 딤전 3:15-16).

그러나 최근 학계는 이 문구의 기원이 바울 이전이라는 데 대해 다소 회의적이다. 포이쓰레스(V. S. Poythress)는 이미 1975년에 중도적 견해를 피력하면서 로마서 1:3-4은 "전통적인 맛을 살리기 위해 몇 가지 전통적인 표현과 사상을 사용한 바울의 창작물"이라고 주장했다.[67] 이로부터 약 20년 후 스콧(J. M. Scott) 역시 "로마서 1:3b-4이 바울 이전의 교리를 포함하는지가 전혀 확실치 않다"고 결론 내렸다.[68] 최근 위셋(C. G. Whitsett)은 바울이 이 로마서 본문에서 "사무엘하 7장과 시편 2편에 대한 일반적인 해석을 바울 자신만의 독특한 방법으로 풀어냈다"고 주장했다.[69]

이처럼 로마서 1:3-4에 대한 최근 연구는 이 구절 전체가 바울 이전에 "확립된" 신앙고백적 문구라는 것에 대해 조금 더 회의적일 필요가 있음을 알려준다.[70] 그러나 바울이 여기서 전통적 문구를 그대로 인용했다거나 자율적으로 새롭게 창작했다는 어느 한쪽 주장만을 고집하는 것은 잘못된 이분법이다. 정답은 아마도 그 중간 지점에 있을 것이다. "바울 이전 자료설"이 본문 자체를 이해하려는 충분한 노력 대신 양식비평에 지나치

---

67) V. S. Poythress, "Is Romans 1:3-4 a Pauline Confession after All?," *ExpTim* 87(1975-1976), 181-182.

68) J. M. Scott, *Adoption as Sons of God: an Exegetical Investigation into the Background of huiothesia in the Pauline Corpus* (WUNT 2/48; Tübingen: Mohr Siebeck, 1992), 227-236(인용은 236).

69) C. G. Whitsett, "Son of God, Seed of David: Paul's Messianic Exegesis in Romans 1:3-4," *JBL* 119(2000), 661-681(인용은 661); 참조. Poythress, "Confession," 182.

70) 참조. Poythress, "Confession," 182.

게 의존한 결과이긴 하지만[71] 그렇다고 "바울 이전 자료설"을 전적으로 부인할 수도 없다.

비록 정도의 차이는 있지만 학자들 대부분은 최소한 바울이 일부 전통적인 자료를 사용했을 것이라는 데 동의한다. 이에 나는 이 문구를 비판적으로 평가하면서 양식비평은 매우 신중하게 사용하고 확실성이 높은 것만 바울 이전의 자료로 인정하기로 했다. 그 결과 나는 이 문구가 바울 이전의 전승적 자료라는 위의 주장 중 ②, ⑥, ⑦번만이 설득력이 있다는 결론에 도달했다.[72]

⑥번 주장과 관련하여, "투 호리스텐토스 휘우 테우"와 "프뉴마 하기오쉬네스"는 바울 자신의 고유한 언어일 가능성이 매우 낮다.[73] 그 이유로는 첫째, 앨런(L. C. Allen)은 로마서 1:4의 "호리제인"(ὁρίζειν)과 신약성서의 "프로호리제인"(προορίζειν)이 일반적으로 시편 2:7의 왕실 칙령 언어를 반영한다고 주장한다.[74] 둘째, 이 동사는 바울 서신의 어느 곳에서도 발견되지 않기 때문에 초기 기독교의 신앙고백 일부일 개연성이 더 높다. "호리스텐토스"가 시편 2:7을 암시적으로 인용한 것이라 할지라도[75] 바울 고유의 창의적 표현이라기보다는 "신앙의 선배들"로부터 빌려온 표현일 개연성이 더 높다. 셋째, "프뉴마 하기오쉬네스"도 바울의 독특한 표현이 아니다. 넷째, 형용사적 속격 "하기오쉬네스"는 단순히 형용사 "거룩한"이라기보다는 히브리적 숙어로 볼 수 있다.

---

71) J. D. G. Dunn, "Jesus - Flesh and Spirit: an Exposition of Romans 1.3-4," *JTS* 24(1973), 42-43.

72) 나머지 주장들은 어느 쪽으로도 설명할 수 있다.

73) Scott, *Adoption*, 232.

74) L. C. Allen, "The Old Testament Background of (ΠΡΟ)OPIZEIN in the New Testament," *NTS* 17(1970-1971), 104-108.

75) 가령 Whitsett, "Son of God," 676도 마찬가지다.

결론적으로 비록 바울 이전 자료설에 대한 반론 중에 일부 타당성 있는 근거가 제시되긴 했지만 바울 이전 자료설을 지지하는 설득력 있는 증거들도 여전히 존재한다. 따라서 우리는 로마서 1:3-4이 바울 이전 자료의 흔적을 보존할 개연성이 상당히 높은, 예수에 대한 초기 교회의 신앙고백을 엿볼 수 있는 중요한 자료라고 볼 수 있다.

7.2.2.2. —— 과연 양자론을 지지하는가?

일부 학자들은 원래 문구에는 "엔 뒤나메이"($\acute{\epsilon}\nu$ $\delta\upsilon\nu\acute{\alpha}\mu\epsilon\iota$, 능력으로)가 존재하지 않았기 때문에 이 문구의 본래 의미는 예수가 부활 시 하나님의 아들이 된 것(소위 양자론적 기독론)이라고 주장해왔다. 이 주장에 따르면 바울은 "엔 뒤나메이"를 삽입함으로써 예수가 처음부터 하나님의 아들이었으며 부활과 동시에 새로운 의미로서의 하나님 아들이 되었다고 의미를 둔갑시켰다.[76] 이 견해를 지지하는 학자들은 다윗의 자손으로서의 인간 예수와 부활 이후의 하나님 아들인 예수를 이분법적으로 분리해 이해하는 경향이 있다. 그러나 이러한 견해에는 상당한 의문의 여지가 있다.

그 이유로는 첫째, 바울은 로마서 1:3-4에 나타난 아들에 관한 묘사에 동의했을 개연성이 높다.

① 바울이 서신 서두에서부터 이렇게 정도를 벗어난 기독론을 묵인했다고 생각하기는 어렵다. 이것은 자신의 복음과 사도직을 스스로 배격하는 행위와 마찬가지이기 때문이다.

---

76) 참조. J. D. G. Dunn, *Romans* (WBC 38; Dallas: Word Books, 1988), 14; W. R. Kramer, *Christ, Lord and Son of God* (London: SCM, 1966), 108-126; K. Wengst, *Christologische Formeln und Lieder des Urchristentums* (SNT 7; Gütersloh: Mohn, 1972), 116; E. Käsemann, *Commentary on Romans* (London: SCM, 1980), 13.

② 바울이 자신의 선재적 기독론에 맞추기 위해 특정 어휘를 삽입함
으로써 양자론적인 문구를 미묘하게 "확대"했다고 주장할 수도 있
겠지만,[77] 바울은 로마서 1:3-4을 부연하기 위해 "페리 투 휘우 아우
투"(περὶ τοῦ υἱοῦ αὐτοῦ, 그의 아들에 관하여)를 사용한 것이 아니라 오
히려 "페리 투 휘우 아우투"를 부연하기 위해 3-4절을 사용한다.[78]
③ 바울이 전승적인 문구를 자신의 목적에 맞추어 재해석했다는 주장
이 불가능한 것은 아니지만, 제시된 증거들은 바울 자신이 확신하
는 바를 인용했다는 견해에 힘을 실어준다.[79]

둘째, 이 본문에 대한 주해(§7.2.2.4)가 양자론적 기독론이 받아들여지
기 어렵다는 사실을 입증해줄 것이다.

7.2.2.3. ── 로마서 1:3-4의 배경으로서의 사무엘하 7:12-14과 시편 2:7

스콧은 로마서 1:3-4의 전통적인 배경을 사무엘하 7:12-14에서 발견
할 수 있다고 주장한다. 사무엘하 7:12-14에서 하나님은 다윗에게 그의
씨(σπέρμά, 스페르마)로부터 나오는 메시아가 하나님의 아들로 입양될 것

---

77) 참조. 김세윤, *The Origin of Paul's Gospel* (WUNT 2/4; Tübingen: Mohr Siebeck,
1981), 111; C. Burger, *Jesus als Davidssohn: eine traditionsgeschichtliche
Untersuchung* (Göttingen: Vandenhoeck & Ruprecht, 1970), 31-32; Wengst,
Formeln, 112; E. Käsemann, *An die Römer* (HNT 8a; Tübingen: Mohr Siebeck, 1973),
11; R. Jewett, "The Redaction and Use of an Early Christian Confession in Romans
1:3-4," *The Living Text: Essays in Honor of Ernest W. Saunders* (eds. D. E. Groh, R.
Jewett; Lanham: University Press of America, 1985), 119.

78) 가령 Scott, *Adoption*, 235; E. Linnemann, "Tradition und Interpretation in Röm. 1,3
f.," *EvT* 31(1971), 264-276. 특히 271; C. A. Wanamaker, *The Son and the sons of God:
a Study in Elements of Paul's Christological and Soteriological Thought* (Ph. D diss.
University of Durham, 1980), 93-95도 마찬가지다.

79) Dunn, *Romans*, 5; 참조. Wright, *Romans*, 416-417.

이라고 약속한다.[80] 따라서 그는 로마서 1:4의 "투 호리스텐토스 휘우 테우"를 사무엘하 7:14a의 입양 문구에 대한 완곡어법으로 간주한다.[81]

그러나 위셋은 이 견해를 편파적 주장이라고 비판했다. 위셋은 로마서 1:3-4에서 사무엘하 7:12-14과 시편 2:7-8을 병치하는 기존의 전통적인 주해를 발견한다.[82] 그에 따르면 바울은 여기서 다윗을 향한 하나님의 약속(유대인들)과 아브라함의 씨(이방 민족들)에 대한 하나님의 신실하심이 모두 예수의 다윗적 계보에 의해 확증된다는 자기 자신의 고유한 메시아적 주해를 내비친다. 더 나아가 로마서 1:3-4을 15:8-9a 및 15:12과 함께 읽으면 바울이 예수의 메시아 됨에 대한 두 측면—이스라엘을 향한 하나님의 신실하심과 이방 민족 가운데 하나님이 영광을 받는 것—을 넌지시 암시한다는 사실을 알 수 있다. 따라서 사무엘하 7:12-14과 시편 2:7의 병치는 로마서 수사학의 일부이며 이것은 독자들이 이미 이러한 암시적 병치에 대해 익숙해져 있음을 시사한다.

로마서 1:4에 나타난 시편 2:7의 암시에 대한 증거는 다음과 같다.[83]

---

80) 참조. 4QPB 4; *Ps. Sol.* 17:4; 4QFlor 1:10-11.

81) Scott, *Adoption*, 241-242; 참조. D. C. Duling, "The Promises to David and Their Entrance into Christianity: Nailing Down a Likely Hypothesis," *NTS* 19(1973-1974), 73; E. Schweizer, "Review of E. Linnemann's 'Tradition und Interpretation in Röm. 1,3f.'," *EvT* 31(1971), 276; N. A. Dahl, "Promise and Fulfillment," *Studies in Paul: Theology for the Early Christian Mission* (Minneapolis: Augsburg, 1977), 128; O. Betz, *What Do We Know about Jesus?* (London: SCM, 1968), 96; 김세윤, *Paul's Gospel*, 109, 114-131.

82) Whitsett, "Son of God," 661-681; 참조. Allen, "The Old Testament Background," 104-108; Schweizer, "Review of E. Linnemann," 276; Burger, *Jesus als Davidssohn*, 28; W. R. Kramer, *Christos, Kyrios, Gottessohn: Untersuchungen zu Gebrauch und Bedeutung der christologischen Bezeichnungen bei Paulus und den vorpaulinischen Gemeinden* (ATANT 44; Zürich: Zwingli Verlag, 1963), 106; F. Hahn, *Christologische Hoheitstitel* (Göttingen: Vandenhoeck & Ruprecht, 1964), 254; Jewett, "Romans 1:3-4," 114.

83) Whitsett, "Son of God," 676-678; 참조. Allen, "Background," 104-108; Schweizer,

① 초기 그리스도인들은 다윗을 향한 하나님의 약속이 왕위 즉위식으로 간주된 예수의 부활을 통해 성취되었다고 믿었다.[84]

② 예수의 하나님 아들 됨과 그의 부활-고양은 바울 서신에서 결코 찾아볼 수 없는 동사 "호리스텐토스"(ὁρισθέντος)에 응축되어 있다.[85]

③ 기독교 이전 유대교의 메시아적 주해는 이미 오래전부터 사무엘하 7장과 시편 2편을 병치해왔으며(4QFlor 1:10-13, 18-19; *Ps. Sol.* 17:4, 23), 동일한 병치가 히브리서 1:5에도 나타난다.

그러나 로마서 1:4에 나타난 시편 2:7에 대한 암시 자체가 어떻게 초기 그리스도인들이 이 시편을 예수의 하나님의 아들 됨 및 그의 부활과 연결해 해석했는지에 대해 말해주지는 않는다.

7.2.2.4. —— 로마서 1:3-4 주해

첫 번째 절에서 "다윗의 혈통에서 나셨고"(τοῦ γενομένου ἐκ σπέρματος Δαυίδ, 투 게노메누 에크 스페르마토스 다위드)는 예수가 기름 부음 받은 다윗의 자손이자 왕적 메시아이며 장차 올 세대에 성취될 예언자적 소망을 성취한 자라는 명백한 진술이다.[86] 이것은 예수의 지상 출현이 곧 유대인들이 갖고 있던 메시아적 기대의 성취임을 의미한다. 사무엘하 7:12에서 유래된 유대 전승에 따르면 메시아는 다윗의 "씨"로부터 나올 것으로 기대

"Review of E. Linnemann," 276; Jewett, "Romans 1:3-4," 114; Burger, *Jesus als Davidssohn*, 28; Kramer, *Christos*, 106; Hahn, *Hoheitstitel*, 254.

84) Duling, "Promises to David," 70.

85) Whitsett, "Son of God," 676; 참조. Allen, "Background," 104-108; J. Marcus, *The Way of the Lord: Christological Exegesis of the Old Testament in the Gospel of Mark* (Louisville: Westminster/John Knox, 1992), 63.

86) 참조. 사 11; 렘 23:5-6; 33:14-18; 겔 34:23-31; 37:24-28; *Ps. Sol.* 17:23-51; 4QFlor 1:10-13; 4QpGen 49; 4QpIsaᵃ 2:21-28; *Shemoneh Esreh* 14-15.

되었다. 예수가 다윗의 혈통에서 나왔다는 것은 마태복음과 누가복음의 탄생 기사들과 로마서 1:3-4에 인용된 문구, 디모데후서 2:8을 포함한 신약성서의 공통된 주장이다.[87] 따라서 이 문구는 "애초부터 메시아에 관한 표현이었을 것이다. 예수가 단순히 다윗의 혈통에서 난 자라는 사실이 신앙고백 문구의 일부가 된다는 것은 매우 진부하기 때문이다."[88]

두 번째 절은 논쟁이 될 만한 여러 유별난 요소들을 갖고 있다. "호리스텐토스"는 "선포되었다"/"드러내었다"는 의미보다는 "임명되었다"의 의미일 가능성이 높아 보인다. 왜냐하면 신약성서보다 더 일찍 혹은 같은 시기에 전자의 의미로 사용된 분명한 사례를 찾아볼 수 없기 때문이다. 따라서 일부 학자들은 이 동사가 양자론적 견해의 타당성을 뒷받침한다고 주장했다. 그러나 바울이 비록 전통적 문구를 인용하면서 이 동사를 그대로 사용했다 하더라도 나는 그가 이 동사를 그런 의미로 이해하지 않았다고 본다.[89] 두 번째 절은 학자들 대다수가 가정하는 것처럼 첫 번째 절과 상반적 평행법(antithetical parallelism)을 이루기보다는 절정적 평행법(climactic parallelism) 또는 급진적 평행법(progressive paralleism)으로 사용된 것으로 보이기 때문이다. 즉 첫 번째 절은 다윗과의 특별한 관계를 부각하는 예수의 인간적 출생을 언급함으로써 아들을 묘사한 반면, 두 번째 절은 별개의 사건인 부활(여기서는 동사 대신 ἐξ ἀναστάσεως νεκρῶν 을 사용)을 언급함으로써 예수를 묘사한다. 특이한 점은 신약의 모든 시편 2:7의 인용과 암시는 두 번째 절을 아들로서의 입양이라기보다는 기존의 신분에 대한 입증 또는 확증(행 13:33; 히 1:5; 5:5; 막 1:11//; 9:7//)으로 이해

---

87) 참조. 행 2:30; 계 5:5; 22:16; 마 1:1; 9:27; 12:23; 15:22; 20:30-31; 21:9, 15.

88) I. H. Marshall, "The Divine Sonship of Jesus," *Jesus the Saviour: Studies in New Testament Theology* (Downers Grove: Inter-Varsity, 1990), 145.

89) 참조. 갈 4:4; 롬 8:3. 바울은 갈 4:4과 롬 8:3에서 하나님이 이미 아들의 신분을 가진 자를 이 세상에 보냈다고 말하지, 앞으로 아들로 드러날 자를 보냈다고 말하지 않는다.

하고 있다는 것이다.

"엔 뒤나메이"(ἐν δυνάμει)는 동사 "호리스텐토스"보다는 "휘우 테우"(υἱοῦ θεοῦ)와 연결하는 것이 더 적절하다. 즉 "능력의 하나님의 아들로 인정되셨다"라는 표현이 "능력으로 하나님의 아들로 인정되셨다"는 표현보다 바울 서신 다른 곳에 나타난 바울의 가르침뿐만 아니라 3절 초반부에 있는 "그의 아들"과도 더 잘 어울린다. 따라서 이 절은 "능력의 하나님의 아들로 임명되었다"는 의미로서 지상에서 연약함과 빈곤 가운데 처해 있던 하나님의 아들과 대조를 이룬다.

"엑스 아나스타세오스 네크론"(ἐξ ἀναστάσεως νεκρῶν)에서 전치사 ἐξ는 "…때문에" 혹은 "…을 근거로 하여"라는 의미보다는 "…시기부터" 또는 "…이후로"라는 의미로 해석되어야 한다. 예수의 부활은 그가 영화롭게 될 수 있는 근거가 아니라 능력의 하나님의 아들로서의 영화로운 삶의 시작을 알리는 사건이었다.

앞서 지적했듯이 이 두 개의 평행을 이루는 분사절의 관계는 초기 교회가 예수의 하나님 아들 됨을 어떻게 이해했는지를 밝히는 데 매우 중요하다. 종종 이 두 분사절은 서로 대조를 이룬다고 간주되어왔다. "다윗의 혈통"(σπέρματος Δαυίδ, 스페르마토스 다위드)이 "하나님의 아들"(υἱοῦ θεοῦ, 휘우 테우)과 대조를 이루고, "육신으로"(κατὰ σάρκα, 카타 사르카)가 "성결의 영으로"(κατὰ πνεῦμα ἁγιωσύνης, 카타 프뉴마 하기오쉬네스)와 대조를 이룬다는 것이다. 한 예로 던(Dunn)은 이 두 개의 기독론적 진술을 "상반적 평행법"으로 본다.[90]

하지만 어느 정도의 대조적인 요소가 있는 것은 사실이더라도 아예 "상반되는" 것으로 보는 관점은 그 의미를 과장하거나 심지어 왜곡할 수

---

90) Dunn, *Romans*, 5, 12.

있다. 다윗의 혈통이라는 사실이 예수의 정체성 전부를 가리키는 것은 아니다. 그렇다고 해서 "다윗의 혈통으로"(σπέρματος Δαυίδ)를 마치 사실이 아니거나 또는 오해의 소지가 있는 것처럼 부정적으로 해석할 필요도 전혀 없다. 로마서 15:7-9에서 바울은 예수의 유대 혈통과 유대 지방 사역을 모두 언약의 성취와 이방인들의 구원을 위한 하나님의 계획 중 일부로 간주하면서 긍정적으로 언급한다. 또한 "육신으로"(κατὰ σάρκα)는 혈육에 의한 예수의 출생을 중립적으로 표현했다고 이해하는 것이 가장 적절하다(참조. 롬 4:1; 9:3).[91] 따라서 로마서 1:3, 4은 상반적 관계로서 부활 이전과 이후의 예수를 대조하는 것도 아니고 "다윗의 혈통"과 "하나님의 아들"을 대조하는 것도 아니다.

오히려 이 두 분사절의 관계는 대조적 평행법이 아닌 절정적 또는 급진적 평행법으로 보아야 한다.[92] 바울이 여기서 확증하고자 하는 것은 예수는 애초부터—3절 초반부의 "그의 아들"이 말하듯—하나님의 아들이었으나 인간의 몸으로 태어나면서 다윗과 혈연 관계를 맺었고 부활을 기점으로 영광스러운 "능력의 하나님의 아들"로 임명되었다는 것이다.

그렇다면 시편 2:7은 로마서 1:4에 나타난 예수의 하나님 아들 됨, 그리고 그의 부활과 어떤 관계가 있을까? 초기 교회가 시온 산을 하늘의 예루살렘으로 이해함으로써 시편 2:6을 예수가 하나님의 우편으로 고양됨을 가리키는 것으로 이해했다는 우리의 논증이 설득력이 있다면, 로마서

---

91) 가령 C. E. B. Cranfield, *A Critical and Exegetical Commentary on the Epistle to the Romans* (ICC; Edinburgh: T&T Clark, 1982), 1.59; Wengst, *Formeln*, 113; Wanamaker, *Son*, 97-98도 마찬가지다; 이와 반대 의견은 Dunn, *Romans*, 13을 보라.

92) 가령 L. W. Hurtado, "Jesus' Divine Sonship in Paul's Epistle to the Romans," *Romans and the People of God* (eds. N. T. Wright *et al.*; Grand Rapids: Eerdmans, 1999), 227; Scott, *Adoption*, 239-242; Linnemann, "Röm. 1,3 f.," 275.n.31도 마찬가지다. Linnemann 은 "수사학적 평행법"이라는 표현을 사용한다.

1:4의 시편 2:7은 초기 교회가 시편 2:6에 비추어 예수의 부활을 그의 하나님 아들 됨이 온전히 입증된 결정적인 순간으로 이해한 최초의 증거를 (행 13:33과 비슷한 논리로) 제공해준다. 따라서 로마서 1:3-4의 바울 이전 고정문구(pre-Pauline formula)는 동일 인물(예수)의 두 단계 생애에 대해 언급한다. 즉 첫 번째 절이 지상에서 약속된 다윗적 메시아로 살았던 예수를 묘사한다면, 두 번째 절은 하나님의 우편에 앉으신 천상의 하나님 아들로서의 예수를 묘사한다. 또한 "능력으로"가 원 문구에 있었던 것이라면 두 번째 절은 보좌에 앉은 하나님의 아들로서의 천상적 통치를 가리키는 것이 분명하다.[93] 이미 살펴본 대로 "호리스텐토스"는 "선포되었다"라기보다는 "임명되었다" 또는 "지명되었다"(참조. 행 10:42; 17:31)라는 의미가 있다. 하지만 만약 이 원 문구가 처음부터 "능력의 하나님의 아들"(the Son-of-God-in-power)을 지칭하는 것이었다면 결코 이 문구는 지상에서 다윗의 자손이었던 자가 부활하면서 비로소 하나님의 아들이 되었다는 것을 의미할 수 없다.[94]

바울이 원 문구를 예수가 처음부터 하나님의 아들이었다는 자신의 믿음(참조. 1-3절의 "그의 아들에 관한⋯하나님의 복음"[εὐαγγέλιον θεοῦ⋯περὶ τοῦ υἱοῦ αὐτοῦ])과 일치시키기 위해 "엔 뒤나메이"라는 표현을 삽입했을 것이라는 주장은, 바울 이전 전승에 이미 "하나님의 아들"이라는 명칭이 다윗과 관련된 본문들뿐만 아니라 바울 이전의 보냄 고정문구(갈 4:4; 롬 8:3-4; 요 3:16, 17; 4:9; 막 12:1-9 참조)와도 연결되어 있었다는 증거에 의해 반박될

---

93) 가령 M. de Jonge, "Jesus, Son of David and Son of God," *Intertextuality in Biblical Writings: Essays in Honour of Bas van Iersel* (ed. S. Draisma; Kampen: J. H. Kok, 1989), 102-103도 마찬가지다.

94) 양자론적 기독론에 대한 반론은 Marshall, "Divine Sonship," 145; Scott, *Adoption*, 234-236을 보라.

수 있다.[95] 이러한 증거는 예수가 "능력의" 하나님의 아들이라는 믿음이, 바울이 이 문구를 로마서에 인용할 때 비로소 형성된 것이 아니라 이미 그 이전에 형성된 것임을 보여준다.

로마서 1:3-4의 전통적인 배경은 단순히 사무엘하 7:12-14과 시편 2:7을 병치한 유대교의 메시아적 해석에 있는 것이 아니라, 시편 110:1과 2:7(아마도 신약에서 가장 중요한 메시아적-기독론적 시편이라고 할 수 있는 두 시편)에 대한 초기 그리스도인들의 창의적인 주해에 있다. 로마서 1:3-4은 "다윗의 씨(σπέρμα)에서 나온 메시아가 하나님의 아들로 입양된 것에 관한 것도 아니고, 메시아의 두 가지 측면에 관한 것도 아니다."[96] 균형을 이루고 있는 이 두 평행 구는 단순히 예수의 메시아 됨에 대한 이중 진술이 아니라 다윗적 메시아와 천상의 하나님 아들인 예수에 관한 "절정적 평행 구"다. 그리고 그 뿌리는 예수의 하나님 아들 자의식을 재해석한 초기 그리스도인들이 시편 1101:1과 2:7을 메시아적-기독론적으로 해석한 주해에 있다.[97]

따라서 우리는 로마서 1:3-4이 동일한 인물의 생애를 두 단계로 나눠 다룬 신앙고백적 문구라고 결론지을 수 있다. 예수는 처음부터 다윗의 자손이며 하나님의 아들이다. 그가 능력의 하나님의 아들(υἱοῦ θεοῦ ἐν δυνάμει)이라는 사실은 죽음에서 다시 살아남으로써 온전히 드러났다. 최초기 그리스도인들은 메시아가 자신의 아들이라고 선포한 하나님의 "칙령"(ὁρισθέντος)을 "부활과 동시에"(ἐξ ἀναστάσεως νεκρῶν) 성취된 예수의 하나님 아들 됨에 대한 예언으로 해석했다. 따라서 첫 번째 절은 지상의

---

95) 이 책 제8장의 논의를 참조하라.

96) 참조. Scott, *Adoption*, 241-242; Whitsett, "Son of God," 681.

97) I. H. Marshall, "The Development of Christology in the Early Church," *Jesus the Saviour: Studies in New Testament Theology* (Downers Grove: Inter-Varsity, 1990), 158; Bock, *Proclamation*, 247-248.

메시아로서의 예수에 대한 진술이고 두 번째 절은 하나님의 우편에 앉은 하나님의 아들로서의 예수에 대한 진술이라고 할 수 있다.

7.2.3. ── 히브리서 1:5과 5:5에서의 시편 2:7 사용

히브리서는 시편 2:7을 두 차례 인용한다. 첫 번째는 하나님의 아들로서 천사들보다 뛰어난 예수의 탁월함을 보여주는 문맥에서 인용되고(히 1:5), 두 번째는 대제사장으로서 아론보다 뛰어난 예수의 탁월함을 보여주는 문맥에서 인용된다(히 5:5).

히브리서 1:5이 인용한 시편 2:7과 사무엘하 7:14은 칠십인역을 따른다. 이 둘은 널리 알려진 메시아 본문으로서 초기 유대교에서 이미 결합되어 사용되던 본문들이다. 히브리서 저자는 이 두 본문을 결합하여 천사들의 위치가 아들의 신분에 종속된다는 주장에 대한 성경적 근거로 제시한다. 동시에 저자는 "나의 아들"이라는 칭호에 잘 나타나 있듯이 예수만이 홀로 아버지와 유일한 관계를 맺고 있음을 선포한다.[98]

7.2.3.1. ── 양자론적 기독론?

히브리서의 기독론에 대한 학자들의 견해는 첨예하게 나뉘어 있다. 일부 학자들은 예수가 히브리서에서 시종일관 천상적 존재로서 묘사된다고 주장하는 반면,[99] 다른 학자들은 예수가 본질적으로 "임명을 받아 아들"이 된 인간으로서 묘사된다고 주장한다.[100]

---

98) 참조. 4QFlor 1:10-13, 18-19; Goldsmith, "Acts 13," 321-323.

99) E. F. Scott, *The Epistle to the Hebrews: Its Doctrine and Significance* (Edinburgh: T&T Clark, 1922), 152.

100) 참조. Dunn, *Christology*, 52-56. G. B. Caird, "Son by Appointment," *The New Testament Age* (ed. W. C. Weinrich; Macon: Mercer U. P., 1984), 73-81; L. D. Hurst,

캐어드(G. B. Caird)에 의하면 히브리서 저자는 영원한 아들에 대한 언급이 아니라 하나님이 과거에 예언자들을 통해 말씀한 것과 마지막 날에 예수를 통해 이제 말씀한 것의 대조로 시작한다.[101] 그의 제자인 허스트(L. D. Hurst)는 스승의 견해를 지지하기 위해 다음과 같이 논증한다.

① 히브리서 1:2은 기본적으로 역사적 예수에 관한 것으로서 "마지막 날에"라는 표현은 선재적 로고스의 사역이 아니라 역사적 예수의 사역을 가리킨다.
② 아들은 "만물의 상속자"로 **임명되었고**(히 1:2b), "천사들보다 월등히 뛰어나게" **되었고**(히 1:4), "그들보다 더 탁월한 이름"을 **상속받았다**(히 1:4)고 되어 있다.
③ 도입 단락은 다시 한 번 역사적 예수의 사역("죄를 정결하게 하는 일")에 대한 언급으로 끝난다(히 1:3c).[102]

이런 학자들(캐어드, 허스트)에 따르면 이 시편 구절이 예수의 부활과 고양의 문맥에서 명시적으로 인용된 반면 수세(受洗) 기사에서는 단지 암시만 되었다는 사실은 전자의 문맥이 가장 초기의 것임을 나타내며, 바로 그러한 시편 사용이 저자가 히브리서 1:5-13의 구약 모음집(compilation)에서 원래 의도한 것임을 나타낸다.

"The Christology of Hebrews 1 and 2," *The Glory of Christ in the New Testament: Studies in Christology* (eds. L. D. Hurst *et al.*; Oxford: Clarendon, 1987), 151-164; J. A. T. Robinson, *The Human Face of God* (London: SCM, 1972), 156.

101) Caird, "Son by Appointment," 74; 참조. Dunn, *Christology*, 52-56; Hurst, "Christology of Hebrews," 151-164; Robinson, *Human Face of God*, 156.
102) Hurst, "Christology of Hebrews," 155-156.

7.2.3.2. —— 서론(Exordium)의 기독론

히브리서 1장의 처음 네 절은 서론으로서 정교하게 작성된 하나의 긴 문장이다.[103] 이 서론의 문학적 구조는 세심하게 균형을 이루는 세 개의 분절로 나눌 수 있다.[104]

① 첫 번째 분절(1-2절)은 아들의 중요한 두 가지 특성을 나타내는 두 개의 관계절을 통해 하나님의 처음 연설과 마지막 연설을 대조한다.

② 두 번째 분절(3절)은 창조에서의 아들의 역할에 대한 두 가지 주장 (3ab절)과 그의 구원 사역 및 고양에 대한 언급을 통해 아들이 하는 사역의 종말론적 측면과 시원론적(protological) 측면을 대조한다.

③ 마지막 분절(4절)은 균형 잡힌 두 개의 절을 통해 아들의 고양된 지위로부터 함의를 유추해낸다.

하나님은 마지막에 "예언자들을 통해서"(ἐν τοῖς προφήταις, 엔 토이스 프로페타이스)가 아니라 "아들을 통해서"(ἐν υἱῷ, 엔 휘오) 말씀하신다. 관사가 없는 "휘오스"(υἱος)는 하나님이 계시의 대리인으로 선택할 만한 아들들이 많다는 의미가 아니라 마지막 대리인의 고양된 신분을 강조한다.[105] 아들 즉 상속자는 하나님이 "그를 통해"(δι' οὖ, 디 후) 우주를 창조하신 "시원론적 대리인"(protological agent)이라는 증언에서 유대 지혜 전승의 영향

---

103) 참조. A. Vanhoye, *Situation du Christ: Hébreux 1-2* (LD 58; Paris: Cerf, 1969), 1-117; E. Grässer, "Hebräer 1,1-4: ein exegetischer Versuch," *EKKNTV* 3(1971), 55-91; W. R. G. Loader, *Sohn und Hoherpriester: eine traditionsgeschichtliche Untersuchung zur Christologie des Hebraerbriefes* (WMANT 53; Neukirchen-Vluyn: Neukirchener Verlag, 1981), 68-80.

104) 참조. H. W. Attridge, *The Epistle to the Hebrews: a Commentary on the Epistle to the Hebrews* (Hermeneia; Philadelphia; Fortress, 1989), 36.

105) 관사 없는 υἱος의 유사한 용법에 대해서는 히 1:5; 3:6; 5:8; 7:28을 참고하라.

이 확연하게 드러난다. 시원론적인 측면과 종말론적인 측면이 결합하면서 일종의 갈등이 나타나기 시작하는데 이 갈등은 서론과 그 이후에 이어지는 구약 모음집에서도 계속된다. "그리스도는 하나님의 대리인으로서 자신이 창조한 것의 상속자가 되었다."[106]

아들의 탁월함을 나타내기 위해 사용된 언어인 "되다"(γενόμενος, 게노메노스)와 "상속받다"(κεκληρονόμηκεν, 케클레로노메켄)는 앞에서 언급된 아들과 아버지와의 시원론적인 관계를 감안하면 다소 어색해 보인다.[107] 그러나 이 서론과 히브리서의 전반적인 초점이 그리스도의 새로운 지위로의 등극이 아닌 그의 탁월함에 있으므로 그리스도가 어떤 시점에 아들이 되었다는 함의가 강조되어서는 안 된다.[108] 그뿐 아니라 완료시제인 "케클레로노메켄"의 뉘앙스는 그가 이미 그 특별한 **이름**을 소유했다는 사실을 말해준다. 이 명시되지 않은 이름이 "아들"을 가리킬 것이라는 주장은 2절에서 이 칭호가 강하게 부각된 점과 이어지는 다음 구약 모음집의 첫 번째 인용 본문(시 2:7)의 초점을 통해 분명하게 뒷받침된다.

7.2.3.3. ── 히브리서에서 시편 2:7의 기능

앞서 살펴보았듯이 히브리서의 서론은 그리스도를 하나님의 영원한 아들 됨과 그의 선재적 중요성이라는 측면에서 묘사한다. 그러나 히브리서 1:5-13의 구약 모음집에 나타난 시편 2:7의 그리스도가 아들이 **되었다**는 언어는, 이러한 고 기독론적 진술과 긴장 관계를 불러일으키는 것으로 간주되곤 한다. 교부시대부터 많은 주석가가 이 긴장을 해소하기 위해 그

---

106) Attridge, *Hebrews*, 41.

106) Attridge, *Hebrews*, 41.
107) J. P. Meier, "Structure and Theology in Heb 1.1-14," *Bib* 66(1985), 168-189.
108) Attridge, *Hebrews*, 47.

리스도가 아들이 된 결정적인 시점을 천지창조 혹은 태초의 한 사건,[109] 성육신 사건,[110] 수세 사건,[111] 고양[112]의 시점으로 보거나 영원함[113]에 돌리는 등 다양하게 해석해왔다.

그리스도가 고양된 시점이 그가 아들이 된 시점이라고 보는 견해는 구약 모음집의 원래 기능과 히브리서가 강조하는 고양 모티프와 조화를 이루는 것처럼 보이지만, 이 견해 역시 예수가 지상에서도 아들이었다고 묘사하는 이후의 본문들과는 조화되지 않는다는 난제를 지니고 있다(히 2:11-13; 5:8).

이 문제와 함께 히브리서 서론과 구약 모음집 간의 긴장을 해소하기 위한 여러 가지 해결 방안이 제시되었다. 예를 들어 예수가 부활 또는 고양의 시점에 아들이 되었다고 주장하는 학자들은, "아들"이란 용어가 고양의 시점에 예수에게 적용되긴 했지만 다른 문맥에서는 이 용어가 예기적으로(proleptically) 사용된다고 주장한다. 따라서 "아들"을 선재적 또는

---

109) 참조. E. Ménégoz, *La théologie de l'Épitre aux Hébreux* (Paris: Fischbacher, 1894), 82; O. Michel, *Der Brief an die Hebräer* (Göttingen: Vandenhoeck & Ruprecht, 1949), 110.

110) 참조. E. Riggenbach, *Der Brief an die Hebraer* (Leipzig: A. Deichert, 1913), 18-19; C. Spicq, *L'Épître aux Hébreux* (EBib; Paris: Gabalda, 1953), 2.16.

111) H. Strathmann, *Der Brief an die Hebräer* (NTD 9; Göttingen: Vandenhoeck & Ruprecht, 1963), 77.

112) 참조. F. Büchsel, *Die Christologie des Hebräerbriefs* (BFCT 27.2; Gütersloh: Bertelsmann, 1922), 7; E. Käsemann, *The Wandering People of God: an Investigation of the Letter to the Hebrews* (Minneapolis: Augsburg Pub. House, 1984), 97-98; F. J. Schierse, *Verheissung und Heilsvollendung: zur theologischen Grundfrage des Hebräerbriefes* (München: Karl Zink, 1955), 95; Vanhoye, *Situation*, 139; D. Peterson, *Hebrews and Perfection: an Examination of the Concept of Perfection in the Epistle to the Hebrews* (SNTSMS 47; Cambridge: CUP, 1982), 85.

113) R. M. Wilson, *Hebrews* (NCBC; Grand Rapids: Eerdmans, 1987), 38; J. Moffatt, *A Critical and Exegetical Commentary on the Epistle to the Hebrews* (ICC 40; Edinburgh: T&T Clark, 1924).

성육신한 그리스도에게 사용한 것은 장차 "아들이 될" 자의 의미로 이해해야 한다는 것이다.[114] 다른 주석가들은 이 본문 안에서 이러한 갈등을 해소하려는 시도가 탐지되지 않으므로 어느 하나를 선택하기보다는 서로 다른 두 개의 전승을 조화시키지 말고 그대로 두어야 한다고 주장한다.[115] 또 다른 학자들은 시편 2:7의 언어인 "오늘"이 은유적(metaphorical) 또는 풍유적인(allegorical) 의미로서 그리스도의 영원한 아들 됨을 의미하는 것으로 이해해야 하며, 저자의 사고는 서론의 선재적 기독론에 기초를 두고 있음을 인식해야 한다고 주장한다.

그러나 가장 설득력 있는 해결책은 서론의 주된 초점이 예수의 고양에 있음을 인식하면서 두 개의 기독론적 관점을 조화시키는 것이다.[116] 이 견해에 따르면 "오늘"은 예수가 하나님의 아들로서 그의 왕적 지위를 부여받은 날, 즉 그의 고양과 즉위의 날이다.[117] 이 견해는 로마서 1:4과도 일맥상통한다. 로마서 1:4의 두 번째 평행 구의 "죽음에서 부활로…능력의 하나님의 아들로 지명되었다"는 것은 "성육신한 하나님의 아들이 통치권 자로 임명되고 큰 능력을 덧입은 그 특별한 사건을 가리킨다. 이 사건은 능력을 덧입었다는 면에서 성육신한 그에게 이전에 부여되었던 모든 것들을 능가하는 사건이었다."[118] 저자가 히브리서 5:5-6에서 시편 인용을

---

114) 참조. Grässer, "Hebräer 1,1-4," 81; J. W. Thompson, *The Beginnings of Christian Philosophy: the Epistle to the Hebrews* (CBQMS 13; Washington: Catholic Biblical Association of America, 1982), 131.

115) 참조. H. L. MacNeill, *The Christology of the Epistle to the Hebrews: Including its Relation to the Developing Christology of the Primitive Church* (Chicago: University of Chicago Press, 1914); Büchsel, *Christologie des Hebräerbriefs*, 7-9; Dunn, *Christology*, 53; Attridge, *Hebrews*, 54-55.

116) 참조. F. F. Bruce, *The Epistle to the Hebrews* (NICNT; Grand Rapids: Eerdmans, 1990), 54; Peterson, *Hebrews and Perfection*, 85; Lövestam, *Son*, 27-37.

117) Bruce, *Hebrews*, 54.

118) J. Murray, *The Epistle to the Romans* (NICNT; Grand Rapids: Eerdmans, 1968), 10.

통해 그리스도를 하나님의 아들로 선포하는 말씀(시 2:7)과 그리스도를 대제사장으로 선포하는 말씀(시 110:4)을 의도적으로 서로 연관시킨 것은 이 두 가지 모두 동일한 사건(occasion)을 가리키는 것임을 강력하게 시사한다. 또한 그렇다고 해도 이러한 해결책은 예수의 영원한 아들 됨을 전혀 약화하지 않는다. 오히려 예수의 고양과 그의 하나님 아들 됨의 확실한 상관관계는 새로운 지위의 부여라기보다는 기존의 지위와 신분을 확증하는 것임을 명확하게 보여준다.[119]

여기서 히브리서의 서론과 구약 모음집에 대한 논의는 히브리서에 나타난 양자론적 기독론을 지지하는 주장들이 설득력이 없음을 보여준다. 이는 다음과 같은 논지들을 통해서도 뒷받침된다.

첫째, 히브리서 1:4에서 예수가 아들이라는 이름을 "상속받았다"고 했을 때 그 이름이 그의 고양 이전에는 그의 것이 아니었다는 의미는 아니다. 히브리서 5:8은 "아들"이라는 이름이 이미 지상에서 그에게 속한 것("그가 아들이시면서도 받으신 고난으로 순종함을 배워서")이었음을 분명하게 보여주고, 히브리서 1:2은 그 이름이 그의 성육신보다 훨씬 이전에 그에게 속한 것임을 암시한다. 그는 아버지의 영원한 임명을 통해 만물을 물려받았듯이(히 1:2) "아들"의 칭호도 물려받은 것이다.[120]

둘째, 히브리서 1:2c의 "그로 말미암아 모든 세계를 지으셨다"(δι' οὗ καὶ ἐποίησεν τοὺς αἰῶνας)는 예수의 선재성에 대한 신약의 다른 진술들(참조. 요 1:3; 골 1:16)과 일치한다. 이러한 진술들은 창조 사역에서 예수를 하나님의 대리인으로 묘사하는 원시 기독교의 찬양 언어에서 그 기원을 찾

---

119) Bruce, *Hebrews*, 54; P. Ellingworth, *The Epistle to the Hebrews: a Commentary on the Greek Text* (NIGTC; Grand Rapids: Eerdmans, 1993), 113.

120) Bruce, *Hebrews*, 50-51.

을 수 있다.[121]

셋째, 많은 학자는 히브리서 1:2b-3에서 지혜 기독론을 발견한다.[122] 비록 히브리서 저자가 한 번도 예수를 "하나님의 지혜"로 묘사하지 않더라도 여기서 지혜 기독론을 발견하는 데에는 그만한 근거가 있다. 저자는 예수를 하나님의 아들(히 1:2)로 소개하지만 그의 기능은 하나님의 지혜의 영역에 속한다. 그는 계시의 중재자, 창조의 대리인과 보존자, 인간과 하나님의 화해자로 묘사된다(히 1:2b-3). 그뿐 아니라 저자는 하나님과 아들의 관계를 묘사하기 위해 희귀하고 독특한 어휘들을 한 문장에서 모두 사용한다. "그분은 하나님의 영광의 광채(ἀπαύγασμα τῆς δόξης)이시고 본체의 형상(χαρακτὴρ τῆς ὑποστάσεως)이시니라."[123]

넷째, 히브리서 5장에서 예수는 지상에서 하나님의 아들로 명확하게 나타난다. 예수의 인간적인 연약함을 강조하는 표현(ἐν ταῖς ἡμέραις τῆς σαρκὸς αὐτοῦ, 7절)과 "그가 아들이시면서도"(καίπερ ὢν υἱός, 8절)라는 표현은 예수가 이미 하나님의 아들로서 지상에서도 제사장 역할을 했음을 강력히 시사한다.

7.2.3.4. ── 결론

히브리서 1:5과 5:5에 인용된 시편 2:7의 예수의 하나님 아들 됨은 예수의 고양을 가리키며, "오늘"은 예수가 하나님의 아들로서 그의 왕적 지위를 부여받은 날이다. 예수의 고양과 하나님 아들 됨의 진정한 의미는

121) 참조. E. Percy, *Probleme der Kolosser- und Epheserbriefe* (Lund, 1946), 38-39.

122) F. F. Bruce, *Commentary on the Epistle to the Hebrews: the English Text With Introduction, Exposition and Notes* (London: Marshall, Morgan & Scott, 1974), 4-6.

123) W. L. Lane, "Detecting Divine Wisdom Christology in Hebrews 1:1-4," *New Testament Student* 5(1982), 151-153; 참조. R. Williamson, *Philo and the Epistle to the Hebrews* (Leiden: Brill, 1970), 36-41.

그에게 새로운 지위가 부여되었다는 것이 아니라 기존의 지위와 신분이
확증되었다는 것이다. 히브리서는 우리에게 시편 2:7의 그 이전 용례로
거슬러 올라갈 기회를 제공해주지 않는다. 하지만 히브리서의 내용은 최
소한 히브리서 저자가 사용한 것과 다른 용례가 그 이전에도 있었다는 증
거가 될 수는 없다.

7.2.4. —— 마가복음 1:11에서 시편 2:7 인용

우리는 앞서 제4장에서 하나님의 아들이라는 예수의 자의식과 관련하여
수세(受洗) 기사를 논의했다(§4.3.6). 이에 대한 논의의 결과 첫째, 신의 현
현을 포함한 수세 기사의 진정성에 대한 충분한 증거가 있으며, 둘째, 예
수는 아버지이신 하나님과의 독특한 인격적 관계에 대한 자의식을 갖고
있었다고 결론 내렸다.

   이번 단락에서는 초기 기독론의 형성 과정에서 시편 2:7의 위치가 의
미하는 바를 유추하고자 한다. 만약 우리가 살펴본 대로 하늘의 음성을
포함한 신의 현현이 초기 교회의 창작이 아닌 실제로 일어난 사건을 진정
성 있게 나타낸다면,[124] 그 이후 신약성서에 나타난 시편 2:7의 해석 역시
예수가 제자들에게 전한 실제 경험에 기초할 것이다. 그리고 만약 이것이
사실이라면 예수가 수세 시 경험한 신의 현현과 하나님의 아들이라는 예
수의 자의식 사이의 연결 고리를 과소평가할 수 없다.[125] 즉 마가복음 1:11
에 보존된 하늘의 음성은 예수가 수세를 통해 하나님 아들이라는 그의 자

---

124) 이 주제에 대해서는 이 책의 §4.3.6을 보라.
125) 이러한 논리는 초기 기독론의 형성에서 예수의 하나님 아들 됨의 자의식에 강조점을 두게
   한다; 세례 현현의 진정성 → 예수의 경험과 자의식 → 제자들에 대한 가르침 → 이후의
   시 2편 해석.

의식이 향상되거나 확증되는 특별한 경험을 했다는 중요한 역사적 증거일 뿐만 아니라, 그 이후 초기 그리스도인들이 이 메시아 본문을 사용한 배후에 이러한 예수의 수세 경험이 존재했다는 결정적인 증거다. 따라서 시편 2:7은 초기 교회가 예수를 하나님의 아들로 이해하고 그 이후 이 구절을 통해 메시아적 주해를 하는 데 없어서는 안 될 매우 중요한 본문이었다고 볼 수 있다.

7.2.5. —— 결론

첫째, 하늘의 예루살렘인 시온 산에 대한 초기 유대 전승에 비추어 시편 2:6을 예수의 고양에 대한 예언으로 이해하는 해석이 초기 교회 내에 존재했을 것이다.

둘째, 시편 2:6에 대한 이와 같은 해석은 신약에서 시편 2:7이 흔히 부활-고양과 연계된 원인을 설명해준다. 시편 2:6이 예수의 고양으로 해석되면서부터 초기 교회는 시편 2:7을 부활을 통해 결정적으로 입증된 예수의 하나님 아들 됨에 대한 예언으로 해석하기 시작했다. 이것이 신약에서 시편 2편과 부활-고양 간의 감추어진 "연결 고리"를 제공한다.

셋째, 이번 장에서 우리는 어떻게 시편 2:7이 예수의 하나님 아들 됨과 부활에 모두 연계되기 시작했는지를 살펴보았다. 초기 교회는 자신이 하나님의 아들이라는 예수의 주장을 기억했기 때문에 시편 2:7을 예수에게 적용했다. 그리고 그 이후 시편 2편과 110편을 읽을 때 시온 산을 하나님이 계시는 하늘의 예루살렘으로 보는 초기 유대교 전승과 함께 연계시킴으로써 시편 2:6을 하나님 우편으로의 고양으로 해석하게 되었다. 따라서 예수가 하나님의 아들이라는 것이 언제 확실하게 드러났는가를 묻는다면 초기 그리스도인들은 부활 시 그것이 결정적으로 입증되었다고 답할 것이다. 이처럼 초기 그리스도인들은 시편 2:7을 예수의 부활-고양 시 결정적으로 성취된 그의 하나님 아들 됨에 대한 예언으로 이해하기 시작했다.

넷째, 시편 2:7에 대한 초기 기독교의 메시아적 주해로부터 얻을 수 있는 가장 중요한 기독론적인 함의 가운데 하나는, 하나님의 관점에서 예수가 지상에서 그리고 그 이전에도 이미 하나님의 아들이었다는 것이다. 초기 그리스도인들은 예수의 부활을 하나님의 아들이라는 그의 기존 지위와 신분의 확증으로 이해했다. 따라서 초기 교회가 부활 시 예수가 비로소 하나님의 아들이 되었다고 이해했다는 주장은 폐기되어야 한다.

다섯째, 오늘날 신약학계에서는 초기 그리스도인들이 처음에는 예수의 하나님 아들 됨(divine sonship)을 단순히 메시아적 아들 됨(messianic sonship)으로 이해했고, 나중에 가서야 하나님 아들 됨의 더 온전한 의미를 깨닫게 되었다는 견해가 폭넓게 받아들여진다. 물론 초기 그리스도인들이 메시아와 하나님의 아들을 동일한 것으로 이해했을 가능성이 없지 않지만, 지금까지 제시된 증거들을 통해 볼 때 그들이 예수의 하나님 아들 자의식으로부터 깊은 함의를 유추해냈을 개연성이 훨씬 더 높다.

7.3. ── 시편 110:1과 2:7에 대한 초기 기독교의 주해와 예수의 선재성

시편 110:1과 2:7에 대한 초기 기독교의 주해는 예수의 선재성에 대한 그들의 믿음이 형성되는 데 매우 중요한 기독론적 함의를 제공한다.

던은 그의 저서 『생성기의 기독론』(Christology in the Making)에서 초기 그리스도인들은 예수가 선재했다는 믿음 없이도 그의 고양을 믿는 데 전혀 어려움이 없었다고 수차례 주장했다.[126] 그는 한 개인의 승천과 신격화는 고대사회에서 친숙한 개념이었고 유대인 독자들도 모세와 엘리야, 에녹에 관한 이야기에 이미 익숙했다는 사실을 강조하면서 다음과 같이 주장했다.

> 그러므로 우리는 1세기 사고의 맥락에서 선재성 개념의 발전이 단순히 그리스도의 부활과 고양에 대한 초기 믿음에 내재했던 논리의 결과라고 가정할 수 없다.[127]

그러나 이러한 주장은 다음과 같은 문제점들을 안고 있다.

첫째, 초기 그리스도인들이 예수의 하나님 아들 자의식에 비추어 시편 110편과 2편을 해석했다는 우리의 논증이 설득력이 있다면, 그들은 아마도 "문자적으로" 하나님의 우편에 앉은 부활한 예수의 모습을 그리면서 이 예수를 하늘의 주시며 선재한 하나님의 아들로 보게 되었을 것이다.[128] 예수의 하나님 아들 됨과 신적 사명에 비추어 이 두 메시아 시편을 연계시켜 읽을 때, 그들은 이 메시아 시편들을 단순히 하나님이 이스라엘 왕에게 명예와 권위를 부여하는 은유적 표현이 아닌 실제로 예수가 "문자적으로" 하나님 우편으로 고양되고 즉위된 것으로 이해하게 되었을 가능성이 높다(시 110:1; 2:6). 더 나아가 자신이 하나님의 아들이라는 예수의 자기 계시 진술들은, 초기 그리스도인들이 이 메시아 시편들을 단순히 하나

---

126) Dunn, *Christology*, 63, 163, 205, 260.

127) Dunn, *Christology*, 63.

128) 유대인들과 초기 그리스도인들은 하나님이 계시는 천상의 영역도 지상의 영역과 동일하다고 생각했으며, 따라서 그들은 예수가 "문자적으로" 보좌에 앉아 있다고 생각했을 것이다. 이와 대조적으로 인간(예. 왕)이 하나님의 보좌를 공유한다고 했을 때는 하나님이 그에게 통치권과 승리를 주겠다는 은유적 언어로 이해했을 것이다.

님이 승리와 보호를 메시아/왕에게 약속하는 은유적인 의미로 이해하기보다는 예수가 "실제로" 하나님의 아들이라는 의미로 해석함으로써 확증되었을 것이다. 따라서 이 메시아 시편들과 부활한 예수에 대한 새로운 이해는 초기 그리스도인들로 하여금 예수를 선재한 주와 하나님의 아들로 인식하도록 주도했을 개연성이 매우 높다.

둘째, 던은 초기 기독교에서 선재성 사상이 생겨나기 위해서는 적어도 지혜 기독론(이상적 선재성이나 실제적 선재성을 내포한)이 필요하며, 유대인들이 이미 모세와 엘리야, 에녹의 승천에 대해 잘 알았기 때문에 예수의 하나님 우편으로의 고양에 대한 초기 교회의 믿음만으로는 그를 선재한 주와 하나님의 아들로 보기에 불충분하다고 주장한다. 그러나 던의 이러한 주장은 예수의 자의식과 시편 2:7 주해를 통해 확증된, 예수의 하나님 아들 됨에 대한 초기 교회의 신앙과 초기 기독론의 형성에 미친 하나님 우편으로의 예수의 "문자적" 고양의 중요성을 과소평가하는 것이다. 우선 에녹1서에서 "인자/메시아"가 하나님의 우편에 앉은 선재적 인물로 묘사된 것이 예수의 고양에 대한 선례를 제공하긴 했지만, 모세와 엘리야의 승천은 예수의 고양과 매우 상이한 것임을 인식할 필요가 있다.[129] 이와 관련해 물(C. F. D. Moule)은 "다신론자는 헤라클레스의 신격화(apotheosis)를 수용할 수 있다. [그러나 과연] 유일신론자가 예수를 초월적인 범주(승천한 모세 또는 엘리야의 범주와는 매우 다른)에 올려놓고 이것이 영원한 존재를 암시한다는 사실을 인식하지 못할 수 있을까?"라고 반문한다.[130]

물의 이와 같은 지적은 최근 학계에서 이미 막다른 골목에 들어섰다

---

129) 이 책의 §6.1.2를 보라.
130) C. F. D. Moule, "Review of Dunn's *Christology in the Making*," *JTS* 33(1982), 262; idem, *The Origin of Christology* (Cambridge: CUP, 1977), 139.

는 초기 기독론에 다시 길을 열어준다는 의미에서 매우 의미심장하다.[131] 우리 연구는 물의 지적이 여전히 타당하며 이를 반박할 만한 설득력 있는 논증이 아직 제시되지 못했음을 분명하게 보여준다. 우리는 하나님의 아들 됨과 신적 사명에 대한 예수의 자의식을 기반으로 한 초기 그리스도인들의 시편 110편과 2편에 대한 메시아적 주해가, 그들로 하여금 예수가 과연 누구인지를 확실하게 이해하도록 만들었다고 논증했다. 그러므로 예수의 부활 사건과 "문자적으로" 하나님의 우편에 즉위한 그리스도의 놀라운 모습이 초기 기독교의 예수 이해에 미친 크나큰 영향력은 결코 과소평가될 수 없다.

셋째, 이러한 결론은 허타도(L. W. Hurtado)가 초기 유대교의 유일신 사상에 나타난 혁신적 변화로 간주하는 초기 그리스도인들의 예수 숭배와도 일맥상통한다.[132] 허타도는 다음과 같은 여섯 가지 혁신적 변화들이 최초기 기독교로 소급될 수 있다고 주장한다.[133]

① 예수 찬양
② 기도 및 이와 관련된 행위들

---

131) 초기 기독교의 예수의 선재성 교리의 출현에 대한 현대 논의는 대체적으로 예수의 신성과 선재성을 서로 명확히 구분할 수 있는 개념으로 상정한다. 예수가 먼저 신성을 가진 자로 여겨졌고 그의 신성에 대한 차후 발전의 일환으로 그의 선재성이 발전했다고 보는 것이다. 예수의 고양과 그의 선재성 간의 상관관계를 연구하는 학자들에 대해서는 J. Knox, *The Humanity and Divinity of Christ: a Study of Pattern in Christology* (Cambridge: CUP, 1967), 11; O. Cullmann, *The Christology of the New Testament* (London: SCM, 1963), 321; Moule, *Origin*, 135-141를 참조하라.

132) L. W. Hurtado, *One God, One Lord: Early Christian Devotion and Ancient Jewish Monotheism* (London: SCM, 1988, 1998); R. Bauckham, "The Worship of Jesus in Apocalyptic Christianity," *NTS* 27(1981), 322-341.

133) Hurtado, *One God, One Lord*, 100-114; 참조. D. E. Aune, *The Cultic Setting of Realized Eschatology in Early Christianity* (NovTSup 28; Leiden: Brill, 1972), 5.

③ 그리스도의 이름 사용

④ 성만찬

⑤ 예수에 대한 믿음 고백

⑥ 부활한 예수의 예언적 선포

먼저 찬양과 관련하여 "바울이 자신의 교회에서 예수를 예배하는 행위와 팔레스타인을 포함한 여러 유대 교회에서 행해지는 예배 행위가 서로 근본적으로 다르다고 인식한 증거가 없다.[134] 그다음 기도와 관련하여 비록 "초기 기독교의 기도는 하나님 '아버지'에게 드려진 것이 사실이지만," 기도를 직접 천상의 그리스도에게 드린 증거 역시 신약에서 찾아볼 수 있다(참조. 행 1:24; 7:59-60; 고후 12:2-10; "은혜와 평강" 등 기도 같은 표현들; "마라나타"와 같이 그리스도에게 드렸던 아람어로 된 기도의 단편). 마지막으로 그리스도의 이름과 관련하여 예수의 "이름"으로 행해진 세례 예식과 "주"(야웨)를 부르는 구약 본문으로부터 유래된 주 예수의 "이름"을 부른다는 언급들(행 9:14, 21; 22:16; 고전 1:2; 롬 10:13)을 예로 들 수 있다.[135]

넷째, 제3장에서 우리는 호버리와 샤퍼가 제시한 제2성전기 유대교의 선재적 메시아 사상에 대한 주장을 지나치게 사변적이라고 일축했지만, 칠십인역에 나타난 특이한 번역을 감안하여 초기 그리스도인들이 시편 110:3을 그리스도의 선재성을 가리키는 것으로 해석했을 가능성은 열어 놓았다. 물론 기원후 2세기 이전에 이러한 해석이 존재했다는 증거가 없기 때문에 이러한 가능성은 입증할 수도 배제할 수도 없지만, 시편 110편과 2편의 상호 참조 읽기(cross-reference reading)를 통해 초기 그리스도인

---

134) Hurtado, *One God, One Lord*, 102.

135) 참조. C. J. Davis, *The Name and Way of the Lord: Old Testament Themes, New Testament Christology* (JSOTSup 129; Sheffield: Sheffield Academic Press, 1996).

들이 시편 110:3을 메시아의 초자연적 기원, 따라서 예수의 선재성을 가리키는 것으로 해석했을 가능성은 얼마든지 있다. 신약에서 시편 110:3이 그리스도의 선재성을 의미하는 것으로 인용된 사례는 없더라도 그리스도의 선재성을 의미하는 것으로 해석되었을 가능성을 완전히 배제할 수는 없는 것이다. 왜냐하면 이 말씀이 그리스도의 선재성을 가리킨다는 사실은 "하나님이 그 아들을 보냈다"라는 표현으로 혹은 예수가 하나님의 아들로서 하나님 우편에 앉아 있다는 회화(繪畵)적 표현으로 대체된 것에 나타날 수 있기 때문이다. 여하튼 시편 110:3이 예수의 선재성을 가리키는 것으로 해석되었다면 이것 역시 우리의 견해를 뒷받침한다고 볼 수 있다.

다섯째, 바울과 히브리서 저자, 그리고 요한이 예수의 선재성에 대해 인식하고 있었다는 점도 중요하다. 하나님의 아들이라는 예수의 정체성은 바울 서신 전체에서 보편적 전제로서 "퀴리오스" 칭호의 사용 및 예수에게 신적 기능을 부여하는 표현들과 함께 나타난다.[136] 따라서 초기 교회 내에 예수의 선재성이 폭넓게 인식되어 있었다고 보아도 무방하다. 누가-행전의 경우 비록 예수의 선재성에 대한 사상이 사도행전 13:33-37을 비롯한 사도행전 전체에 명시적으로 나타나지 않는다고 하더라도 누가가 그것을 알지 못했다거나 그것이 그의 기독론과 양립될 수 없었다고 말하기는 어렵다. 오히려 성령 수태와 함께 예수의 출생 기사(눅 1-2장)는 그것을 분명하게 암시한다. 그뿐 아니라 사도행전을 기록한 누가의 주된 관심사는 기독교의 탄생에 관한 이야기를 기록하는 것이었는데, 종말론적 관점에서 이 이야기는 하나님이 예수를 메시아로 보내는 것으로 시작한다.

따라서 던의 관점과는 달리 앞에 제시된 논증들은 초기 그리스도인들이 하나님의 아들이라는 예수의 자의식과 신적 사명에 대한 자의식에 비

---

136) 이 책의 제8장을 참조하라.

추어 시편 110:1과 2:7을 주해함으로써 예수를 하나님의 우편에 앉은 선재한 주와 하나님의 아들로 이해하게 되었음을 강력하게 시사한다.

마지막으로 시편 110:1과 2:7에 대한 초기 그리스도인들의 주해가 어떤 특정 인물에 의해, 특정 장소에서, 특정 시기에 이루어진 것인지에 대한 궁금증이 있다. 하지만 우리에게 주어진 증거 자료 대부분이 단편적이기 때문에 이러한 질문에 대한 답변은 불가능하거나 지나치게 사변적이기 쉽다. 오히려 제시된 증거 자료는 거의 신약 전체(예. 바울 서신, 사도행전, 히브리서, 복음서 등)에 나타났기 때문에 초기 교회의 이러한 주해를 어떤 특정 인물이나 장소로 국한하기는 어렵다. 단지 시편 110:1과 2:7의 인용은 로마서 8:34과 1:3-4이 말해주듯이 바울 이전의 신앙고백과 같은 문구로 소급될 수 있으므로 바울 이전의 그리스도인들(pre-Pauline Christians)이 이러한 주해의 주인공이라고 짐작할 뿐이다. 바울은 로마서 8:34과 고린도전서 15:25-27에서 자신이 시편 110:1을 암시하고 인용한 것을 로마에 있는 그리스도인들이 즉시 이해할 것이라고 가정했다. 그뿐 아니라 바울이 로마서 1:3-4에서 초기 기독교의 신앙고백 중 한 부분을 인용했다는 증거 역시 분명하다.

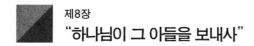

제8장
"하나님이 그 아들을 보내사"

이제 한 가지 연구 과제가 남았다. 앞서 우리는 구약과 제2성전기 유대 지혜 전승에 관한 논의를 통해 지혜 언어는 하나님의 초월성과 유일무이성을 약화하지 않으면서 이 세상에서의 하나님의 현존(現存)과 사역을 문학적으로 의인화한 것에 불과하다는 결론을 내렸다(§2.2). 또한 의인화된 "지혜"는 예수를 선재한 존재로 이해한 초기 그리스도인들이 손쉽게 채택할 만한 기존 범주(ready-made category)가 결코 아니었음을 살펴보았다.

하지만 이러한 논의들은 초기 그리스도인들이 예수를 이해하는 데 미친 유대교 지혜 사변들의 영향을 전적으로 부인하는 것은 아니다. 오늘날 대다수 학자는 유대 지혜 전승이 초기 그리스도인들의 사상에 지대한 영향력을 미쳤다는 데 동의한다. "바울 이전의 보냄 고정문구"(pre-Pauline sending formula)로 불리는 "하나님이 그 아들을 보내사"(갈 4:4-5; 롬 8:3-4; 요 3:17; 요일 4:9)라는 문구는 지혜 기독론에 기초해서 형성되었다고 알려졌다. 만약 이것이 사실이라면 이것은 최초기 기독론이 하나님의 아들 기독론이라는 이 책의 주장과 어긋난다.

이번 장에서 우리는 이 "보냄" 고정문구가 예수의 하나님 아들 자의식과 신적 사명 자의식에 비추어 이루어진 초기 그리스도인들의 메시아 시편(시 110:1; 2:7) 주해를 통해 발전된 선재한 아들 기독론에 그 뿌리를 두고 있음을 논증하려고 한다. 이를 위해 이번 장의 전반부에서는 신약학계의 정론과는 달리 바울의 지혜 기독론이 그의 서신서에서 중심을 차지하지 않을뿐더러 일반적으로 지혜 본문이라고 알려진 본문들에서조차 명시적으로 나타나지 않는다는 사실을 살펴볼 것이다. 그 후에는 바울의 선재적 기독론의 기원에 대해 조금 더 설득력 있는 대안을 제시하고자 한다.

8.1. ─ 바울의 지혜 기독론

이번 단락에서는 일부 학자들이 주장해오거나 단순히 전제해왔던 것처럼 지혜 기독론이 바울의 신학에 만연하지 않음을 논증하고자 한다. 쉽게 말해 바울 서신에서 지혜 기독론은 아직 완전히 발전된 사상으로 보기는 어렵다는 것이다. 먼저 지혜 기독론이 바울의 사상에 얼마나 폭넓게 자리를 잡았었는지를 검토하기 위해 지혜 기독론이 나타났다고 여겨지는 본문들을 고찰하고자 한다.

8.1.1. ─ 고린도전서 1:24, 30

일부 학자들은 고린도전서 1:24, 30에서 그리스도가 "하나님의 지혜"(θεοῦ σοφία, 테우 소피아)와 "하나님으로부터 [온] 지혜"(σοφία ἀπὸ θεοῦ, 소피아 아포 테우)와 명확하고도 명시적으로 연관되기 때문에 이 구절의 배후에 지혜 기독론이 있다고 주장한다.

> 24오직 부르심을 받은 자들에게는 유대인이나 헬라인이나 그리스도는 하나님의 능력이요 하나님의 지혜(θεοῦ σοφίαν)니라.···30너희는 하나님으로부터 나서 그리스도 예수 안에 있고 예수는 하나님으로부터 나와서 우리에게 지혜(σοφία···ἀπὸ θεου)와 의로움과 거룩함과 구원함이 되셨으니(고전 1:24-30).

그러나 바울이 이 진술을 통해 무엇을 말하려고 했는지는 확실하지 않다. 비록 오늘날 대다수 학자가 바울의 대적자들에게 영향을 주었던 영지주의적 배경보다는 유대교의 지혜 신학에 비추어 고린도전서를 해석해야 한다는 데 동의하지만, 고린도 교회의 내분과 갈등의 본질에 대한 논쟁은 지금도 계속되고 있다.[1] 한편 고린도 교회의 내분이 고린도전서 1-4장에 나타난 지혜와 어리석음의 문제와 밀접한 연관이 있다는 것은 분명해 보인다. 하지만 거기에 사용된 표현들과 관련해서는 바울이 자신을 대적하던 자들의 용어를 차용했는지, 차용했다면 그 의미를 얼마나 수정했는지에 대해서는 아직도 합의점을 찾지 못했다.[2] 또한 "소피아"(σοφία)라는 용어의 정확한 개념과 의미도 불확실하다.[3] 하지만 대다수 학자는 고린

---

1) 1965년의 Conzelmann의 논문 이후 고전 1-4장의 지혜에 관한 학자들 간의 논의는 실로 엄청나다. H. Conzelmann, "Paulus und die Weisheit," *NTS* 12(1965-1966), 231-244. 이 주제에 대한 2차 참고 문헌은 B. Witherington, *Jesus the Sage: the Pilgrimage of Wisdom* (Minneapolis: Fortress, 1994), 299.n.12을 보라.

2) 참조. J. M. Reese, "Paul Proclaims the Wisdom of the Cross: Scandal and Foolishness," *BTB* 9(1979), 149.

3) 참조. E. Best, "The Power and the Wisdom of God: 1 Corinthians 1:18-25," *Paolo a una chiesa divisa* (ed. L. de Lorenzi; Roma: Abbazia, 1980), 19-22; R. A. Horsley, "Wisdom of Word and Words of Wisdom in Corinth," *CBQ* 39(1977), 224-239; U. Wilckens, "Das Kreuz Christi als die Tiefe der Weisheit Gottes: zu 1. Kor 2, 1-16,"

도전서 1-4장의 "소피아"가 선재적 존재 또는 신의 위격으로 이해될 수 없다는 데 동의한다.[4] 그런데도 많은 학자가 바울이 이 구절에서 유대 지혜전승이 "지혜"에 부여했던 구원의 기능을 예수에게 부여하고 있다고 인정한다.[5]

그러나 이 구절에서 바울의 지혜 기독론을 발견할 수 있다는 주장은 설득력이 없다. 먼저 고린도전서 1:24, 30에 나오는 진술은 기독론적 진술이라기보다는 구원론적 진술임을 인식할 필요가 있다. 24절에서 바울은 고린도 교회 교인들이 십자가를 지혜로 인식하는 것에 관심을 두기보다는(이것은 고전 2:6-16에서 다룸), 이 세상에서 역사하는 십자가의 실효성 있는 사역에 관심을 둔다.[6] 바울은 여기서 철학적 범주를 사용하거나 그리스도 안에 있는 지혜를 의인화하는 것이 아니다. 24절은 그리스도가 바로 "모든 믿는 자에게 구원을 주시는 하나님의 능력"(롬 1:16)이기 때문에 그가 바로 "하나님의 지혜"라는 복음을 선포할 뿐이다.[7] 결국 24절의 진

Paolo a una chiesa divisa (ed. L. de Lorenzi; Roma: Abbazia, 1980), 59-67.
4) 참조. Conzelmann, "Weisheit," 183; Best, "Power and Wisdom," 35; J. D. G. Dunn, *Christology in the Making: a New Testament Inquiry into the Origins of the Doctrine of the Incarnation* (London: SCM, 1980, 1989), 178; H. Weder, *Das Kreuz Jesu bei Paulus: ein Versuch, über den Geschichtsbezug des christlichen Glaubens nachzudenken* (FRLANT 125; Göttingen: Vandenhoeck & Ruprecht, 1981), 155.n.124; 이와 반대 의견은 C. A. Gieschen, *Angelomorphic Christology: Antecedents and Early Evidence* (AGJU 42; Leiden: Brill, 1998), 332를 보라.
5) 참조. W. D. Davies, *Paul and Rabbinic Judaism: Some Rabbinic Elements in Pauline Theology* (London: SPCK, 1948, 1970), 154-155; M. Hengel, *The Son of God: the Origin of Christology and the History of Jewish-Hellenistic Religion* (London: SCM, 1976), 74; 김세윤, *The Origin of Paul's Gospel* (WUNT 2/4; Tübingen: Mohr Siebeck, 1981), 117; C. M. Pate, *The Reverse of the Curse: Paul, Wisdom, and the Law* (WUNT 2/114; Tübingen: Mohr Siebeck, 2000), 278.
6) G. D. Fee, *The First Epistle to the Corinthians* (NICNT; Grand Rapids: Eerdmans, 1987), 77.
7) Fee, *1 Corinthians*, 77.

술은 22-23절에서 유대인들이 구하는 표적에 대하여 직접적으로 대응하기 위해 "그리스도는 하나님의 능력"(Χριστὸν θεοῦ δύναμιν, 크리스톤 테우 뒤나민)이라는 표현으로 시작한다. 따라서 만약 이 구절이 기독론적 진술이라면 이 진술의 배후에는 "의인화된 능력 기독론"(a personified dynamis christology)이 있다고 보아야 할 것이다.

이와 마찬가지로 바울이 24절에서 그리스도는 "하나님으로부터 온 지혜가 되셨다"(ἐγενήθη σοφία ἡμῖν ἀπὸ θεοῦ, 에게네테 소피아 헤민 아포 테우)고 말할 때, 그는 그리스도가 선재한 하나님의 "지혜"라고 말한 것이 아니다. 오히려 바울이 주장하는 핵심은 구원론적인 무엇이다. 바울은 그리스도가 십자가 상에서 죽음으로써 이제 인간의 모든 지혜는 무익하며 오직 십자가에 못 박힌 그리스도를 통해 나타난 하나님의 지혜만이 인간을 구원할 능력이 있음을 설명하고자 한다. 따라서 고린도전서 1:24, 30 배후에 바울의 지혜 기독론이 존재한다는 견해는 설득력이 없다.

8.1.2. —— 고린도전서 8:6

이 구절은 우상에게 드려진 음식에 관하여 논증하는 가운데 등장하며, 바울이 "한 하나님"이라는 전통적 문구(traditional formula)를 사용해 유일신 사상을 명백히 나타낸 네 개의 본문 중 하나다.[8]

> 그러나 우리에게는 한 하나님 곧 아버지가 계시니 만물이 그에게서 났고 우리도 그를 위하여 있고 또한 한 주 예수 그리스도께서 계시니 만물이 그로 말미암고 우리도 그로 말미암아 있느니라(고전 8:6).

---

8) 참조. 갈 3:20; 롬 3:29-30; 딤전 2:5. 딤전 2:5을 제외한 다른 본문에 대한 상세한 논의는 C. H. Giblin, "Three Monotheistic Texts in Paul," *CBQ* 37(1975), 527-547를 보라.

몇몇 학자들은 이 문구에서 유대 지혜 전승의 배경을 발견한다. 그들
은 주로 유대 문헌 가운데 지혜가 창조자와 구속자의 개념을 가진 본문
들(Wis 7:26; 8:1, 4, 7; Sir 1:4), 그리고 지식과 지혜를 연관시키는 본문들(Wis
7:15-17; 10:10; 15:3)에 집중한다.[9] 위더링턴(B. Witherington)은 바울이 이
본문에서 "유일신 사상과 지혜 그리고 우상숭배 등에 관한 후기의 지혜
사변의 렌즈를 통해 쉐마를 읽고 있다.…바울은 이전에 '아버지' 하나님과
'소피아'에 관해 말하던 것을 이제 동일하게 아버지와 예수 그리스도에게
적용해서 말하고 있다"고 주장한다.[10]

한편 일부 학자들은 이 문구에 나타난 운율의 특성과 헬레니즘 및 헬
레니즘적 유대교에 나타난 이 문구와 유사한 진술들을 근거로[11] 이 문구
는 헬레니즘적 유대 기독교로부터 유래된 바울 이전의 신조(信條)적 진술
(pre-Pauline creedal formulation)이라고 주장한다.[12] 하지만 머피-오코너(J.

---

9) 참조. Witherington, *Sage*, 315-316; 참조. N. T. Wright, *The Climax of the Covenant: Christ and the Law in Pauline Theology* (Edinburgh: T&T Clark, 1991), 120-136; Pate, *Reverse*, 278-279.

10) Witherington, *Sage*, 316; 학자들 대부분은 바울이 그리스도를 유대교 지혜 신학을 따라 묘사한다는 데 동의한다; 참조. E. Schweizer, "Zur Herkunft der Präexistenzvorstellung bei Paulus," *Neotestamentica* (Zürich: Zwingli Verlag, 1963), 106; A. Feuillet, *Le Christ, sagesse de Dieu: d'apres les épitres pauliniennes* (Paris: Lecoffre, 1966), 78-82; H. Conzelmann, *1 Corinthians: a Commentary on the First Epistle to the Corinthians* (Hermeneia; Philadelphia: Fortress, 1975); P. Stuhlmacher, "Zur paulinischen Christologie," *Versöhnung, Gesetz und Gerechtigkeit: Aufsätze zur biblischen Theologie* (Göttingen: Vandenhoeck & Ruprecht, 1981), 213; H. Gese, "Wisdom, Son of Man, and the Origins of Christology: The Consistent Development of Biblical Theology," *HBT* 3(1981), 46; J. M. Reese, "Christ as Wisdom Incarnate: Wise Than Solomon, Loftier Than Lady Wisdom," *BTB* 11(1982), 45-46; 참고. E. J. Schnabel, *Law and Wisdom from Ben Sira to Paul* (WUNT 2/16; Tübingen: Mohr Siebeck, 1985), 245-246.

11) 참조. R. A. Horsley, "The Background of the Confessional Formula in 1 Kor. 8,6," *ZNW* 69(1978), 130-135는 스토아학파의 영향을 완전히 배제한다.

12) 참조. Conzelmann, *Corinthians*, 144.n.38. 이 이슈에 대한 다른 견해에 대해서는 J.

Murphy-O'Connor)도 인정하듯이 이것이 바울 이전의 문구인지 아닌지를 판단할 만한 결정적인 증거는 없다.[13] 오히려 피(G. Fee)가 제안한 것처럼 이 진술은 바울이 그 당시 논증을 진행하는 과정에서 임의적으로(ad hoc) 창작해낸 진술일 개연성이 매우 높다.[14] 피 역시 이 진술이 신조적인 뉘앙스를 지니고 여러 종교 문헌에 등장하는 언어를 반영한다는 점은 인정한다. 하지만 그런 점이 이 진술이 바울 자신으로부터 유래하지 않았다는 것을 의미하지는 않는다고 주장한다. 왜냐하면 이 진술은 그의 논증과 완벽한 조화를 이루기 때문에 바울이 기존의 문구를 사용하기보다는 헬레니즘적 유대교에 이미 널리 알려진 언어를 차용하고 있다고 보는 것이 더 이치에 맞기 때문이다.[15] 물론 바울이 지혜 언어를 반영했을 가능성을 완전히 배제할 수는 없지만, 피의 관점이 올바르다면 이 진술의 기원 또는 배경의 문제는 무의미해진다.

고린도전서 8:6에는 여러 가지 주목할 만한 특징들이 있다. 첫째, 이 진술의 두 부분은 서로 완벽한 평행을 이룬다. "한 하나님"과 "한 주"라는 문구들에는 각각 "아버지"와 "예수 그리스도"라는 인격적인 명칭이 뒤따른다. 물론 하나님의 인격적인 명칭으로 "아버지"가 사용됨으로써 "예수 그리스도"는 그의 "아들"임이 암시되고 있다. 둘째, 바울은 하나님에 대한 기독교적 이해를 돕기 위해 예수 자신이 사용한 언어인 "아버지"의 인격적인 이미지를 도입한다. 앞서 제4장에서 논의했듯이 이런 칭호는 초기 유대교에도 존재했다. 하지만 하나님을 이러한 방식으로 이해해야 함을 제자들에게 가르친 것은 바로 예수 자신이었다. 셋째, 바울은 그리스도의

Murphy-O'Connor, "1 Cor. 8:6: Cosmology or Soteriology?," *RB* 85(1978), 254-255를 보라.

13) Murphy-O'Connor, "Cosmology," 254-255.

14) Fee, *1 Corinthians*, 374.

15) Fee, *1 Corinthians*, 374.

사역의 본질을 하나님과 가장 긴밀한 관계에 둔다. 그는 오직 한 하나님만 존재한다고 주장하는 동시에, 구약에서 이러한 한 하나님에게만 부여되었던 "주"(主, Lord)라는 칭호를 "아들"에게 부여한다. 이렇게 구성된 문구는 삼위일체론적 함의가 불가피해진다.[16] 간단히 말해 이 문구는 지혜 기독론보다 선재한 아들 기독론과 더 연관이 깊다.

8.1.3. —— 고린도전서 10:4

바울은 이 구절에서 반석과 그리스도를 동일시한다.

> 다 같은 신령한 음료를 마셨으니 이는 그들을 따르는 신령한 반석으로부터 마셨으매 그 반석은 곧 그리스도시라(고전 10:4).

많은 주석가들은 여기서 필론과 지혜서로 대표되는 헬레니즘적 유대교의 영향을 발견한다.[17] 지혜서 10:17-18과 11:4은 "소피아"를 "거친 반석"(πέτρα ἀκροτόμος, 페트라 아크로토모스)으로부터 물을 마신 이스라엘 백성들을 광야에서 인도하고 보호한 자로 묘사한다. 한편 필론은 "거친 반석"(ἀκροτόμος πέτρα)과 "소피아"(그리고 로고스)를 명시적으로 동일시한다(*Leg.* 2.86; *Det.* 115-118). 이 견해에 의하면 바울이 이 구절에서 말하고자 하는 것은 바로 하나님의 "지혜"인 그리스도가 방황하는 이스라엘 백성들을 위해 육체적인 양식과 영적인 양식을 모두 공급해주었다는 것이다. 이

---

16) Fee, *1 Corinthians*, 375.
17) 참조. R. Hamerton-Kelly, *Pre-Existence, Wisdom, and the Son of Man: a Study of the Idea of Pre-Existence in the New Testament* (SNTSMS; Cambridge: CUP, 1973), 131-132; Davies, *Paul*, 153; Schnabel, *Law*, 246-247; Hengel, *Son of God*, 15, 72-73.

처럼 그리스도와 지혜를 동일시하는 해석은 바울이 고린도전서 1:24-30 에서 이미 그리스도와 "지혜"를 동일시했다는 오해에서 부분적으로 비롯된다.

그러나 이 구절과 필론의 글은 전반적으로 무관하다.[18] 바울과 필론의 글은 서로 유사해 보이지만 그 종류가 다르다. 필론은 순수한 풍유(pure allegory)를 사용하는 반면, 바울은 한 역사적 사건에 대해 실제적 주장을 하는 것으로 보이기 때문이다.[19] 피가 주장하듯이 바울이 호렙 산 반석의 이미지를, 이스라엘의 하나님과 "반석"을 동일시하는 신명기 32장 "모세의 노래"의 이미지(4, 15, 18, 30, 31절)로 단순히 전환했다고 보는 것이 훨씬 더 적절하다.[20] "모세의 노래"가 기록된 신명기 32장의 16-17절에서 "그들이 다른 신으로 그[야웨]의 질투를 일으키며"라는 표현과 그들이 귀신들에게 제사를 드렸다는 내용이 고린도전서 10:21-22에 반영되었다는 사실이 이 주장을 뒷받침한다. 바울은 그리스도와 반석을 동일시함으로써 "모세의 노래"와 비슷한 주장을 하고자 한 것이다. 즉 하나님이 그들에게 "영적인 음식"을 주셨음에도 불구하고 그들이 우상 때문에 하나님을 거부했다는 주장이다. 바울은 이렇게 반석과 그리스도를 동일시함으로써 이스라엘이 경험한 광야 생활의 모형론적인 성격(typological character, 그들이 광야에서 그리스도를 통해 양육을 받았다는 의미)뿐만 아니라 이스라엘과 고린도 교회 교인들 간의 연속성—고린도 교회 교인들도 동일한 심판을 당할 수 있는 위험에 처해 있음—도 부각한다.[21]

그렇다면 여기에 그리스도의 선재성 개념이 나타난다고 할 수 있는

---

18) Fee, *1 Corinthians*, 449.

19) Witherington, *Sage*, 317; Schnabel, *Law*, 247.

20) Fee, *1 Corinthians*, 449; 참조. A. van Roon, "The Relationship between Christ and the Wisdom of God according to Paul," *NovT* 16(1974), 228-230.

21) Fee, *1 Corinthians*, 449.

가? "그 반석은 곧 그리스도이셨다"($\dot{\eta}$ $\pi\acute{\epsilon}\tau\rho\alpha$ $\delta\grave{\epsilon}$ $\mathring{\eta}\nu$ $\acute{o}$ $X\rho\iota\sigma\tau\acute{o}\varsigma$)[22]라는 진술에서 과거 시제 동사가 사용되었다는 사실은 특별한 의미를 전해준다. 던 (J. D. G. Dunn)은 동사 "엔"($\mathring{\eta}\nu$, "…이다"의 과거형)의 중요성을 부인하며 바울이 "여기서 그리스도의 선재성에 대해 말하고 있지 않다"고 주장한다.[23] 그러나 던은 다음과 같은 중요한 점을 간과했다. 즉 바울 서신의 다른 예를 보면, 바울이 구약을 인용하고 암시하면서 그 일부분을 무엇과 동일시하거나 해석할 때는 매번 그 시대에 맞는 적용을 제시하면서 항상 현재형 "에이미"($\epsilon\dot{\iota}\mu\acute{\iota}$)가 사용되었다(참조. 고후 3:17; 갈 4:25; 엡 4:9). 그렇기 때문에 바울이 여기서 "였다"라는 과거 동사를 의도적으로 사용했다는 것은, 그가 "그리스도를 단순히 상징적으로 간주하기보다는 구약의 사건들에 나타난 그리스도의 현존의 실체"를 가리키려고 했을 개연성이 더 높다는 것을 말해준다.[24] 따라서 고린도전서 10:4은 헬레니즘적 유대 지혜 전승보다는 신명기 32장의 "모세의 노래"에 비추어 이해하는 것이 더 설득력이 있다.

8.1.4. —— 로마서 10:5-8

로마서 10:5-8 역시 지혜 전승의 영향을 받은 것으로 간주되는 바울 본문 중 하나다.

> 5모세가 기록하되 "율법으로 말미암는 의를 행하는 사람은 그 의로 살리라" 하였거니와 6믿음으로 말미암는 의는 이같이 말하되 "네 마음에 누가 하늘에

---

22) 개역개정 성경은 "반석은 곧 그리스도시니라"라고 번역했다.

23) J. D. G. Dunn, *Baptism in the Holy Spirit: a Re-Examination of the New Testament Teaching on the Gift of the Spirit in Relation to Pentecostalism Today* (SBT 2/15; London: SCM Press, 1970), 125.

24) Fee, *1 Corinthians*, 449.

올라가겠느냐 하지 말라" 하니 올라가겠느냐 함은 그리스도를 모셔 내리려는 것이요, 7 혹은 "누가 무저갱에 내려가겠느냐 하지 말라" 하니 내려가겠느냐 함은 그리스도를 죽은 자 가운데서 모셔 올리려는 것이라. 8 그러면 무엇을 말하느냐? "말씀이 네게 가까워 네 입에 있으며 네 마음에 있다" 하였으니 곧 우리가 전파하는 믿음의 말씀이라(롬 10:5-8).

바울은 여기서 신명기 30:12-14의 인용을 통해 모세와 "믿음으로 말미암는 의"(ἡ ἐκ πίστεως δικαιοσύνη, 헤 에크 피스테오스 디카이오쉬네)를 대조한다. 신명기 30:11-14은 팔레스타인의 유대인들과 디아스포라 유대인들이 항상 숙고했던 본문이기 때문에 바울이 이 본문을 인용한 것은 놀랄 만한 일이 아니다.[25] 또 많은 주석가는 로마서 10:6-8과 바룩 3:29-30 사이의 문학적 유사성을 인식하고 있다.[26]

여러 면에서 욥기 28:12-28과 유사한 바룩서 "지혜의 시"(3:9-4:4)는 모든 민족 가운데 오직 이스라엘에게만 율법의 형태로 "지혜"가 주어졌다고 선포한다.[27] 바룩은 "지혜"를 찾거나 얻을 수 없는 인간의 무능함을 창조자의 전지성(全知性) 및 야곱에게 율법을 수여한 것과 대비시키기 위해 신명기 30:12-13을 인용한다. 신명기 본문은 이스라엘에게 율법의 요구를 청종하고 준수할 것을 명령하는 반면, 바룩의 시는 다른 민족들과 비교할

---

25) 참조. J. D. G. Dunn, *Romans* (WBC 38; Dallas: Word Books, 1988), 604-605.

26) H. Windisch, "Die göttliche Weisheit der Juden und die paulinische Christologie," *Neutestamentliche Studien: Georg Heinrici zu seinem 70. Geburtstag* (ed. A. Deissmann; Leipzig: Hinrichs, 1914), 224; M. J. Suggs, "'The Word is Near You': Rom 10:6-10 within the Purpose of the Letter," *Christian History and Interpretation: Studies Presented to John Knox* (eds. W. R. Farmer *et al.*; Cambridge: CUP, 1967), 40; 참조. E. Käsemann, *Commentary on Romans* (London: SCM, 1980), 289; Dunn, *Romans*, 603-609.

27) 이 책의 §2.2.4를 보라.

때 이스라엘이 율법을 소유했다는 점에서 특권을 누린다고 말한다.[28]

신 30:12-14	Bar 3:29-30	롬 10:6-8
12 τίς ἀναβήσεται ἡμῖν εἰς τὸν οὐρανὸν καὶ	29 τίς ἀνέβη εἰς τὸν οὐρανὸν καὶ	6 Τίς ἀναβήσεται εἰς τὸν οὐρανόν;
λήμψεται αὐτὴν ἡμῖν καὶ ἀκούσαντες αὐτὴν ποιήσομεν.	ἔλαβεν αὐτὴν καὶ κατεβίβασεν αὐτὴν ἐκ τῶν νεφελῶν	τοῦτ' ἔστιν Χριστὸν καταγαγεῖν·
13 οὐδὲ πέραν τῆς θαλάσσης ἐστὶν λέγων Τίς διαπεράσει ἡμῖν εἰς τὸ πέραν τῆς θαλάσσης καὶ	30 τίς διέβη πέραν τῆς θαλάσσης καὶ	7 ἤ, τίς καταβήσεται εἰς τὴν ἄβυσσον; τοῦτ' ἔστιν Χριστὸν ἐκ νεκρῶν ἀναγαγεῖν.
λήμψεται ἡμῖν αὐτήν καὶ ἀκουστὴν ἡμῖν ποιήσει αὐτήν καὶ ποιήσομεν	εὗρεν αὐτὴν καὶ οἴσει αὐτὴν χρυσίου ἐκλεκτοῦ	
14 ἔστιν σου ἐγγὺς τὸ ῥῆμα σφόδρα ἐν τῷ στόματί σου καὶ ἐν τῇ καρδίᾳ σου καὶ ἐν ταῖς χερσίν σου αὐτὸ ποιεῖν		8 ἀλλὰ τί λέγει; ἐγγύς σου τὸ ῥῆμά ἐστιν ἐν τῷ στόματί σου καὶ ἐν τῇ καρδίᾳ σου, τοῦτ' ἔστιν τὸ ῥῆμα τῆς πίστεως ὃ κηρύσσομεν.

---

28) Suggs, "Word," 309.

그렇다면 바울은 이와 동일한 본문을 로마서 10:5-8에서 어떻게 해석했을까? 옆의 표가 보여주듯이[29] 바룩 3:29-30과의 유사성은 매우 주목할 만하다. 바룩과 바울은 모두 신명기 30:12a을 거의 문자 그대로(verbatim) 인용하며 13a절은 생략하고 13b절의 두 번째 수사학적 질문으로 넘어간다. 바룩과 바울을 비교해 보면 신명기 30:12-14에 대한 바울의 주해는 바룩의 영향을 받은 것으로 보인다.[30]

① 바울의 해석(그리스도를 모셔 내리려는 것, Χριστὸν καταγαγεῖν)은 바룩이 신명기의 "우리에게 들려 행하게 하랴"(καὶ ἀκούσαντες αὐτὴν ποιήσομεν)를 "구름에서 모셔 내려왔을까"(καὶ κατεβίβασεν αὐτὴν ἐκ τῶν νεφελῶν)로 수정한 것을 따르는 것으로 보인다.

② 바룩이 "건너가다"(διαπεράω) 대신 "지나가다"(διαβαίνω) 동사를 사용한 것은 7절에서 바울이 "내려가다"(καταβαίνω) 동사를 사용한 이유를 설명해준다.

③ 지혜를 붙드는 이들에게 생명이 기다리고 있다는 전통적 약속(Bar 4:1)이 들어 있는 바룩의 시를 따라 바울도 레위기 18:5을 신명기 30:12-14과 대등하게 놓고 신명기의 말씀을 통해 레위기의 "살리라"(ζήσεται)를 해석한다.

또한 지혜 본문들은 잠언 30:3-4과 집회서 24:5도 연상시킨다. 일부 학자들은 바울이 바룩의 지혜 시에 영향받았다는 사실에 근거하여 로마서

---

29) 이 도표는 E. E. Johnson, *The Function of Apocalyptic and Wisdom Traditions in Romans 9-11* (SBLDS 109; Atlanta: Scholars Press, 1989), 133-134에서 빌렸다.

30) Suggs, "Word," 308-311; Johnson, *Function*, 133-135.

10:6-8 배후에 "위격적" 지혜 기독론이 존재한다고 주장한다.[31] 그러나 이러한 주장은 이 본문이 의도한 의미를 확대해석한 결과라고 할 수 있다.

이미 제2장에서 살펴보았듯이(§2.2.4), 바룩서에서 율법은 "지혜"가 자신을 계시한 곳(locus)으로 간주된다. 이와 마찬가지로 바울도 "지혜"의 참된 체현(體現)인 그리스도가 "우리가 전파하는" 믿음의 말씀 안에 자신을 계시했음을 확언한다고 보아야 한다. 즉 바룩이 말하는 율법 안에 체현된 "지혜"와 바울이 말하는 믿음의 말씀을 통해 전파되는 그리스도가 서로 평행을 이룬다. 이 해석이 옳다면 바울이 로마서 10:4에서 전하고자 한 핵심 메시지는 그리스도가 바로 율법의 목표 또는 목적이었다는 것이다(물론 그리스도와 그의 사역이 율법으로 의를 이루려는 노력에 마지막 종지부를 찍었다는 함의도 완전히 배제할 수 없다). 그리스도를 따르지 않는 바울 시대의 유대인들에게 지혜는 오직 율법 안에서만 발견될 수 있다(Sir이나 Bar의 가르침처럼). 하지만 바울은 그 지혜를 이제 오직 그리스도 안에서만 찾을 수 있다고 선포한다. 헤이즈(R. B. Hays)는 "로마서 10:4에서 접속사 '가르'(γάρ, 그러므로)는 결정적인 논리적 연결어(logical connective)다. 이 문장은 앞의 문장에서 말하고자 한 것을 설명해준다. 즉 율법의 진정한 목적인 하나님의 의는 바로 예수 그리스도시다"라고 적절하게 지적한다.[32] 따라서 여기서 말하고자 하는 것은 율법=지혜=그리스도가 아니라[33] 율법이 그리스도를 가리킨다는 것이다. 왜냐하면 율법이 아닌 그리스도가 "지혜"의 성육신 또는 완전한 체현이기 때문이다.[34] 이러한 해석은 5절에서 율법으로 말미암는 의와 믿음으로 말미암는 의를 대조시킨 것뿐만 아니라, 4절에 나타

---

31) Windisch, "göttliche Weisheit," 223; 김세윤, *Origin*, 117, 130.

32) R. B. Hays, *Echoes of the Scriptures in the Letters of Paul* (New Haven: Yale University Press, 1989), 75-76.

33) 이와 반대 의견은 Suggs, "Word," 311-312를 보라.

34) Witherington, *Sage*, 327.

난 그리스도와 율법의 긴밀한 연관성과도 부합한다.

위더링턴은 한 걸음 더 나아가 "믿음으로 말미암는 의"(롬 10:6)의 의인화는 선재한 "지혜"로서 말하고 있는 그리스도를 가리킨다고 주장한다.[35] 하지만 그의 주장은 지나친 논리적 비약으로 보인다. 바울이 여기서 **의인화**라는 문학적 장치를 통해 율법으로 말미암는 의와 믿음으로 말미암는 의를 대조했음을 감안한다면, 위더링턴 자신도 인정하듯이 **의인화된 그리스도**에 지나치게 중요성을 두어서는 안 된다. 또한 바울은 "네게 가까이에 있는 믿음의 말씀"과 율법을 대조하면서 그의 논증을 마무리한다(참조. 롬 10:8-10). 존슨(E. E. Johnson)은 "**복음**은 모두에게 가까이 있어서 모든 사람을 구원할 수 있는 하나님의 지혜"라고 결론 내리는 반면,[36] 위더링턴은 "**그리스도**는 하나님의 지혜와 의의 체현(embodiment)이며 복음 선포를 통해 우리에게 나타난다"고 주장한다.[37] 비록 우리는 위더링턴의 해석에 전적으로 동의하지만, 하나님의 지혜와 의의 체현으로서의 그리스도와 선재한 천상의 지혜로서의 그리스도는 분명히 다르다는 것을 강조할 필요가 있다. 따라서 우리는 로마서 10장에서 바울이 지혜 전승을 사용한 것은 그의 "의인화된" 지혜 기독론으로 보아야 한다는 결론에 도달한다.

8.1.5. —— 로마서 11:33-36

로마서 11:33-36은 유대 자료 및 그리스-로마 자료와 유사성을 지닌 전통적 자료를 포함하는 동시에 시적 또는 찬가(讚歌)적 구조를 가진 것으로

---

35) Witherington, *Sage*, 327.
36) Johnson, *Function*, 137.
37) Witherington, *Sage*, 327.

오랫동안 인식되어왔다.[38]

ˀΩ βάθος πλούτου καὶ σοφίας καὶ γνώσεως θεοῦ·

ὡς ἀνεξεραύνητα τὰ κρίματα αὐτοῦ

καὶ ἀνεξιχνίαστοι αἱ ὁδοὶ αὐτοῦ.

Τίς γὰρ ἔγνω νοῦν κυρίοῦ;

ἢ τίς σύμβουλος αὐτοῦ ἐγένετο;

ἢ τίς προέδωκεν αὐτῷ,

καὶ ἀνταποδοθήσεται αὐτῷ;

ὅτι ἐξ αὐτοῦ καὶ δι' αὐτοῦ καὶ εἰς αὐτὸν τὰ πάντα·

αὐτῷ ἡ δόξα εἰς τοὺς αἰῶνας, ἀμήν.

33 깊도다. 하나님의 지혜와 지식의 풍성함이여, 그의 판단은 헤아리지 못할 것이며 그의 길은 찾지 못할 것이로다. 34 누가 주의 마음을 알았느냐? 누가 그의 모사가 되었느냐? 35 누가 주께 먼저 드려서 갚으심을 받겠느냐? 36 이는 만물이 주에게서 나오고 주로 말미암고 주에게로 돌아감이라. 그에게 영광이 세세에 있을지어다. 아멘(롬 11:33-36).

38) E. Norden, *Agnostos Theos: Untersuchungen zur Formengeschichte religiöser Rede* (Leipzig: Teubner, 1956), 240-250; G. Bornkamm, "The Praise of God(Romans 11:33-36)," *Early Christian Experience: a Selection of Articles* (London: SCM, 1969), 105-111; Käsemann, *Romans*, 318; U. Wilckens, *Der Brief an Die Römer* (EKKNT 6/1-3; Koln: Benziger, 1980), 2.269; R. Deichgräber, *Gotteshymnus und Christushymnus in der frühen Christenheit: Untersuchungen zu Form, Sprache und Stil der frühchristlichen Hymnen* (Göttingen: Vandenhoeck & Ruprecht, 1967), 60-64. R. P. Martin, *Worship in the Early Church* (London: Marshall, Morgan and Scott, 1974), 36-37. Johnson, *Function*, 164-173.

이것이 지닌 찬가적 특성들은 다음과 같다.

① 9개의 행으로 된 유절 형식(strophic structure)

② 삼중 구조(triads)의 반복(33a절의 3개의 속격, 34-35a절에서 "티스"[τίς]
로 시작하는 3개의 평행을 이루는 수사학적 질문, 36a절의 "만물"[τὰ πάντα]
을 수식하는 3개의 전치사)

③ 신의 속성과 수사학적 질문 간에 관계를 만들어주는 교차대구적
구조(chiastic structure)

④ 하나님을 지칭하는 전형적인 찬가적 대명사 "아우토스"(αὐτός)의 9
회 사용

⑤ 다수의 송영들과 유사한 36b절의 송영(예. Sir 39:14-16; *1 En.* 22:14;
1QS 11:15; 4 Macc 18:24; 참조. 빌 2:11b)[39]

존슨(E. E. Johnson)은 이 "찬가"가 로마서에 삽입되기 이전에 독자적으
로 존재했을 가능성에 대해 논증하며 다음과 같은 증거들을 제시한다. 첫
째, 다음과 같은 유대교적 용어 및 개념이 헬레니즘적 용어 및 개념과 서
로 복잡하게 얽혀 있다.

① 하나님의 "깊이"(βάθος)

② 33절의 "헤아릴 수 없는"(ἀνεξεραύνητα)과 "깨달을 수 없는"
(ἀνεξιχνίαστοι) 같은 α-부정접두사로 시작하는 동사적 형용사

③ 34-35절의 이중 인용

---

39) 앞 각주와 J. H. Charlesworth, *The Old Testament Pseudepigrapha and the New
Testament: Prolegomena for the Study of Christian Origins* (SNTSMS 54; Cambridge:
CUP, 1985), 266-272, 281-283의 참고 문헌을 참조하라.

둘째, 하나님의 지혜에 관한 3개의 수사학적 질문들은 어휘적으로나 기능적으로 바룩2서 75:1-5, 에녹1서 93:11-14, "호다요트"(1QH) 7:26-33, 10:3-7 등과 유사하다. 셋째, 36절의 "만물"($\tau\grave{\alpha}$ $\pi\acute{\alpha}\nu\tau\alpha$) 고정문구가 "스토아주의적 신학의 신앙고백"(Bekenntnisformel der stoischen Theologie)과 유사하다.[40] 넷째, 바울 서신 전체에서 단 한 번만 사용되는 단어 즉 "하팍스 레고메나"가 33-35절에 네 번이나 사용된다($\acute{\alpha}\nu\epsilon\xi\epsilon\rho\alpha\acute{\upsilon}\nu\eta\tau\alpha$, $\acute{\alpha}\nu\epsilon\xi\iota\chi\nu\acute{\iota}\alpha\sigma\tau\sigma\iota$, $\sigma\acute{\upsilon}\mu\beta\sigma\upsilon\lambda\sigma\varsigma$, $\pi\rho\sigma\acute{\epsilon}\delta\omega\kappa\epsilon\nu$). 앞의 문단(28-32절)에 나타난 바울의 문학적 기교로 볼 때 그가 우아한 수사학적 문장을 쓸 능력이 없다고 단언할 수는 없지만, 비(非)바울적인 용어들과 개념들이 많이 등장한다는 점과 독립적인 성격을 띠고 있는 이 찬가의 특성을 감안할 때 이것이 바울 이전의 것일 개연성은 상당히 높다고 할 수 있다.[41] 간단히 말해 이 찬가가 바울 이전의 유대교적 기원을 가지고 있다는 주장은 설득력이 있다.

8.1.5.1. —— 하나님의 지혜에 대한 찬가인가, 지혜로서의 그리스도에 대한 찬가인가?

이 찬가(hymn)가 지혜와 밀접한 연관을 가진 단어와 사상들을 포함한다는 사실은 "이 찬가의 대상이 누구일까?" 하는 매우 중요한 질문을 불러일으킨다. 이 찬가에 그리스도의 이름이 전혀 언급되지 않았음에도 불구하고 일부 학자들은 바울이 로마서 11:33-36에서 그리스도와 선재한 지혜를 동일시한다는 사실을 언급하면서 이 본문이 하나님의 지혜보다는 하나님의 지혜로서의 그리스도를 찬양하는 찬가라고 주장한다. 핸슨(A. T. Hanson)은 로마서 11:34-35에서 이사야 40:13과 욥기 41:3을 결합해서 인용했다는 사실이 바로 그리스도를 하나님의 선재한 지혜로 언급하는

---

40) 참조. Norden, *Agnostos Theos*, 240.n.1.
41) Johnson, *Function*, 172-173.

기독론적 증거라고 주장한다.[42] 바울은 하나님의 계획이 언제나 알 수 없는 것이라고 말하기보다는, 두 인용구를 통해 이 계획이 하나님의 조언자인 선재한 그리스도 또는 아들에게 항상 계시되어왔음을 암시했다는 것이다.[43] 이와 비슷한 맥락에서 쉬나벨(E. J. Schnabel)도 하나님의 지혜를 기독론적으로 해석한다. 그에 따르면 "소피아 [테우]"(σοφία [θεοῦ], [하나님의] 지혜)와 "그노시스 테우"(γνῶσις θεοῦ, 하나님의 지식)는 이해할 수 없는 것이 당연하다. 왜냐하면 그리스도 외에는 하나님의 "조언자"였거나 그의 "생각"(νοῦς)을 아는(ἔγνω, 34a절) 자가 없고, 그 안에서만 지혜와 지식을 발견할 수 있기 때문이다.[44]

하지만 이와 같은 주장들은 설득력이 없다. 존슨은 다음과 같은 근거로 핸슨과 쉬나벨이 제시한 논증의 오류를 지적한다.[45] 첫째, 그들의 논증은 바울의 매우 미묘한 기독론적 언급까지도 그의 독자들이 모두 간파했었을 것이라는 전제하에 진행된다. 둘째, 그들의 논증은 문맥과 전혀 상관없는 역할을 33-36절에 부여한다. 셋째, 선행된 논의의 주제는 명백히 구원 비밀의 출처인 하나님이다(롬 11:21-32). 넷째, 후대의 유대 전승에서 이사야 40장과 욥기 41장이 하나님의 지혜와 연관된다는 사실과 이 전승이 하나님의 지혜와 연관된다는 사실은 이 "찬가"도 기독론적으로 읽어야 함을 나타내기보다는 단순히 이 찬가의 전통적 기원을 나타낼 뿐이다. 다섯째, 로마서 11:28-32에 대한 바울의 송영적 마무리인 이 찬가는 이 세상을 구속하시는 하나님의 기적에 대한 바울의 경외감과 감탄을 표현한다.[46]

---

42) A. T. Hanson, *The New Testament Interpretation of Scripture* (London: SPCK, 1980), 86-93.

43) Hanson, *Interpretation*, 85.

44) Schnabel, *Law*, 249-50; 참조. Wilckens, *Römer*, 2.272.

45) Johnson, *Function*, 168.

46) Johnson, *Function*, 174.

결론적으로 이 찬가에는 기독론적인 언급이 나타나지 않기 때문에 로마서 11:33-36은 바울의 지혜 기독론에 대한 근거라기보다는 하나님에 대한 찬가, 더 구체적으로 말하면 인류 역사와 구속 사역을 지혜롭게 경영하시는 하나님에 대한 찬가로 보아야 한다.

8.1.6. —— 결론

소위 바울의 지혜 본문들에 대한 논의 결과, 일부 학자들이 이미 논증했거나 가정했던 것과는 달리 바울이 예수를 선재한 하나님의 "지혜"로 이해했다고 분명하게 말할 수 없다는 사실이 밝혀졌다. 따라서 우리의 논증은 다음과 같은 매우 중요한 결론에 다다른다.

바울이 예수를 선재한 신적 존재로 이해하게 된 근거는, 초기 그리스도인들이 두 편의 메시아 시편을 주해하는 과정 및 자신을 하나님의 아들로 이해한 예수의 자기 이해를 재해석하면서 예수를 선재한 하나님의 아들로 깨닫게 된 과정에 있다.

8.2. —— 바울 이전의 보냄 고정문구

이번 단락에서는 초기 그리스도인들이 예수의 선재성에 대해 확신을 가졌던 출발점이 지혜 기독론이 아니며, 예수가 자신을 선재한 하나님의 아들로 이해한 것에서부터 시작된 추가적 발전이 그 확신을 설명해준다는 사실을 논증할 것이다. 비록 신약의 여러 본문에 나타나는 소위 "바울 이전의 보냄 고정문구"(갈 4:4; 롬 8:3; 요 3:17; 요일 4:9)는 신적 지혜 기독론과 양립하지만 그 기원은 선재한 아들 기독론으로 거슬러 올라간다.

8.2.1. ── 다양한 해석들

학자들은 갈라디아서 4:4-5의 배경에 대해 다양한 이론들을 제시해왔다.

슈바이처(E. Schweizer)는 갈라디아서 4:4-5의 "하나님이 그 아들을 보내사"(ἐξαπέστειλεν ὁ θεὸς τὸν υἱὸν αὐτοῦ)와 "속량하기 위하여"(ἵνα… ἐξαγοράσῃ)라는 두 문구가 원래 알렉산드리아 유대교의 토라-지혜-로고스 사변으로부터 유래한 것으로, 헬라파 그리스도인들이 선재한 하나님의 아들인 예수에게 적용하기 위해 빌려 사용한 "바울 이전의 '보냄' 고정 문구"(pre-Pauline "sending" formula)라고 주장한다.[47] 슈바이처에 의하면 원래의 문구는 ① "하나님이 그의 선재한 지혜(이는 "로고스" 또는 "아들"일 수도 있다)를 보냈다", 그리고 ② "인류를 구속 또는 구원하기 위해"라는 이중 형태였다. 그는 "오직 이집트 유대교에서만 하나님이 보냈다는 것과 하나님의 아들이라는 칭호가 결합되어 나타나기 때문에" 갈라디아서 4:4의 "삶의 정황"(Sitz im Leben)을 알렉산드리아 유대교로 추정한다.[48]

슈바이처는 지혜서 9:10-17과 갈라디아서 4:4-7 사이의 유사성을 발견했다. 두 본문에서 각각 지혜와 아들을 보낸다는 동사 "엑사포스텔레인"(ἐξαποστέλλειν)이 사용되고(바울 서신에서 단 한 번 이곳에서만 사용), 곧 성령을 보낸다는 내용이 뒤따라 나온다.[49] 또한 그는 필론과의 유사성도 발견한다.[50] 그의 명제는 많은 학자에 의해 수용될 정도로 갈라디아서 4:4-5

---

47) E. Schweizer, "Zum religionsgeschichtlichen Hintergrund der 'Sendungsformel' Gal. 4,4f., Rö. 8,3f., Jn 3,16f., 1Jn 4,9," *ZNW* 57(1966), 199-210; "Paul's Christology and Gnosticism," *Paul and Paulinism: Essays in Honour of C. K. Barrett* (eds. M. D. Hooker *et al.*; London: SPCK, 1982), 118-119.

48) E. Schweizer, "υἱός," *TDNT* 8.375.

49) Wis 9:17; 갈 4:7; Wis 9:17도 πέμπειν 동사를 사용한다.

50) Schweizer, *TDNT* 8.355-356.

의 주해에 지대한 영향을 미쳤다.

하지만 이에 동의하지 않는 소수의 예외도 있다. 던(Dunn)은 지혜서 9:10-17과 갈라디아서 4:4-7 사이의 유사성 및 "바울 이전의 보냄 고정문구"의 존재를 부인하고, 오히려 "예수가 자신을 하나님의 아들로 생각하고, 하나님으로부터 '보냄' 받은 자라고 말한 더 구체적인 기독교 전승(막 9:37//; 12:6//; 마 15:24; 눅 4:18; 10:16)"에서 이 진술의 어휘적 배경을 발견한다.[51] 그는 특별히 마가복음 12장에 기록된 악한 소작농부들의 비유가 갈라디아서 4:4-7의 배경일 개연성이 가장 높다고 주장한다. 왜냐하면 두 본문 모두 종말론적인 문맥을 가지고 있으며 아들 됨의 사상과 상속의 사상이 함께 나타나기 때문이다.[52]

나아가 던은 갈라디아서 4:4-5에는 지혜 기독론보다 아담 기독론-구원론이 나타난다는 이유로 하나님이 아들을 보낸다는 문구가 아들의 선재성을 내포한다는 주장을 반박한다.[53] 갈라디아서 본문 배후에 예수를 보냄 받은 자와 마지막 아담으로 보는 서로 다른 두 개의 초기 교회 전승이 존재한다는 것이다. 던의 주장에 따르면 바울과 그의 독자들은 예수를 성육신한 존재라기보다는 단순히 하나님의 사명을 받은 자로 생각했다.[54]

또한 던은 다음과 같은 세 가지 근거로 갈라디아서 4:4-6과 지혜서 9:10-17 사이의 연관성을 부인한다.

---

51) Dunn, *Christology*, 38-43(인용은 40).

52) Dunn, *Christology*, 40.

53) 가령 R. N. Longenecker, *Galatians* (WBC 41; Dallas: Word Books, 1990), 168-169도 마찬가지다. Longenecker도 Dunn을 따라 "예수는 그의 선재성 때문이 아니라 하나님에 의해 보내심을 받았다는 의미에서 이 지상에서 하나님의 아들이었다. 바울은 이것을 초기 교회로부터 알게 되었고 이제 갈 4:4-5에 기록했다"고 결론 내린다.

54) Dunn, *Christology*, 46.

① 바울이 예수를 지혜와 동일시하는 다른 본문들은 구원론적인 문맥 보다는 우주적인 문맥과 연관성이 있다(고전 8:6; 골 1:15-17).

② "소피아"는 여성(female figure)이고 바울 이전의 문헌에서는 하나님의 "아들"로 불린 적이 전혀 없기 때문에 "지혜"와 하나님의 아들이 동일시되는 것은 바울의 독자들에게 자연스러운 추론(natural inference)이 아니었을 것이다.

③ 지혜 기독론보다는 아담 기독론이 갈라디아서 4:4-6의 배경으로 더 적합하다.[55]

김세윤도 던과 마찬가지로 지혜서 9:10-17이 갈라디아서 4:4-5과 유사하며 이 구절의 배경이 된다는 슈바이처의 견해에 동의하지 않는다. 하지만 그는 갈라디아서 4:4-5에 "보냄" 문구가 나타나며 그 문구는 유대교의 토라-지혜-로고스 사변과 유사하다는 점을 인정한다.[56] 그런데 그는 이 문구가 바울 이전의 것임을 부인하면서 바울 자신이 지혜-로고스와 아들을 연관시켰다고 주장한다. 그에 따르면 갈라디아서 4:4-5(그리고 롬 8:3-4)의 문구는 바울 자신이 다메섹 도상에서 그리스도를 만난 사건을 통해 얻은 통찰력에 근거한다. 다메섹 도상의 그리스도 현현 시 나사렛 예수는 "그[바울]에게 [하나님 우편에] 즉위한 하나님의 아들로 나타났다."[57] 바울은 랍비로서 토라가 지혜와 동일시되어야 함을 이미 알고 있

---

55) Dunn, *Christology*, 39. 세 번째 포인트에 대한 비판적 평가는 이 책의 §8.2.3.1을 보라.

56) 김세윤, *Origin*, 117-119.

57) 김세윤, *Origin*, 126. 김세윤에 대한 비평은 J. D. G. Dunn, "'A Light to the Gentiles': the Significance of the Damascus Road Christophany for Paul," *The Glory of Christ in the New Testament: Studies in Christology* (eds. L. D. Hurst *et al.*; Oxford: Clarendon, 1987), 251-266, 특히 256-262; P. A. Rainbow, "Jewish Monotheism As the Matrix for New Testament Christology, a Review Article," *NovT* 33(1991), 87.n.21을 보라.

었다. 그러나 바울은 다메섹에서 그리스도와의 만남을 통해 그리스도가 토라를 대신했으며 유대인들이 생각했던 것처럼 하나님의 계시인 지혜가 토라에 있지 않고 그리스도 안에 있음을 깨달았다는 것이다.[58] 따라서 김세윤은 초기 교회가 처음에는 예수가 구원의 방편으로서 율법을 대신했다고 생각했으며 이후에는 그를 하나님의 지혜로 간주하게 되었다고 주장한다.[59] 그는 이에 대한 세 가지 근거를 제시한다.

① 예수는 그 당시 율법의 가르침을 공격했으며 자신이 율법의 성취임을 주장했다.
② 그의 죽음은 율법에 의해 하나님의 저주로 선포되었다(마 5:17; 11:13//눅 16:16).
③ 헬레니즘적 그리스도인들은 성전 제의와 그 당시 율법의 가르침에 비판적이었기 때문에 핍박을 받았다.[60]

스콧(J. M. Scott)은 "하나님의 아들을 보냄"의 배경에 대한 새로운 접근을 통해 갈라디아서 4:1-7의 배경으로 신(新) 출애굽 모티프를 제시한다.[61] 그의 견해에 따르면 출애굽이라는 예정된 시기에 하나님의 양자로 입양된 이스라엘의 구속(갈 4:1-2)과, 두 번째 출애굽이라는 예정된 시기에 하나님의 양자로 입양된 신자들의 구속(갈 4:3-7)이 기본적인 조화를 이룬다. 또한 그는 갈라디아서 4:5의 "휘오테시아"(υἱοθεσία, 입양)에 대해

---

58) 김세윤, *Origin*, 258.
59) 참조. Hengel, *Son of God*, 72-73.
60) 김세윤, *Origin*, 44-50, 126-127.
61) J. M. Scott, *Adoption as Sons of God: an Exegetical Investigation into the Background of huiothesia in the Pauline Corpus* (WUNT 2/48; Tübingen: Mohr Siebeck, 1992), 121-186.

"비록 이 용어가 그 당시의 칠십인역이나 다른 유대 문헌에서도 발견되지 않지만, 구체적인 구약/유대교 배경을 가리킨다"고 주장한다.[62] 결과적으로 스콧은 갈라디아서 4:4-5 배후에 "바울 이전의 보냄 고정문구"가 존재하지 않는다는 결론에 도달한다.

앞에서 언급한 갈라디아서 4:4-5에 대한 여러 해석은 다음과 같이 도표로 정리할 수 있다.

구분	슈바이처	던	김세윤	스콧	나
보냄 고정문구	O	X	O	X	O
바울 이전의 것	O	-	X	-	O
Wis 9:10-17과의 유사성	O	X	X	X	• 어휘적 유사성만 존재 • 뚜렷한 개념적 차이점이 존재
하나님으로부터 "보냄" 받은 예수와 하나님의 아들로서의 예수와의 유사성	X	O + 아담 기독론	X	X	O
신 출애굽 모티프와의 유사성	X	X	X	O	X
선재성	O	X	O	-	O

그렇다면 갈라디아서 4:4-6의 배경으로 제시된 여러 이론으로부터 어떤 결론 또는 함의를 끌어낼 수 있을까?

---

62) Scott, *Adoption*, 267.

8.2.2. ── 여러 이론에 대한 비판적 평가

8.2.2.1. ── 바울 이전의 고정문구

첫째, 나는 슈바이처를 비롯한 많은 학자가 갈라디아서 4:4이 "바울 이전의 보냄 고정문구"(참조. 롬 8:3-4; 요 3:16-17; 요일 4:9)를 포함한다는 데 동의한다. 그러나 스콧은 다음과 같은 근거로 이와 같은 주장을 반박한다.[63]

① 바울 문헌과 요한 문헌 사이에 나타난 이 "고정문구"는 상당히 다양할 뿐만 아니라, 심지어 요한 문헌 내에서도 "하나님이 그 아들을 보냈다"라는 공통분모를 제외하면 "고정문구"로 확립될 만한 충분한 자료가 부족하다.

② "바울 이전"의 전승임을 입증하는 데 후대의 요한 문헌을 사용하는 것은 연대기적인 문제를 불러일으킨다.

③ 갈라디아서 4:4-6이 교차대구적 구조로 되어 있기 때문에 5a절의 "히나"(ἵνα) 절은 바울 이전의 것이고 5b절은 아니라고 보기 어렵다.

그러나 그의 이런 논증은 설득력이 부족하다. 그 이유는 첫째, "보냄" 고정문구를 포함한다고 간주되는 네 개의 본문들을 자세히 살펴보면 더 많은 공통점을 발견할 수 있다. 무엇보다 이 본문들은 동일한 문법적 패턴을 지닌다. 주어는 "하나님"이고 연이어 "보낸다"는 동사가 술어로 등장한다. 목적어는 아들이며 "보냄"의 구원론적 의미를 설명하기 위한 "히나"(ἵνα) 절이 마지막에 등장한다(갈 4:4b-6; 롬 8:3; 요 3:16-17; 요일 4:9, 10, 14). 즉 이 네 개의 본문들은 공통적으로 다음 두 가지 기본 요소를 공유한다.

---

63) Scott, *Adoption*, 169-171.

① 하나님이 그 아들을 보냈다
② 구원을 위한 목적으로[64]

둘째, 이 "보냄" 고정문구가 바울 전승과는 독립적으로 요한 문헌에 등장하기 때문에(두 본문 모두 예수의 선재성을 전제함) 두 저자가 공통된 "상위 전승"에 의존했다고 보는 관점은 방법론적으로 잘못된 것이 아니다.[65] 셋째, 바울은 이전의 문구(율법 아래 있는 자들을 속량하기 위하여)를 사용해 두 번째 진술(우리로 아들의 신분을 얻게 했다)과 평행을 이루게 함으로써 교차 대구적 구조를 만들고자 했다. 이상의 세 가지 근거는 스콧의 주장을 약화한다.

또한 갈라디아서 4:4-5의 구조 및 내용과 관련된 증거를 비롯해 일인칭 복수 동사 "아폴라보멘"(ἀπολάβωμεν)을 사용한 점은 이 고정문구가 바울 이전의 것임을 시사한다.[66]

① 3절과 5절의 일인칭 복수 "우리"는 일차적으로 유대인 신자들을 지칭하는 반면, 6-7절의 "너희들"은 4-5절에 인용된 신앙고백의 핵심을 이방인 개종자들에게 적용한다.
② 갈라디아서 4:4-5은 바울 서신에서 단 한 번 사용된 어휘인 "때가 차매"(τὸ πλήρωμα τοῦ χρόνου)와 "여자에게서 나시고"(γενόμενον ἐκ γυναικός)를 포함하는데, 이 두 어휘는 모두 초기 유대 기독교의 관심사를 반영한다.
③ 두 번째 분사절—"율법 아래에서 나게 하신 것은"(γενόμενον ὑπὸ

---

64) 참조. Pate, *Reverse*, 140-141.
65) Schweizer, *TDNT* 8.375.
66) Longenecker, *Galatians*, 166-167.

νόμον)—만이 갈라디아서의 논증과 실제적인 관련이 있고 첫 번째 분사절 "여자에게서 나시고"는 이 서신에서 전혀 논의되지 않는다.

그뿐 아니라 바울 이전의 신앙고백적인 문구로 널리 알려진 로마서 1:3-4이 갈라디아서 4:4-6과 상당히 유사하다는 점 역시 이와 같은 해석을 뒷받침한다.[67]

8.2.2.2. —— 지혜서 9:10-17과의 유사성?

둘째, 나는 예수와 하나님의 "지혜" 사이의 연관성을 갈라디아서 4:4-6에서 발견할 수 있다는 슈바이처의 주장에는 동의할 수 없다. 물론 갈라디아서 4:4-6이 지혜서 9:10-17과 놀라운 유사성을 갖고 있고, 바울이 다른 곳에서도 지혜서를 폭넓게 사용한다는 점은 그가 갈라디아서 4:4-6에서도 지혜서에 의존했을 가능성을 높여주는 것이 사실이다. 하지만 과연 이 두 본문 사이의 유사성이 슈바이처와 다른 학자들이 생각하는 것만큼 두드러진 것인지는 확신할 수 없다. 스콧(그리고 던은 아마도 잘못된 근거로)을 제외한 대다수 학자는 유사하게 보이는 이 두 본문이 개념적인 면에서는 현저한 차이점을 지니고 있다는 사실을 제대로 인식하지 못한 듯하다.

스콧은 갈라디아서 4:4-6과 지혜서 9:10-17 사이의 연관성을 다음과 같은 세 가지 이유로 부인한다.

① 지혜서 9장은 선재한 "지혜"와 하나님의 아들을 동일시하지 않는다.
② 지혜서 9장은 지혜가 보냄 받은 것을 이스라엘의 구속사의 관점에

---

67) 이 책의 §8.2.3.3을 보라.

서 효율적이고도 구속적인 의미로 묘사한 것이 아니라, 지혜를 구한 솔로몬의 기도에 대한 응답으로 묘사한다.

③ 지혜서 9장은 "성령의 보냄"과 동일시되는 단 한 번의 "지혜의 보냄"만을 언급한다.[68]

스콧은 두 본문의 차이점을 올바르게 지적했지만 두 본문 사이의 두드러진 개념적 차이를 보여주지는 못했다. 지혜서에서 "지혜의 보냄"은 성령의 역할과 같이 개인을 인도하기 위함이지만, 갈라디아서에서 "아들의 보냄"은 인간의 몸으로 이 세상에 와서 죽기 위함이다. 이와 같은 차이점은 감동(inspiration)의 개념과 성육신(incarnation)의 개념 간의 명확한 차이점을 가리킨다. 따라서 갈라디아서 4:4-5이 지혜서 9:10-17과의 연관성을 내포한다거나 또는 바울이 기존의 "보냄" 고정문구를 삽입함으로써 예수와 선재한 지혜를 동일시했다는 주장은 받아들일 수 없다. 바울의 진정서신(authentic Pauline letters)에서 그리스도와 선재한 "지혜"가 동일시된 명확한 증거가 없음을 감안한다면, 초기 기독교의 선재적 기독론의 발전에서 오히려 아들 기독론이 연대기적으로 지혜 기독론보다 앞선다는 이 책의 주장은 더 설득력을 얻게 된다.

8.2.2.3. —— 고정문구의 뿌리

셋째, 나는 "보냄" 고정문구의 기원에 관해 슈바이처의 견해에 동의할 수 없다.[69] 갈라디아서 4:4-6에서 지혜 전승의 영향을 발견했다고 해서 반드시 이 문구가 헬레니즘적 유대 지혜-로고스 사변으로부터 유래했다는 결론을 내리기는 어렵다. 이미 여러 연구에서 입증되었듯이 팔레스타인

---

68) Scott, *Adoption*, 169.

69) 참조. Longenecker, *Galatians*, 167.

기독교와 헬레니즘적 기독교 사이의 명확한 구분은 거의 불가능하다. 헹엘(M. Hengel)은 헬레니즘 세계의 일부가 아니었던 유대교는 없었으며 어느 정도 그리스 사상과 문화의 영향력을 받을 수밖에 없었기 때문에 그 당시의 모든 유대교는 어떤 의미에서 "헬레니즘적 유대교"였음을 설득력 있게 입증했다.[70] 물론 초기 기독교도 예외는 아니었다.

8.2.3. ── 갈라디아서 4:4-5은 아들의 선재성에 대해 말하는가?

이제 우리의 논의에서 가장 중요한 질문을 다루어야 할 차례다. 갈라디아서 4:4-5은 과연 아들의 선재성에 대해 언급 또는 (최소한) 암시라도 하는가? 아니면 아담 기독론을 반영할 뿐인가? 이 질문에 답하기 위해 이번 단락에서는 갈라디아서 4:4-5뿐만 아니라 예수의 선재성을 내포한다고 간주되는 빌립보서 2:6-11, 로마서 8:3, 고린도후서 8:9에서도 아담 기독론을 근거로 예수의 선재성을 부인하는 던(Dunn)과 여러 학자의 견해를 검토할 것이다.[71]

8.2.3.1. ── 아담 기독론

던은 최초기 기독교와 바울 사상을 논할 때 아담의 위치에 대해 특별

---

70) 참조. M. Hengel, *Judaism and Hellenism*; I. H. Marshall, "Palestinian and Hellenistic Christianity," 271-287; J. D. G. Dunn, *The Partings of the Ways*, 9-10; J. M. G. Barclay, *Jews in the Mediterranean Diaspora. From Alexander to Trajan(323 BCE-117 CE)* (Edinburgh: T&T Clark, 1996), 83-91.

71) Dunn, *Christology*, 39, 114-125; 참조. C. H. Talbert, "The Problem of Pre-Existence in Phil. 2:6-11," *JBL* 86(1967), 141-153; H. W. Bartsch, *Die konkrete Wahrheit und die Lüge der Spekulation* (Frankfurt: Lang, 1974); J. Murphy-O'Connor, "Christological Anthropology in Phil. 2:6-11," *RB* 83(1976), 25-50; G. Howard, "Phil. 2:6-11 and the Human Christ," *CBQ* 40(1978), 368-387.

히 중요성을 부여한다. 던의 관점에서 갈라디아서 4:4-5과 로마서 8:3은 단순히 예수가 인류와 하나됨으로써 인류를 속박과 죄에서 구원하고 자신의 아들 됨을 그들에게도 부여한다는 의미로 해석된다.[72]

4때가 차매 하나님이 그 아들을 보내사 여자에게서 나게 하시고 율법 아래에 나게 하신 것은 5율법 아래에 있는 자들을 속량하시고 우리로 아들의 명분을 얻게 하려 하심이라(갈 4:4-5).

율법이 육신으로 말미암아 연약하여 할 수 없는 그것을 하나님은 하시나니 곧 죄로 말미암아 자기 아들을 죄 있는 육신의 모양으로 보내어 육신에 죄를 정하사(롬 8:3).

또한 그는 같은 맥락에서 고린도후서 8:9 역시 십자가의 궁핍함을 위해 하나님과의 교제의 부요함을 포기한 예수에 대한 말씀으로 이해한다.[73]

우리 주 예수 그리스도의 은혜를 너희가 알거니와 부요하신 이로서 너희를 위하여 가난하게 되심은 그의 가난함으로 말미암아 너희를 부요하게 하려 하심이라(고후 8:9).

그러나 던이 아담 기독론을 가장 강력하게 논증한 본문은 빌립보서 2:6-11의 찬가다.[74]

---

72) Dunn, *Christology*, 111-113.
73) Dunn, *Christology*, 121-123.
74) Dunn, *Christology*, 39, 114-125.

6그는 근본 하나님의 본체시나 하나님과 동등됨을 취할 것으로 여기지 아니하시고 7오히려 자기를 비워 종의 형체를 가지사 사람들과 같이 되셨고 8사람의 모양으로 나타나사 자기를 낮추시고 죽기까지 복종하셨으니 곧 십자가에 죽으심이라. 9이러므로 하나님이 그를 지극히 높여 모든 이름 위에 뛰어난 이름을 주사 10하늘에 있는 자들과 땅에 있는 자들과 땅 아래에 있는 자들로 모든 무릎을 예수의 이름에 꿇게 하시고 11모든 입으로 예수 그리스도를 주라 시인하여 하나님 아버지께 영광을 돌리게 하셨느니라(빌 2:6-11).

그는 이 찬가를 선재한 그리스도 또는 그의 성육신에 관한 것이 아니라 인간 예수와 그의 겸손한 삶 그리고 이 땅에서의 영광스러운 위치로의 고양에 관한 것으로 이해한다. 그는 이 찬가가 고린도전서 15:45-49처럼 어떤 특별한 시간적 언급—선재, 선사시대 등—없이 단순히 "첫 아담과 마지막 아담"의 내용으로 구성된다고 본다.[75] 첫 아담이 하나님의 형상(εἰκών)과 모양으로 지음 받았듯이(창 1:26-27), 두 번째 아담인 그리스도도 하나님의 형태(μορφή = εἰκών)로 존재했다는 것이다(빌 2:6). 그에 따르면 첫 아담은 하나님처럼 되려는 잘못을 범한 반면(창 3:5), 두 번째 아담은 하나님과 동등해지려고 하지도 않았고 하나님과 동등해지는 것을 자기 자신의 유익으로 여기지도 않았다.

물론 여기서 아담의 교만 및 이기심과 예수의 겸손 및 비하가 대체적으로 대조를 이루는 것은 분명하다. 하지만 창세기 1-3장과 빌립보서 2장을 주의 깊게 검토해보면 아담과 그리스도의 비교 및 대조가 바울의 진정한 의도였는지 의구심이 든다.[76] 우리는 아담 기독론을 약화하는 어휘적·주해적·신학적 취약점들을 다음과 같이 지적할 수 있다.

---

75) Dunn, *Christology*, 119.
76) J. M. Furness, "Behind the Philippian Hymn," *ExpTim* 79(1967-1968), 181.

첫째, "모르페"(μορφή)와 "에이콘"(εἰκών)이 실제로 호환이 가능한지 의심스럽다. 칠십인역이나 신약에서 아담이 "모르페 테우"(μορφὴ θεοῦ)로 표현된 곳은 단 한 군데도 없으며[77] 빌립보서 2:7의 "모르펜 둘루"(μορφὴν δούλου)에서 "모르펜" 역시 "에이콘"과 호환될 수 없다.[78]

둘째, 아담과 그리스도의 대비는 7절의 "사람의 모양으로 나타나사"(καὶ σχήματι εὑρεθεὶς ὡς ἄνθρωπος)라는 개괄적인 문구(recapitulatory phrase)의 의미를 제대로 살려주지 못한다. 왜냐하면 이 문구가 처음부터 지금까지 다른 존재였던 적이 없는 "사람"을 나타내는 것이라면 매우 이상한 표현이 되기 때문이다. 또한 "하나님의 모양으로 존재했다"와 "사람들과 같이 되셨다"라는 대비가 단지 한 사람의 인생의 두 단계를 가리키는 것이라면 상당히 난해한 표현이 되어버린다.[79]

셋째, 언어학적으로도 "취할 것으로 여긴다"(οὐχ ἁρπαγμὸν ἡγήσατο)라는 숙어적 표현이 이미 존재했음이 입증되었다. 여기서 이 표현은 그리스도가 처분을 기다리던 것, 즉 자신의 유익을 위해 하나님과의 동등됨을 사용하는 것에 대한 포기를 가리킨다.[80]

---

77) 참조. D. H. Wallace, "A Note on Morphé," *TZ* 22(1966), 19-25; C. Spicq, "Note sur MORPHE dans les papyrus et quelques inscriptions," *RB* 80(1973), 37-45; N. T. Wright, "ἁρπαγμός and the Meaning of Philippians 2:5-11," *JTS* (1986), 331-332; 김세윤, *Origin*, 195-198.

78) G. F. Hawthorne, *Philippians* (WBC 43; Dallas: Word Books, 1983), 82.

79) I. H. Marshall, "Incarnational Christology in the New Testament," *Jesus the Saviour: Studies in New Testament Theology* (Downers Grove: Inter-Varsity, 1990), 170; 참조. J. T. Sanders, *The New Testament Christological Hymns: Their Historical Religious Background* (SNTSM 15; Cambridge: CUP, 1971), 66; N. T. Wright, "Review of Dunn's *Christology in the Making*," *Churchman* 95(1981), 170-172; T. Y.-C. Wong, "The Problem of Pre-Existence in Philippians 2,6-11," *ETL* 62(1986), 271-273; C. A. Wanamaker, "Philippians 2,6-11: Son of God or Adamic Christology," *NTS* 33(1987), 181-183.

80) R. W. Hoover, "The Harpagmos Enigma: A Philological Solution," *HTR* 64(1971), 118;

넷째, 던은 첫 아담이 하나님의 "모양"으로 지음을 받았다는 묘사가 이 찬가의 "논리"에서 어떤 의미를 가지는지를 설명해주지 못한다는 비판을 피하기 어렵다.[81] 바울의 신학은 분명히 아담이 잃어버린 것보다는 오히려 천상의 그리스도가 소유하고 있던 것, 즉 인간이 하나님의 형상(*imago Dei*)을 회복하게 된 것을 강조한다(롬 8:29; 고후 3:18; 골 3:10; 참조. 엡 4:13, 24).[82]

던은 초기 교회에서 아담 기독론의 궁극적 출처는 시편 8:6이며(그리스도의 주 되심을 아담 혹은 사람을 향한 하나님의 목적과 의도로 묘사함), 히브리서 2:8-9은 이 시편을 아담 기독론적으로 가장 잘 설명하는 본문이라고 주장한다(참조. 고전 15:27; 엡 1:22; 빌 3:21).[83] 그러나 제6장에서 이미 입증했듯이(§6.2.4), 초기 교회에서 시편 110:1과 8:6의 결합은 기독론적인 동기에 의한 것이었으며 히브리서 2:8-9은 인류학보다는 기독론적으로 이해하는 것이 가장 바람직하다.

지금까지 우리는 갈라디아서 4:4-5과 여러 바울 본문들에 아담 기독론이 존재한다는 주장에 대한 반론을 제시했다. 하지만 라이트(N. T. Wright)가 주장하듯이 아담 기독론을 수용한다고 하더라도 이 본문들에 나타난 예수의 선재성 사상을 배제할 수는 없다. 라이트는 빌립보서 찬가에 철저한 평행법이 나타나지 않더라도 그리스도와 아담의 대비를 전제해야 빌립보서 찬가를 올바르게 이해할 수 있다고 말한다.

그리스도의 순종은 단순히 아담이 저지른 불순종의 대체가 아니다. 그것은

Wright, "ἁρπαγμός," 339.

81) R. P. Martin, *Carmen Christi: Philippians 2:5-11 in Recent Interpretation and in the Setting of Early Christian Worship* (SNTSMS 4; Cambridge: CUP, 1967), xxi.

82) Martin, *Carmen*, xxi.

83) Dunn, *Christology*, 109.

단순히 한 종류의 인간에서 다른 종류로의 교체가 아니라 죄의 문제에 대한 해결책을 말한다. 그리스도가 겪은 시험은 금지된 하나님과의 동등함을 강탈할지에 대한 것이 아니었다. 오히려 자기 권리만을 주장하며 아담의 강탈이 낳은 결과들을 원상 복귀시켜야 하는 자신의 임무를 포기할 것인가에 대한 것이었다.[84]

따라서 여기 제시된 증거들은 우리의 결론을 지지해준다. 즉 아담 기독론을 근거로 예수의 선재성을 부인하는 주장은 설득력이 없으며, 아담과 그리스도의 대조를 수용하더라도 이 본문들 안에 예수의 선재성 사상이 내포되거나 암시되어 있음을 배제할 수 없다.

8.2.3.2. —— 제2의 모세로서의 그리스도?

스콧(J. M. Scott)은 바울 서신에 나타난 "휘오테시아"(υἱοθεσία, 입양)의 배경에 관한 연구에서, 갈라디아서 4:1-7은 출애굽이라는 예정된 때에 하나님의 양자로 입양된 이스라엘의 구속(갈 4:1-2)과 두 번째 출애굽이라는 예정된 때에 하나님의 양자로 입양된 신자들의 구속(갈 4:3-7) 사이의 모형론(typology)이라는 주장을 펼친다.[85] 그는 바울 서신에서 법적 미성숙과 관련된 이미지가 전혀 사용되지 않는다는 점을 지적한다. 그리고 갈라디아서 4:1-2에 묘사된 상황은 이스라엘이 430년간의 종살이와 출애굽을 통해 얻은 자유, 그리고 호세아 11:1에 나타난 하나님의 양자로의 입양을 기념하는 내용을 암시하며 그것이 바로 갈라디아서 4:4-5에 묘사된 신자

---

84) N. T. Wright, "Jesus Christ is Lord: Philippians 2.5-11," *The Climax of the Covenant: Christ and the Law in Pauline Theology* (Edinburgh: T&T Clark, 1991), 91-92; 참조. E. Lohmeyer, *Kyrios Jesus: eine untersuchung zu Phil. 2, 5-11* (Heidelberg: C. Winter, 1928), 41.

85) Scott, *Adoption*, 186.

들이 얻은 종말론적 입양의 모형이 된다고 주장한다.

또한 스콧은 이러한 구약의 배경에 비추어 볼 때 갈라디아서 4:4은 모세 모형론의 관점에서 본 메시아적 하나님 아들(즉 제2의 모세인 그리스도)을 말하는 것으로 이해되어야 한다고 주장한다.[86] 그는 다음과 같은 증거를 제시한다.

① 고린도전서 10:1-13에서도 모세-그리스도 모형론이 등장한다.

② 칠십인역에서도 "보내다"라는 동사 "아포스텔레인"(ἀποστέλλειν)과 "엑사포스텔레인"(ἐξαποστέλλειν)은 하나님이 예언자, 특히 모세를 보낼 때 자주 사용된다. 또 이집트에서 발견된 유대교 예배용 찬양시(piyyut, 기원후 4-5세기경)에서 모세는 하나님의 "보냄 받은 자"(שליח), "여자에게서 난"(האשה יליד) 자로 불리고 이스라엘 백성들은 하나님의 "아들들"로 불린다.

그러나 갈라디아서 4:1-7에 대한 스콧의 새로운 해석은 설득력이 없다. 바울이 갈라디아서 3:17에서 출애굽기 12:40의 430년을 암시적으로 언급한 것은 사실이다. 하지만 갈라디아서 3장 전체에 나타난 바울의 논증은 이집트의 종살이 기간 자체보다는 율법이 오면서 시작된 이집트의 종살이 이후의 기간에 관심을 두고 진행된다.[87] "갈라디아서 4:1-2이 앞에서 언급된 종살이 기간을 가리킨다면, 그것은 3:23-25에서 생동감 있게 묘사되고 4:3에서 갈라디아 이방인 교인들이 겪은 과거의 이교도적 속박(참조. 갈 4:9)과 유사한 것으로 표현된, 율법 아래 있는 기간을 언급한 것임

---

86) Scott, *Adoption*, 165-169.

87) B. Byrne, "Review of Scott's *Adoption as Sons of God*," *JTS* 44(1993), 291-292.

이 틀림없다."[88] 따라서 스콧이 제시한 전반적인 모형론적 패턴은 이 부분에 와서 무너져내리며 그리스도를 제2의 모세로 보는 그의 견해는 설득력을 잃게 된다.

8.2.3.3. —— 선재한 아들 기독론

앞서 제7장에서 우리는 예수의 하나님 아들 자의식과 신적 사명에 대한 자의식에 비추어 이루어진 초기 기독교의 시편 110:1, 2:7 주해로 인해 초기 그리스도인들이 예수를 하나님에 의해 하늘로부터 보냄을 받은 선재한 하나님의 아들로 이해할 수 있었다고 논증했다. 이제 이번 단락에서는 지혜 기독론과는 무관하게 갈라디아서 4:4의 기독론적 진술에 내포되었던 "바울 이전의 보냄 고정문구"(참조. 롬 8:3-4; 요 3:16-17; 요일 4:9)가, 바울 서신이 기록되기 이전의 그들의 이해를 반영하는 증거가 된다고 논증할 것이다. 이 문구의 배경과 양식에 관한 앞선 논의에서 바울이 지혜 기독론과는 무관하게 예수의 선재성을 이미 내포한 기존의 "보냄 문구"를 갈라디아서 4:4-5에서 차용했음을 살펴보았다. 이것이 사실이라면 초기 기독교가 예수를 선재한 하나님의 아들로 이해할 수 있었던 가장 개연성이 높은 배경은 "바울 이전의 보냄 고정문구"가 될 것이다.

풀러(R. H. Fuller)는 슈바이처의 이론을 한 단계 더 발전시켜 갈라디아서 4:4에서 바울 이전의 "요약문"(summary)을 발견할 수 있다고 주장했다. 풀러에 따르면 이 요약문은 달(N. A. Dahl)이 "세례의 회고"(baptismal anamnesis)로 명명한 것과 비슷한 것으로서 바울은 갈라디아서 4:4-6에서 이 "요약문"을 부연 설명했다.[89] 풀러가 재구성한 이 요약문의 잠정적

---

88) Byrne, "Review of Scott's *Adoption as Sons of God*," 292.

89) R. H. Fuller, "The Conception/Birth of Jesus as a Christological Moment," *JSNT* 1(1978), 37-52, 특히 40-41; N. A. Dahl, "Anamnesis: Mémoire et commémoration

형태는 다음과 같다.

ἐξαπέστειλεν ὁ θεὸς τὸν υἱὸν αὐτοῦ,	하나님이 그 아들을 보내사,
γενόμενον ἐκ γυναικός,	여자에게서 나게 하셨고,
ἵνα τὴν υἱοθεσίαν ἀπολάβωμεν	우리가 아들의 신분을 받게 하심.
Ὅτι δέ ἐστε υἱοί,	이제, 너희가 자녀이기 때문에
ἐξαπέστειλεν ὁ θεὸς τὸ πνεῦμα…	하나님이 성령을 보내셔서…
κρᾶζον αββα ὁ πατήρ.	아바 아버지로 부르게 하심.

처음 세 행은 하나님이 그의 아들을 보내는 내용이고, 그다음 세 행은 하나님이 그의 성령을 보내는 내용이다. 여기서 아들을 "보냄"이 그의 선재성을 함의할까? 아들을 "보냄"과 성령을 "보냄" 사이의 평행 구조가 매우 중요해 보인다. 만약 성령이 하나님이 그를 보내기 이전의 성령이라면, 아들 역시 하나님이 그를 보내기 이전의 아들일 것이다. 그뿐 아니라 바울은 그리스도의 선재성을 확실히 믿었던 것으로 보인다(빌 2:6-11; 고후 8:9; 롬 8:3; 고전 8:6; 10:4; 참조. 골 1:15-17). 바울이 그리스도를 선재한 존재로 생각했다면 하나님이 그의 아들을 보낸다고 말할 때 이 선재성 사상을 반드시 염두에 두었을 것—아들의 선재성이 갈라디아서 4:4에 나타나지 않더라도—이다. 이는 선재성 사상이 확실하게 나타나는 로마서 8:3—"하나님이 자기 아들을 죄 있는 육신의 모양으로 보내어"(ὁ θεὸς τὸν ἑαυτοῦ υἱὸν πέμψας ἐν ὁμοιώματι σαρκὸς ἁμαρτίας)—과도 비교할 수 있다. 갈라디아서 4:4이 바울 이전의 "요약문"을 포함한다면 이 요약문의 작성자들은 선재성 사상을 가지고 있었을까? 나는 선재성 사상이 비록 이 본문의 논지와

---

dans le christianisme primitif," *ST* 1(1947), 69-95, 특히 74-75.

는 무관하더라도 그들 역시 선재성 사상을 가지고 있었을 것이라고 본다.

앞서 살펴본 대로 던은 갈라디아서 4:4-5에 나타난 "보냄" 문구의 어휘 및 사상적 배경을 각각 하나님으로부터 "보냄"을 받았다는 예수 자신의 말씀들(막 9:37; 12:6; 마 15:24; 눅 4:18; 10:16)과 아담 기독론에서 찾는다. 우리는 던이 제시한 갈라디아서 4:4-5의 아담적 배경의 타당성은 부인했다. 그러나 바울 본문에 나타난 예수의 선재성을 전반적으로 부인하는 그에게서 이 책의 기본적 논증에 대한 강력한 지지를 받는다는 점은 매우 고무적인 일이다. 우리가 앞서 제4장과 5장에서 논의했듯이 예수 자신의 말씀들에 드러난 예수의 가르침과 삶이라는 정황에 비추어 이해한다면, 예수의 하나님 아들 자의식과 신적 사명 자의식은 그의 선재성을 내포한다고 볼 수 있다.

바울이 예수를 "하나님의 아들"로 이해했다는 사실과 그의 서신서에 나타난 이 칭호의 중요성을 과소평가하면 안 된다. 사실 바울이 사용한 "아들" 또는 "하나님의 아들"이란 칭호의 통계적 증거는 오해의 소지가 많다.[90] 바울이 예수의 인격을 주제로 정한 적은 거의 없지만 그는 이것을 "다른 주제를 논하는 가운데 자연스럽고도 암시적으로 다룬다."[91] 마찬가지로 바울이 "아들"(υἱός, 휘오스)이라는 용어를 자주 사용하지 않은 것은 사실이지만, 헹엘(M. Hengel)이 올바르게 지적했듯이 "아들"은 그에게 있어서 매우 중요한 기독론적 칭호 중 하나다.[92]

바울은 중요한 구원론적 주장을 펼치고자 할 때, 그리고 복음의 핵심을 말하고자 할 때 "아들"이라는 용어를 사용한다(롬 1:3, 4, 9; 8:2, 29, 32; 갈

---

90) 바울은 *Kyrios* 칭호는 184번 사용했지만 υἱὸς θεοῦ는 고작 15번 사용했다. 이 통계는 Hengel, *Son of God*, 7에서 확인하라.

91) Marshall, "Incarnational," 172.

92) Hengel, *Son of God*, 7-16; 이와 반대 의견은 W. R. Kramer, *Christ, Lord and Son of God* (London: SCM, 1966), 189를 보라.

1:15-16; 4:4-5; 고후 1:18-19; 고전 1:9; 15:28; 살전 1:10). 따라서 오늘날 예수에 대한 학계의 관점과 신약성서의 관점이 대비를 이루는 것에 대한 마샬 (I. H. Marshall)의 경고는, 신약의 기독론을 탐구하는 사람들에게 시사하는 바가 크다.

> 예수가 어느 면으로 보나 우리와 마찬가지인 한 인간이었다는 주장이 오늘날의 주된 경향을 이룬다. 어쩌면 이것이 그를 대부분 인간의 모양을 덧입은 하나님의 아들로 묘사하는 신약성서를 제대로 이해하지 못하게 만드는 것 같다. 현대의 논의가 그의 온전한 인성을 강조하는 반면, 신약성서는 그의 온전한 신성을 강조한다.[93]

또한 연대기적 측면이나 중요성의 측면에서 선재한 아들 기독론이 지혜 기독론보다 앞선다는 것을 뒷받침하는 여러 중요한 증거들이 있다.

첫째, 많은 학자가 빌립보서 2:6-11의 소위 "그리스도 찬가"에서 예수의 선재성뿐만 아니라 그의 하나님 아들 됨도 발견한다. 일부 상반되는 견해들도 있지만, 예수의 선재성이 나타나거나 암시되었다고 보는 바울 본문 중 이 빌립보서의 찬가는 가장 명확한 "선재적" 본문으로 여겨질 뿐만 아니라 바울 이전의 것으로 간주된다. 예수의 하나님 아들 됨에 대한 증거는 11절에 나타난 "하나님 아버지"의 언급에 있다. 이것은 이 찬가의 도입 부분—어쩌면 6절의 관계 대명사 "호스"(ὅς) 바로 앞—에 "아들"에 대한 언급이 어떤 식으로라도 존재했을 가능성을 열어준다.[94]

둘째, 일부 학자들은 이 찬가가 양식과 내용 면에서 예수를 하나님의

---

93) Marshall, "Incarnational," 170.
94) 참조. Kramer, *Christ*, 123; I. H. Marshall, "The Christ-Hymn in Philippians 2:5-11: a Review Article," *TynBul* 19(1968), 104-127.

아들로 표현하는 다른 본문들과의 긴밀한 유사성을 보이기 때문에 빌립보서 2:6-11에도 예수의 하나님 아들 됨의 사상이 내포된 것으로 본다. 이 찬가의 전반부는 하나님이 아들을 이 세상에 보내는 내용을 담은 갈라디아서 4:4-5이나 로마서 8:3-4 같은 본문들을 연상시킬 뿐만 아니라 그들과의 어휘적 유사성 역시 매우 두드러진다. 빌립보서 2:7의 "사람들과 같이 되셨고"(ἐν ὁμοιώματι ἀνθρώπων γενόμενος)는 로마서 8:3의 "죄 있는 육신의 모양으로"(ἐν ὁμοιώματι σαρκὸς ἁμαρτίας)와 유사하며 갈라디아서 4:4의 "여자에게서 나게 하시고"(γενόμενον ἐκ γυναικός)와도 여러 면에서 유사하다.

빌 2:7	ἐν ὁμοιώματι ἀνθρώπων γενόμενος
롬 8:3	ἐν ὁμοιώματι σαρκὸς ἁμαρτίας
갈 4:4	γενόμενον ἐκ γυναικός

이러한 유사성에 대하여 캐제만(E. Käsemann)은 로마서 8:3의 "죄 있는 육신의 모양으로"라는 어휘는 빌립보서 2:7의 "사람들과 같이 되셨고"라는 어휘를 모방한 것이라고 본다. 그뿐 아니라 갈라디아서 4:4의 "여자에게서 나게 하시고"는 빌립보서 2:7의 "사람들과 같이 되셨고"와 비슷한 역할을 한다고 주장한다.[95]

셋째, 또한 갈라디아서 4:4은 로마서 1:3과도 유사성을 보인다. "바울 이전"의 신앙고백과 같은 이 두 문구를 병치하면, 어휘 및 개념적 유사성 역시 매우 주목할 만함을 확인할 수 있다.

---

95) E. Käsemann, *Römer*, 206.

갈 4:4	롬 1:3
4b ἐξαπέστειλεν ὁ θεὸς τὸν υἱὸν αὐτοῦ,	3a περὶ τοῦ υἱοῦ αὐτοῦ
4cd γενόμενον ἐκ γυναικός, γενόμενον ὑπὸ νόμον,	3b τοῦ γενομένου ἐκ σπέρματος Δαυὶδ κατὰ σάρκα,

갈라디아서 4:4b의 "하나님이 그 아들을 보내사"(ἐξαπέστειλεν ὁ θεὸς τὸν υἱὸν αὐτοῦ)는 로마서 1:3a의 "그의 아들에 관하여"(περὶ τοῦ υἱοῦ αὐτοῦ)와 유사하고, 갈라디아서 4:4cd의 "여자에게서 나게 하시고, 율법 아래 나게 하신 것은"(γενόμενον ἐκ γυναικός, γενόμενον ὑπὸ νόμον)은 로마서 1:3b의 "육신으로는 다윗의 혈통에서 나게 하셨고"(γενομένου ἐκ σπέρματος Δαυὶδ κατὰ σάρκα)와 유사하다. 첫 번째 유사성은 하나님과 그의 아들과의 관계에 관한 것이고, 두 번째 유사성은 아들의 지상 출현에 관한 것이다. 로마서 1:3-4은 단순히 메시아의 즉위로 이해될 수도 있지만[96] 3절에서 "그의 아들"이 언급된 점과 4절에서 "능력으로"가 강조된 점 그리고 아들을 지칭하는 "우리 주"가 언급된 점을 고려한다면 바울은 여기서 선재한 아들이 부활을 통해 주(主)의 신분으로 고양되었음을 언급하는 것이 분명하다.[97] 동시에 이것은 빌립보서 찬가의 후반부에 해당하는데, 여기서 주목할 것은 빌립보서의 찬가가 지혜 기독론과는 무관하게 예수의 고양과 선재성에 대해 언급한다는 점이다.[98]

---

96) N. T. Wright, *The Letter to the Romans* (The New Interpreter's Bible; Nashville: Abingdon, 2002), 417는 3-4절을 "예수의 메시아 됨에 대한 상당히 직선적인 이중 진술"로 본다; 참조. M. L. Strauss, *The Davidic Messiah in Luke-Acts: the Promise and Its Fulfillment in Lukan Christology* (JSNTSup 110; Sheffield: Sheffield Academic Press, 1995), 60.

97) Wanamaker, "Son of God," 184.

98) 참조. D. Georgi, "Der vorpaulinische Hymnus Phil 2,6-11," *Zeit und Geschichte: Dankesgabe an Rudolf Bultmann zum 80. Geburtstag* (eds. E. Dinkler *et al.*; Tübingen: Mohr Siebeck, 1964), 263-293; Murphy-O'Connor, "Anthropology," 25-50.

넷째, 신약성서에서 하나님이 예수를 이 세상에 "보내는" 것에 대한 언급이 요한 문헌 외에는 매우 미미하게 나타난다는 사실은, "하나님이 그 아들을 보내사"가 구원의 목적(갈 4:4; 롬 8:3; 요 3:17; 요일 4:9)과 연관되는 기독론적 문구였음을 분명하게 보여준다. 왜냐하면 후반부 없이는 "보냄" 문구가 완전할 수 없을 뿐만 아니라 "왜 하나님이 그의 아들을 보내셨을까?" 라는 의문을 불러일으키기 때문이다. 또한 이와 같은 사상은 하나님이 그의 아들을 주거나 포기하는 사상과도 연관된다(참조. 롬 8:32; 엡 5:2, 25; 요 3:16). 바울 서신에는 아들의 죽음에 특별한 관심을 보이는 "하나님 아들 본문"이 여러 군데 존재한다(롬 5:8-11; 8:32; 갈 2:19-20; 참조. 골 1:13-20).

따라서 여기 제시된 증거들은 지혜 기독론이, 예수가 선재한 하나님의 아들이라는 초기 그리스도인들의 믿음이 하나님의 아들 됨과 신적 사명에 대한 예수의 자의식에 비추어 시편 110:1과 2:7을 주해함으로써 완전히 형성되기 이전까지는, 예수의 선재성 교리 발전에 중요한 역할을 하지 않았음을 시사한다. 단 "지혜"가 기여한 부분이 있다면 그것은 신약에 나타난 예수의 선재성 교리에서 유일하게 누락된 천지창조 사역에서의 중재 역할 또는 동참의 의미를 이미 형성된 선재성 교리에 추가한 것이다.

바울 서신에서 예수의 선재성을 나타내는 하나님의 지혜의 여러 속성─천지창조 사역을 제외하고─은, 예수의 자의식에 비추어 이루어진 시편 110:1과 2:7 주해를 통해 예수를 선재한 하나님의 아들로 이해한 초기 기독교의 관점에서 더 잘 설명할 수 있다. 예를 들어 하나님의 보좌를 공유하는 속성은 예수의 신적 정체성과 선재성을 전제로 하는 시편 110:1의 즉위 장면(참조. 시 2:6과 하나님의 "우편"에 대해 언급하는 다른 본문들)으로 설명이 가능하다(§7.3). 또한 예수가 이 세상에 오는 것과 보냄을 받는 것은, 초기 그리스도인들이 두 메시아 시편을 주해할 때 자신의 신적 사명에 대한 예수의 말씀들을 그의 초월적 기원의 의미로 재해석한 것에서 유래했다고 볼 수 있다.

여하간 어느 곳에서도 바울이 예수와 "지혜"를 명시적으로 동일시하거나 "하나님이 …하기 위해 그의 지혜를 보내사"라고 말하지 않고 오히려 구체적으로 "하나님이 그 아들을 보내사…"라고 말한다는 사실을 기억해야 한다. 또한 예수에게 부여된 구원론적 의미는 지혜와 토라를 동일시한 유대교의 영향 속에서 예수가 토라를 대체했다고 보는 관점보다는 그의 죽음 및 부활과 훨씬 더 밀접한 관계가 있음을 기억해야 한다.

8.3. —— 결론

갈라디아서 4:4-5의 배경에 대한 우리의 논의는, 부활 사건에 비추어 예수의 인격(person of Jesus)을 회상하고 유대교 전승들을 활용하면서 서로 다른 두 지층의 전승들을 결합해 하나를 다른 하나에 비추어 해석한 초기 그리스도인들의 놀라운 창의력을 신약학자들이 과소평가했음을 보여준다. 갈라디아서 4:4의 배경은 단지 유대 지혜 전승에만 국한되지 않는다. 이 구절은 예수를 하늘로부터 보냄 받은 선재한 아들로 이해한 초기 기독교의 확신을 반영할 뿐만 아니라, 이러한 그들의 확신이 예수를 천지창조 시에도 동일하게 사역했던 하나님의 "지혜"로 보는, 추후 발전된 이해에까지 영향을 미쳤음을 보여준다.

우리의 논증은 "하나님이 그 아들을 보내사"에 나타난 그 "아들"에 대한 명시적 언급을 가장 잘 설명한다. 갈라디아서 4:4을 비롯해 다른 본문에 나타난 "하나님이 그의 아들을 보냈다"는 기독론적인 문구들은 유대 지혜 전승만으로는 적절하게 설명할 수 없다. 갈라디아서 4:4은 "하나님이 그의 지혜를 보내사"가 아닌 "하나님이 그의 아들을 보내사"라고 명확하게 선포한다. 여기서 "지혜" 대신 "아들" 칭호가 사용된 것은 매우 의미심장하다. 이러한 선포는 예수의 선재성을 내포하는 예수의 하나님 아들 됨과 신적 사명에 대한 초기 기독교 전승이 하나님의 지혜로서의 예수에 대한 사상과 이미 통합되어 있었기 때문에 가능했다.

예수의 하나님 아들 됨과 신적 사명에 관한 초기 기독교 전승의 중요성을 희생시키면서 갈라디아서 4:4-5의 지혜 전승 배경을 강조해선 안 된다. 물론 지혜서에서 지혜가 아들 됨(sonship)과 연관이 있는 것은 사실이지만, 그것이 "하나님이 그의 지혜를 보내사"가 아닌 "하나님이 그의 아들을 보내사"라는 기독론적 진술의 이유를 설명하지는 못한다. 헬레니즘적 유대교에서 지혜가 아들 됨과 연관이 있으므로 바울 또는 바울 이전의 문구를 고안한 자가 "지혜"(참조. 고전 1:24, 30) 대신 "아들"이란 칭호를 사용했다는 설명은 전혀 만족스럽지 않다.

앞서 제5장에서 논증했듯이 마가복음 12:1-12의 악한 소작농부들의 비유는[99] 예수에게로 소급될 개연성이 매우 높은 기록으로서, 자신이 아버지 하나님과 독특하고도 인격적인 관계를 맺고 있으며 하늘로부터 "보냄"을 받은 자라는 예수의 자의식을 반영해준다.[100] 제7장에서 우리는 초기 그리스도인들이, 하나님의 아들 됨 및 신적 사명에 대한 예수의 자의식이 그의 선재성과 양립한다는 것을 시편 2:7 주해를 통해 확증했음을 입증했다.

이러한 논증이 설득력이 있다면 우리는 다음과 같은 결론을 확인할 수 있다. 하나님의 아들 됨과 신적 사명에 대한 예수의 가르침에 비추어 이루어진 초기 기독교의 두 메시아 시편 주해는, 초기 그리스도인들이 예

---

99) E. Schweizer, *Jesus* (London: SCM, 1971), 84,n.42.
100) 이 비유의 진정성에 대해서는 이 책의 §4.3.5.2를 보라. 이와 반대 의견은 Schweizer, *Jesus*, 84를 보라.

수를 선재한 하나님의 아들로 인식하게 했으며 신약에 나타난 예수의 선재성 교리 형성에 가장 빠르고도 중요한 영향력을 행사했을 것이다.

```
┌─────────────────────────────┐
│      바울 이전의 보냄 고정문구:      │
│   "하나님이 그 아들을 보내사"      │
│            〈본질〉              │
└─────────────────────────────┘
               ↑
┌─────────────────────────────┐
│         초기 기독교의            │
│   선재한 하나님의 아들로서의      │
│           예수 이해              │
└─────────────────────────────┘
               ↑
┌─────────────────────────────┐
│       초기 그리스도인들의         │
│     시 110:1 및 2:7의 주해       │
│           〈촉매제〉             │
└─────────────────────────────┘
               ↑
┌─────────────────────────────┐
│     예수의 하나님 아들 됨과        │
│   신적 사명에 대한 자의식        │
│            〈기반〉              │
└─────────────────────────────┘
```

제9장
결론

나는 이 책에서 초기 기독교의 선재(先在) 기독론의 기원과 발전에 대한
최근 연구 동향을 의인화(擬人化)된 하나님의 속성들과 고양된 천사들에
대한 제2성전기 유대교 사변에 주안점을 두어 비판적으로 검토한 후, 초
기 기독론에서 예수의 선재성 사상의 발전은 예수의 하나님 아들 자의식
과 신적 사명 자의식에 비추어 이루어진 초기 그리스도인들의 시편 110:1
과 2:7에 대한 주해를 통해 이루어졌다고 논증했다.

　점진적으로 증가한 소위 "중간적 존재"에 대한 사변으로 말미암은 제
2성전기 유대교 내의 하나님 개념의 양분화(兩分化, bifurcation) 현상과 초
기 기독론의 발전 사이의 상관관계를 고찰하는 연구들의 급부상을 배경
으로, 이 책은 과연 의인화된 하나님의 속성들과 고양된 천사들, 그리고
선재한 메시아와 같은 중간적 존재들이 예수를 하나님과 대등한 신적·선
재적 존재로 보게 한 실질적인 선례가 되었는지를 고찰했다.

제2장에서는 초기 유대교 내에서 하나님의 지혜와 하나님의 말씀, 그리고 하나님의 이름과 같은 의인화된 하나님의 속성들은 하나님과 개별적으로 구분된 신의 위격(divine hypostasis)으로 발전되지 않았음을 논증했다. 이러한 하나님의 속성들에 대한 생동감 넘치는 묘사는, 하나님의 개념이 양분화했다거나 예수를 하나님과 대등한 신적·선재적 존재로 보게 한 실질적인 선례가 되었다기보다는, 하나님의 초월성이나 유일무이성을 약화하지 않으면서 이 세상에서 하나님의 현존(現存)과 활동에 관해 말할 수 있는 유용한 언어를 제2성전기 유대인들에게 제공해주었다고 보아야 한다.

제3장에서는 제2성전기 유대교 내에서 주의 사자와 천사 형태적 존재들을 포함한 고양된 천사들에 대한 증폭된 관심과 선재한 메시아에 대한 사상이, 하나님과 중간적 존재들 간의 선명한 구별을 약화하거나 손상했는지 고찰했다. 그 결론은 유대교 천사론이나 선재한 메시아 사상은 예수를 하나님과 대등한 신적이며 선재적인 존재로 인식시킬 만큼 초기 기독론에 충분한 영향을 미치지 못했다는 것이었다.

제4장에서는 예수가 과연 자신을 하나님의 아들로 인식했는지, 만약 그렇다면 그것이 어떤 의미였는지를 논의하였다. 이 논의는 예수의 "아바" 사용을 비롯해 하나님을 아버지로 생각하고 자신을 하나님의 아들로 생각하는, 하나님과의 독특한 관계에 대한 예수의 자의식과 긴밀한 관련이 있는 공관복음 본문들을 중심으로 진행되었다(마 11:27; 막 13:32; 마 16:17; 눅 22:29; 막 12:1-12; 1:9-11). 그 결과 예수가 아버지이신 하나님과의 독특하고 인격적인 관계를 인식하고 있었다는 결론을 얻었다.

여기서 예수 자신이 사용했던 "아바"를 초기 교회도 사용했다는 사실은 예수의 용법 자체가 전혀 독특한 것이 아님을 시사한다고 볼 수도 있다. 하지만 이에 대한 반론과 그 근거들을 통해 오히려 이것이 예수가 하나님 아들 자의식을 가지고 있었음을 뒷받침한다고 논증했다.

이와 관련한 예수의 어록들(마 11:27; 막 13:32; 마 16:17; 눅 22:29; 막 12:1-12)의 진정성을 비판적으로 검토한 결과, 이 어록들은 각각 "예수의 삶의 정황"(Sitz im Leben Jesu)으로 소급될 개연성이 높았다. 마태복음 11:27에 대한 주해를 통해 예수가 하나님의 최종 계시를 홀로 중재하는 하나님의 유일한 대리인이며 하나님의 유일한 아들이라는 인식을 가지고 있었음을 살펴보았다. 그리고 마가복음 13:32, 마태복음 16:17, 누가복음 22:29, 마가복음 12:1-12 등 예수의 하나님 아들 됨과 관련된 어록들도 예수가 가지고 있던 하나님 아들 자의식에 대한 누적된 증거를 제공했다. 또한 악한 소작농부들의 비유에 관한 논의는 이 비유가 신약성서에 깊이 내재해 있는 소위 "바울 이전의 보냄 고정문구"(하나님이 그의 아들을 보내사, 참조. 갈 4:4; 롬 8:3; 요 3:17; 요일 4:9, 10, 14)와도 연관이 있음을 설득력 있게 보여주었다.

또한 우리는 예수의 수세 기사가 예수에 대한 메시아적 이해만을 반영하며, 그에게 부여된 "하나님의 아들" 칭호는 그의 메시아적 인식으로 말미암아 주어진 것이라는 학계의 정론을 반박했다. 그리고 수세 기사인 마가복음 1:11에서의 시편 2:7 사용은 예수가 하나님의 아들이기 때문에 메시아이지, 메시아이기 때문에 하나님의 아들인 것은 아님을 뒷받침한다고 논증했다. "아들"은 단순히 메시아적 왕에 대한 하나님의 특별한 보호와 승리를 약속하는 표현이 아니라 아버지인 하나님과의 독특하고 인격적인 관계를 수반하는 칭호다.

따라서 예수의 하나님 아들 자의식은 초기 고 기독론의 형성에서 중추적인 역할을 할 수 있는 잠재력을 지닌 것으로서 초기 기독교가 예수를 선재한 하나님의 아들로 이해하게 된 기반이 되었다고 결론지었다.

제5장에서는 과연 예수가 자신이 하나님으로부터 왔으며 하나님으로부터 보냄을 받았다는 인식을 가지고 있었는지, 만약 그렇다면 그것

이 어떤 의미인지 논의했다. 우리는 이 논의를 통해 "내가 왔다"라는 말씀 (막 2:17//; 10:45//; 눅 19:19; 12:49, 51//)과 "내가 보냄을 받았다"는 말씀(막 15:24//; 9:37//)에 주안점을 두어, 예수가 이러한 말씀들을 통해 자신이 이 세상에서 하나님이 주신 사명을 수행해야 할 자임을 나타냈다고 입증했다. 예수의 "내가 왔다" 말씀에 대한 숙어적 해석은 명확한 증거가 부족하며 설득력이 떨어진다. 또한 우리는 "엘톤"($\tilde{\eta}\lambda\theta o\nu$) 말씀에 대한 논의를 통해 이 말씀들의 강조점이 그의 초월적 기원보다는 하나님이 주신 사명에 있음을 입증했다. 따라서 예수의 "오심"은 그의 하늘로부터의 강림이 아니라 하나님이 그에게 주신 사명의 동의어로 이해하는 것이 가장 적절하다.

마가복음 15:24과 9:37에 보존된 "내가 보냄을 받았다"는 말씀과 관련해서도 동일한 결론이 적용되었다. 그런데 이 말씀들과 앞서 제4장에서 다루었던 "악한 소작농부들의 비유" 사이에는 매우 중요한 차이점이 있었다. 우리는 "내가 보냄을 받았다"는 말씀보다는 악한 농부들의 비유에서 좀 더 확신 있는 결론에 도달할 수 있었는데, 비록 미묘하긴 하지만 예수가 이 비유를 통해 하나님의 아들 됨과 신적 또는 초월적 기원에 대한 자의식을 암시적으로 드러냈음을 알 수 있었다. "내가 보냄을 받았다"는 말씀들과 악한 소작농부들의 비유가 하나님으로부터 보냄을 받았다는 공통분모를 가진다는 것은 사실이다. 하지만 둘 사이의 가장 큰 차이점은 악한 소작농부들의 비유에서 예수는 자신을 **하나님의 아들**뿐만 아니라, 하나님으로부터 **보냄을 받은 자**로 묘사한다는 것이었다. 이는 "내가 보냄을 받았다"는 말씀들에서는 찾아볼 수 없는 특징으로서 이 두 요소의 결합은 기독론에서 더욱 심오한 함의(stronger implications)를 지닌다. 즉 예수는 이 세상에 보냄을 받은 하나님의 아들이라는 것이다.

예수의 하나님 아들 자의식과 신적 사명 자의식에 대한 증거들을 다룬 후에는 이러한 예수의 자의식이 그의 선재성에 대한 자의식을 암시하는지 논의했다. 예수의 자의식에 대한 공관복음의 증거들을 고찰한 결과 우리는 예수가 하나님을 자신의 아버지로, 자신을 그의 아들로 이해하는 하나님과의 독특하고 인격적인 관계에 대한 인식을 가지고 있었음을 확인했다. 같은 맥락에서 그가 그의 신적 사명, 즉 하나님이 주신 지상에서 수행해야 할 그의 사명에 대한 인식을 가지고 있었다는 것 역시 확인할 수 있었다. 그러나 하나님의 아들 됨과 신적 사명에 대한 예수의 자기 이해 그 자체가 초기 그리스도인들이 그를 선재한 존재로 이해하는 데 중요한 역할을 했다고 말하기는 어렵다. 물론 초기 그리스도인들이 부활 이후에 하나님의 아들 됨과 신적 사명에 대한 예수의 자의식을, 부활 사건 및 그의 삶과 가르침이라는 전반적인 정황에 비추어 다시 회상하고 재검토했다면 이러한 자기 이해가 그의 선재성으로 이해되었을 가능성을 완전히 배제할 수는 없다.

바로 이 시점에서 시편 110:1과 2:7에 대한 초기 기독교의 주해가 중추적 역할을 하게 된다. 복음서에 의하면 예수의 제자들은 부활 이전에는 결코 예수가 과연 어떤 분인지(person of Jesus)를 완전히 이해하지 못했다. 예수가 자신을 명확하게 드러내 보이지 않았던 것도 사실이지만 제자들의 영적 무지도 그 원인이었다. 그러므로 예수가 자신에 대해 말한 것과 제자들이 실제로 이해한 것 사이에는 상당한 간격(gap)이 있었음을 인정할 필요가 있다. 우리는 이 "간격"이 예수의 부활 이후 초기 그리스도인들이 시편 110:1과 2:7을 메시아적-기독론적으로 주해하는 과정을 통해 메워졌으며, 이 과정을 통해 그들은 예수의 자기 계시 진술들(self-revelatory statements)에 내포되었던 그의 선재성에 대한 함의를 유추해냈다고 논증했다.

예수의 하나님 아들 자의식과 신적 사명 자의식에 관한 논의는 초기 그리스도인들이 예수를 선재한 하나님의 아들로 이해하게 된 기원이 결국 예수 자신 안에 존재했다는 결론으로 우리를 이끈다. 피상적으로 보면 예수가 자신에 대해 인식한 것(예수의 기독론)과 초기 그리스도인들이 그에 대해 믿게 된 것(초기 교회의 기독론) 사이에 상당히 큰 간격이 있는 것처럼 보인다. 바로 이 둘 사이의 이러한 큰 간격—어떤 이들에게는 결코 "화해될 수 없는" 간격—이 초기 기독론의 형성과 예수의 선재성의 기원을 예수 자신이 아닌 다른 것(예. 유대 지혜 전승, 제2성전기의 선재적 메시아 전승, 유대 "천사 형태론적" 신적 중개인 전승 등)에서 찾도록 많은 학자를 부추겼다.

제6, 7장에서는 이렇게 좁혀질 것 같지 않은 간격을 메우기 위해 초기 그리스도인들이 가장 소중하게 여겼던 두 메시아 시편을 어떻게 해석했는지 고찰했다. 초기 그리스도인들은 이 두 시편에 대한 주해 과정에서 예수의 부활 및 그의 자기 계시 진술들에 비추어 그들이 이미 믿기 시작한 것을 확증할 수 있었을 뿐만 아니라, 예수를 하나님의 우편에 즉위한 선재한 하나님의 아들로 이해하는 믿음을 심화할 수 있었다.

제6장에서는 신약에서 시편 110:1이 어떻게 사용되었는지 살펴보면서 이 메시아 구절이 한결같이 하나님 우편으로의 고양을 의미하는 예수의 부활에 적용되었음을 입증했다. 관련 본문들을 피상적으로 읽으면 초기 그리스도인들이 시편 110:1을 먼저 예수의 부활에 적용했으며, 예수가 하나님의 우편으로 고양된 시점에서야 주(主)가 된 것으로 이해했다고 보게 된다. 그러나 제시된 증거들은 이러한 해석의 논리적 부적절성을 드러내 주었다.

기독교의 출현은 예수의 부활을 하나님 우편으로의 고양으로 이해하지 않고서는 결코 설명될 수 없다. 이러한 믿음이 초기 교회의 최초기 신앙고백의 일부였다는 것과 시편 8:6이 일찍이 시편 110:1과 연계되었다는 사실은 그리스도의 우주적 주(Cosmic Lord) 되심을 인식한 시점이 매우 초기임을 강하게 시사한다. 여기서 우리는 초기 그리스도인들이 시편

110:1을 하나님 우편으로의 고양에 대한 예언으로뿐만 아니라 하나님 자신의 관점에서 이미 주(主)인 자에게 하는 말씀으로 이해했다고 논증했다. 따라서 그들은 근본적으로 예수의 부활을 새로운 신분(status)의 부여라기보다는 기존 신분의 확증으로 해석했다고 보아야 한다.

또한 예수를 주로 믿는 초기 교회의 신앙은, 궁극적으로 예수 자신이 시편 110:1을 장차 성취될 메시아에 대한 예언으로 인식하고 암시적으로 언급한 것(막 12:35-37)과, 이 신탁(神託)을 하나님 우편으로의 자신의 고양에 대한 예언으로 이해한 것(막 14:62)에 그 기초가 있다고 논증했다. 아울러 마가복음 12:35-37의 증거는 예수가 자신을 암시적으로 언급하면서 자신이 다윗보다 먼저 계신 다윗의 주일 가능성을 열어놓음으로써 자신의 선재성과 양립하는 자의식을 가지고 있었음을 시사한다고 결론 내렸다. 마가복음 14:62 역시 이러한 함의를 뒷받침한다.

제7장에서는 초기 기독교의 시편 2편의 사용에 대해 논의한 후 다음과 같은 결론에 도달했다.

첫째, 하늘의 예루살렘인 시온 산에 대한 초기 유대 전승에 비추어 시편 2:6을 예수의 고양에 대한 예언으로 보는 해석이 초기 교회 내에 존재했을 것으로 보인다.

둘째, 시편 2:6에 대한 이와 같은 해석은 신약성서에서 시편 2:7이 부활-고양과 흔히 연계되어 사용된 이유를 설명해준다. 초기 교회는 시편 2:6이 예수의 고양으로 해석되면서부터 시편 2:7을 해석할 때 부활을 통해 결정적으로 입증된 예수의 하나님 아들 됨에 대한 예언으로 보기 시작했다. 이것이 신약에서 시편 2편과 부활-고양 사이의 감추어진 "연결 고리"를 제공해준다.

셋째, 어떻게 시편 2:7이 예수의 하나님 아들 됨과 부활에 연계되기 시작했는지를 살펴보았다. 우선 초기 교회는 자신이 하나님의 아들이라는 예수의 주장을 기억했기 때문에 시편 2:7을 예수에게 적용했다. 이후 그들은 시온 산을 하나님이 계시는 하늘의 예루살렘으로 보는 초기 유대교 전승과 시편 2편 및 110편을 서로 연계시켜 읽음으로써 시편 2:6을 예수가 하나님의 우편에 앉은 것으로 해석하게 되었다. 결국 초기 그리스도인들에게 언제 예수의 하나님 아들 됨이 온전히 드러났느냐고 묻는다면 그들은 부활 시 그것이 결정적으로 입증되었다고 답할 것이다. 즉 초기 그리스도인들은 시편 2:7을 예수의 부활-고양 시 결정적으로 성취된 그의 하나님 아들 됨에 대한 예언으로 이해하기 시작했다.

넷째, 시편 2:7에 대한 메시아적 주해의 가장 심오한 기독론적인 함의는 하나님의 관점에서 예수는 지상에서, 그리고 그 이전에도 이미 하나님의 아들이었다는 것이다. 초기 그리스도인들은 예수의 부활을 하나님의 아들로서의 기존의 지위와 신분을 확증하는 것으로 이해했다. 따라서 초기 교회는 부활 시에야 비로소 예수가 하나님의 아들이 되었다고 이해했다는 주장은 폐기되어야 한다.

다섯째, 신약학자들 대부분은 예수의 하나님 아들 됨이 처음에는 단순히 메시아적 아들의 의미로 이해되고 이후에 더 발전된 의미로 이해되었다는 견해를 폭넓게 수용한다. 즉 예수가 하나님의 아들로 인정된 주된 요인은 그의 메시아 신분 때문이라는 것이다. 물론 이러한 주장을 완전히 무시할 수는 없다. 하지만 초기 교회가 예수의 하나님 아들 됨과 메시아 됨을 단순히 동일시한 것이 아니라 예수가 가졌던 하나님 아들 자의식으로부터 깊은 함의를 유추했을 것이라는 견해가 훨씬 더 설득력 있다.

따라서 우리는 선재적 아들 기독론의 기원을, 하나님 아들 됨과 신적 사명에 대한 예수의 자의식(기반, foundation)에 비추어 이루어진 초기 그리스도인들의 시편 110:1과 2:7에 대한 메시아적-기독론적 주해(촉매제, catalyst)에서 발견할 수 있다고 결론 내렸다. 부활 사건이 남긴 충격과 그 결과 발생한, 예수가 실제로 하나님의 우편에 앉아 있다는 신념은 초기 그리스도인들이 예수를 선재한 주(主)와 하나님의 아들로 이해하게 했다.

제8장에서는 지혜 기독론이 바울의 진정서신에 명확하게 나타나지 않는다는 결론에 도달했다. 우리는 "바울 이전의 보냄 고정문구"인 "하나님이 그 아들을 보내사"(갈 4:4; 롬 8:3; 요 3:17; 요일 4:9)의 기원을 고찰했다. 그 결과 이 문구는 지혜 기독론보다는 선재한 아들 기독론에서 유래되었음을 논증했다. 초기 교회는 시편 주해를 통해 예수의 신성과 선재성을 확증한 후 그가 영원한 존재로서 아버지 하나님과 함께 천지창조에 동참했으며 하나님과 대등하다는, 더 온전한 의미의 선재성을 유대 지혜 전승에서 발견하게 되었다. 따라서 초기 교회가 예수를 하나님으로부터 보냄 받은 선재한 아들로 이해한 것은, 십자가에 못 박혀 죽으시고 죽음에서 부활하셔서 주와 구주로서 하나님 우편에 "문자적으로" 앉으신 이를 더 깊이 알고자 갈망했던 초기 그리스도인들이 품었던 열망의 정점(頂點)이었다고 할 수 있다.

일차 문헌

Aland, B., *et al.* (eds.) *The Greek New Testament*. 4th ed. Stuttgart: Deutsche Bibelgesellschaft; United Bible Societies, 1998.

Braude, W. G. (trans.) *The Midrash on Psalms*. Yale Judaica Series Vol. 13 & 14. 2 Vols. New Haven; London: Yale University Press, 1959.

Charles, R. H. (ed.) *The Apocrypha and Pseudepigrapha of the Old Testament in English*. 2 Vols. Oxford: Clarendon, 1913.

Charlesworth, J. H. (ed.) *The Old Testament Pseudepigrapha*. 2 Vols. London: Darton, Longman & Todd, 1983-85.

Colson, F. H. and G. H. Whitaker. *Philo: in Ten Volumes and Two Supplementary Volumes*. The Loeb Classical Library. London: Heinemann, 1929-53.

Danby, H. C. *The Mishnah: Translated from the Hebrew with Introduction and Brief Explanatory Notes*. Oxford: OUP, 1933.

Elliger, K. and W. Rudolph. (eds.) *Biblia Hebraica Stuttgartensia*. Stuttgart: Deutsche Bibelgesellschaft, 1984.

Epstein, I. (ed.) *The Babylonian Talmud*. 35 Vols. London: Soncino Press, 1935-48.

Freedman, H. and M. Simon. (eds.) *Midrash Rabbah*. 10 Vols. London: Soncino, 1983.

García Martínez, F. and E. J. C. Tigchelaar. (eds.) *The Dead Sea Scrolls Study Edition*. Leiden: Brill, 1998.

Hengel, M., H. P. Rüger, P. Schäfer, and J. Neusner. (eds.) *Übersetzung des Talmud Yerushalmi*. 16 Vols. Tübingen: Mohr Siebeck, 1975.

Jacobson, H. *The Exagoge of Ezekiel*. Cambridge; New York: Cambridge University Press, 1983.

Nestle, E., *et al.* (eds.) *Novum Testamentum Graece*. 27th ed. Stuttgart: Deutsche Bibelgesellschaft, 1993.

Rahlfs, A. (ed.) *Septuaginta: id est, Vetus Testamentum graece iuxta LXX interpretes*. Stuttgart: Deutsche Bibelgesellschaft, 1949.

Vermes, G. *The Complete Dead Sea Scrolls in English*. London: Allen Lane, 1997.

Yonge, C. D. (trans.) *The Works of Philo: Complete and Unabridged*. New updated ed. Peabody: Hendrickson, 1854-55/1993.

이차 문헌

Abelson, J. *The Immanence of God in Rabbinical Literature*. London: Macmillan, 1912.

Achtemeier, P. J. *A Commentary on First Peter*. Hermeneia. Minneapolis: Fortress, 1996.

Adams, J. C. *The Epistle to the Hebrews with Special Reference to the Problem of Apostasy in the Church to which it was Addressed*. M.A. Thesis, Leeds, 1964.

Albl, M. C. *'And Scripture Cannot Be Broken': the Form and Function of the Early Christian Testimonia Collections*. NovTSup 96. Leiden: Brill, 1999.

Allegro, J. M. "Further Messianic References." *JBL* 75(1956) 174-87.

_____. *Qumran Cave 4 I (4Q158-4Q186)*. DJD 5. Oxford: Clarendon, 1968.

Allen, L. C. "The Old Testament Background of (ΠΡΟ)ΟΡΙΖΕΙΝ in the New Testament." *NTS* 17(1970-71) 104-8.

_____, *Psalms 101-150*. WBC 21. Dallas: Word Books, 1983.

Anderson, H. *The Gospel of Mark*. NCBC. London: Oliphants, 1976.

Anderson, K. *The Resurrection of Jesus in Luke-Acts*. PhD. dissertation, Brunel University, 2000.

_____. *"But God Raised Him from the Dead": The Theology of Jesus' Resurrection in Luke-Acts*. Milton Keynes: Paternoster, 2006.

Aono, T. *Die Entwicklung des paulinischen Gerichtsgedankens bei den Apostolischen Vätern*. Europäische Hochschulschriften, XXIII, 137. Bern: P. Lang, 1979.

Arens, E. *The ΗΛΘΟΝ-Sayings in the Synoptic Tradition: a Historico-Critical Investigation*. Freiburg: Universitätsverlag Freiburg, 1976.

Attridge, H. W. *The Epistle to the Hebrews: a Commentary on the Epistle to the Hebrews*. Hermeneia. Philadelphia: Fortress, 1989.

Aune, D. E. *The Cultic Setting of Realized Eschatology in Early Christianity*. NovTSup 28. Leiden: Brill, 1972.

Bailey, K. E. "Informal Controlled Oral Tradition and the Synoptic Gospels." *Themelios* 20.2(1995) 4-11.

_____. "Middle Eastern Oral Tradition and the Synoptic Gospels." *ExpTim* 106(1995) 363-67.

Balchin, J. F. "Colossians 1:15-20: an Early Christological Hymn? The Arguments from Style." *Vox Evangelica* 15(1985) 65-94.

Bammel, E. "Das Gleichnis von bösen Winzern (Mk 12,1-9) und das jüdische Erbrecht." *Revue internationale des droits de l'Antiquité* 3(1959) 11-17.

Barclay, J. M. G. *Jews in the Mediteranean Diaspora. From Alexander to Trajan (323 BCE-117 CE)* Edinburgh: T&T Clark, 1996.

Barker, M. *The Great Angel: a Study of Israel's Second God*. London: SPCK, 1992.

Barr, J. "Theophany and Anthropomorphism in the Old Testament." In International Organization of Old Testament Scholars *Congress Volume: Oxford, 1959*. VTSup 7. Leiden: Brill, 1960: 31-38.

_____. *The Semantics of Biblical Language*. London: OUP, 1961.

_____. "Hypostatization of Linguistic Phenomena in Modern Theological Interpretation." *JSS* 7(1962) 85-92.

_____. "'Abba, Father' and the Familiarity of Jesus' Speech." *Theology* 91(1988) 173-79.

_____. "'Abba' Isn't 'Daddy'." *JTS* 39(1988) 28-47.

Barrett, C. K. "The Background of Mark 10:45." In A. J. B. Higgins (ed.), *New Testament Essays: Studies in Memory of Thomas Walter Manson, 1893-1958*. Manchester: Manchester University Press, 1959: 1-18.

_____. *A Critical and Exegetical Commentary on the Acts of the Apostles*. ICC. 2 Vols. Edinburgh: T&T Clark, 1994.

Barthélemy, D. and J. T. Milik. *Qumran Cave I*. DJD 1. Oxford: Clarendon, 1955.

Bartsch, H. W. *Die konkrete Wahrheit und die Lüge der Spekulation: Untersuchung über den vorpaulinischen Christushymnus und seine gnostische Mythisierung*. Frankfurt: Lang, 1974.

Bauckham, R. "The Sonship of the Historical Jesus in Christology." *SJT* 31(1978) 245-60.

_____. "The Worship of Jesus in Apocalyptic Christianity." *NTS* 27(1981) 322-41.

_____. *The Climax of Prophecy: Studies on the Book of Revelation*. Edinburgh: T&T Clark, 1993.

_____. *God Crucified: Monotheism and Christology in the New Testament*.

Didsbury Lectures 1996. Carlisle: Paternoster, 1998.

_____. "The Worship of Jesus in Philippians 2:9-11." In R. P. Martin and B. J. Dodd (eds.), *Where Christology Began: Essays on Philippians 2*. Louisville: Westminster/John Knox, 1998: 128-39.

_____. "The Throne of God and the Worship of Jesus." In C. C. Newman, J. R. Davila, and G. S. Lewis (eds.), *The Jewish Roots of Christological Monotheism: Papers From the St. Andrews Conference on the Historical Origins of the Worship of Jesus*. JSJSup 63. Leiden: Brill, 1999: 43-69.

Baumgarten, J. M. "4Q500 and the Ancient Conception of the Lord's Vineyard." *JJS* 40(1989) 1-6.

Baumgartner, W. "Zum Problem des Jahwe-Engels." In *Zum Alten Testament und seiner Umwelt: Ausgewählte Aufsätze*. Leiden: Brill, 1959: 240-46.

Bayer, H. F. *Jesus' Predictions of Vindication and Resurrection: the Provenance, Meaning, and Correlation of the Synoptic Predictions*. WUNT 2/20. Tübingen: Mohr Siebeck, 1986.

Beare, F. W. *The Earliest Records of Jesus*. Oxford: Blackwell, 1962.

_____. *The Gospel According to Matthew: a Commentary*. Oxford: Blackwell, 1981.

Beasley-Murray, G. R. *Jesus and the Kingdom of God*. Grand Rapids: Eerdmans, 1986.

Beasley-Murray, P. "Colossians 1:15-20: an Early Christian Hymn Celebraiting the Lordship of Christ." In D. A. Hagner and M. J. Harris (eds.), *Pauline Studies: Essays Presented to Professor F. F. Bruce on His 70th Birthday*. Exeter: Paternoster, 1980: 169-83.

_____. "Romans 1:3f.: An Early Confession of Faith in the Lordship of Jesus." *TynBul* 31(1980) 147-54.

Becker, Jürgen. *Auferstehung der Toten im Urchristentum*. Stuttgart: KBW Verlag, 1976.

Bellinger, W. H. "The Psalms and Acts: Reading and Rereading." In N. H. Keathley (ed.), *With Steadfast Purpose*. Waco: Baylor University, 1990: 127-43.

Benoit, P. "Divinity of Jesus in the Synoptic Gospels." In *Jesus and the Gospel*. London: Darton, Longman & Todd, 1973: 47-70.

Bentzen, A. *Introduction to the Old Testament*. Copenhagen: Gad, 1952.

_____. *King and Messiah*. London: Lutterworth, 1955.

Best, E. *The Temptation and the Passion*. Cambridge: CUP, 1965.

_____. "The Power and the Wisdom of God: 1 Corinthians 1:18-25." In L. de Lorenzi (ed.), *Paolo a una chiesa divisa*. Roma: Abbazia, 1980: 9-39.

Betz, H. D. *Galatians: a Commentary on Paul's Letter to the Churches in Galatia*. Hermeneia. Philadelphia: Fortress, 1979.

Betz, O. *What Do We Know about Jesus?* London: SCM, 1968.

_____. "Probleme des Prozesses Jesu." In H. Temporini and W. Haase (eds.), *Aufstieg und Niedergang der römischen Welt*. Berlin: Gruyter, 1982: 565-647.

Bietenhard, H. *TDNT* 5.242-83.

Black, M. "The Christological Use of the Old Testament in the New Testament." *NTS* 18(1971) 1-14.

_____. (ed.). *The Book of Enoch or I Enoch: a New English Edition*. SVTP 7. Leiden: Brill, 1985.

Blenkinsopp, J. *Wisdom and Law in the Old Testament: the Ordering of Life in Israel and Early Judaism*. New York: OUP, 1995.

Blomberg, C. *Interpreting the Parables*. Downers Grove: InterVarsity, 1990.

Bock, D. L. *Proclamation from Prophecy and Pattern: Lucan Old Testament Christology*. JSNTSup 12. Sheffield: JSOT, 1987.

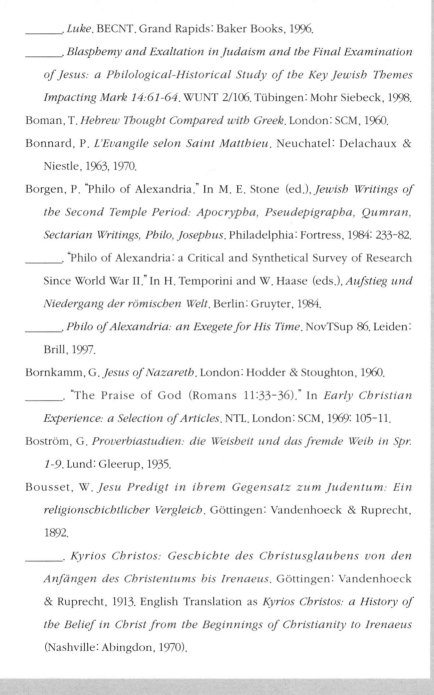

_____. *Luke*. BECNT. Grand Rapids: Baker Books, 1996.

_____. *Blasphemy and Exaltation in Judaism and the Final Examination of Jesus: a Philological-Historical Study of the Key Jewish Themes Impacting Mark 14:61-64*. WUNT 2/106. Tübingen: Mohr Siebeck, 1998.

Boman, T. *Hebrew Thought Compared with Greek*. London: SCM, 1960.

Bonnard, P. *L'Evangile selon Saint Matthieu*. Neuchatel: Delachaux & Niestle, 1963, 1970.

Borgen, P. "Philo of Alexandria." In M. E. Stone (ed.), *Jewish Writings of the Second Temple Period: Apocrypha, Pseudepigrapha, Qumran, Sectarian Writings, Philo, Josephus*. Philadelphia: Fortress, 1984: 233-82.

_____. "Philo of Alexandria: a Critical and Synthetical Survey of Research Since World War II." In H. Temporini and W. Haase (eds.), *Aufstieg und Niedergang der römischen Welt*. Berlin: Gruyter, 1984.

_____. *Philo of Alexandria: an Exegete for His Time*. NovTSup 86. Leiden: Brill, 1997.

Bornkamm, G. *Jesus of Nazareth*. London: Hodder & Stoughton, 1960.

_____. "The Praise of God (Romans 11:33-36)." In *Early Christian Experience: a Selection of Articles*. NTL. London: SCM, 1969: 105-11.

Boström, G. *Proverbiastudien: die Weisheit und das fremde Weib in Spr. 1-9*. Lund: Gleerup, 1935.

Bousset, W. *Jesu Predigt in ihrem Gegensatz zum Judentum: Ein religionschichtlicher Vergleich*. Göttingen: Vandenhoeck & Ruprecht, 1892.

_____. *Kyrios Christos: Geschichte des Christusglaubens von den Anfängen des Christentums bis Irenaeus*. Göttingen: Vandenhoeck & Ruprecht, 1913. English Translation as *Kyrios Christos: a History of the Belief in Christ from the Beginnings of Christianity to Irenaeus* (Nashville: Abingdon, 1970).

Bousset, W. and H. Gressmann. *Die Religion des Judentums im späthellenistischen Zeitalter*. HNT 21. 3rd Ed. Tübingen: Mohr Siebeck, 1926.

Box, G. H. "The Idea of Intermediation in Jewish Theology: A Note on Memra and Shekinah." *JQR* 23 (1933) 103-19.

Bretscher, P. "Exodus 4:22-23 and the Voice from Heaven." *JBL* 87 (1968) 301-11.

Breytenbach, C., H. Paulsen, and C. Gerber. (eds.) *Anfänge der Christologie: Festschrift für Ferdinand Hahn zum 65. Geburtstag*. Göttingen: Vandenhoeck & Ruprecht, 1991.

Briggs, C. A. *A Critical and Exegetical Commentary on the Book of Psalms*. ICC. Edinburgh: T&T Clark, 1906.

Brooke, G. J. *Exegesis at Qumran: 4Q Florilegium in its Jewish Context*. JSOTSup 29. Sheffield: JSOT Press, 1985.

_____. "4Q500 1 and the Use of the Scripture in the Parable of the Vineyard." *DSD* 2 (1995) 268-94.

Brown, R. E. *The Gospel According to John*. AB. 2 Vols. London: Chapman, 1971.

_____. *The Birth of the Messiah: a Commentary on the Infancy Narratives in the Gospels of Matthew and Luke*. New York: Doubleday, 1993.

_____. *The Death of the Messiah: From Gethsemane to the Grave: a Commentary on the Passion Narratives in the Four Gospels*. 2 Vols. London: G. Chapman, 1994.

Brown, R. E. and P. J. Achtemeier. (eds.) *Mary in the New Testament: a Collaborative Assessment by Protestant and Roman Catholic Scholars*. Philadelphia: Fortress Press, 1978.

Brown, W. P. Review of B. Witherington's *Jesus the Sage: the Pilgrimage of Wisdom*. *Int* 50(1996) 198-99.

Brownlee, W. H. "Psalms 1-2 as a Coronation Liturgy." *Bib* 52(1971) 321-36.

Bruce, F. F. *Commentary on the Epistle to the Hebrews: the English Text with Introduction, Exposition and Notes*. London: Marshall, Morgan & Scott, 1974.

_____. "The Davidic Messiah in Luke-Acts." In G. A. Tuttle (ed.), *Biblical and Near Eastern Studies: Essays in Honor of William Sanford LaSor*. Grand Rapids: Eerdmans, 1978: 7-17.

_____. *The Epistle of Paul to the Galatians: a Commentary on the Greek Text*. NIGTC. Exeter: Paternoster, 1982.

_____. *The Acts of the Apostles: the Greek Text with Introduction and Commentary*. Grand Rapids: Eerdmans, 1990.

_____. *The Epistle to the Hebrews*. NICNT. Grand Rapids: Eerdmans, 1990.

Buchanan, G. W. *To the Hebrews*. AB 36. Garden City: Doubleday, 1972.

Büchsel, F. *Die Christologie des Hebräerbriefs*. BFCT 27.2. Gütersloh: Bertelsmann, 1922.

Bühner, J.-A. *Der Gesandte und sein Weg im 4. Evangelium: die kultur- und religionsgeschichtlichen Grundlagen der johanneischen Sendungschristologie sowie ihre traditionsgeschichtliche Entwicklung*. WUNT 2/2. Tübingen: Mohr Siebeck, 1977.

Bultmann, R. *Theology of the New Testament*. London: SCM, 1952.

_____. *Die Geschichte der synoptischen Tradition*. Göttingen: Vandenhoeck & Ruprecht, 1958.

_____. *The History of the Synoptic Tradition*. Oxford: Blackwell, 1963. Translation of *Die Geschichte der synoptischen Tradition*. Göttingen: Vandenhoeck & Ruprecht, 1958.

Burger, C. *Jesus als Davidssohn: eine traditionsgeschichtliche Untersuchung*. Göttingen: Vandenhoeck & Ruprecht, 1970.

Buss, M. F.-J. *Die Missionspredigt des Apostels Paulus im Pisidischen*

Antiochien: Analyse von Apg 13, 16-41 im Hinblick auf die literarische und thematische Einheit der Paulusrede. FB 38. Stuttgart: Verlag Katholisches Bibelwerk, 1980.

Byrne, B. *"Sons of God - Seed of Abraham": a Study of the Idea of the Sonship of God of All Christians in Paul Against the Jewish Background.* AnBib 83. Rome: Biblical Institute Press, 1979.

_____. Review of J. M. Scott's *Adoption As Sons of God. JTS* 44 (1993) 288-94.

Cadoux, A. T. *The Parables of Jesus: Their Art and Use.* New York: Macmillan, 1931.

Caird, G. B. "The Development of the Doctrine of Christ in the New Testament." In W. N. Pittenger (ed.), *Christ for Us Today.* London: SCM, 1968: 66-81.

_____. "Son by Appointment." In W. C. Weinrich (ed.), *The New Testament Age.* Macon: Mercer U.P., 1984: 1.73-81.

Caird, G. B. and L. D. Hurst. *New Testament Theology.* Oxford: Clarendon Press, 1994.

Callan, T. "Ps. 110:1 and the Origin of the Expectation that Jesus will Come Again." *CBQ* 44(1982) 622-36.

Capes, D. B. *Old Testament Yahweh Texts in Paul's Christology.* WUNT 2/47. Tübingen: Mohr Siebeck, 1992.

Carlston, C. E. *The Parables of the Triple Tradition.* Philadelphia: Fortress, 1975.

Carrell, P. R. *Jesus and the Angels: Angelology and the Christology of the Apocalypse of John.* SNTSMS. Cambridge: CUP, 1997.

Casey, M. *Son of Man: the Interpretation and Influence of Daniel 7.* London: SPCK, 1979.

_____. *From Jewish Prophet to Gentile God: the Origins and Development of New Testament Christology*. Cambridge: CUP, 1991.

_____. *Is John's Gospel True?* London; New York: Routledge, 1996.

Cerfaux, L. *Christ in the Theology of St. Paul.* New York: Herder, 1959.

Charlesworth, J. H. *The Old Testament Pseudepigrapha and the New Testament: Prolegomena for the Study of Christian Origins.* SNTSMS 54. Cambridge: CUP, 1985.

_____. "From Jewish Messianology to Christian Christology: Some Caveats and Perspectives." In W. S. Green, E. S. Frerichs, and J. Neusner (eds.), *Judaisms and their Messiahs at the Turn of the Christian Era.* Cambridge: CUP, 1987: 225-64.

_____. "Jesus' Concept of God and His Self-Understanding." In *Jesus Within Judaism: New Light From Exciting Archaeological Discoveries.* London: SPCK, 1989: 131-64.

_____. (ed.) *The Messiah: Developments in Earliest Judaism and Christianity.* Minneapolis: Fortress, 1992.

Charlesworth, J. H. and C. A. Evans. "Jesus in the Agrapha and Apocryphal Gospels." In B. D. Chilton and C. A. Evans (eds.), *Studying the Historical Jesus: Evaluation of the State of Current Research.* Leiden: Brill, 1994: 479-533.

Chester, A. "Jewish Messianic Expectations and Mediatorial Figures and Pauline Christology." In M. Hengel and U. Heckel (eds.), *Paulus und das antike Judentum.* WUNT 58. Tübingen: Mohr Siebeck, 1991: 17-89.

Chilton, B. D. *The Glory of Israel: the Theology and Provenience of the Isaiah Targum.* JSOTSup 23. Sheffield: JSOT Press, 1982.

_____. "Jesus ben David: Reflections on the *Davidssohnfrage.*" *JSNT* 14(1982) 88-112.

_____. *A Galilean Rabbi and His Bible: Jesus' Use of the Interpreted Scripture of His Time.* Wilmington: Michael Glazier, 1984.

Chilton, B. D. and C. A. Evans. "Jesus and Israel's Scriptures." In B. D. Chilton and C. A. Evans (eds.), *Studying the Historical Jesus: Evaluation of the State of Current Research*. Leiden: Brill, 1994: 299-309.

Christ, F. *Jesus Sophia: die Sophia-Christologie bei den Synoptikern*. ATANT 57. Zürich: Zwingli Verlag, 1970.

Clements, R. E. *God and Temple: the Idea of the Divine Presence in Ancient Israel*. Oxford: Blackwell, 1965.

Coggins, R. J. *Sirach*. Guides to Apocrypha and Pseudepigrapha. Sheffield: Sheffield Academic Press, 1998.

Collins, J. J. *The Apocalyptic Vision of the Book of Daniel*. Missoula: Scholars Press, 1977.

_____. "The Son of Man in First-Century Judaism." *NTS* 38(1992) 448-66.

_____. "The *Son of God* Text From Qumran." In M. C. de Boer (ed.), *From Jesus to John: Essays on Jesus and New Testament Christology in Honour of Marinus De Jonge*. JSNTSup 84. Sheffield: Sheffield Academic Press, 1993: 65-82.

_____. *The Scepter and the Star: the Messiahs of the Dead Sea Scrolls and Other Ancient Literature*. New York: Doubleday, 1995.

_____. "The Background of the 'Son of God' Text." *BBR* 7(1997) 51-62.

_____. *Jewish Wisdom in the Hellenistic Age*. Edinburgh: T&T Clark, 1998.

Conzelmann, H. "Paulus und die Weisheit." *NTS* 12(1965-66) 231-44.

_____. "The Mother of Wisdom." In J. M. Robinson (ed.), *The Future of Our Religious Past: Essays in Honour of Rudolf Bultmann*. London: SCM, 1971: 230-43.

_____. *1 Corinthians: a Commentary on the First Epistle to the Corinthians*. Hermeneia. Philadelphia: Fortress, 1975.

Craigie, P. C. *Psalms 1-50*. WBC 19. Waco: Word Books, 1983.

Cranfield, C. E. B. *The Gospel According to Saint Mark*. Cambridge Greek

Testament Commentary. Cambridge: CUP, 1963.

_____. *A Critical and Exegetical Commentary on the Epistle to the Romans*. ICC. Edinburgh: T&T Clark, 1982.

_____. "Some Comments on Professor J. D. G. Dunn's *Christology in the Making* with Special Reference to the Evidence of the Epistle to the Romans." In L. D. Hurst and N. T. Wright (eds.), *The Glory of Christ in the New Testament*. Oxford: Clarendon, 1987: 267-80.

Crossan, J. D. "The Parable of the Wicked Husbandmen." *JBL* 90(1971) 451-65.

_____. *In Parables: the Challenge of the Historical Jesus*. San Francisco; London: Harper & Row, 1973.

_____. *The Historical Jesus: the Life of a Mediterranean Jewish Peasant*. Edinburgh; San Francisco: T&T Clark; Harper, 1991.

Cullmann, O. "L'apôtre Pierre instrument du diable et instrument de Dieu." In A. J. B. Higgins (ed.), *New Testament Essays*. Manchester: Manchester University Press, 1959: 94-105.

_____. *The Christology of the New Testament*. London: SCM, 1963.

D'Angelo, M. R. "Abba and Father: Imperial Theology and the Jesus Traditions." *JBL* 111(1992) 611-630.

Dahl, N. A. "Anamnesis: Mémoire et commémoration dans le christianisme primitif." *ST* 1(1947) 69-95.

_____. *The Crucified Messiah: and Other Essays*. Minneapolis: Augsburg, 1974.

_____. "Sources of Christological Language." In *The Crucified Messiah: and Other Essays*. Minneapolis: Augsburg, 1974: 10-36.

_____. "Promise and Fulfillment." In *Studies in Paul: Theology for the Early Christian Mission*. Minneapolis: Augsburg, 1977: 121-36.

Dalman, G. H. *The Words of Jesus: Considered in the Light of Post-Biblical Jewish Writings and the Aramaic Language*. Vol. 1. Edinburgh: T&T

Clark, 1902.

Daly, R. J. "The Soteriological Significance of the Sacrifice of Isaac." *CBQ* 39(1977) 45-75.

Daube, D. "Four Types of Questions." *JTS* 2(1951) 45-48.

_____. *The New Testament and Rabbinic Judaism*. London: University of London, 1956.

Davies, P. R. and B. D. Chilton. "The Aqedah: a Revised Tradition History." *CBQ* 40(1978) 514-46.

Davies, W. D. and D. C. Allison. *A Critical and Exegetical Commentary on the Gospel According to Saint Matthew*. ICC. Edinburgh: T&T Clark, 1988, 1991, 1997.

Davies, W. D. *Paul and Rabbinic Judaism: Some Rabbinic Elements in Pauline Theology*. London: SPCK, 1948, 1970.

Davis, C. J. *The Name and Way of the Lord: Old Testament Themes, New Testament Christology*. JSOTSup 129. Sheffield: Sheffield Academic Press, 1996.

Davis, J. A. *Wisdom and Spirit: an Investigation of 1 Corinthians 1.18-3.20 against the Background of Jewish Sapiential Traditions in the Greco-Roman Period*. Lanham; London: University Press of America, 1984.

Davis, P. G. "Divine Agents, Mediators, and New Testament Christology." *JTS* 45(1994) 479-503.

de Dinechin, O. "καθώς: La similitude dans l'évangile selon saint Jean." *RSR* 58(1970) 195-236.

de Jonge, M. "The Use of the Word 'Anointed' in the Time of Jesus." *NovT* 8(1966) 132-48.

_____. *Christology in Context: the Earliest Christian Response to Jesus*. Philadelphia: Westminster, 1988.

_____. "Jesus, Son of David and Son of God." In S. Draisma (ed.),

Intertextuality in Biblical Writings: Essays in Honour of Bas van Iersel. Kampen: J. H. Kok, 1989: 95-104.

de Lagarde, P. A. *Hagiographa Chaldaice*. Leipzig: Teubner, 1973.

de Moor, J. C. "The Targumic Background of Mark 12:1-12: The Parable of the Wicked Tenants." *JSJ* 29(1998) 63-80.

de Vaux, R. *Ancient Israel: Its Life and Institutions*. New York: McGraw-Hill, 1961.

Deichgräber, R. *Gotteshymnus und Christushymnus in der frühen Christenheit: Untersuchungen zu Form, Sprache und Stil der frühchristlichen Hymnen*. Göttingen: Vandenhoeck & Ruprecht, 1967.

Deissler, A. "Zum Problem der Messianität von Psalm 2." In J. Doré, M. Carrez, and P. Grelot (eds.), *De la Tôrah au Messie*. Paris: Brouwer, 1981: 283-92.

Derrett, J. D. M. "Fresh Light on the Parable of the Wicked Vinedressers." *Revue internationale des droits de l'Antiquit* 10(1963) 11-42.

_____. "Allegory and the Wicked Vinedressers." *JTS* 25(1974) 426-32.

Deutsch, C. *Hidden Wisdom and the Easy Yoke: Wisdom, Torah and Discipleship in Matthew 11.25-30*. JSNTSup 18. Sheffield: JSOT Press, 1987.

_____. "Wisdom in Matthew: Transformation of a Symbol." *NovT* 32(1990) 13-47.

Dey, L. K. K. *The Intermediary World and Patterns of Perfection in Philo and Hebrews*. SBLDS 25. Missoula: Scholars Press, 1975.

Di Lella, A. A. "Conservative and Progressive Theology: Sirach and Wisdom." *CBQ* 28(1966) 139-54.

_____. "Wisdom of Ben-Sira." *ABD* 6.931-45.

_____. "The Meaning of Wisdom in Ben Sira." In L. G. Perdue, B. B. Scott, and W. J. Wiseman (eds.), *In Search of Wisdom*. Louisville: Westminster/

John Knox, 1993: 133-48.

Dibelius, M. *From Tradition to Gospel*. Cambridge: CUP, 1971.

Dillon, J. M. *The Middle Platonists: a Study of Platonism, 80 B.C. to A.D. 220*. London: Duckworth, 1977.

Dix, G. "The Heavenly Wisdom and the Divine Logos in Jewish Apocalyptic." *JTS* 26(1925) 1-12.

Dodd, C. H. *The Apostolic Preaching and Its Developments: Three Lectures With an Appendix on Eschatology and History*. London: Hodder and Stoughton, 1936.

_____. *The Johannine Epistles*. MNTC. London: Hodder & Stoughton, 1946.

_____. *According to the Scriptures: the Sub-Structure of New Testament Theology*. London: Nisbet, 1952.

_____. *The Interpretation of the Fourth Gospel*. Cambridge: CUP, 1953.

_____. *The Parables of the Kingdom*. Welwyn: James Nisbet, 1961.

_____. *Historical Tradition in the Fourth Gospel*. Cambridge: CUP, 1963.

_____. "A Hidden Parable in the Fourth Gospel." In *More New Testament Studies*. Manchester: Manchester University Press, 1968: 30-40.

Donaldson, T. L. *Jesus on the Mountain: a Study in Matthean Theology*. JSNTSup 8. Sheffield: JSOT Press, 1985.

Dormandy, R. "Hebrews 1:1-2 and the Parable of the Wicked Husbandmen." *ExpTim* 100(1989) 371-75.

Duling, D. C. "The Promises to David and Their Entrance into Christianity: Nailing Down a Likely Hypothesis." *NTS* 19(1973-74) 55-77.

Dunn, J. D. G. *Baptism in the Holy Spirit: a Re-Examination of the New Testament Teaching on the Gift of the Spirit in Relation to Pentecostalism Today*. SBT 2/15. London: SCM Press, 1970.

_____. "Jesus - Flesh and Spirit: an Exposition of Romans 1.3-4." *JTS* 24(1973) 40-68.

_____. *Jesus and the Spirit: a Study of the Religious and Charismatic Experience of Jesus and the First Christians as Reflected in the New Testament*. London: SCM, 1975.

_____. *Christology in the Making: a New Testament Inquiry into the Origins of the Doctrine of the Incarnation*. London: SCM, 1980, 1989.

_____. "Was Christianity a Monotheistic Faith From the Beginning?" *SJT* 35(1982) 303-36.

_____. "Let John Be John." In P. Stuhlmacher (ed.), *Das Evangelium und die Evangelien: Vortrage vom Tübinger Symposium 1982*. WUNT 28. Tübingen: Mohr Siebeck, 1983: 309-39.

_____. "'A Light to the Gentiles': the Significance of the Damascus Road Christophany for Paul." In L. D. Hurst and N. T. Wright (eds.), *The Glory of Christ in the New Testament: Studies in Christology*. Oxford: Clarendon, 1987: 251-66.

_____. *Romans*. WBC 38. Dallas: Word Books, 1988.

_____. *The Partings of the Ways: Between Christianity and Judaism, and Their Significance for the Character of Christianity*. London: SCM, 1991.

_____. "The Making of Christology: Evolution or Unfolding?" In J. B. Green and M. Turner *Jesus of Nazareth: Lord and Christ: Essays on the Historical Jesus and New Testament Christology*. Grand Rapids: Eerdmans, 1994: 437-52.

_____. "'Son of God' as 'Son of Man' in the Dead Sea Scrolls?: a Response to John Collins on 4Q246." In S. E. Porter and C. A. Evans (eds.), *The Scrolls and the Scriptures: Qumran Fifty Years After*. JSPSup 26. Sheffield: Sheffield Academic Press, 1997: 198-210.

_____. "Christ, Adam, and Preexistence." In R. P. Martin and B. J. Dodd (eds.), *Where Christology Began: Essays on Philippians 2*. Louisville:

Westminster/John Knox, 1998: 74-83.

Dupont, J. "Filius meus es tu: L'interprétation de Ps II,7 dans le Nouveau Testament." *RSR* 35(1948) 522-43.

_____. "'Assis à la droite de Dieu' L'interpretation du Ps 110,1 dans le Nouveau Testament." In B. M. Ahern, E. Dhanis, and G. Ghiberti (eds.), *Resurrexit: actes du Symposium international sur la resurrection de Jesus, Rome 1970*. Citta del Vaticano: Libreria editrice vaticana, 1974: 340-422.

Durham, J. I. *Exodus*. WBC 3. Dallas: Word Books, 1986.

Dürr, L. *Die Wertung des göttlichen Wortes im Alten Testament und im antiken Orient: zugleich ein Beitrag zur Vorgeschichte des neutestamentlichen Logosbegriffes*. Leipzig: J. C. Hinrichs Verlag, 1938.

Eaton, J. H. *Kingship and the Psalms*. Sheffield: JSOT Press, 1986.

Eichrodt, W. *Theology of the Old Testament*. OTL. 2 Vols. London: SCM, 1967.

Ellingworth, P. *The Epistle to the Hebrews: a Commentary on the Greek Text*. NIGTC. Grand Rapids: Eerdmans, 1993.

Ellis, E. E. *Paul's Use of the Old Testament*. Edinburgh; London: Oliver and Boyd, 1957.

_____. *The Gospel of Luke* . London: Oliphants, 1974.

_____. "'Wisdom' and 'Knowledge' in 1 Corinthians." In *Prophecy and Hermeneutic in Early Christianity*. Grand Rapids: Eerdmans, 1978: 45-62.

Eskola, T. *Messiah and the Throne: Jewish Merkabah Mysticism and Early Christian Exaltation Discourse*. WUNT 2/142. Tübingen: Mohr Siebeck, 2001.

Evans, C. A. "God's Vineyard and Its Caretakers." In *Jesus and His Contemporaries: Comparative Studies*. AGAJU 25. Leiden: Brill, 1995: 381-406.

_____. "Jesus and the Messianic Texts From Qumran: A Preliminary Assessment of the Recently Published Materials." In *Jesus and His Contemporaries: Comparative Studies*. AGAJU 25. Leiden: Brill, 1995: 83-154.

_____. "Recent Development in Jesus Research: Presuppositions, Criteria, and Sources." In *Jesus and His Contemporaries: Comparative Studies*. AGAJU 25. Leiden: Brill, 1995: 1-49.

_____. "Jesus' Parable of the Tenant Farmers in Light of Lease Agreements in Antiquity." *JSP* 14(1996) 65-83.

_____. *Mark 8:27-16:20*. WBC 34B. Dallas: Word Books, 2001.

_____. "How Septuagintal Is Isa 5:1-7 in Mark 12:1-9?" *NovT* 45(2003) 105-10.

Fee, G. D. *The First Epistle to the Corinthians*. NICNT. Grand Rapids: Eerdmans, 1987.

_____. "Philippians 2:5-11: Hymn or Exalted Pauline Prose?" *BBR* 2(1992) 29-46.

_____. "Wisdom Christology in Paul: A Dissenting View." In James I. Packer and Sven Soderlund (eds.), *Way of Wisdom*. Grand Rapids: Zondervan, 2000: 251-79.

Feldmeier, R. "Heil im Unheil: Das Bild Gottes nach der Parabel von den bösen Winzern (Mk. 12, 1-12 par)." *TBei* 25(1994) 5-22.

Festugiere, A. J. "A propos des Arétalogies d'Isis." *HTR* 42(1949) 209-34.

Feuillet, A. "Jésus et la Sagesse divine d'apr s les évangiles synoptiques." *RB* 62(1955) 161-196.

_____. *Le Christ, sagesse de Dieu: d'apres les épitres pauliniennes*. Paris: Lecoffre, 1966.

Ficker, R. "מלאך." *THAT* 1.900-8.

Fieger, M. *Das Thomasevangelium: Einleitung Kommentar und*

Systematik. Münster: Aschendorff, 1991.

Fitzmyer, J. A. "The Aramaic 'Elect of God' Text From Qumran Cave IV." *CBQ* 27(1965) 348-72.

_____. "4Q Testimonia and the New Testament." *TS* 18(1967) 513-15.

_____. *The Genesis Apocryphon of Cave 1: a Commentary*. Rome: Biblical Institute Press, 1971.

_____. "Son of David and Mt. 22:41-46." In *Essays on the Semitic Background of the New Testament*. London: G. Chapman, 1971: 113-26.

_____. "The Contribution of Qumran Aramaic to the Study of the New Testament." *NTS* 20(1973-74) 382-407.

_____. "Methodology in the Study of the Aramaic Substratum of Jesus' Sayings in the New Testament." In J. Dupont (ed.), *Jesus aux origines de la Christologie*. Gembloux: Leuven University Press, 1975: 73-102.

_____. "The Contribution of Qumran Aramaic to the Study of the New Testament." In *A Wandering Aramean: Collected Aramaic Essays*. SBLMS 25. Missoula: Scholars Press, 1979: 85-113.

_____. "Abba and Jesus' Relation to God." In F. Refoule (ed.), *A cause de l'Evangile: études sur les Synoptiques et les Actes*. Paris: Cerf, 1985: 15-38.

_____. *The Gospel According to Luke*. AB 28. New York: Doubleday, 1991, 1985.

_____. "4Q246: The 'Son of God' Document From Qumran." *Bib* 74(1993) 153-74.

_____. *The Acts of the Apostles*. AB 31. New York: Doubleday, 1998.

Fleddermann, H. "The Discipleship Discourse (Mark 9:33-50)." *CBQ* 43(1981) 57-75.

Fletcher-Louis, C. H. T. *Luke-Acts: Angels, Christology and Soteriology*. WUNT 2/94. Tübingen: Mohr Siebeck, 1997.

Flusser, D. "Two Notes on the Midrash on 2 Sam. 7:1." *IEJ* 9(1959) 99-109.

Foakes-Jackson, F. J. *The Acts of the Apostles*. London: Macmillan, 1933.

Fossum, J. E. *The Name of God and the Angel of the Lord: Samaritan and Jewish Concepts of Intermediation and the Origin of Gnosticism*. WUNT 36. Tübingen: Mohr Siebeck, 1985.

_____. *The Image of the Invisible God: Essays on the Influence of Jewish Mysticism on Early Christology*. Göttingen: Vandenhoeck & Ruprecht, 1995.

France, R. T. *Jesus and the Old Testament: His Application of Old Testament Passages to Himself and His Mission*. London: Tyndale, 1971.

_____. "The Worship of Jesus: a Neglected Factor in Christological Debate?" In H. H. Rowdon (ed.), *Christ the Lord: Studies in Christology Presented to Donald Guthrie*. Leicester: Inter-Varsity, 1982: 17-36.

_____. *The Gospel of Mark: a Commentary on the Greek Text*. NIGTC. Grand Rapids: Eerdmans, 2002.

Frankowski, J. "Early Christian Hymns Recorded in the New Testament: a Reconsideration of the Question in Light of Heb 1,3." *BZ* 27(1983) 183-94.

Freedman, D. N. and B. E. Willoughby. "מלאך." *ThWAT* 4.901.

Fretheim, T. E. "Word of God." *ABD* 6.961-68.

Fuchs, E. *Die Freiheit des Glaubens: Römer 5-8 ausgelegt*. BEvT 14. München: Kaiser, 1949.

Fuller, R. H. *The Foundations of New Testament Christology*. London: Lutterworth, 1965.

_____. "The Conception/Birth of Jesus as a Christological Moment." *JSNT* 1(1978) 37-52.

Funk, R. W. and R. W. Hoover. *The Five Gospels: the Search for the Authentic Words of Jesus: New Translation and Commentary*. New York; Oxford: Macmillan, 1993.

Funk, R. W. *The Gospel of Mark: Red Letter Edition*. Sonoma: Polebridge, 1991.

Furness, J. M. "Behind the Philippian Hymn." *ExpTim* 79(1967-68) 178-82.

García Martínez, F. "The Eschatological Figure of 4Q246." In *Qumran and Apocalyptic: Studies on the Aramaic Texts from Qumran*. Leiden: Brill, 1992: 162-79.

Gärtner, B. "טליא als Messiasbezeichnung." *SEÅ* 18-19(1953-54) 98-108.

Gathercole, S. J. "On the Alleged Aramaic Idiom behind the Synoptic ἦλθον-sayings." *JTS* 55(2004) 84-91.

_____. "The Advent of Jesus in the Synoptic Gospels." *an unpublished paper read at Aberdeen University NT Seminar* (2002) 1-16.

_____. "Is Wisdom Christology a way into the Pre-existence of Christ?: Matthew 11.16-30 and 23.34-24-1 as Test Cases." *an unpublished paper read at Aberdeen University NT Seminar* (2002) 1-7.

_____. "Pre-existence in the Synoptic Gospels: the Evidence of Mark 1-2." *an unpublished paper read at Aberdeen University NT Seminar* (2002) 1-9.

_____. *The Preexistent Son: Recovering the Christologies of Matthew, Mark, and Luke*. Grand Rapids: Eerdmans, 2006.

Georgi, D. "Der vorpaulinische Hymnus Phil 2,6-11." In E. Dinkler and H. Thyen (eds.), *Zeit und Geschichte: Dankesgabe an Rudolf Bultmann zum 80. Geburtstag*. Tübingen: Mohr Siebeck, 1964: 263-93.

Gerhardsson, B. *The Reliability of the Gospel Tradition*. Peabody: Hendrickson, 2001.

Gese, H. *Zur biblischen Theologie*. München: Kaiser, 1977.

_____. "Wisdom, Son of Man, and the Origins of Christology: The Consistent Development of Biblical Theology." *HBT* 3(1981) 23-58.

Giblin, C. H. "Three Monotheistic Texts in Paul." *CBQ* 37(1975) 527-47.

Gibson, A. *Biblical Semantic Logic: a Preliminary Analysis*. Oxford: Blackwell, 1981.

Gieschen, C. A. *Angelomorphic Christology: Antecedents and Early Evidence.* AGAJU 42. Leiden: Brill, 1998.

Giles, P. *Jesus the High Priest in the Epistle to the Hebrews and in the Fourth Gospel.* M.A. Thesis, Manchester, 1973.

_____. "The Son of Man in the Epistle to the Hebrews." *ExpTim* 86(1974-75) 328-32.

Glasson, T. F. *Jesus and the End of the World.* Edinburgh: Saint Andrew, 1980.

Gnilka, J. *Das Evangelium nach Markus.* EKKNT 2. 2 Vols. Einsiedeln: Benziger Verlag, 1978-79.

Goetz, S. C. and C. L. Blomberg. "The Burden of Proof." *JSNT* 11(1981) 39-63.

Goldberg, A. *Untersuchungen über die Vorstellung von der Schekhinah in der frühen rabbinischen Literatur (Talmud und Midrasch).* Berlin: Walter de Gruyter, 1969.

_____. *Erlösung durch Leiden. Drei rabbinische Homilien über die Trauernden Zions und den leidenden Messias Ephraim, PesR 34. 36. 37.* FJS 4. Frankfurt: Lang, 1978.

_____. "Die Namen des Messias in der rabbinischen Traditionsliteratur. Ein Beitrag zur Messiaslehre des rabbinischen Judentums." *Frankfurter Judaistische Beiträge* 7(1979) 1-93.

Goldsmith, D. "Acts 13:33-37: a *Pesher* on 2 Samuel 7." *JBL* 87(1968) 321-24.

Goodenough, E. R. *An Introduction to Philo Judaeus.* Oxford: Blackwell, 1962.

Gordis, R. "The 'Begotten' Messiah in the Qumran Scrolls." *VT* 7(1957) 191-94.

Goulder, M. D. *Midrash and Lection in Matthew.* London: SPCK, 1974.

_____. "Psalm 8 and the Son of Man." *NTS* 48(2002) 18-29.

Gourgues, M. *A la droite de Dieu: resurrection de Jesus et actualisation du psaume 110, 1 dans le Nouveau Testament.* Paris: J. Gabalda, 1978.

Grässer, E. "Hebräer 1,1-4: ein exegetischer Versuch." *EKKNTV* 3(1971) 55-91.

Green, J. B., S. McKnight, and I. H. Marshall. (eds.). *Dictionary of Jesus and the Gospels*. Downers Grove: Inter-Varsity, 1992.

Grether, O. *Name und Wort Gottes im Alten Testament*. BZAW 64. Giessen: A. Topelmann, 1934.

Grundmann, W. *Das Evangelium nach Lukas*. THKNT 3. Berlin: Evangelische Verlagsanstalt, 1966.

Guelich, R. A. *Mark 1-8:26*. WBC 34A. Dallas: Word Books, 1989.

Guillet, J. "Luc 22,29: une formule johannique dans l'évangile de Luc." *RSR* 69(1981) 113-22.

Gundry, R. H. "The Narrative Framework of Matthew XVI.17-19." *NovT* 7(1964) 1-9.

_____. *The Use of the Old Testament in St. Matthew's Gospel: with Special Reference to the Messianic Hope*. NovTSup 18. Leiden: Brill, 1967.

_____. *Mark: a Commentary on His Apology for the Cross*. Grand Rapids: Eerdmans, 1993.

_____. *Matthew: a Commentary on his Handbook for a Mixed Church under Persecution*. Grand Rapids: Eerdmans, 1994.

Gunkel, H. *Die Psalmen*. Göttingen: Vanderhoeck & Ruprecht, 1968.

Habermann, J. *Präexistenzaussagen im Neuen Testament*. Europäische Hochschulschriften 23/362. Frankfurt: Lang, 1990.

Haenchen, E. *Der Weg Jesu: Eine Erklärung des Markus-Evangeliums und der kanonischen Parallelen*. Berlin: Topelmann, 1966.

_____. *The Acts of the Apostles*. Philadelphia: Westminster, 1971.

Hagner, D. A. "Paul's Christology and Jewish Monotheism." In P. K. Jewett, R. A. Muller, and M. Shuster (eds.), *Perspectives on Christology*. Grand Rapids: Zondervan, 1991: 19-38.

_____. *Matthew 1-13*. WBC 33. Dallas: Word Books, 1993.

_____. *Matthew 14-28*. WBC 33. Dallas: Word Books, 1995.

Hahn, F. *Christologische Hoheitstitel*. Göttingen: Vandenhoeck & Ruprecht, 1964.

_____. *The Titles of Jesus in Christology*. London: Lutterworth, 1969.

Hall, D. R. *The Gospel Framework: Fiction or Fact?: a Critical Evaluation of Der Rahmen der Geschichte Jesu by Karl Ludwig Schmidt*. Carlisle: Paternoster, 1998.

Hamerton-Kelly, R. *Pre-Existence, Wisdom, and the Son of Man: a Study of the Idea of Pre-Existence in the New Testament*. SNTSMS. Cambridge: CUP, 1973.

_____. "God the Father in the Bible." In J. B. Metz, E. Schillebeeckx, and M. Lefébure (eds.), *God As Father?* Concilium 143. Edinburgh: T.&T. Clark; New York: Seabury Press, 1981:

Hamp, V. *Der Begriff 'Wort' in den aramäischen Bibelübersetzungen: Ein exegetischer Beitrag zur Hypostasen-Frage und zur Geschichte der Logos-Spekulation*. München: Filser, 1938.

Hannah, D. D. *Michael and Christ: Michael Traditions and Angel Christology in Early Christianity*. WUNT 2/109. Tübingen: Mohr Siebeck, 1999.

Hanson, A. T. *Jesus Christ in the Old Testament*. London: SPCK, 1965.

_____. *The New Testament Interpretation of Scripture*. London: SPCK, 1980.

_____. *The Image of the Invisible God*. London: SCM, 1982.

Harris, J. R. *Testimonies*. Cambridge: CUP, 1916-20.

_____. *The Origin of the Prologue to St John's Gospel*. Cambridge: CUP, 1917.

Hawthorne, G. F. *Philippians*. WBC 43. Dallas: Word Books, 1983.

Hay, D. M. *Glory at the Right Hand: Psalm 110 in Early Christianity*. SBLMS 18. Nashville: Abingdon, 1973.

Hayman, P. "Monotheism: a Missued Word in Jewish Studies?" *JJS* 42(1991) 1-15.

Hays, R. B. *Echoes of the Scriptures in the Letters of Paul*. New Haven: Yale University Press, 1989.

Hayward, R. *Divine Name and Presence: the Memra*. Totowa: Allanheld, 1981.

Heidt, W. G. *Angelology of the Old Testament: a Study in Biblical Theology*. Washington: The Catholic University of America Press, 1949.

Heinisch, P. *Personifikationen und Hypostasen im Alten Testament und im Alten Orient*. BZ 9.10/12. Münster: Aschendorff, 1921.

Hengel, M. "Das Gleichnis von den Weingärtnern Mc 12,1-12 im Lichte der Zenonpapyri und der rabbinischen Gleichnisse." *ZNW* 59(1968) 1-39.

_____. *Judaism and Hellenism: Studies in Their Encounter in Palestine During the Early Hellenistic Period*. 2 Vols. London: SCM, 1974.

_____. *The Son of God: the Origin of Christology and the History of Jewish-Hellenistic Religion*. London: SCM, 1976.

_____. *The Atonement: a Study of the Origins of the Doctrine in the New Testament*. London: SCM Press, 1981.

_____. "Christology and New Testament Chronology." In *Between Jesus and Paul: Studies in the Earliest History of Christianity*. Philadelphia: Fortress, 1983: 30-47.

_____. "Hymns and Christology." In *Between Jesus and Paul: Studies in the Earliest History of Christianity*. Philadelphia: Fortress, 1983: 78-96.

_____. *The 'Hellenization' of Judaea in the First Century After Christ*. London: SCM, 1990.

_____. "'Sit at My Right Hand!' The Enthronement of Christ at the Right Hand of God and Psalm 110:1." In *Studies in Early Christology*. Edinburgh: T&T Clark, 1995: 119-225.

Herzog, W. R. *Parables as Subversive Speech: Jesus as Pedagogue of the Oppressed.* Louisville: Westminster/John Knox, 1994.

Hester, J. D. "Socio-Rhetorical Criticism and the Parable of the Wicked Tenants." *JSNT* 45(1992) 27-57.

Hill, D. *The Gospel of Matthew.* NCBC. London: Oliphants, 1972.

Hingle, N. N. *Jesus, a Divine Agent: Three Christological Comparisons Between the Gospels of Matthew and John.* Aberdeen Univ. PhD. dissertation, 1995.

Hirth, V. *Gottes Boten im Alten Testament: die alttestamentliche Mal'ak-Vorstellung unter besonderer Berücksichtigung des Mal'ak-Jahwe-Problems.* ThA 32. Berlin: Evang. Verlagsanst, 1975.

Hoffmann, P. *Studien zur Theologie der Logienquelle.* Münster: Aschendorff, 1972.

Hooke, S. H. *Alpha and Omega: a Study in the Pattern of Revelation.* Welwyn: J. Nisbet, 1961.

Hooker, M. D. *Jesus and the Servant: the Influence of the Servant Concept of Deutero-Isaiah in the New Testament.* London: SPCK, 1959.

_____. *The Son of Man in Mark.* London: SPCK, 1967.

_____. "On Using the Wrong Tool." *Theology* 75(1972) 570-81.

Hoover, R. W. "The Harpagmos Enigma: A Philological Solution." *HTR* 64(1971) 95-119.

Horbury, W. "The Messianic Associations of 'the Son of Man'." *JTS* 36(1985) 34-55.

_____. "The Christian Use and the Jewish Origins of the Wisdom of Solomon." In H. G. M. Williamson, R. P. Gordon, J. A. Emerton, and Day John (eds.), *Wisdom in Ancient Israel: Essays in Honour of J. A. Emerton.* Cambridge: CUP, 1995: 183-85.

_____. *Jewish Messianism and the Cult of Christ.* London: SCM, 1998.

_____. "Jewish Messianism and Early Christology." *an unpublished paper presented at H. H. Bingham NT Colloquium* (2001) 1-20.

Horsley, R. A. "Wisdom of Word and Words of Wisdom in Corinth." *CBQ* 39(1977) 224-39.

_____. "The Background of the Confessional Formula in 1 Kor. 8,6." *ZNW* 69(1978) 130-5.

Howard, G. "Phil. 2:6-11 and the Human Christ." *CBQ* 40(1978) 368-87.

Huffmon, H. B. "Name." *DDD* 1148-51.

Hultgren, A. J. *The Parables of Jesus: a Commentary*. Grand Rapids: Eerdmans, 2000.

Hunter, A. M. "Crux Criticorum - Matt. 11:25-30 - a Reappraisal." *NTS* 3(1961-62) 241-49.

_____. *The Work and Words of Jesus*. Philadelphia: Westminster, 1973.

Huntress, E. "'Son of God' in Jewish Writings Prior to the Christian Era." *JBL* (1935) 117-23.

Hurst, L. D. "Re-Enter the Pre-Existent Christ in Philippians 2.5-11?" *NTS* 32(1986) 449-57.

_____. "The Christology of Hebrews 1 and 2." In L. D. Hurst and N. T. Wright (eds.), *The Glory of Christ in the New Testament: Studies in Christology*. Oxford: Clarendon, 1987: 151-64.

_____. "Christ, Adam, and Preexistence Revisited." In R. P. Martin and B. J. Dodd (eds.), *Where Christology Began: Essays on Philippians 2*. Louisville: Westminster/John Knox, 1998: 84-95.

Hurtado, L. W. *One God, One Lord: Early Christian Devotion and Ancient Jewish Monotheism*. London: SCM, 1988, 1998.

_____. "What Do We Mean by 'First-Century Jewish Monotheism'?" In D. Lull (ed.), *SBLSP*. Atlanta: Scholars Press, 1993: 348-68.

_____. "Christ-Devotion in the First Two Centuries: Reflections and a

Proposal." *Toronto Journal of Theology* 12(1996) 17-33.

_____. "First-Century Jewish Monotheism." *JSNT* 71(1998) 3-26.

_____. "Jesus' Divine Sonship in Paul's Epistle to the Romans." In N. T. Wright and S. Soderlund (eds.), *Romans and the People of God*. Grand Rapids: Eerdmans, 1999: 217-33.

_____. "Pre-70 CE Jewish Opposition to Christ-Devotion." *JTS* 50(1999) 35-58.

_____. "Religious Experience and Religious Innovation in the New Testament." *JR* 80(2000) 183-205.

_____. *Lord Jesus Christ: Devotion to Jesus in Earliest Christianity*. Grand Rapids: Eerdmans, 2003.

Hyatt, J. P. *Commentary on Exodus*. NCBC. London: Oliphants, 1971.

Isaac, E. "1 (Ethiopic Apocalypse of) Enoch." In J. H. Charlesworth (ed.), *The Old Testament Pseudepigrapha*. London: Darton, Longman & Todd, 1983: 1.5-89.

Jacob, E. *Theology of the Old Testament*. London: Hodder and Stoughton, 1958.

Jacobson, A. D. *Wisdom Christology in Q*. Diss. Claremont, 1978.

Jeremias, J. *Jesus' Promise to the Nations*. SBT 24. London: SCM, 1958.

_____. "Theophany in the OT." *IDBSup* 896-98.

_____. "παῖς θεοῦ." *TDNT* 5.677-717.

_____. *Abba: Studien zur neutestamentlichen Theologie und Zeitgeschichte*. Göttingen: Vandenhoeck & Ruprecht, 1966.

_____. "Die älteste Schicht der Menschensohn-Logien." *ZNW* 58(1967) 159-72.

_____. *The Prayers of Jesus*. SBT 2/6. London: SCM, 1967.

_____. *New Testament Theology*. London: SCM, 1971.

_____. *The Parables of Jesus*. Göttingen: Vandenhoeck & Ruprecht, 1972.

Jervell, J. *The Theology of the Acts of the Apostles.* New Testament Theology. Cambridge: CUP, 1996.

_____. *Die Apostelgeschichte.* KEK 3. Göttingen: Vandenhoeck & Ruprecht, 1998.

Jeske, R. L. "The Rock was Christ: the Ecclesiology of 1 Corinthians 10." In D. Lührmann and G. Strecker (eds.), *Kirche: Festschrift für Günther Bornkamm zum 75. Geburtstag.* Tübingen: Mohr Siebeck, 1980: 245-55.

Jewett, R. *Paul's Anthropological Terms: a Study of their Use in Conflict Settings.* AGAJU 10. Leiden: Brill, 1971.

_____. "The Redaction and Use of an Early Christian Confession in Romans 1:3-4." In D. E. Groh and R. Jewett (eds.), *The Living Text: Essays in Honor of Ernest W. Saunders.* Lanham: University Press of America, 1985: 99-122.

Johnson, A. R. *Sacral Kingship in Ancient Israel.* Cardiff: University of Wales Press, 1955.

_____. *The One and the Many in the Israelite Conception of God.* Cardiff: University of Wales Press, 1961.

Johnson, E. E. *The Function of Apocalyptic and Wisdom Traditions in Romans 9-11.* SBLDS 109. Atlanta: Scholars Press, 1989.

Johnson, L. T. *Religious Experience in Earliest Christianity.* Minneapolis: Fortress, 1998.

Johnson, M. D. "Reflections on a Wisdom Approach to Matthew's Christology." *CBQ* 36(1974) 44-64.

Juel, D. H. *Messiah and Temple: the Trial of Jesus in the Gospel of Mark.* SBLDS 31. Missoula: Scholars Press, 1977.

_____. *Messianic Exegesis: Christological Interpretation of the Old Testament in Early Christianity.* Philadelphia: Fortress, 1988.

Jülicher, A. *Die Gleichnisreden Jesu.* Tübingen: Mohr Siebeck, 1899. Reprinted, Darmstadt: Wissenschaftliche Buchgesellschaft, 1963.

Kaiser, W. C. *Exodus. The Expositor's Bible Commentary.* F. E. Gaebelein and R. P. Polcyn. (eds.) Grand Rapids: Regency Reference, 1990.

Karrer, M. *Der Gesalbte: die Grundlagen des Christustitels.* Göttingen: Vandenhoeck & Ruprecht, 1990.

Käsemann, E. "The Problem of the Historical Jesus." In *Essays on New Testament Themes.* SBT 41. London: SCM, 1964: 15-47.

_____. *An die Römer.* HNT 8a. Tübingen: Mohr Siebeck, 1973.

_____. *Commentary on Romans.* London: SCM, 1980.

_____. *The Wandering People of God: an Investigation of the Letter to the Hebrews.* Minneapolis: Augsburg Pub. House, 1984.

Kayatz, C. *Studien zu Proverbien 1-9: eine form- und motivgeschichtliche Untersuchung unter Einbeziehung ägyptischen Vergleichsmaterials.* WMANT 22. Neukirchen-Vluyn: Neukirchener Verlag, 1966.

Kazmierski, C. R. *Jesus the Son of God: a Study of the Markan Tradition and its Redaction by the Evangelist.* Würzburg: Echter, 1979.

Kidner, D. *Psalms 73-150: a Commentary on Books 3-6 of the Psalms.* TOTC. London: Inter-Varsity, 1975.

Kilpatrick, G. D. "The Order of Some Noun and Adjective Phrases in the New Testament." *NovT* 5(1962) 111-14.

Kim, S. *The Origin of Paul's Gospel.* WUNT 2/4. Tübingen: Mohr Siebeck, 1981.

_____. *"The 'Son of Man'" as the Son of God.* WUNT 30. Tübingen: Mohr Siebeck, 1983.

Kimball, C. A. "Jesus' Exposition of Scripture in Luke (20:9-19): an Inquiry in Light of Jewish Hermeneutics." *BBR* 3(1993) 77-92.

Kingsbury, J. D. "The Parable of the Wicked Husbandmen and the

Secret of Jesus' Divine Sonship in Matthew: Some Literary-Critical Observations." *JBL* 105(1986) 643-55.

Kinzer, M. S. *'All Things Under His Feet': Psalm 8 in the New Testament and in Other Jewish Literature of Late Antiquity.* PhD dissertation: University of Michigan, 1995.

Kissane, E. J. "The Interpretation of Psalm 110." *ITQ* 21(1954) 103-14.

Klausner, J. *Jesus of Nazareth: His Life, Times, and Teaching.* New York: Macmillan, 1926.

_____. *The Messianic Idea in Israel.* London: Allen and Unwin, 1956.

Klein, G. "Die Prüfung der Zeit(Lukas 12, 54-56)." *ZTK* 61(1964) 373-90.

Kloppenborg [Verbin], J. S. "Wisdom Christology in Q." *LTP* 34(1978) 129-47.

_____. "Isis and Sophia in the Book of Wisdom." *HTR* 75(1982) 57-84.

_____. *Q Parallels: Synopsis, Critical Notes & Concordance.* Sonoma: Polebridge, 1988.

_____. "Egyptian Viticultural Practices and the Citation of Isa 5:1-7 in Mark 12:1-9." *NovT* 44(2002) 134-59.

Klostermann, E. *Das Lukasevangelium.* HNT. Tübingen: Mohr Siebeck, 1929.

_____. *Das Matthäusevangelium.* HNT 4. Tübingen: Mohr Siebeck, 1971.

Knight, G. A. F. *A Christian Theology of the Old Testament.* London: SCM, 1959.

Knox, J. *The Humanity and Divinity of Christ: a Study of Pattern in Christology.* Cambridge: CUP, 1967.

Knox, W. L. "The Divine Wisdom." *JTS* 38(1937) 230-7.

_____. *St Paul and the Church of the Gentiles.* Cambridge: CUP, 1939.

Kramer, W. R. *Christos, Kyrios, Gottessohn: Untersuchungen zu Gebrauch und Bedeutung der christologischen Bezeichnungen bei Paulus und den vorpaulinischen Gemeinden.* ATANT 44. Zürich: Zwingli Verlag, 1963.

_____. *Christ, Lord and Son of God*. London: SCM, 1966.

Kraus, H.-J. *Psalmen*. BKAT 15/1. Neukirchen-Vluyn: Neukirchener Verlag, 1960.

_____. *Psalms 1-59: a Commentary*. Minneapolis: Augsburg, 1988.

_____. *Theology of the Psalms*. Minneapolis: Fortress, 1992.

Kruse, H. "Die 'dialektische Negation' als semitisches Idiom." *VT* 4(1954) 385-400.

Kuhn, H. B. "The Angelology of the Non-Canonical Jewish Apocalypses." *JBL* 67(1947) 217-32.

Kümmel, W. G. *Promise and Fulfilment: the Eschatological Message of Jesus*. SBT 23. London: SCM, 1957.

_____. "Das Gleichnis von den bösen Weingärtnern (Mk 12:1-9)." In *Heilsgeschehen und Geschichte: Gesammelte Aufsätze 1933-64*. MGT 3. Marburg: N. G. Elwert Verlag, 1965: 207-17.

_____. *The Theology of the New Testament: according to its Major Witnesses, Jesus, Paul, John*. Nashville: Abingdon, 1973.

Ladd, G. E. *A Theology of the New Testament*. Grand Rapids: Eerdmans, 1974.

Lagrange, M.-J. *Évangile selon St Luc*. EBib. Paris: Gabalda, 1941.

_____. *Évangile selon Saint Marc*. EBib. Paris: Lecoffre, 1947.

_____. *Évangile selon saint Matthieu*. EBib. Paris: Gabalda, 1948.

Lake, K. and H. J. Cadbury. *The Beginnings of Christianity*. 5 Vols. London: Macmillan, 1920.

Lambrecht, J. "Paul's Christological Use of Scripture in 1-Corinthians 15.20-28." *NTS* 28(1982) 502-27.

_____. *Out of the Treasure: the Parables in the Gospel of Matthew*. Louvain: Peeters, 1992.

Lane, W. L. "Detecting Divine Wisdom Christology in Hebrews 1:1-4." *New*

Testament Student 5(1982) 150-58.

_____. *Hebrews*. WBC 47. Dallas: Word Books, 1991.

Larcher, C. *Études sur le livre de la Sagesse*. EBib. Paris: Lecoffre, 1969.

Leaney, A. R. C. "The Gospels as Evidence for First-Century Judaism." In D. E. Nineham (ed.), *Historicity and Chronology in the New Testament*. London: SPCK, 1965: 28-45.

Lentzen-Deis, F. *Die Taufe Jesu nach den Synoptikern: literarkritische und gattungsgeschichtliche Untersuchungen*. Frankfurt: Knecht, 1970.

Levenson, J. D. *The Death and Resurrection of the Beloved Son: the Transformation of Child Sacrifice in Judaism and Christianity*. New Haven: Yale University Press, 1993.

Levey, S. H. *The Messiah: an Aramaic Interpretation: the Messianic Exegesis of the Targum*. Cincinnati: Hebrew Union College-Jewish Institute of Religion, 1974.

Lindars, B. *New Testament Apologetic: the Doctrinal Significance of the Old Testament Quotations*. London: SCM, 1961.

_____. *Jesus Son of Man: a Fresh Examination of the Son of Man Sayings in the Gospels in the Light of Recent Research*. London: SPCK, 1983.

Linnemann, E. *Studien zur Passionsgeschichte*. FRLANT 102. Göttingen: Vandenhoeck & Ruprecht, 1970.

_____. "Tradition und Interpretation in Röm. 1,3 f." *EvT* 31(1971) 264-76.

Linton, O. "Le *Parallelismus Membrorum* dans le Nouveau Testament: Simple remarques." In A.-L. Descamps and A. de Halleux (eds.), *Mélanges bibliques: en hommage au R. P. Beda Rigaux*. Gembloux: Duculot, 1970: 488-507.

Llewelyn, S. R. "Self-Help and Legal Redress: The Parable of the Wicked Tenants." In R. A. Kearsley and S. R. Llewelyn (eds.), *New Documents Illustrating Early Christianity*. North Ryde: Macquarie University, 1992:

86-105.

Loader, W. R. G. "Christ at the Right Hand - Ps. CX in the New Testament." *NTS* 24(1978) 199-217.

_____. *Sohn und Hoherpriester: eine traditionsgeschichtliche Untersuchung zur Christologie des Hebraerbriefes.* WMANT 53. Neukirchen-Vluyn: Neukirchener Verlag, 1981.

Lods, A. "L'Ange de Yahvé et l' me extérieure." BZAW (1913) 259-78.

Lohfink, G. *Die Himmelfahrt Jesu: Untersuchungen zu den Himmelfahrts- und Erhöhungstexten bei Lukas.* SANT 26. München: Kosel, 1971.

Lohmeyer, E. *Kyrios Jesus: eine untersuchung zu Phil. 2, 5-11.* Heidelberg: C. Winter, 1928.

_____. *Das Evangelium des Markus.* Göttingen: Vandenhoeck & Ruprecht, 1951.

Lohse, E. *Märtyrer und Gottesknecht: Untersuchungen zur urchristlichen Verkündigung vom Sühntod Jesu Christi.* FRLANT 64. Göttingen: Vandenhoeck & Ruprecht, 1955.

_____. *Der Prozeß Jesu Christi. Die Einheit des Neuen Testaments Exegetische Studien zur Theologie des Neuen Testaments.* ESTNT 1. Göttingen: Vandenhoeck & Ruprecht, 1973.

_____. *Die Texte aus Qumran: Hebräisch und Deutsch.* München: Kösel, 1981.

Longenecker, R. N. *Galatians.* WBC 41. Dallas: Word Books, 1990.

_____. *Acts.* Grand Rapids: Zondervan, 1995.

Lövestam, E. *Son and Saviour: a Study of Acts 13, 32-37.* Lund: Gleerup, 1961.

Lowe, M. "From the Parable of the Vineyard to a Pre-Synoptic Source." *NTS* 28(1982) 257-63.

Lührmann, D. *Die Redaktion der Logienquelle.* WMANT 33. Neukirchen-

Vluyn: Neukirchener Verlag, 1969.

_____. *Das Markusevangelium*. HNT 3. Tübingen: Mohr Siebeck, 1987.

Luz, U. *Das Geschichtsverständnis des Paulus*. BEvTh 49. München: Kaiser, 1968.

_____. *Matthew 1-7*. Edinburgh: T&T Clark, 1990.

_____. *Matthew 8-20*. Hermeneia. Minneapolis: Fortress, 2001.

Macaskill, Grant. *Revealed Wisdom and Inaugurated Eschatology in Ancient Judaism and Early Christianity*. Supplements to the Journal for the Study of Judaism 115. Leiden: Brill, 2007.

Mach, M. *Entwicklungsstadien des jüdischen Engelglaubens in vorrabbinischer Zeit*. TSAJ 34. Tübingen: Mohr Siebeck, 1992.

Mack, B. L. "Wisdom Myth and Mythology." *Int* 24(1970) 46-60.

_____. *Logos und Sophia: Untersuchungen zur Weisheitstheologie im hellenistischen Judentum*. Göttingen: Vandenhoeck & Ruprecht, 1973.

Macleod, D. *The Person of Christ*. Contours of Christian Theology. Leicester: Inter-Varsity, 1998.

MacNeill, H. L. *The Christology of the Epistle to the Hebrews: Including its Relation to the Developing Christology of the Primitive Church*. Chicago: University of Chicago Press, 1914.

Maloney, E. C. *Semitic Interference in Marcan Syntax*. SBLDS 51. Missoula: Scholars Press, 1980.

Mann, C. S. *Mark: a New Translation with Introduction and Commentary*. AB 27. New York: Doubleday, 1986.

Manson, T. W. *The Teaching of Jesus*. Cambridge: CUP, 1935.

_____. *The Sayings of Jesus*. London: SCM, 1949.

Marböck, J. *Weisheit im Wandel: Untersuchungen zur Weisheitstheologie bei Ben Sira*. BBB 37. Bonn: Hanstein, 1971.

Marcus, J. "Mark 14:61: 'Are You the Messiah-Son-of-God?'." *NovT* 31(1989)

125-141.

_____. *The Way of the Lord: Christological Exegesis of the Old Testament in the Gospel of Mark.* Louisville: Westminster/John Knox, 1992.

_____. *Mark: a New Translation with Introduction and Commentary.* AB 27. New York: Doubleday, 2000.

Marcus, R. "On Biblical Hypostases of Wisdom." *HUCA* 23(1950-1951) 157-171.

Marshall, I. H. "The Christ-Hymn in Philippians 2:5-11: a Review Article." *TynBul* 19(1968) 104-27.

_____. "Palestinian and Hellenistic Christianity: Some Critical Comments." *NTS* 19(1972-1973) 271-87.

_____. *The Origins of New Testament Christology.* Downers Grove: Inter-Varsity, 1976, 1990.

_____. *I Believe in the Historical Jesus.* London: Hodder & Stoughton, 1977.

_____. *The Gospel of Luke: a Commentary on the Greek Text.* NIGTC. Grand Rapids: Eerdmans, 1978.

_____. *The Acts of the Apostles: an Introduction and Commentary.* TNTC. Grand Rapids: Eerdmans, 1980.

_____. Review of J. D. G. Dunn's *Christology in the Making. TJ* 2(1981) 241-45.

_____. "The Development of Christology in the Early Church." In *Jesus the Saviour: Studies in New Testament Theology.* Downers Grove: Inter-Varsity, 1990: 150-64. Originally published in *TynBul* 18(1967), 77-93.

_____. "The Divine Sonship of Jesus." In *Jesus the Saviour: Studies in New Testament Theology.* Downers Grove: Inter-Varsity, 1990: 134-49. Originally published in *Int* 21(1967), 87-103.

_____. "Incarnational Christology in the New Testament." In *Jesus the*

Saviour: Studies in New Testament Theology. Downers Grove: Inter-Varsity, 1990: 165-80. Originally published in H. H. Rowdon. (ed.) *Christ the Lord: Studies in Christology Presented to Donald Guthrie.* Leicester: Inter-Varsity Press, 1982, 1-16.

_____. "Jesus as Lord: the Development of the Concept." In *Jesus the Saviour: Studies in New Testament Theology.* Downers Grove: Inter-Varsity, 1990: 197-210.

_____. "Son of God or Servant of Yahweh?: a Reconsideration of Mark 1.11." In *Jesus the Saviour: Studies in New Testament Theology.* Downers Grove: Inter-Varsity, 1990: 121-33. Originally published in *NTS* 15(1968-9), 326-36.

_____. "The Messiah in the First Century: A Review Article." *Criswell Theological Review* 7(1993) 67-83.

Martin, R. P. *Carmen Christi: Philippians 2:5-11 in Recent Interpretation and in the Setting of Early Christian Worship.* SNTSMS 4. Cambridge: CUP, 1967.

_____. *Worship in the Early Church.* London: Marshall, Morgan and Scott, 1974.

Martin, R. P. and B. J. Dodd. *Where Christology Began: Essays on Philippians 2.* Louisville: Westminster/John Knox, 1998.

März, C. P. "'Feuer auf die Erde zu werfen, bin ich gekommen...': Zum Verständnis und zur Entstehung von Lk 12, 49." In F. Refoulé (ed.), *A cause de l'Evangile.* LD 123. Paris: Cerf, 1985: 479-512.

Mays, J. L. *The Lord Reigns: a Theological Handbook to the Psalms.* Louisville: Westminister John Knox, 1994.

McBride, S. D. *The Deuteronomic Name Theology.* Cambridge: CUP, 1969.

McConville, J. G. "God's 'Name' and God's 'Glory'." *TynBul* 30(1979) 149-63.

McDonough, Sean M. *Christ as Creator: Origins of a New Testament*

Doctrine. Oxford: Oxford University Press, 2009.

McKay, J. W. and J. Rogerson. *Psalms*. CBC. 3 Vols. Cambridge: CUP, 1977.

McKelvey, R. J. *The New Temple: the Church in the New Testament*. London: OUP, 1968.

McKnight, S. *A New Vision for Israel: the Teachings of Jesus in National Context*. Studying the Historical Jesus. Grand Rapids: Eerdmans, 1999.

Mealand, D. L. "Dissimilarity Test." *SJT* 31(1978) 41-50.

Meier, J. P. "Structure and Theology in Heb 1.1-14." *Bib* 66(1985) 168-89.

_____. *A Marginal Jew: Rethinking the Historical Jesus*. 3 Vols. New York: Doubleday, 1991-2001.

Meier, S. A. "Angel of Yahweh." *DDD* 96-108.

Mell, U. *Die 'anderen' Winzer: eine exegetische Studie zur Vollmacht Jesu Christi nach Markus 11, 27-12, 34*. WUNT 77. Tübingen: Mohr Siebeck, 1994.

Ménégoz, E. *La théologie de l'Épitre aux Hébreux*. Paris: Fischbacher, 1894.

Mettinger, T. N. D. *The Dethronement of Sabaoth: Studies in the Shem and Kabod Theologies*. Lund: Gleerup, 1982.

Metzger, B. M. *A Textual Commentary on the Greek New Testament: a Companion Volume to the United Bible Societies' Greek New Testament*. London: UBS, 1975.

Michel, O. *Der Brief an die Hebräer*. Göttingen: Vandenhoeck & Ruprecht, 1949.

Milavec, A. "A Fresh Analysis of the Parable of the Wicked Husbandmen in the Light of Jewish-Christian Dialogue." In C. Thoma and M. Wyschogrod (eds.), *Parable and Story in Judaism and Christianity*. New York: Paulist, 1989: 81-117.

_____. "Mark's Parable of the Wicked Husbandmen As Reaffirming God's Predilection for Israel." *JES* 26(1989) 289-312.

_____. "The Identity of 'The Son' and 'The Others': Mark's Parable of the Wicked Husbandmen Reconsidered." *BTB* 20(1990) 30-37.

Moffatt, J. *A Critical and Exegetical Commentary on the Epistle to the Hebrews*. ICC 40. Edinburgh: T&T Clark, 1924.

Moore, G. F. "Christian Writers on Judaism." *HTR* 14(1921) 197-254.

_____. "Intermediaries in Jewish Theology: Memra, Shekinah, Metatron." *HTR* 15 (1922) 41-85.

_____. *Judaism in the First Centuries of the Christian Era: the Age of the Tannaim*. 3 Vols. Cambridge: CUP, 1930.

Morrice, W. G. "The Parable of the Tenants and the Gospel of Thomas." *ExpTim* 98(1987) 104-7.

Morris, L. Review of J. D. G. Dunn's *Christology in the Making*. *Themelios* 8(1982) 15-19.

Moule, C. F. D. "Further Reflexions on Philippians 2.5-11." In W. W. Gasque and R. P. Martin (eds.), *Apostolic History and the Gospel: Biblical and Historical Essays Presented to F. F. Bruce on His 60th Birthday*. Exeter: Paternoster, 1970: 264-76.

_____. *The Origin of Christology*. Cambridge: CUP, 1977.

_____. Review of J. D. G. Dunn's *Christology in the Making*. *JTS* 33 (1982) 259-63.

Mowinckel, S. *He That Cometh*. Nashville: Abingdon, 1956.

_____. *The Psalms in Israel's Worship*. Oxford: Blackwell, 1982.

Muñoz León, D. *Dios-Palabra: Memrà en los Targumim del Pentateuco*. Granada: Institutión San Jerónimo, 1974.

Murphy-O'Connor, J. "Christological Anthropology in Phil. 2:6-11." *RB* 83(1976) 25-50.

_____. "1 Cor. 8:6: Cosmology or Soteriology?" *RB* 85(1978) 253-67.

Murphy, R. E. "The Personification of Wisdom." In H. G. M. Williamson, R.

P. Gordon, J. A. Emerton, and J. Day (eds.), *Wisdom in Ancient Israel: Essays in Honour of J.A. Emerton*. Cambridge: CUP, 1995: 222-33.

_____. *The Tree of Life: an Exploration of Biblical Wisdom Literature*. New York: Doubleday, 1996.

Murray, J. *The Epistle to the Romans*. NICNT. Gran Rapids: Eerdmans, 1968.

Mussner, F. *Der Galaterbrief*. HTKNT 9. Freiburg: Herder, 1974.

Newman, C. C. *Paul's Glory-Christology: Tradition and Rhetoric*. NovTSup 69. Leiden: Brill, 1992.

Newman, C. C., J. R. Davila, and G. S. Lewis. *The Jewish Roots of Christological Monotheism: Papers from the St. Andrews Conference on the Historical Origins of the Worship of Jesus* . JSJSup 63. Leiden: Brill, 1999.

Newsom, C. A. "Woman and the Discourse of Patriarchal Wisdom: a Study of Proverbs 1-9." In P. L. Day (ed.), *Gender and Difference in Ancient Israel*. Minneapolis: Fortress, 1989: 142-60.

_____. "Angels." *ABD* 1.248-53.

Nicholson, E. W. *Deuteronomy and Tradition*. Oxford: Blackwell, 1967.

Nickelsburg, G. W. E. "Enoch, Levi, and Peter: Recipients of Revelation in Upper Galilee." *JBL* 100(1981) 575-600.

Nikiprowetzky, V. *Le commentaire de l'Ecriture chez Philon d'Alexandrie, son caractere et sa portee: observations philologiques*. ALGHJ 11. Leiden: Brill, 1977.

Nolland, J. *Luke*. WBC 35. Dallas: Word Books, 1993.

Norden, E. *Agnostos Theos: Untersuchungen zur Formengeschichte religiöser Rede*. Leipzig: Teubner, 1956.

North, R. "Separated Spiritual Substances in the Old Testament." *CBQ* 29(1967) 419-49.

O'Brien, Kelli S. *Use of Scripture in the Markan Passion Narrative*. New

York: T&T Clark, 2010.

O'Brien, P. T. *The Epistle to the Philippians: a Commentary on the Greek Text*. NIGTC. Grand Rapids: Eerdmans, 1991.

O'Neill, J. C. Review of C. H. T. Fletcher-Louis's *Luke-Acts: Angels, Christology and Soteriology*. *JTS* 50(1999) 225-30.

Oehler, G. Fr. *Theologie des Alten Testaments*. Stuttgart: J. F. Steinkopf, 1882.

Oesterley, W. O. E. and G. H. Box. *The Religion and Worship of the Synagogue: an Introduction to the Study of Judaism from the New Testament Period*. London: I. Pitman, 1911.

Olyan, S. M. *A Thousand Thousands Served Him: Exegesis and the Naming of Angels in Ancient Judaism*. TSAJ 36. Tübingen: Mohr Siebeck, 1993.

Page, S. H. T. "The Authenticity of the Ransom Logion (Mark 10:45b)." In R. T. France and D. Wenham (eds.), *Gospel Perspectives: Studies of History and Tradition in the Four Gospels*. Sheffield: JSOT Press, 1980: 137-61.

Pate, C. M. *The Reverse of the Curse: Paul, Wisdom, and the Law*. WUNT 2/114. Tübingen: Mohr Siebeck, 2000.

Patterson, S. J. "Fire and Dissension: Ipsissima Vox Jesus in Q 12:49, 51-53?" *Forum* 5.2(1989) 121-39.

_____. *The Gospel of Thomas and Jesus*. Sonoma: Polebridge, 1993.

Perdue, L. G. *Wisdom and Creation: the Theology of Wisdom Literature*. Nashville: Abingdon, 1994.

Perrin, N. "Mark XIV. 62: The End Product of a Christian Pesher Tradition?" *NTS* 13(1965-1966) 150-55.

_____. *Rediscovering the Teaching of Jesus*. New Testament Library. London: SCM, 1967.

_____. *What Is Redaction Criticism?* Guides to Biblical Scholarship. Philadelphia: Fortress Press, 1969.

Pesch, R. *Das Markusevangelium*. HTKNT 2. Freiburg: Herder, 1977, 1991.

_____. *Die Apostelgeschichte*. EKKNT 5. Zürich: Benziger Verlag, 1986.

Peterson, D. *Hebrews and Perfection: an Examination of the Concept of Perfection in the Epistle to the Hebrews*. SNTSMS 47. Cambridge: CUP, 1982.

Petzoldt, M. *Gleichnisse Jesu und christliche Dogmatik*. Göttingen: Vandenhoeck & Ruprecht, 1984.

Pfeifer, G. *Ursprung und Wesen der Hypostasenvorstellungen im Judentum*. ArbT 1/31. Stuttgart: Calwer, 1967.

Philonenko, M. *Le Trône de Dieu*. WUNT 69. Tübingen: Mohr Siebeck, 1993.

Polkow, D. "Method and Criteria for Historical Jesus Research." In D. J. Lull (ed.), *Society of Biblical Literature Seminar Papers*. Atlanta: Scholars Press, 1987: 336-56.

Poythress, V. S. "Is Romans 1:3-4 a Pauline Confession after All?" *ExpTim* 87(1975-1976) 180-83.

Procksch, O. *TDNT* 4.89-100.

Puech, É. "Fragment d'une apocalypse en araméen (4Q246 = ps Dan d) et le 'royaume de Dieu'." *RB* 99(1992) 98-131.

Rainbow, P. A. *Monotheism and Christology in I Corinthians 8. 4-6*. D.Phil. Dissertation, Oxford University, 1987.

_____. "Jewish Monotheism As the Matrix for New Testament Christology, a Review Article." *NovT* 33(1991) 78-91.

Ramsey, A. M. "History and the Gospel." In Cross F. L. (ed.), *Studia Evangelica*. TUGAL 102. Berlin: Akademie-Verlag, 1968: 75-85.

Rankin, O. S. *Israel's Wisdom Literature: its Bearing on Theology and the History of Religion*. Edinburgh: T&T Clark, 1936.

Reese, J. M. *Hellenistic Influence on the Book of Wisdom and its Consequences*. AnBib 41. Rome: Biblical Institute Press, 1970.

_____. "Paul Proclaims the Wisdom of the Cross: Scandal and Foolishness."
BTB 9(1979) 147-53.

_____. "Christ As Wisdom Incarnate: Wise Than Solomon, Loftier Than
Lady Wisdom." *BTB* 11(1982) 44-47.

Rehm, M. *Der königliche Messias im Licht der Immanuel-Weissagungen
des Buches Jesaja.* Kevelaer: Butzon und Bercker, 1968.

Reid, D. G., R. P. Martin, and G. F. Hawthorne. (eds.) *Dictionary of Paul
and His Letters.* Downers Grove: Inter-Varsity, 1993.

Reinbold, W. *Der älteste Bericht über den Tod Jesu: literarische Analyse
und historische Kritik der Passionsdarstellungen der Evangelien.*
BZNW 69. Berlin: Walter de Gruyter, 1994.

Rese, M. *Alttestamentliche Motive in der Christologie des Lukas.* SNT 1.
Gütersloh: Mohn, 1969.

Richardson, H. N. "Some Notes on 1QSa." *JBL* 76(1957) 108-22.

Richardson, N. *Paul's Language About God.* JSNTSup 99. Sheffield:
Sheffield Academic Press, 1994.

Riesner, R. *Jesus als Lehrer: eine Untersuchung zum Ursprung der
Evangelien-Überlieferung.* WUNT 2/7. Tübingen: Mohr Siebeck, 1981.

_____. "Präexistenz und Jungfrauengeburt." *TBei* 12(1981) 177-87.

Riggenbach, E. *Der Brief an die Hebraer.* Leipzig: A. Deichert, 1913.

Ringgren, H. *Word and Wisdom: Studies in the Hypostatization of Divine
Qualities and Functions in the Ancient Near East.* Lund: Ohlsson,
1947.

_____. "Geister, Dämonen, Engel." *RGG* 2.1301-2.

_____. "Hypostasen." *RGG* 3.503-506.

Robinson, B. P. "Peter and his Successors: Tradition and Redaction in
Matthew 16.17-19." *JSNT* 21(1984) 85-104.

Robinson, J. M. *A New Quest of the Historical Jesus.* Studies in Biblical

Theology 25. London: SCM, 1959.

_____. "Jesus as Sophos and Sophia." In R. L. Wilken (ed.), *Aspects of Wisdom in Judaism and Early Christianity*. Notre Dame: University of Notre Dame Press, 1975: 1-16.

Robinson, J. A. T. *The Human Face of God*. London: SCM, 1972.

_____. "The Parable of the Wicked Husbandmen: a Test of Synoptic Relationships." *NTS* 21(1975) 443-61.

Rohling, A. "Über den Jehovaengel des AT." *TQ* 48(1866) 431.

Röttger, H. *Mal'ak Jahwe, Bote von Gott: die Vorstellung von Gottes Boten im hebräischen Alten Testament*. Frankfurt: Lang, 1978.

Rowland, C. "The Vision of the Risen Christ in Rev. 1.13ff: the Debt of an Early Christology to an Aspect of Jewish Angelology." *JTS* 31(1980) 1-11.

_____. *The Open Heaven: a Study of Apocalyptic in Judaism and Early Christianity*. London: SPCK, 1982.

Rowlandson, J. *Landowners and Tenants in Roman Egypt: the Social Relations of Agriculture in the Oxyrhynchite Nome*. Oxford: Clarendon, 1996.

Ruck-Schröder, A. *Der Name Gottes und der Name Jesu: eine neutestamentliche Studie*. WMANT 80. Neukirchen-Vluyn: Neukirchener Verlag, 1999.

Runia, D. T. *Philo of Alexandria and the Timaeus of Plato*. Leiden: Brill, 1986.

Rylaarsdam, J. C. *Exodus. Interpreter's Bible*. G. A. Buttrick. (ed.) New York: Abingdon, 1952.

Sanders, E. P. *Paul and Palestinian Judaism: a Comparison of Patterns of Religion*. London: SCM, 1977.

Sanders, J. T. *The New Testament Christological Hymns: their Historical*

Religious Background. SNTSM 15. Cambridge: CUP, 1971.

_____. *Ben Sira and Demotic Wisdom.* SBLMS 28. Chico: Scholars Press, 1983.

Sandmel, S. *Philo of Alexandria: an Introduction.* New York; Oxford: OUP, 1979.

Saydon, P. P. "The Divine Sonship of Christ in Psalm II." *Script* 3(1948) 32-35.

Schaper, J. *Eschatology in the Greek Psalter.* WUNT 2/76. Tübingen: Mohr Siebeck, 1995.

Schelbert, G. "Sprachgeschichtliches zu 'Abba'." In P. Casetti, O. Keel, and A. Schenker (eds.), *Mélanges Dominique Barthélémy.* OBO 38. Fribourg: Éditions Universitaires, 1981: 395-447.

Schencke, W. *Die Chokma (Sophia) in der jüdischen Hypostasenspekulation: ein Beitrag zur Geschichte der religiösen Ideen im Zeitalter des Hellenismus.* Kristiania: Utgit, 1913.

Schenke, L. "Gibt es im Markusevangelium eine Präexistenzchristologie?" *ZNW* 91(2000) 45-71.

Schierse, F. J. *Verheissung und Heilsvollendung: zur theologischen Grundfrage des Hebräerbriefes.* München: Karl Zink, 1955.

Schimanowski, G. *Weisheit und Messias: die jüdischen Voraussetzungen der urchristlichen Präexistenzchristologie.* WUNT 2/17. Tübingen: Mohr Siebeck, 1985.

Schmidt, H. *Die Psalmen.* HAT 1/15. Tübingen: Mohr Siebeck, 1934.

Schmidt, K. L. *Der Rahmen der Geschichte Jesu: literarkritische Untersuchungen zur ältesten Jesusüberlieferung.* Berlin: Trowitzsch, 1919.

Schnabel, E. J. *Law and Wisdom From Ben Sira to Paul.* WUNT 2/16. Tübingen: Mohr Siebeck, 1985.

Schnackenburg, R. *God's Rule and Kingdom.* Freiburg: Herder, 1963.

Schneider, G. "Die Davidssohnfrage (Mk. 12, 35-37)." *Bib* 53(1972) 65-90.

_____. *Die Apostelgeschichte*. HTKNT 5. Freiburg: Herder, 1980.

Schrage, W. *Das Verhältnis des Thomas-Evangeliums zur synoptischen Tradition und zu den koptischen Evangelien-übersetzungen*. BZNWKAK 29. Berlin: A. Töpelmann, 1964.

Schramm, T. *Der Markus-Stoff bei Lukas: eine literarkritische und redaktionsgeschichtliche Untersuchung*. SNTSMS 14. Cambridge: CUP, 1971.

Schuller, E. M. "4Q372 1: a Text about Joseph." *RQ* 14/55(1990) 349-76.

_____. "The Psalm of 4Q372.1 Within the Context of 2nd Temple Prayer: Genre and Prosody of Jewish and Christian Piety in Psalmody." *CBQ* 54(1992) 67-79.

Schulz, S. *Q: die Spruchquelle der Evangelisten*. Zürich: Theologischer Verlag, 1972.

Schürmann, H. *Quellenkritische Untersuchung des lukanischen Abendmahlsberichtes Lk. 22, 7-38*. Münster: Aschendorff, 1953-57.

_____. *Traditionsgeschichtliche Untersuchungen zu den synoptischen Evangelien*. KBANT. Düseldorf: Patmos, 1968.

_____. *Das Lukasevangelium*. HTKNT 3. Freiburg: Herder, 1969, 1994.

Schüssler Fiorenza, E. "Wisdom Mythology and the Christological Hymns of the New Testament." In R. L. Wilken (ed.), *Aspects of Wisdom in Judaism and Early Christianity*. Notre Dame: University of Notre Dame Press, 1975: 17-41.

Schwartz, D. R. "Two Pauline Allusions to the Redemptive Mechanism of the Crucifixion." *JBL* 102(1983) 259-68.

Schweizer, E. "Zur Herkunft der Präexistenzvorstellung bei Paulus." *EvT* 19(1959) 65-70.

_____. "Röm 1,3f, und der Gegensatz von Fleisch und Geist vor und bei

Paulus." In *Neotestamentica*. Zürich: Zwingli Verlag, 1963: 180-89.

_____. "Zur Herkunft der Präexistenzvorstellung bei Paulus." In *Neotestamentica*. Zürich: Zwingli Verlag, 1963: 105-9.

_____. "υἱός." *TDNT* 8.340-392.

_____. "The Concept of the Davidic 'Son of God' in Acts and its Old Testament Background." In L. E. Keck and J. L. Martyn (eds.), *Studies in Luke-Acts: Essays Presented in Honor of Paul Schubert*. Nashville: Abingdon, 1966: 186-93.

_____. "Zum religionsgeschichtlichen Hintergrund der 'Sendungsformel' Gal. 4,4f., Rö. 8,3f., Jn 3,16f., 1Jn 4,9." *ZNW* 57(1966) 199-210.

_____. *Das Evangelium nach Markus*. Göttingen: Vandenhoeck & Ruprecht, 1967.

_____. *Beiträge zur Theologie des Neuen Testaments: Neutestamentliche Aufsätze (1955-1970)*. Zürich: Zwingli-Verlag, 1970.

_____. *Jesus*. London: SCM, 1971.

_____. "Review of E. Linnemann's 'Tradition und Interpretation in Röm. 1,3f.'." *EvT* 31(1971) 275-76.

_____. *Das Evangelium nach Matthäus*. Göttingen: Vandenhoeck & Ruprecht, 1973.

_____. *The Good News According to Matthew*. Atlanta: John Knox, 1975.

_____. "Paul's Christology and Gnosticism." In M. D. Hooker and S. G. Wilson (eds.), *Paul and Paulinism: Essays in Honour of C. K. Barrett*. London: SPCK, 1982: 115-23.

_____. "What Do We Really Mean When We Say, 'God Sent His Son'?" In J. T. Carroll, C. H. Cosgrove, and E. E. Johnson (eds.), *Faith and History: Essays in Honor of Paul W. Meyer*. Atlanta: Scholars Press, 1990: 298-312.

Scott, B. B. *Hear Then the Parable: a Commentary on the Parables of*

Jesus. Minneapolis: Fortress, 1989.

Scott, E. F. *The Epistle to the Hebrews: its Doctrine and Significance.* Edinburgh: T&T Clark, 1922.

Scott, J. M. *Adoption as Sons of God: an Exegetical Investigation into the Background of huiothesia in the Pauline Corpus.* WUNT 2/48. Tübingen: Mohr Siebeck, 1992.

Scott, R. B. Y. "Wisdom in Creation: the 'Amon of Proverbs 8.30." *VT* 10(1960) 213-23.

Scroggs, R. "Paul: ΣΟΦΟΣ and ΠΝΕΥΜΑΤΙΚΟΣ." *NTS* 14(1967-1968) 33-55.

Segal, A. F. *Two Powers in Heaven: Early Rabbinic Reports about Christianity and Gnosticism.* SJLA 25. Leiden: Brill, 1977.

_____. "The Risen Christ and the Angelic Mediator Figures in Light of Qumran." In J. H. Charlesworth *Jesus and the Dead Sea Scrolls.* New York: Doubleday, 1992: 302-29.

Seitz, C. R. *Word Without End: the Old Testament as Abiding Theological Witness.* Grand Rapids: Eerdmans, 1998.

Sevrin, J.-M. "Un groupement de trois paraboles contre les richesses dans L'Evangile selon Thomas: EvTh 63, 64, 65." In J. Delorme (ed.), *Les paraboles évangéliques: perspectives nouvelles.* LD 135. Paris: Editions du Cerf, 1989: 425-39.

Sheppard, G. T. *Wisdom as a Hermeneutical Construct: a Study in the Sapientializing of the Old Testament.* BZAW 151. Berlin: Walter de Gruyter, 1980.

Sibinga, J. S. Review of K. R. Snodgrass's *The Parable of the Wicked Tenants: an Inquiry into Parable Interpretation. NovT* 26(1984) 383-384.

Sigal, P. "Further Reflections on the 'Begotten' Messiah." *HAR* 7(1983) 221-33.

Skarsaune, O. *The Proof from Prophecy, a Study in Justin Martyr's Proof-Text Tradition: Text-Type, Provenance, Theological Profile.* NovTSup

56. Leiden: Brill, 1987.

Snodgrass, K. R. *The Parable of the Wicked Tenants: an Inquiry into Parable Interpretation*. WUNT 27. Tübingen: Mohr Siebeck, 1983.

_____. "The Gospel of Thomas: a Secondary Gospel." *SecCent* 7(1989) 19-38.

_____. "Recent Research on the Parable of the Wicked Tenants." *BBR* 8(1998) 187-215.

Soards, M. L. *The Speeches in Acts: their Content, Context, and Concerns*. Louisville: Westminster/John Knox, 1994.

Speiser, E. A. *Genesis*. AB. New York: Doubleday, 1964.

Spicq, C. *L'Épître aux Hébreux*. EBib. Paris: Gabalda, 1953.

_____. "Note sur MORPHE dans les papyrus et quelques inscriptions." *RB* 80(1973) 37-45.

Stanton, G. N. "On the Christology of Q." In S. S. Smalley and B. Lindars (eds.), *Christ and Spirit in the New Testament*. Cambridge: CUP, 1973: 27-42.

_____. *Jesus of Nazareth in New Testament Preaching*. SNTSMS 27. London: CUP, 1974.

Stauffer, E. "Zur Vor - und Frühgeschichte des Primatus Petri." *ZKG* 62(1943) 3-34.

Steichele, H.-J. *Der leidende Sohn Gottes: eine Untersuchung einiger alttestamentlicher Motive in der Christologie des Markusevangeliums*. Regensburg: Pustet, 1980.

Stein, R. H. "The 'Criteria' for Authenticity." In R. T. France and D. Wenham (eds.), *Studies of History and Tradition in the Four Gospels*. Gospel Perspectives 2. Sheffield: JSOT Press, 1980: 225-63.

_____. *Luke*. NAC 24. Nashville: Broadman, 1992.

Stern, D. "Jesus' Parables From the Perspective of Rabbinic Literature: The Example of the Wicked Husbandmen." In C. Thoma and M. Wyschogrod (eds.), *Parable and Story in Judaism and Christianity*.

New York: Paulist, 1989: 42-80.

_____. *Parables in Midrash: Narrative and Exegesis in Rabbinic Literature.*
Cambridge: CUP, 1991.

Stier, F. *Gott und sein Engel im alten Testament.* Münster: Aschendorff,
1934.

Strack, H. L. and P. Billerbeck. *Kommentar zum Neuen Testament aus
Talmud und Midrasch.* München: Beck, 1956.

Strathmann, H. *Der Brief an die Hebräer.* NTD 9. Göttingen: Vandenhoeck
& Ruprecht, 1963.

Strauss, M. L. *The Davidic Messiah in Luke-Acts: the Promise and its
Fulfillment in Lukan Christology.* JSNTSup 110. Sheffield: Sheffield
Academic Press, 1995.

Strobel, A. *Die Stunde der Wahrheit: Untersuchungen zum Strafverfahren
gegen Jesus.* WUNT 21. Tübingen: Mohr Siebeck, 1980.

Stuckenbruck, L. T. "An Angelic Refusal of Worship: the Tradition and its
Function in the Apocalypse of John." In E. H. Lovering (ed.), *SBLSP 33.*
Atlanta: Scholars Press, 1994: 679-96.

_____. *Angel Veneration and Christology: a Study in Early Judaism and
in the Christology of the Apocalypse of John.* WUNT 2/70. Tübingen:
Mohr Siebeck, 1995.

Stuhlmacher, P. "Zur paulinischen Christologie." In *Versöhnung, Gesetz
und Gerechtigkeit: Aufsätze zur biblischen Theologie.* Göttingen:
Vandenhoeck & Ruprecht, 1981: 209-23.

_____. "Vicariously Giving His Life for Many, Mark 10:45 (Matt. 20:28)." In
Reconciliation, Law, and Righteousness: Essays in Biblical Theology.
Philadelphia: Fortress, 1986: 16-29.

Suggs, M. J. "'The Word Is Near You': Rom 10:6-10 Within the Purpose of
the Letter." In W. R. Farmer, C. F. D. Moule, and R. R. Niebuhr (eds.),

Christian History and Interpretation: Studies Presented to John Knox.
Cambridge: CUP, 1967: 289-312.

_____. *Wisdom, Christology, and Law in Matthew's Gospel.* Cambridge:
CUP, 1970.

Talbert, C. H. "The Problem of Pre-Existence in Phil. 2:6-11." *JBL* 86(1967)
141-53.

_____. "The Myth of a Descending-Ascending Redeemer in Mediterranean
Antiquity." *NTS* 22(1976) 418-40.

Taylor, V. *The Gospel According to St. Mark: the Greek Text.* London:
Macmillan, 1952.

Theisohn, J. *Der auserwählte Richter: Untersuchungen zum
traditionsgeschichtlichem Ort der Menschensohngestalt der Bilderreden
des Äthiopischen Henoch.* SUNT 12. Göttingen: Vandenhoeck &
Ruprecht, 1975.

Theissen, G. and A. Merz. *The Historical Jesus: a Comprehensive Guide.*
London: SCM, 1998.

Thiselton, A. C. "The Supposed Power of Words." *JTS* 25(1974) 283-99.

_____. *The First Epistle to the Corinthians: a Commentary on the Greek
Text.* NIGTC. Grand Rapids: Eerdmans, 2000.

Thompson, J. W. *The Beginnings of Christian Philosophy: the Epistle to
the Hebrews.* CBQMS 13. Washington: Catholic Biblical Association of
America, 1982.

Thompson, M. M. *The Promise of the Father: Jesus and God in the New
Testament.* Louisville: Westminster/John Knox, 2000.

Tobin, T. H. *The Creation of Man: Philo and the History of Interpretation.*
CBQMS 14. Washington, DC: Catholic Biblical Association of America,
1983.

Tournay, R. J. *Voir et entendre Dieu avec les Psaumes ou La liturgie prophétique du Second Temple à Jerusalem*. CRB 24. Paris: Gabalda, 1988.

Turner, C. H. "ὁ υἱός μου ὁ ἀγαπητός." *JTS* 27(1925) 113-29.

Urassa, W. M. *Psalm 8 and its Christological Re-interpretations in the New Testament Context: an Inter-Contextual Study in Biblical Hermeneutics*. European University Studies 23. Frankfurt: Lang, 1998.

van der Woude, A. S. "De *Mal'ak Jahweh*: Een Godsbode." *NedTT* 18(1963-1964) 1-13.

_____. "Name." *THAT* 935-63.

van Iersel, B. M. F. *'Der Sohn' in den synoptischen Jesusworten*. Leiden: Brill, 1961, 1964.

van Roon, A. "The Relationship between Christ and the Wisdom of God according to Paul." *NovT* 16(1974) 207-39.

VanderKam, J. C. "Righteous One, Messiah, Chosen One, and Son of Man in 1 Enoch 3-71." In J. H. Charlesworth (ed.), *The Messiah: Developments in Earliest Judaism and Christianity*. Minneapolis: Fortress, 1992: 169-91.

Vanhoye, A. *Situation du Christ: Hébreux 1-2*. LD 58. Paris: Cerf, 1969.

Vermes, G. *Scripture and Tradition in Judaism: Haggadic Studies*. Leiden: Brill, 1961, 1973.

_____. *Jesus the Jew: a Historian's Reading of the Gospels*. London: Collins, 1973.

Vielhauer, P. "Erwägungen zur Christologie des Markusevangeliums." In *Aufsätze zum Neuen Testament*. TB 31. Munich: Kaiser, 1965: 199-215.

Vögtle, A. *Offenbarungsgeschehen und Wirkungsgeschichte: Neutestamentliche Beiträge*. Freiburg: Herder, 1985.

Volz, P. *Die Eschatologie der jüdischen Gemeinde im neutestamentlichen Zeitalter nach den Quellen der rabbinischen, apokalyptischen und apokryphen Literatur*. Tübingen: Mohr Siebeck, 1934.

von Harnack, A. *The Sayings of Jesus: the Second Source of St. Matthew and St. Luke*. London: Williams & Norgate, 1908.

_____. "'Ich bin gekommen': Die ausdrücklichen Selbstzeugnisse Jesu über den Zweck seiner Sendung and seines Kommens." *ZTK* 22(1912) 1-30.

von Rad, G. *Studies in Deuteronomy*. SBT 9. London: SCM, 1953.

_____. *Old Testament Theology*. 2 Vols. Edinburgh: Oliver & Boyd, 1965.

_____. *Genesis*. OTL. London: SCM, 1972.

_____. *Wisdom in Israel*. Nashville: Abingdon, 1972.

Wallace, D. H. "A Note on Morphé." *TZ* 22(1966) 19-25.

Wallace, D. P. *Texts in Tandem: the Coalescent Usage of Psalm 2 and Psalm 110 in Early Christianity*. PhD dissertation; Baylor University, 1995.

Walton, S. *Leadership and lifestyle: the portrait of Paul in the Miletus Speech and 1 Thessalonians*. SNTSMS 108. Cambridge: CUP, 2000.

Wanamaker, C. A. *The Son and the Sons of God: a Study in Elements of Paul's Christological and Soteriological Thought*. Ph.D diss. University of Durham, 1980.

_____. "Christ As Divine Agent in Paul." *SJT* 39(1986) 517-28.

_____. "Philippians 2.6-11: Son of God or Adamic Christology." *NTS* 33(1987) 179-93.

Watson, F. B. "The Triune Divine Identity: Reflections on Pauline God Language, in Disagreement with J.D.G. Dunn." *JSNT* 80(2000) 99-124.

Watts, J. W. "Psalm 2 in the Context of Biblical Theology." *HBT* 12(1990) 73-91.

Webb, R. L. *John the Baptizer and Prophet: a Socio-Historical Study*. JSNTSup 62. Sheffield: JSOT Press, 1991.

_____. "Jesus' Baptism: its Historicity and Implications." *BBR* 10(2000) 261-309.

Weder, H. *Das Kreuz Jesu bei Paulus: ein Versuch, über den Geschichtsbezug des christlichen Glaubens nachzudenken.* FRLANT 125. Göttingen: Vandenhoeck & Ruprecht, 1981.

Weinfeld, M. *Deuteronomy and the Deuteronomic School.* Oxford: Clarendon, 1972.

Weiser, A. *The Psalms: a Commentary.* Göttingen: Vandenhoeck & Ruprecht, 1962.

Weiss, H.-F. *Untersuchungen zur Kosmologie des hellenistischen und palästinischen Judentums.* TUGAL 97. Berlin: Akademie-Verlag, 1966.

Weiss, J. *Der erste Korintherbrief.* Göttingen: Vandenhoeck & Ruprecht, 1910.

Wendt, H. H. *Die Apostelgeschichte.* Göttingen: Vandenhoeck & Ruprecht, 1913.

Wengst, K. *Christologische Formeln und Lieder des Urchristentums.* SNT 7. Gütersloh: Mohn, 1972.

Wenham, G. J. *Genesis 16-50.* WBC 2. Dallas: Word Books, 1994.

Weren, W. J. C. "Psalm 2 in Luke-Acts: An Intertextual Study." In S. Draisma (ed.), *Intertextuality in Biblical Writings: Essays in Honour of Bas van Iersel.* Kampen: J. H. Kok, 1989: 189-203.

Werner, M. *Die Entstehung des christlichen Dogmas: problemgeschichtlich dargestellt.* Bern-Leipzig: Haupt, 1941.

Westerholm, S. *Jesus and Scribal Authority.* Coniectanea Biblica: New Testament Series 10. Lund: Gleerup, 1978.

Westermann, C. *Genesis 12-36: a Commentary.* Minneapolis: Augsburg, 1985.

Whitsett, C. G. "Son of God, Seed of David: Paul's Messianic Exegesis in Romans 1:3-4." *JBL* 119(2000) 661-81.

Whybray, R. N. *Wisdom in Proverbs: the Concept of Wisdom in Proverbs*

1-9. SBT 45. London: SCM, 1965.

Wicks, H. J. *The Doctrine of God in the Jewish Apocryphal and Apocalyptic Literature*. London: Hunter & Longhurst, 1915.

Wilckens, U. *Weisheit und Torheit: eine exegetisch-religionsgeschichtliche Untersuchung zu 1. Kor. 1 und 2*. BHT 26. Tübingen: Mohr Siebeck, 1959.

_____. *Die Missionsreden der Apostelgeschichte*. WMANT 5. Neukirchen-Vluyn: Neukirchener Verlag, 1961.

_____. "σοφία." *TDNT* 7.465-67, 496-529.

_____. "Das Kreuz Christi als die Tiefe der Weisheit Gottes: zu 1. Kor 2, 1-16." In L. de Lorenzi (ed.), *Paolo a una chiesa divisa*. Roma: Abbazia, 1980: 43-81.

_____. *Der Brief an Die Römer*. EKKNT 6/1-3. Koln: Benziger, 1980.

Williamson, R. *Philo and the Epistle to the Hebrews*. Leiden: Brill, 1970.

_____. *Jews in the Hellenistic World: Philo*. Cambridge: CUP, 1989.

Willis, J. "Psalm 1: an Entity." *ZAW* 91(1979) 381-401.

_____. "A Cry of Defiance: Psalm 2." *JSOT* 47(1990) 33-50.

Wilson, Gerald H. "The Structure of the Psalter." In David Firth and Philip S. Johnston (ed.), *Interpreting the Psalms: Issues and Approaches*. Downers Grove: InterVarsity, 2005: 229-46.

Wilson, I. *Out of the Midst of the Fire: Divine Presence in Deuteronomy*. SBLDS 151. Atlanta: Scholars Press, 1995.

Wilson, R. M. *Hebrews*. NCBC. Grand Rapids: Eerdmans, 1987.

Windisch, H. "Die göttliche Weisheit der Juden und die paulinische Christologie." In A. Deissmann (ed.), *Neutestamentliche Studien: Georg Heinrici zu seinem 70. Geburtstag*. Untersuchungen zum Neuen Testament 6. Leipzig: Hinrichs, 1914: 220-34.

Winston, D. *The Wisdom of Solomon: a New Translation with Introduction and Commentary*. AB 43. New York: Doubleday, 1979.

_____. *Logos and Mystical Theology in Philo of Alexandria*. Cincinnati; Hoboken, NJ: Hebrew Union College Press, 1985.

Witherington, B. *The Christology of Jesus*. Minneapolis: Fortress, 1990.

_____. "Lord." *DJG* 484-92.

_____. *Jesus the Sage: the Pilgrimage of Wisdom*. Minneapolis: Fortress, 1994.

_____. *The Acts of the Apostles: a Socio-Rhetorical Commentary*. Grand Rapids: Eerdmans, 1998.

_____. *The Gospel of Mark: a Socio-Rhetorical Commentary*. Grand Rapids: Eerdmans, 2001.

Witherington, B. and L. M. Ice. *The Shadow of the Almighty*. Grand Rapids: Eerdmans, 2002.

Wolfson, H. A. *Philo: Foundations of Religious Philosophy in Judaism, Christianity, and Islam*. 2 Vols. Cambridge: CUP, 1947.

Wong, T. Y.-C. "The Problem of Pre-Existence in Philippians 2, 6-11." *ETL* 62(1986) 267-82.

Wright, G. E. "God Amidst His People: the Story of the Temple." In *The Rule of God: Essays in Biblical Theology*. New York: Doubleday, 1960: 55-76.

Wright, N. T. *The Messiah and the People of God: a Study of Pauline Theology with Particular Reference to the Argument of the Epistle to the Romans*. D.Phil. Diss., Oxford University, 1980.

_____. Review of J. D. G. Dunn's *Christology in the Making*. *Churchman* 95 (1981) 170-72.

_____. "ἁρπαγμός and the Meaning of Philippians 2:5-11." *JTS* 37(1986) 321-52.

_____. "Adam, Israel and the Messiah." In *The Climax of the Covenant: Christ and the Law in Pauline Theology*. Edinburgh: T&T Clark, 1991: 18-40.

_____. *The Climax of the Covenant: Christ and the Law in Pauline Theology*. Edinburgh: T&T Clark, 1991.

_____. "Jesus Christ Is Lord: Philippians 2.5-11." In *The Climax of the Covenant: Christ and the Law in Pauline Theology*. Edinburgh: T&T Clark, 1991: 56-98.

_____. *The New Testament and the People of God*. London: SPCK, 1992.

_____. *Jesus and the Victory of God*. London: SPCK, 1996.

_____. "Jesus and the Identity of God." *Ex Auditu* 14(1999) 42-56.

_____. *The Letter to the Romans*. The New Interpreter's Bible. Vol. X. Nashville: Abingdon, 2002.

Wright, R. "Psalms of Solomon." In J. H. Charlesworth (ed.), *The Old Testament Pseudepigrapha*. London: Darton, Longman & Todd, 1983: 2.639-70.

Young, B. H. *Jesus the Jewish Theologian*. Peabody: Hendrickson Publishers, 1995.

Zimmerli, W. *Gottes Offenbarung: gesammelte Aufsatze zum Alten Testament*. TB 19. München: Kaiser, 1963.

Zimmermann, J. "Observations on 4Q246: the 'Son of God'." In J. H. Charlesworth, G. S. Oegema, and H. Lichtenberger (eds.), *Qumran-Messianism: Studies on the Messianic Expectations in the Dead Sea Scrolls*. Tübingen: Mohr Siebeck, 1998: 175-90.

Zorn, R. *Die Fürbitte im Spätjudentum und im Neuen Testament*. Unpub. Diss., University of Göttingen, 1957.

ㄱ

고난받는 종(Suffering Servant) 235, 238-240

고양(Exaltation) 30, 34, 37, 42, 44, 48, 57, 138, 176, 242, 256-258, 264, 266-272, 274, 276-278, 280, 282-284, 286, 287, 294, 301-305, 322, 323, 328, 330, 331, 335-339, 346, 349, 353, 354, 356-359, 361-365, 400, 410, 415, 416, 420-422

고양된 천사(Exalted angels) 34, 37, 50, 58, 97, 98, 110, 115, 117

ㄷ

다윗의 자손(Son of David) 162, 262, 267, 268, 286-290, 292-294, 315, 337, 343, 350

ㄹ

로고스(Logos) 29, 30, 34, 35, 71, 73-75, 80-86, 101, 353, 376, 389, 391, 397

ㅁ

메시아 됨(Messiahship) 217, 231, 303, 326, 331, 332, 345, 351, 410, 422

메시아 시편(Messianic psalms) 49, 51, 140, 256, 259, 261, 276, 283, 312, 313, 323, 332, 335, 337, 338, 363, 364, 370, 388, 411, 413, 420

메시아적 아들 됨(Messianic sonship) 179, 186, 217, 362

멤라(Memra) 75, 86, 87

모세 모형론(Moses typology) 403

문학적 의인화(Literary personification) 55, 58, 71, 72, 81, 90, 369

ㅂ

바울 이전 고정문구(Pre-Pauline formula) 271, 340, 394

바울 이전 신앙고백(Pre-Pauline confession) 270, 341, 368, 396, 409

보냄 고정문구(Sending formula) 29, 31, 51, 200, 219, 350, 369, 388-390, 393, 394, 405, 414, 417, 423

Gordis, R. 318

Goulder, M. D. 180

Gourgues, M. 257

Grässer, E. 354, 357

Grether, O. 77, 78, 93

Grundmann, W. 215

Guelich, R. A. 205, 209, 211

Gundry, R. H. (건드리) 170, 171, 180, 182, 188, 203, 209, 216, 234, 292, 293

Gunkel, H. 310

H

Haenchen, E. 192, 325

Hagner, D. A. 188, 239, 250

Hahn, F. (한) 176, 206, 241, 285, 287, 345, 346

Hamerton-Kelly, R. 31, 32, 376

Hannah, D. D. (해나) 104-106

Hanson, A. T. (핸슨) 386, 387

Hawthorne, G. F. 401

Hay, D. M. (헤이) 257, 259, 260, 266, 270-275, 279, 291

Hays, R. B. (헤이즈) 382

Hayward, R. (헤이워드) 87

Heidt, W. G. 101

Heinisch, P. 101

Hengel, M. (헹엘) 25, 30, 48, 57, 193, 239, 257, 260-264, 270-272, 274, 276, 279, 283, 284, 300, 336, 372, 376, 392, 398, 407

Herzog, W. R. 194

Hester, J. D. 194

Hill, D. 216, 247

Hirth, V. 99, 101, 103, 111

Hoffmann, P. 215

Hooker, M. D. 144, 239, 389

Hoover, R. W. 401

Horbury, W. (호버리) 25, 42, 69, 118-125, 127, 128, 132, 136, 137, 298, 313, 366

Horsley, R. A. 371, 374

Howard, G. 398

Huffmon, H. B. 88

Hultgren, A. J. (헐트그랜) 188, 189

Hunter, A. M. 210

Huntress, E. 321

Hurst, L. D. (허스트) 352, 353, 391

Hurtado, L. W. (허타도) 3, 25, 36-39, 45-48, 55, 56, 63, 72, 85, 87, 285, 349, 365, 366,

Hyatt, J. P. 92

I

Ice, L. M. (아이스) 148, 154, 158, 159, 161, 163-165, 174

Isaac, E. 316

J

Jacob, E. 76, 77,

Jacobson, A. D. 215

Jeremias, J. (예레미아스) 147-150,
152, 154, 163, 165, 171, 172, 182,
190, 205-207, 223, 232, 234, 238,
244, 248
Jervell, J. 325
Jewett, R. 344, 345, 346
Johnson, A. R. 310
Johnson, E. E. (존슨) 381, 383-387
Johnson, L. T. (존슨) 165
Johnson, M. D. 172
Juel, D. H. 296, 318
Jülicher, A. (율리허) 190, 192

K

Kaiser, W. C. 81, 95, 183, 275
Käsemann, E. (캐제만) 143, 343, 344,
356, 379, 384, 409
Kayatz, C. 61, 67
Kazmierski, C. R. 208, 210
Kidner, D. 259
Kilpatrick, G. D. 210
Kissane, E. J. 259
Klausner, J. 131, 292
Kloppenborg, J. S. 71, 214
Klostermann, E. 183, 185
Knight, G. A. F. 76
Knox, J. 64, 154, 188, 194, 247, 262,
315, 346, 365, 379
Knox, W. L. 28, 29
Kramer, W. R. 343, 345, 346, 407,

408
Kraus, H. J. 133, 256, 259, 310, 312
Kruse, H. 232
Kuhn, H. B. 54
Kümmel, W. G. (큄멜) 175, 177, 183,
190-193, 246

L

Lagrange, M.-J. (라그랑쥬) 180, 185,
230, 233
Lambrecht, J. 188, 275, 276
Lane, W. L. 282, 359
Levey, S. H. 314
Lindars, B. 140, 206, 292, 322
Linnemann, E. 344-346, 349
Llewelyn, S. R. 193
Loader, W. R. G. 257, 354
Lods, A. 102
Lohmeyer, E. 233, 288, 403
Lohse, E. 234, 316
Longenecker, R. N. 324, 334, 335,
390, 395, 397
Lövestam, E. (뢰베스탐) 140, 209, 210,
321, 322, 325, 327, 328, 339, 357
Luz, U. 170, 275

M

Mach, M. 99, 100, 119
Mack, B. L. 62, 71
MacNeill, H. L. 357

Mann, C. S. 187

Manson, T. W. 171, 184, 239, 246

Marböck, J. 66, 68

Marcus, J. 188, 205, 206, 212-214, 293, 346

Marcus, R. 57

Marshall, I. H. (마샬) 3, 23, 25, 26, 125, 126, 139, 156, 169, 171-173, 177, 178, 182, 184, 185, 206-208, 210-212, 238, 241, 243-245, 248, 250, 261, 285, 286, 288, 291-294, 302-304, 324, 347, 350, 351, 359, 384, 398, 401, 407, 408

Martin, R. P. 384, 402

März, C. P. 243

Mays, J. L. (메이스) 262, 314, 315

McBride, S. D. (맥브라이드) 54

McConville, J. G. (맥콘빌) 93

McKay, J. W. 309

Meier, J. P. (마이어) 141-143, 176, 202, 203, 355

Meier, S. A. 100, 112

Mell, U. U. 192, 193

Ménégoz, E. 356

Mettinger, T. N. D. 91-93

Metzger, B. M. 176

Michel, O. 356

Moffatt, J. 356

Moore, G. F. (무어) 54, 86, 87, 95, 154

Morrice, W. G. 188

Moule, C. F. D. (물) 303, 364, 365

Mowinckel, S. 131, 133, 310

Muñoz Leon, D. (무뇨스) 54, 86

Murphy, R. E. 57, 67, 68

Murphy-O'Connor, J. (머피-오코너) 374, 375, 398, 410

N

Newsom, C. A. 61, 99, 103, 108, 111, 113, 114

Nicholson, E. W. 93

Nickelsburg, G. W. E. 180

Nikiprowetzky, V. 82

Nolland, J. (놀란드) 126, 127, 173, 174, 188, 241-243, 289, 291, 293

Norden, E. 170, 384, 386

North, R. 193

O

Oehler, G. 101

Oesterley, W. O. E. 54

Olyan, S. M. (올리언) 54, 56, 109, 115

P

Page, S. H. T. (페이지) 234-238

Pate, C. M. 372, 374, 395

Patterson, S. J. 189, 194, 243

Perdue, L. G. (퍼듀) 61-64

Pesch, R. 232, 239, 303

Peterson, D. 356, 357

68:5 88
72:5 LXX 127, 128, 132
72:17 LXX 128-132
72:19 LXX 129
75:1 90
80(79):5 LXX 119
85:10-11 58
87:3 334
89:26-27 319
92:2 88
96:6 58
98:5 87
99:3 87
102:16 87
104:24 74
106:47 88
107:20 78, 79
107:42 58
110:1 38, 48, 49, 51, 118,
        138, 141, 253-263, 265,
        266, 268, 320, 333, 335-
        337, 362, 363, 368, 370,
        402, 405, 411, 414, 415,
        419, 420-422
110:3 29, 118, 127, 132,
        36, 137, 261, 313, 314,
        336, 366, 367
110:4 118, 358
113:1 87
115:5 78
115:11 88
118:10 89
118:11 89
118:12 89

118:22 189, 190
118:22-23 195, 197
118:26 89
122:4 88
129:8 89
135:1 87
135:3 87
135:16 78
138:2 88
140:14 88
142:8 88
147:15 78, 79
147:18 78, 79
148:2 99
148:5 87
148:13 87
149:3 87

잠언
1:20-33 60, 61, 62, 65
2:2 59
2:6 59, 63
3:13 59
3:13-18 61
3:15 63
3:19 63, 71, 74
8:1 59
8:1-3 61
8:1-11 61, 62, 65
8:12-21 62
8:22 65
8:22-31 62
8:4-11 61
8:18-19 65

8:22-29 63
8:22-31 62, 63
8:27 88
30:3-4 381

이사야
5:1-7 195, 197
5:2 190
9:1 LXX 119, 121
9:2-7 227
9:5(6) LXX 102
9:5 244
9:7 78
11:1-2 LXX 120
11:1-9 289
12:5 87
14:12 LXX 134
26:4 88
30:26 LXX 127
30:27 90
35:10 58
40:13 386
42:1 LXX 203-212
43:3-4 238, 240
45:20-25 45
46:10 178
48:1 89
50:10 88, 89
51:9 58
52:13 239
53:10 239
53:11 239
53:12 239
55:3 326

93:11-14 386
100:1-2 246
104:1 126
104:2 134

2 Bar.
4:2-6 334
21:8 178
32:2 334
59:4 334
70:6 246
75:1-5 386

2 En.
20:4-21:1 113
55:2 334

3 Macc
6:3 150, 173
6:8 150, 173

4 Ezra
4:40-42 327
4:44-52 178
4:51-52 178
7:26 334
8:52 334
10:7 333
10:25-28 334
10:38-59 334

4 Macc
18:24 385

Apoc. Ab.
10:8 113
18:11-14 113

Ezek. Trag.
68-69 44

Pss. Sol.
17장 123, 137, 294
17:4 345, 346
17:21 178
17:21-24 315
17:23 289, 346
17:30-31 315
17:33 334
18장 294

Ps.-Philo
18:6 113

Sib. Or.
2.241-45 268
2.243 269
6.1-2 265

T. Job
33:3 260

T. Jud.
24장 123

T. Levi
18:3-4 126

쿰란 문헌(Qumran Texts)

1QH
7:26-33 386
10:3-7 386

1QS
9:11 230
11:15 385

1QSa
2:11-12 316, 318
2:14 230

1QM
12.1-2 334

4Q372
1.16 151, 152

4Q375
297

4Q376
297

4QShirShabbᵃ
2 119
5 119

4Q491
298

4Q500

1 194

4QFlor

1:7-13 316
1:10-12 316
1:10-13 346, 352
1:10-14 177
1:11-12 317
1:11-1
3 289, 335
1:18-19 316, 346, 352

4QShirShab

334

11QMel

2.18 298

CD

19:10-11(B) 230

요세푸스(Josephus)

Ant.

1.155-56 45
5.112 45

필론(Philo)

Agr.

51 82

Conf.

60-63 125
63 82
146 82

Congr.

12f. 74

Dec.

65 84

Det.

115-118 376
117 73
124 74
160 83
160-162 44

Deus

182 82

Ebr.

132 85

Fug.

97 74

Her.

119 85
127 73
205 82
280 85

Leg.

1.64f. 73
1.65 73
2.1 83
2.82 74
2.86f. 73
3.3 73
3.46 73
3.52 73
3.99 75
3.177 82

Mos.

1.155-162 44

Mut.

87 82

Opif.

16-25 85
36 85

Post.

136-138 73

Prob.

13 73
117 73

Sacr.

9-10 44
64 75

m. Ḥall.
3.4 225

m. Pe`ah
4.8 225

예루살렘 탈무드(The Jerusalem Talmud)

Šabb.
18b 227
116ab 228

Ber.
58a 227

y. Ta'an.
2.1 320
4.8.68d 289

바빌로니아 탈무드(The Babylonian Talmud)

b. Ber.
5.5 250
7.3 298

b. 'Erub.
54b 298

b. Ḥag.
14a 298

b. Meg.
31b 298

b. Pesaḥ.
54a 128

b. Šabb.
88b 298

b. Sanh.
38b 298
43a 297
96b-97a 289
99a 178

b. Ta'an.
23b 149
34b 148

b. Yebam.
105b 298

Exo. Rab.
15.6 119

Mek. Exo.
14:31 250
16:28-36 178
18:12 250

Midr. Psalm.
2.9 320

Pesiq. Rab.
40.6 335

Sipre Num.
112 298

타르굼(Targumim)

Tg. Isa.
53:12 239

Tg. Job
5:8 298

Tg. Mal.
2:10 149

Tg. Ps.
72:17 128
89:27 149, 150
118:19-27 196

예수와 하나님 아들 기독론

초기 교회 고 기독론 형성에 관한 고찰

Copyright ⓒ 새물결플러스 2016

1쇄발행_ 2016년 1월 15일

지은이_ 이형일
펴낸이_ 김요한
펴낸곳_ 새물결플러스
편　집_ 왕희광·정인철·최율리·박규준·노재현
　　　　최정호·최경환·한바울·유진·권지성·신준호
디자인_ 이혜린·서린나·송미현
마케팅_ 이승용
총　무_ 김명화·최혜영
영　상_ 최정호

홈페이지 www.hwpbooks.com
이메일 hwpbooks@hwpbooks.com
출판등록 2008년 8월 21일 제2008-24호
주소 (우) 07214 서울특별시 영등포구 양평로 11, 5층(당산동 5가)
전화 02) 2652-3161
팩스 02) 2652-3191

ISBN 979-11-86409-41-1　93230

책값은 뒤표지에 있습니다.

이 도서의 국립중앙도서관 출판시도서목록(CIP)은 서지정보유통지원시스템 홈페이지
(http://seoji.nl.go.kr)와 국가자료공동목록시스템(http://www.nl.go.kr/kolisnet)에서
이용하실 수 있습니다(CIP제어번호: CIP2016000565).